Céline Thérien — 3ᵉ édition

ANTHOLOGIE DE LA LITTÉRATURE D'EXPRESSION FRANÇAISE

Tome 1

des origines au romantisme

LES ÉDITIONS CEC

9001, boul. Louis-H.-La Fontaine, Anjou (Québec) Canada H1J 2C5
Téléphone : 514-351-6010 • Télécopieur : 514-351-3534

Direction de l'édition
Janik Trépanier

Direction de la production
Danielle Latendresse

Direction de la coordination
Rodolphe Courcy

Charge de projet
Nathalie Larose
Monique Pratte

Révision linguistique
Nathalie Larose
Monique Pratte

Correction d'épreuves
Jacinthe Caron
Michèle Levert
Marie Théorêt

Conception et réalisation graphique
Dessine-moi un mouton

Remerciements de l'Éditeur
L'éditeur souhaite remercier les personnes suivantes, qui ont participé à titre de consultants pédagogiques :
Cindy Baril, enseignante, Collège de Rosemont
Geneviève Berteau-Lord, enseignante, Cégep de l'Outaouais
Monique Boucher, enseignante, Collège Ahuntsic
Virginie Dufour, enseignante, Cégep de Sainte-Foy
Catherine Garand, enseignante, Cégep de l'Outaouais
Marie-Andrée Groarke, enseignante, Cégep de Trois-Rivières
Madeleine Poulin, enseignante, Cégep de Granby Haute-Yamaska
Ismaïl Trad, enseignant, Collège de Rosemont
Karine Vigneau, enseignante, Collège Ahuntsic

 La *Loi sur le droit d'auteur* interdit la reproduction d'œuvres sans l'autorisation des titulaires des droits. Or, la photocopie non autorisée – le photocopillage – a pris une ampleur telle que l'édition d'œuvres nouvelles est mise en péril. Nous rappelons donc que toute reproduction, partielle ou totale, du présent ouvrage est interdite sans l'autorisation écrite de l'Éditeur.

Les Éditions CEC inc. remercient le gouvernement du Québec de l'aide financière accordée à l'édition de cet ouvrage par l'entremise du Programme de crédit d'impôt pour l'édition de livres, administré par la SODEC.

Anthologie de la littérature d'expression française, des origines au romantisme, Tome 1, 3ᵉ édition
© 2013, Les Éditions CEC inc.
9001, boul. Louis-H.-La Fontaine
Anjou (Québec) H1J 2C5

Tous droits réservés. Il est interdit de reproduire, d'adapter ou de traduire l'ensemble ou toute partie de cet ouvrage sans l'autorisation écrite du propriétaire du copyright.

Dépôt légal : 2013
Bibliothèque et Archives nationales du Québec
Bibliothèque et Archives Canada

ISBN 978-2-7617-6198-7
Imprimé au Canada
3 4 5 6 7   24 23 22 21 20

Avant-propos

Cette anthologie se veut à la fois un recueil de textes *littéraires* et un manuel *scolaire*, et je tiens à préciser d'entrée de jeu que j'ai autant de respect pour l'un que pour l'autre de ces attributs. Ce manuel est conçu pour tenir compte des trois éléments qui participent à toute formation : la matière, l'enseignant et l'étudiant.

En ce qui concerne la matière, je dirais, si j'ose me permettre un style imagé, que la littérature est à la fois une bible et une grammaire du monde. La littérature se présente en effet comme un grand livre sacré, qui met en images les grands mythes susceptibles d'éclairer l'histoire de l'humanité. Elle raconte, comme le résume un titre de Victor Hugo, « la légende des siècles ». La littérature, en effet, dépeint la mentalité de chaque époque tout autant que l'évolution des mœurs à travers le temps : c'est elle qui révèle tous ces petits détails qui font surgir le décor quotidien des gens anonymes, ceux qui ont aussi fait l'Histoire mais dont on ignore le nom. Elle permet de pénétrer dans cette « comédie humaine », cette suprême aventure de l'être humain perpétuellement en quête de lui-même.

La littérature est aussi une grammaire du monde. Toute phrase est un récit, et tout roman est une extension de cette phrase initiale qui aura permis d'organiser le monde en mots formant une entité logique. Mais la langue, ce sont aussi des sons qui s'agencent, qui dansent la farandole, qui exhalent des parfums. C'est tout un ensemble qui peut, par exemple dans un poème, oser d'étranges combinaisons. Car la littérature, comme le dit si bien Rimbaud, c'est aussi une alchimie du verbe.

Enfin, la littérature peut aussi se faire spectacle. Tout à coup, voilà que l'on se laisse méduser par Molière, Corneille ou Racine qui surgissent du passé pour mettre en scène de fabuleux personnages. Ouvrons la voie à l'imaginaire !

La littérature est magique, certes, et répond en même temps à une logique interne ; mais l'éducation, qui donne accès au savoir, est tout aussi merveilleuse. Dans un effort commun, nous avons voulu faire en sorte que ce manuel instruise l'étudiant sans jamais cesser de l'intéresser, lui ouvrant des fenêtres sur l'art, l'histoire, la philosophie et la science. Les buts poursuivis ici sont multiples : non seulement décrire une époque, mais aussi fournir des plans d'explication transposables en classe ; présenter des écrivains, mais surtout mettre l'accent sur ce qui les singularise ; sélectionner des extraits, mais aussi établir des liens entre les questions et la théorie ; illustrer le contenu, mais aussi donner de l'information sur les artistes et leurs toiles.

Tout au long de notre travail, nous avons eu à cœur d'aider les étudiants à progresser dans la connaissance de la matière et de les soutenir dans le difficile apprentissage de l'analyse des textes. Les nombreux tableaux récapitulatifs et une méthodologie fonctionnelle qui fragmente en étapes la démarche d'analyse servent ces objectifs. On oublie trop souvent à quel point le processus de rédaction peut être exigeant, du point de départ, soit la lecture et la compréhension d'une œuvre, au point d'arrivée, soit l'intégration des connaissances, et tout cela en tenant compte des contraintes d'un sujet et d'un modèle de texte comme la dissertation.

En guise de synthèse, rappelons que cette troisième édition de l'*Anthologie de la littérature d'expression française* a fait l'objet d'une refonte importante dans laquelle on a toutefois veillé à conserver les qualités qui en ont fait la réputation.

L'auteure est reconnaissante envers toute l'équipe du CEC, qui a su démontrer un souci perpétuel de perfectionnement dans l'élaboration de cette troisième édition de l'anthologie. Ma gratitude s'adresse en particulier à Janik Trépanier, directrice d'édition, qui a su nous communiquer son énergie pour mener à terme ce projet. Ma reconnaissance s'adresse également aux collaborateurs et aux différents consultants, qui ont permis par leurs conseils judicieux, et cela depuis la première parution de ces manuels, de toujours mieux répondre aux besoins des étudiants. Je tiens finalement à exprimer toute mon affection à Samuel Alberola, qui me soutient de son élégante manière dans tous mes projets.

Voici les principales caractéristiques de cette troisième édition :

- **Les introductions théoriques, plus élaborées,** adoptent un plan logique qui facilite la compréhension de la matière. Elles sont écrites dans une langue accessible et présentent la définition de plusieurs concepts-clés utiles à l'étudiant.

- **Une conception qui vise l'homogénéité.** Le lecteur retrouve les mêmes rubriques d'un chapitre à l'autre. Par exemple, chaque chapitre s'ouvre sur une introduction qui présente l'époque à l'étude, décrit le rôle et l'importance de l'écrivain dans la société de cette époque et donne les caractéristiques du courant à l'étude.

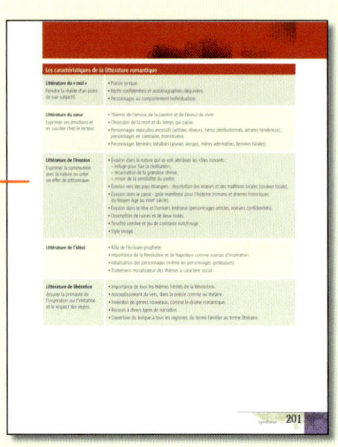

- **Les tableaux synthèses** favorisent la compréhension et l'analyse. En outre, ils permettent à l'étudiant de comparer les courants entre eux.

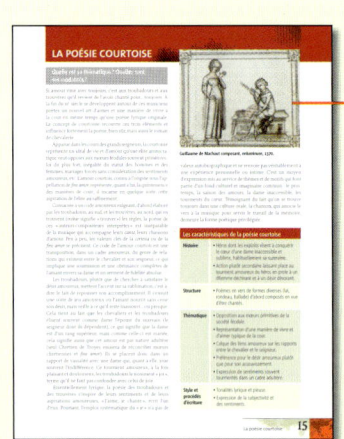

- **Des pages synthèses** permettent de suivre l'évolution des quatre grands genres : la poésie, le récit, le théâtre et l'essai dans l'histoire littéraire. Ces sections, qui précèdent les extraits, proposent des tableaux qui font la synthèse des caractéristiques des formes, par exemple la tragédie ou le drame, à mesure qu'elles apparaissent dans l'histoire littéraire.

- **Les extraits de textes** sont classés par genre littéraire.
- **La notice en marge** situe l'auteur dans son époque, explique son originalité et l'importance de sa contribution littéraire. Elle se termine par une mise en contexte de l'extrait.

- **Des ateliers d'analyse ou de comparaison** accompagnent tous les extraits. Les questions poussent l'élève à établir des liens avec la théorie. Elles lui font découvrir la signification du texte, et l'amènent à dégager les procédés stylistiques qui contribuent à la facture générale de celui-ci. Elles intègrent de plus des étapes pour le faire progresser dans l'écriture de textes d'analyse.

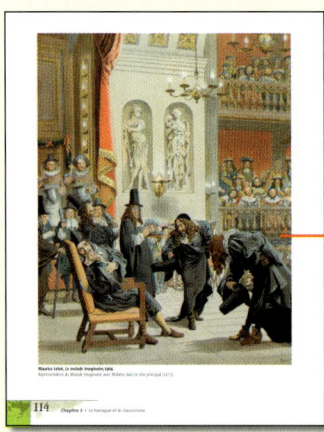

- **Une iconographie variée et significative** qui insère la littérature dans un ensemble plus large, en informant le lecteur sur l'art, les goûts et les préoccupations de l'époque.

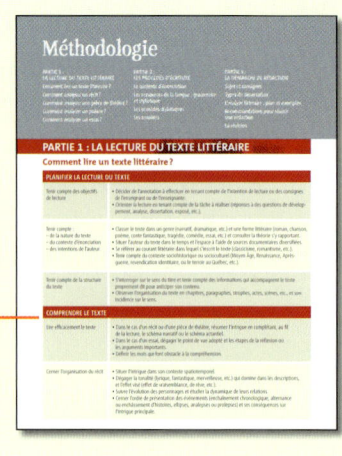

- **Une section méthodologique** remaniée afin de bien soutenir l'étudiant dans l'apprentissage de la littérature et dans sa démarche d'autocorrection. Cette section propose des stratégies pour arriver à analyser un texte littéraire, planifier une analyse, composer un paragraphe et effectuer une révision finale.

Table des matières

CHAPITRE 1 — LE MOYEN ÂGE
La littérature des origines

PRÉSENTATION DE L'ÉPOQUE 3
LA LITTÉRATURE MÉDIÉVALE 9
   Tableau synthèse :
   Les caractéristiques de la littérature
   médiévale 11
LA CHANSON DE GESTE 12
   Tableau descriptif :
   Les caractéristiques de la chanson de geste 12
      Anonyme
      Chanson de Roland 13
LA POÉSIE COURTOISE 15
   Tableau descriptif :
   Les caractéristiques de la poésie courtoise 15
      Jaufré Rudel
      Chanson 16
      Marie de France
      Le lai du chèvrefeuille 18
      Bernard de Ventadour
      Chanson 20
      Guillaume de Machaut
      Voir Dit 22
      Guillaume de Lorris et Jean de Meung
      Le roman de la rose 24
LE ROMAN DE CHEVALERIE 25
   Tableau descriptif :
   Les caractéristiques du roman de chevalerie 25
      Anonyme
      Lancelot du Lac 26
      Anonyme
      Tristan et Iseult 28
      Chrétien de Troyes
      Perceval ou le roman du Graal 31
      Yvain ou le chevalier au lion 33
LE LYRISME MÉDIÉVAL 34
   Tableau descriptif :
   Les caractéristiques de la poésie lyrique 34
      Rutebeuf
      La complainte de Rutebeuf 35

      Christine de Pizan
      Cent ballades 38
      François Villon
      L'épitaphe de Villon 39
LA LITTÉRATURE SATIRIQUE 41
   Tableau descriptif :
   Les caractéristiques du fabliau 42
   Les caractéristiques de la farce 42
      Anonyme
      Le roman de Renart 43
      Anonyme
      La farce de Maître Pathelin 46

CHAPITRE 2 — LA RENAISSANCE
L'âge d'or de l'humanisme

PRÉSENTATION DE L'ÉPOQUE 51
LE COURANT HUMANISTE 59
   Tableau synthèse :
   Les caractéristiques de la littérature
   humaniste 61
LA POÉSIE 62
      Pierre de Ronsard
      Amours de Marie 63
      Les odes 64
      Sonnets pour Hélène 66
      Joachim Du Bellay
      Les regrets – extrait 1 67
      Les regrets – extrait 2 68
      Louise Labé
      Sonnets – extrait 1 70
      Sonnets – extrait 2 71
      Agrippa d'Aubigné
      Les tragiques 72
LE RÉCIT 73
      François Rabelais
      Pantagruel 74
      Marguerite de Navarre
      Heptaméron 77

L'ESSAI 80
    Michel de Montaigne
    Essais – extrait 1 81
    Essais – extrait 2 82
    Joachim Du Bellay
    Défense et illustration de la langue française 84
    Louise Labé
    Louise Labé Lyonnaise 85

LE THÉÂTRE 86
    William Shakespeare
    Roméo et Juliette 87

CHAPITRE 3   LE BAROQUE ET LE CLASSICISME
Opposition et complémentarité

PRÉSENTATION DE L'ÉPOQUE 93
LE COURANT BAROQUE 99
    Tableau synthèse :
    Les caractéristiques de la littérature baroque 101
LE COURANT CLASSIQUE 102
    Tableau synthèse :
    Les caractéristiques de la littérature classique 104
LA POÉSIE 105
    François de Malherbe
    Louange à la reine 106
    Marc-Antoine Girard, sieur de Saint-Amant
    Le contemplateur 108
    Nicolas Boileau
    L'art poétique 110
    Jean de La Fontaine
    Les animaux malades de la peste 112
LE THÉÂTRE 115
    Tableaux descriptifs :
    Les caractéristiques de la tragicomédie 116
    Les caractéristiques de la tragédie 116
    Les caractéristiques de la farce 117
    Les caractéristiques de la comédie 117
    Pierre Corneille
    L'illusion comique 118
    Le Cid 120
    Horace 122
    Jean Racine
    Andromaque 125
    Phèdre 127

    Molière
    Dom Juan 131
    Le misanthrope 134
    Le malade imaginaire 136
LA PROSE 139
    Blaise Pascal
    Pensées 140
    François, duc de La Rochefoucauld
    Les maximes 141
    Marie-Madeleine Pioche de La Vergne, comtesse de La Fayette
    La princesse de Clèves 142
    Jean de La Bruyère
    Les caractères 144
    Charles Perrault
    Le petit chaperon rouge 145

CHAPITRE 4   LES LUMIÈRES
La libération de l'esprit

PRÉSENTATION DE L'ÉPOQUE 149
LE COURANT DES LUMIÈRES 156
    Tableau synthèse :
    Les caractéristiques de la littérature des Lumières 158
LA PROSE 159
    Tableaux descriptifs :
    Les caractéristiques de l'autobiographie 160
    Les caractéristiques du conte philosophique 160
    François-Marie Arouet dit Voltaire
    Lettres philosophiques 161
    Jean-Jacques Rousseau
    Émile ou de l'éducation 164
    Germaine de Staël
    De l'Allemagne 166
    Le marquis de Sade
    Histoire de Juliette ou les prospérités du vice 168
    Jean-Jacques Rousseau
    Les confessions 170
    Charles de Montesquieu
    Lettres persanes 172
    François-Marie Arouet dit Voltaire
    Zadig 174
    Denis Diderot
    Jacques le fataliste et son maître 176
    L'abbé Prévost
    Manon Lescaut 177

Pierre Choderlos de Laclos
Les liaisons dangereuses 179
LE THÉÂTRE 181
    Pierre Carlet de Chamblain de Marivaux
    Le jeu de l'amour et du hasard 182
    Pierre Augustin Caron de Beaumarchais
    Le mariage de Figaro 184
    Denis Diderot
    Entretiens sur le fils naturel 186

LA POÉSIE 188
    André Chénier
    La jeune captive 189

CHAPITRE 5 — LE ROMANTISME
Le triomphe de la subjectivité

PRÉSENTATION DE L'ÉPOQUE 193
LE COURANT ROMANTIQUE 199
    Tableau synthèse :
    Les caractéristiques de la littérature
    romantique 201
LA POÉSIE 202
    Alphonse de Lamartine
    Le lac 204
    Victor Hugo
    Les Djinns 206
    Alfred de Musset
    Le poète 208
    Alfred de Vigny
    La maison du berger 210
LE THÉÂTRE 211
    Tableau descriptif :
    Les caractéristiques du drame romantique 212
    Victor Hugo
    Ruy Blas 213
    Alfred de Musset
    Lorenzaccio 215
    Edmond Rostand
    Cyrano de Bergerac 217
LA PROSE 220
    Tableaux descriptifs :
    Les caractéristiques du roman historique 221
    Les caractéristiques du récit autobiographique ... 221
    Les caractéristiques du récit fantastique 222
    François-René de Chateaubriand
    René 223
    Benjamin Constant
    Adolphe 226

Alfred de Musset
La confession d'un enfant du siècle 227
Gérard de Nerval
Aurélia 228
George Sand
Indiana 230
Alexandre Dumas
Les trois mousquetaires 231
Alexandre Dumas, fils
La dame aux camélias 234
Victor Hugo
Notre-Dame de Paris 235
Les misérables 236
Prosper Mérimée
Carmen 238
Charles Nodier
Fantaisies et légendes 240
Théophile Gautier
Onuphrius 241
François-René de Chateaubriand
Mémoires d'outre-tombe 242

CHAPITRE 6 — MÉTHODOLOGIE

PARTIE 1 : LA LECTURE DU TEXTE LITTÉRAIRE 244
    Comment lire un texte littéraire ? 244
    Comment analyser un récit ? 245
    Comment analyser une pièce de théâtre ? 248
    Comment analyser un poème ? 250
    Comment analyser un essai ? 253

PARTIE 2 : LES PROCÉDÉS D'ÉCRITURE 254
    Le contexte d'énonciation 254
    Les ressources de la langue : grammaire
    et stylistique 255
    Les procédés stylistiques 256
    Les tonalités 260

PARTIE 3 : LA DÉMARCHE DE RÉDACTION 262
    Types de dissertation 262
    L'analyse littéraire 263
    Recommandations pour réussir
    une rédaction 264
    La révision 266
    L'autocorrection 266

INDEX 268
BIBLIOGRAPHIE 271
CRÉD!TS 272

Fondation et construction de la ville de Massalia (Marseille), enluminure néerlandaise, XVe siècle.

CHAPITRE 1 — Le Moyen Âge
La littérature des origines

PRÉSENTATION DE L'ÉPOQUE	3
LA LITTÉRATURE MÉDIÉVALE	9
LA CHANSON DE GESTE	12
Anonyme	
Chanson de Roland	13
LA POÉSIE COURTOISE	15
Jaufré Rudel	
Chanson	16
Marie de France	
Le lai du chèvrefeuille	18
Bernard de Ventadour	
Chanson	20
Guillaume de Machaut	
Voir Dit	22
Guillaume de Lorris et Jean de Meung	
Le roman de la rose	24
LE ROMAN DE CHEVALERIE	25
Anonyme	
Lancelot du Lac	26
Anonyme	
Tristan et Iseult	28
Chrétien de Troyes	
Perceval ou le roman du Graal	31
Yvain ou le chevalier au lion	33
LE LYRISME MÉDIÉVAL	34
Rutebeuf	
La complainte de Rutebeuf	35
Christine de Pizan	
Cent ballades	38
François Villon	
L'épitaphe de Villon	39
LA LITTÉRATURE SATIRIQUE	41
Anonyme	
Le roman de Renart	43
Anonyme	
La farce de Maître Pathelin	46

Repères chronologiques

	Événements politiques	Art, littérature et sciences
448-750	Règne des Mérovingiens	
750-987	Règne des Carolingiens	
768	Charlemagne devient roi des Francs	
778	Bataille de Roncevaux	
800	Charlemagne empereur d'Occident	
842		Les serments de Strasbourg
881		La cantilène de sainte Eulalie
987-1328	Règne des Capétiens	
v. 1000		Utilisation des forces éolienne et hydraulique : apparition de nouveaux types de moulins
1054	Séparation des Églises d'Orient et d'Occident	
1066	Conquête de l'Angleterre par le duc de Normandie (Guillaume Ier le Conquérant)	
v. 1070		Chanson de Roland
1078	Prise de Jérusalem par les Turcs	
1096-1099	Première croisade ordonnée par le pape au concile de Clermont	
1098-1215	Fondation et expansion des grands ordres religieux : les Cisterciens, les Franciscains, les Dominicains	
1119	Création de l'ordre des Templiers : ordre religieux et militaire qui finança les croisades	
1150		Apogée de l'art gothique
v. 1165		Marie de France, Lais
v. 1170		Le roman de Renart ; Tristan et Iseult
v. 1177		Chrétien de Troyes, Yvain ou le chevalier au lion
1181		Chrétien de Troyes, Perceval ou le roman du Graal
1184	Mise en place de l'Inquisition ; création d'un tribunal ecclésiastique, souvent tortionnaire, pour lutter contre les hérésies et la sorcellerie	
1204	Prise de Constantinople par les Croisés	
v. 1225		Carmina Burana ; Lancelot du Lac
v. 1230		Guillaume de Lorris, Le roman de la rose
1231		Invention de la grenade
1257		Fondation du collège de la Sorbonne
v. 1262		Rutebeuf, Poésies de l'infortune
1268		Invention de la poudre à canon
v. 1269		Début de la navigation avec boussole et gouvernail d'étambot (la barre)
v. 1306		Dante, La divine comédie
1327		Pétrarque, Les rimes ; associé à la Renaissance italienne
1328-1589	Règne des Valois	
1337-1475	Guerre de Cent Ans entre la France et l'Angleterre	
v. 1349		Première messe polyphonique unifiée : Guillaume de Machaut, Messe de Notre-Dame
1348-1353		Boccace, Le décaméron
1378-1417	Grand schisme d'Occident : deux papes à la tête de l'Église, l'un à Avignon, l'autre à Rome	
1394-1410		Christine de Pizan, Cent ballades d'amant et de dame
1429	Orléans délivrée des Anglais par Jeanne d'Arc	
1431	Condamnation de Jeanne d'Arc par l'Inquisition et mort sur le bûcher	
1453	Chute de Constantinople ; événement généralement associé à la fin du Moyen Âge	
1455		Gutenberg invente l'imprimerie et publie la Bible en latin
1463		Villon, L'épitaphe
v. 1465		La farce de Maître Pathelin

PRÉSENTATION DE L'ÉPOQUE

LE MOYEN ÂGE : De quelles particularités faut-il tenir compte pour mieux comprendre cette longue période et la littérature qu'elle a vu naître ?

Au point de vue historique, cette période s'étend en Europe du ve siècle au xve siècle, soit de la chute de l'Empire romain d'Occident jusqu'à la Renaissance. Il faut toutefois attendre que la Gaule devienne la France pour qu'apparaissent, au ixe siècle, les premiers écrits qui confirment l'existence de langues autres que le latin. C'est pourquoi il importe, pour mieux explorer cette période, de connaître les faits particuliers en lien avec le territoire et la langue.

Le territoire

Au viiie siècle, Charlemagne est à la tête de l'Empire chrétien, qui englobe tout le nord-ouest européen (ce qui fait que les Allemands tout autant que les Français peuvent le revendiquer comme ancêtre !). La Gaule fait donc partie de cet Empire. Les disputes, qui se perpétuent d'une génération à l'autre entre les prétendants à la succession de Charlemagne, vont affaiblir le pouvoir central et contribuer au morcellement de l'Empire en de multiples royaumes ou grands duchés. En fait, les grands seigneurs guerroient perpétuellement entre eux dans le but d'annexer de nouvelles terres à leur domaine pour ainsi étendre leur suprématie. Ils édifient forteresses et châteaux, autour desquels s'agglomèrent les paysans qui se trouvent de cette manière protégés par les hautes murailles qui encerclent le hameau.

À partir du xie siècle, on doit donc percevoir la France comme un royaume aux frontières fluctuantes. Selon les victoires ou les défaites du roi, ou selon les alliances matrimoniales des membres de sa famille, le royaume rapetisse ou s'agrandit. Les cartes géographiques n'existent pas encore ; elles permettraient une vue plus concrète des frontières d'une contrée par ailleurs habitée par des peuples qui s'expriment dans différents dialectes, phénomène qui nuit à l'émergence d'une identité culturelle commune.

La langue

Charlemagne concevait son royaume dans la continuité de l'Empire romain, aussi avait-il conservé le latin comme langue d'écriture et d'administration. Signés en 842 par deux petits-fils de Charlemagne, les *Serments de Strasbourg* attestent toutefois l'existence de langues vernaculaires – des langues parlées par les populations locales –, qui ont souvent entre elles des liens de parenté. Ainsi, au nord de la France et par le fait même à Paris, où va bientôt s'installer la cour du roi, on parle un dialecte de la langue d'oïl alors

Les chevaliers de la Table ronde autour du Saint Graal. Enluminure française, *L'Estoire de Saint Graal* **de Robert de Boron, 1450.**
On observe les premières traces de la légende des chevaliers de la Table ronde et de leur recherche du Saint Graal dans les œuvres de Chrétien de Troyes, à la fin du xiie siècle. Les chevaliers tentent, à la demande du roi Arthur, de retrouver ce vase mythique qui permettrait à celui dont le cœur est pur d'accéder à la vie éternelle. Un extrait de *Perceval ou le roman du Graal* est présenté à la page 31.

qu'au sud, on s'exprime en des dialectes de la langue d'oc (« oïl » et « oc » constituant deux variantes du mot « oui » en français moderne).

Le dialecte roman est donc à l'origine du français, qui n'en finira plus de se transformer tout au long du Moyen Âge. Du point de vue syntaxique, l'ordre des mots diffère de plus en plus de celui de la phrase latine ; du point de vue phonétique, les sons de la langue se modifient. On peut juger de cette transformation en comparant des vers composés à des époques différentes. Les vers suivants, tirés de *La vie de saint Alexis*, ont été composés au xie siècle : « Ist de la nef e vait édrant a Rome ; // Vait par les rues dont ja bien fut cointes » ; ils nécessitent la traduction suivante pour être compris : « Il descend du navire et se dirige vers

Gaule : nom attribué par les Romains aux territoires qui correspondraient à la France actuelle et à une partie des terres avoisinantes (notamment la Belgique et le Luxembourg).

Charlemagne (en latin Carolus Magnus ; en allemand Karl der Grosse) (742-814) : d'abord roi des Francs et parlant francique (avec des connaissances en grec et en latin), sans toutefois savoir écrire, il sera couronné empereur d'Occident en 800 par le pape Léon III.

Dialecte : parler régional. Le patois est aussi un parler local d'une plus petite population.

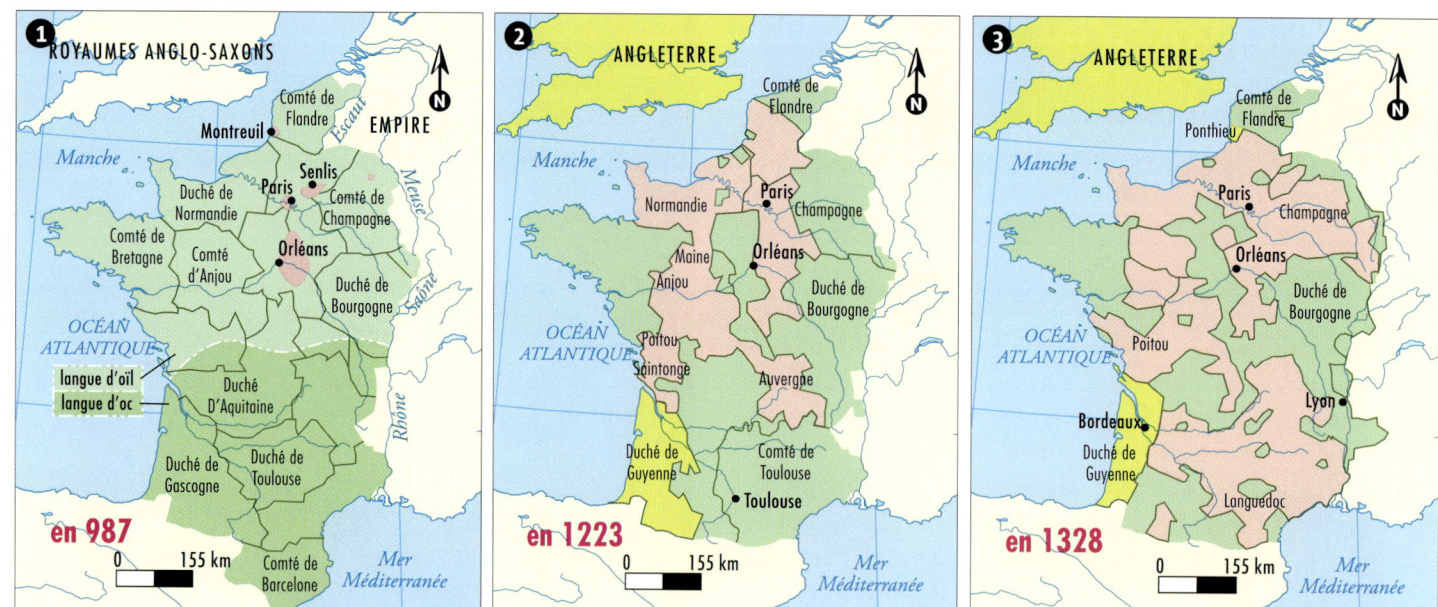

1. Le royaume de France, en rose, est tout petit. Le pays, tel que nous le connaissons aujourd'hui, est subdivisé en duchés, autant de domaines appartenant à de grands seigneurs. La langue d'oc est parlée au sud (les dialectes occitans) et la langue d'oïl au nord. Il y a autant de dialectes qu'il y a de duchés. 2. La progression du domaine royal : l'annexion des duchés à la couronne française. 3. Le royaume de France pratiquement unifié.

Rome ; il va par les rues qu'il avait autrefois bien connues. » Comparons-les avec ces autres vers, tirés de l'*Épitaphe de Villon*, écrits quatre siècles plus tard : « Frères humains qui après nous vivez, //N'ayez les cœurs contre nous endurcis » ; ils sont parfaitement compréhensibles dans leur version originale et témoignent ainsi de l'évolution de la langue.

Il faut en outre souligner que les premières chansons de geste, qui relatent des actions héroïques, ont d'abord été chantées – comme d'ailleurs l'indique leur appellation – avant d'être transcrites beaucoup plus tard. En fait, durant toute la période du Moyen Âge, la littérature est essentiellement orale. On ne suit pas comme aujourd'hui le déroulement d'une histoire écrite sur une page, puisque très peu de gens savent lire ou écrire. On ne lit pas, on écoute. La littérature du Moyen Âge fait vivre à son public les mêmes émotions que le théâtre. L'auditeur est sensible au sens des vers, mais aussi aux intonations du **ménestrel**, à sa physionomie et à ses gestes, qui transforment l'œuvre en spectacle. Le silence de la lecture n'existe pas : c'est la voix de l'exécutant, le poète-jongleur, qui ressuscite les exploits des chevaliers devant un public captif. Accompagnée de musique, la chanson lancinante d'un troubadour ou d'un trouvère évoquera aussi bientôt le tourment d'un amant pour sa dame.

Ainsi, les artistes – jongleurs anonymes, seigneurs troubadours, romanciers chevaliers et pauvres poètes – vont se débrouiller seuls, jusqu'à l'invention de l'imprimerie en 1434, sans grammaire ni dictionnaires (ceux qui existent concernent le latin) pour donner naissance à la littérature française.

LA SOCIÉTÉ : À quel type d'organisation sociale renvoie le terme « féodalité » ?

La société médiévale présente une structure hiérarchique rigide qui se fonde sur la transmission héréditaire du pouvoir, des titres et de la richesse. Elle se compose de trois grands groupes (ou ordres) interdépendants entre eux. Le premier groupe est celui des chevaliers et seigneurs, qui combattent et dirigent. Le deuxième groupe est constitué des membres du clergé, dont le rôle est de protéger le royaume de la colère divine. Le troisième groupe réunit ceux qui travaillent de leurs mains : les paysans (aussi appelés « serfs » ou « vilains »), qui produisent la nourriture, et les artisans, qui répondent aux autres besoins de la vie courante.

Dans ce monde cloisonné, chacun est toujours le **vassal** d'un autre, c'est-à-dire son subalterne : l'écuyer est soumis à son chevalier ; l'amant courtois, à sa dame ; le seigneur, à son roi. À tous les échelons de la société, les sujets sont liés par des rapports de dépendance. En effet, le roi lui-même s'assure de la fidélité de ses vassaux, souvent en cédant une partie de son royaume sous forme de fiefs (des parcelles de terre). Les seigneurs, en retour, s'engagent à le servir au moment des batailles qui l'opposent à ses voisins. Ce statut de « combattant », auquel est associé le titre de chevalier, confère au seigneur un prestige particulier. Réunis à l'intérieur d'une même caste, la noblesse, les chevaliers sont dépositaires des

Ménestrel : poète médiéval. Aussi désigné par les termes « barde », « jongleur », « troubadour » et « trouvère ».

Vassal : homme placé dans un rapport de dépendance à l'égard d'un seigneur plus puissant.

Départ de saint Louis pour la septième croisade (1248), enluminure française, vers 1325-1350.

valeurs féodales comme le sens de l'honneur et la fidélité à la parole donnée, alors que la faute la plus dénoncée est, à l'inverse, la trahison.

Ainsi naît une culture à dominante guerrière, puisque les rivalités entre seigneurs éclatent à tout moment, ce dont les romans de chevalerie se font l'écho. L'apprentissage de la vassalité, de ses obligations et responsabilités, passe par des rites, des cérémonies et des épreuves, comme les tournois et les combats entre chevaliers. La courtoisie, qui illustre le raffinement progressif de la vie à la cour, vise elle aussi l'adoption d'un comportement régi par un ensemble de normes et de coutumes. Ainsi encadrée, la vie de chacun est faite d'obéissance plus que de liberté, de conformisme plus que d'originalité. Le chevalier finit par incarner un modèle à suivre et ses valeurs définissent un idéal de vie qui sera élevé au rang de légende par la littérature médiévale. C'est seulement lorsque s'amorce le déclin de la féodalité, vers la fin du XIIIe siècle, que le système hiérarchique en place va se relâcher, permettant l'expression d'une sensibilité plus personnelle qui ouvre la voie à l'humanisme de la Renaissance.

LA RELIGION : Pourquoi la considère-t-on comme la pierre angulaire de tout l'édifice ?

La religion assure l'unité de l'Europe tout en servant de fondement social et politique à chacun des royaumes. Jusqu'au XIe siècle, la monarchie avait été élective : réunis en assemblée, les seigneurs choisissaient l'un d'entre eux comme chef. La couronne deviendra héréditaire à partir du moment où le roi fera oindre (c'est-à-dire faire bénir) son fils de son vivant, reconnaissant ainsi que l'autorité royale, d'origine divine, lui est transmise de fait. Dès lors, l'obéissance envers le roi est perçue comme un devoir religieux. Les habitants du royaume sont d'ailleurs tenus d'adopter la foi du monarque. Cette façon de fonctionner se maintiendra bien au-delà du Moyen Âge, jusqu'à la Révolution française avec toujours, à la tête du royaume, la même dynastie des Capétiens (comprenant les familles parentes des Bourbons, Orléans et Valois) qui régnera à partir de 987 jusqu'à l'exécution, en 1793, de Louis XVI (condamné sous le nom de Louis Capet par les révolutionnaires).

La culture relève également du clergé, et les **monastères** sont chargés d'en assumer la préservation. Ce sont les moines copistes qui transcrivent les textes antiques, tout en les ornant de fines **enluminures**, sur des manuscrits qui sont faits de parchemin, c'est-à-dire de peau de bête (le papier, fait de chiffon, remplacera le parchemin vers le XIVe siècle). Le latin, la langue de ces premiers écrits, restera longtemps associé à la culture savante. Les nombreux dialectes alors parlés en Europe évoluent de leur côté librement.

Les croisades témoignent elles aussi de la prépondérance absolue de l'Église. Elles opposent les chrétiens aux infidèles, c'est-à-dire aux civilisations non chrétiennes et en particulier aux **Sarrasins**, c'est-à-dire aux musulmans. Leur but officiel est la libération des Lieux saints en Palestine. En même temps qu'elles éveillent une grande curiosité pour l'Orient, ces guerres saintes sont à l'origine de cette intolérance dont les conséquences se font sentir

---

Monastère : établissement où des religieux sont soumis à des règles de vie strictes.

Enluminure : décoration peinte qui enjolive les manuscrits.

Sarrasin : synonyme de musulman. Aussi appelé « Maure ».

Présentation de l'époque

encore aujourd'hui dans les rapports de l'Occident avec le monde arabe. Puissance spirituelle, l'Église veut en effet être seule à définir la foi et la morale. Puissance intellectuelle et culturelle, elle établit aussi les fondements de la philosophie et de l'histoire à travers l'interprétation qu'elle fait de la Bible. Parmi les grands théologiens, Thomas d'Aquin (1228-1274) se distingue par la clarté de sa pensée tout en imposant l'exemple par la sainteté de sa vie. Enfin, l'Église, par ses nombreux monastères et lieux de culte, et son armée de chevaliers prêts à la défendre, représente aussi un pouvoir politique et économique considérable. Elle n'échappe pourtant pas aux crises telles que le grand schisme d'Occident (1378-1417), alors que la chrétienté se retrouve avec deux papes qui se font la lutte, l'un résidant à Rome, l'autre réfugié à Avignon, en France.

L'Église donne son impulsion au théâtre sacré et au chant liturgique. Son autorité sera parfois contestée de l'intérieur, mais elle demeure l'institution la plus stable du Moyen Âge. Elle dirige la vie des hommes et exerce une influence déterminante sur la formation de la France et de sa littérature.

L'ART MÉDIÉVAL : Quelles sont ses caractéristiques ?

L'Église joue un rôle primordial dans l'art médiéval. En témoignent ses temples, ses chapelles et ses abbayes d'inspiration romane qui se distinguent par des arcs et des voûtes en demi-cercle, par la faible élévation et l'aspect souvent massif des bâtiments ainsi que par une décoration dépouillée. Les cathédrales gothiques, plus altières, lumineuses et ornementées, profitent, à la fin du Moyen Âge (à partir du XIIe siècle), de nouvelles techniques architecturales comme le croisement d'ogives, qui permet de répartir le poids sur les colonnes pour élever la voûte. Les vitraux font rayonner la lumière à l'intérieur, révélant ainsi les bas-reliefs et les chapiteaux, souvent sculptés, qui transposent la Bible en images. Les façades des églises gothiques donnent souvent l'impression d'une fine dentelle taillée dans la pierre ; elles présentent aussi une galerie de personnages liés à l'histoire ancienne ou contemporaine. Toutes ces œuvres, qui contribuent à la grandeur de l'édifice, ne sont que très rarement signées. Toutefois, à la fin du Moyen Âge, on verra s'affirmer des personnalités de peintres comme Giotto (1266?-1337), qui aura de nombreux disciples surtout en Italie. De leur côté, des peintres flamands comme Jan Van Eyck (1385?-1441), Jerome Bosch (1450-1516) de même que Brueghel l'Ancien (1525?-1569) témoignent de l'influence tardive de l'art médiéval : leurs toiles s'inspirent des enluminures, autant par les scènes retenues que par le chromatisme raffiné (notamment rendu possible par la découverte de la peinture à l'huile), mais présentent une plus grande richesse de détails et résultent d'une grande maîtrise dans l'exécution.

L'ÉCONOMIE : Comment se caractérise-t-elle ?

L'économie médiévale repose essentiellement sur l'agriculture. En effet, du Xe au XIIIe siècle, l'Europe des forêts cède la place à l'Europe des champs. L'augmentation des terres cultivées, sous l'initiative des seigneurs et des monastères déjà propriétaires de grands domaines, favorise l'essor démographique. L'élevage du cheval et l'invention du moulin à eau puis à vent sont à l'origine de transformations qui permettent de rentabiliser le travail agricole. Les déplacements terrestres s'effectuent encore à l'aide de chariots tirés par du bétail, sur de mauvaises routes. C'est pourquoi la communication par les voies fluviales ou maritimes s'avère la plus économique et la plus efficace. Le sel, qui sert d'agent de conservation pour la viande et le poisson, nourriture réservée aux riches, fait l'objet d'échanges commerciaux, avec quelques autres produits de luxe. Le reste de la population se nourrit en général de pain et de céréales. Comme les récoltes sont inégales d'une année à l'autre, il arrive fréquemment que les aliments viennent à manquer. Il en résulte une plus grande vulnérabilité aux épidémies, difficiles à éradiquer à cause d'une hygiène déplorable et d'une médecine déficiente. Ainsi, l'épidémie de la peste noire (1347-1352), ainsi appelée parce que les cadavres noircissent rapidement, se propage dans toute l'Europe, éliminant plus du tiers de la population.

Cathédrale Notre-Dame de Paris
La construction de cette cathédrale, classée au Patrimoine mondial, s'est étendue sur près de deux siècles, soit de 1163 à 1272. Ce chef-d'œuvre de l'architecture gothique a inspiré l'un des plus célèbres romans de Victor Hugo, *Notre-Dame de Paris*.

LE SAVOIR : Faut-il remettre en question le préjugé selon lequel le Moyen Âge serait l'époque de l'ignorance ?

Au Moyen Âge, les connaissances scientifiques sont certes embryonnaires, mais on relève quelques inventions pratiques comme le gouvernail d'étambot (début du XIIe siècle) et la boussole (début d'utilisation vers l'an 1300). L'architecture impressionne par les solutions ingénieuses qui rendent notamment possible l'élégante élévation de la nef gothique afin de laisser pénétrer la lumière. L'art du vitrail est poussé jusqu'à une extrême sophistication. L'homme du Moyen Âge absorbe d'ailleurs une part de ses connaissances en portant son regard sur les murs des cathédrales couvertes de fresques, de bas-reliefs et de sculptures, réalisés par des artistes qui conservent l'anonymat, comme le prescrit l'humilité chrétienne.

C'est généralement la Bible qui détermine la vision de l'Univers, à mille lieues des conceptions actuelles. Par exemple, la Terre est vue comme un disque plat d'assez petite taille situé au centre du monde, ayant pour milieu la Méditerranée, avec le Soleil qui tourne autour d'elle. La destinée de l'être humain est dirigée par la roue de Fortune que fait tourner le doigt de Dieu; l'enfer ou le paradis attend chaque chrétien à la fin de ses jours. Le temps est en effet perçu comme linéaire et fini, commençant par la création divine pour se terminer par la fin du monde. L'angoisse de l'être humain n'est pas tant de faire face au vieillissement et à la mort, mais plutôt d'avoir à affronter son Créateur au Jugement dernier, ce qui explique d'ailleurs les nombreuses conversions en fin de parcours. À ces croyances se greffent les légendes populaires inspirées du folklore qui se mêlent très bien au merveilleux chrétien, à ses miracles, à ses anges et à ses démons. Tout revêt une signification symbolique : autant l'architecture cruciforme des églises que l'armure du chevalier et jusqu'à la nature elle-même qui permet l'épanchement mystique.

À la fin du Moyen Âge, des changements significatifs et de grandes découvertes, notamment celle de l'imprimerie et celle de tout un continent, l'Amérique, précipitent le passage vers une ère nouvelle. Les rois cessent de considérer le royaume comme une propriété personnelle et prennent progressivement conscience de leur rôle comme chefs d'État en même temps que prend forme le concept de nation. Les villes, qui jusqu'alors servaient surtout de siège épiscopal, connaissent un nouvel essor grâce aux artisans et aux marchands qui s'y établissent. Les banquiers font leur apparition et vont bientôt exercer une influence prépondérante. Ceux d'entre eux qui sont juifs seront victimes du sentiment d'antisémitisme qui a déjà pris racine en Europe : ils serviront souvent de boucs émissaires au moment des faillites nationales et des défaites militaires.

Roue de Fortune, enluminure française, XIVe siècle.
La roue de Fortune est l'une des images importantes de la fin du Moyen Âge. Fortuna, déesse du destin dans la mythologie romaine, est généralement représentée les yeux bandés, symbole de son indifférence devant les souffrances des hommes, riches ou pauvres.

Ils ne sont pas les seules victimes des superstitions et du poids de la tradition : les femmes paient de leur statut nettement inférieur le péché d'**Ève** qui a soumis **Adam** à la tentation. Toujours dépendantes d'un homme, leur père, leur mari, leur frère ou même leur fils, elles servent de monnaie d'échange au moment des tractations matrimoniales. Les hommes cherchent en effet à augmenter leur puissance par des unions profitables.

La condition réservée à la femme permet de mesurer l'écart entre la réalité et l'image idéalisée que véhicule la littérature. Comme seule une faible portion de la population accède à la lecture et à l'écriture, la vision de la société à cette époque se restreint forcément à un milieu, généralement celui de la cour. Les troubadours (aussi appelés

Adam et Ève : dans la mythologie chrétienne, nom des premiers êtres humains chassés du paradis terrestre par la faute d'Ève, qui aurait soumis son partenaire à la tentation en mangeant le « fruit interdit », soit une pomme.

Présentation de l'époque

« trouvères » selon leur région d'origine), quelquefois d'origine noble, se déplacent de château en château pour chanter les exploits des chevaliers et leurs amours, sans préoccupation pour les misères du paysan. D'ailleurs la culture orale se montre peu soucieuse de vraisemblance, tout comme la culture religieuse qui se nourrit plus de mystère que de raison.

LA MENTALITÉ MÉDIÉVALE : En quoi diffère-t-elle de la mentalité d'aujourd'hui ?

Le sentiment d'appartenir à une nation ne fait pas partie des traits propres à la mentalité médiévale. Dans cette société où tout ce qui relève de l'administration repose sur des relations personnelles et affectives, le sentiment de la solidarité collective tarde à se révéler. Les vilains – on appelle ainsi les paysans – se portent plus facilement à la défense de leur seigneur qu'à celle d'un lointain roi peu connu. Souvent contestée, l'autorité royale demeure fragile. D'ailleurs, le roi lui-même considère son royaume comme un **patrimoine** qu'il peut subdiviser à sa guise, sans tenir compte des intérêts de ses habitants. C'est seulement lors des guerres contre un ennemi extérieur, ou durant les croisades contre les Sarrasins, que les seigneurs oublient leurs rivalités pour s'unir sous la bannière royale. Le sentiment d'être français ne s'affirme réellement que durant la guerre de Cent Ans (1337-1453), dans laquelle s'illustre l'héroïne Jeanne d'Arc en délivrant la France de l'occupation anglaise.

L'énumération suivante permet de saisir d'autres différences entre la vie au Moyen Âge et celle d'aujourd'hui.

- Au Moyen Âge, l'être humain ne se conçoit pas comme un individu libre et aucun document législatif ne lui reconnaît des droits dont il pourrait se réclamer.
- La mobilité sociale, c'est-à-dire la possibilité de progresser dans la société par ses talents personnels, est extrêmement réduite puisque l'on conçoit plutôt l'organisation sociale comme figée dans le temps parce qu'elle est déterminée par le Créateur.
- L'ambition et le sens de l'initiative sont des qualités valorisées dans une société concurrentielle comme celle d'aujourd'hui ; au Moyen Âge, il vaut mieux pratiquer le conformisme et le respect des traditions et de l'autorité.
- La plus grande partie de l'énergie est fournie par les animaux et par la force physique de l'homme.
- L'espérance de vie (plus ou moins 40 ans) est réduite à cause de plusieurs facteurs : le taux élevé de mortalité à la naissance, les famines et les épidémies nombreuses, le mode de vie guerrier, des conditions de vie précaires et une médecine rudimentaire. La maladie est par ailleurs assimilée à un châtiment divin.

Patrimoine : biens et propriétés laissés en héritage.

LA LITTÉRATURE : Comment son évolution reflète-t-elle celle de la langue et de la culture ?

Le Moyen Âge s'étend sur plusieurs siècles au cours desquels la littérature a beaucoup évolué. Les artistes ont d'abord chanté dans le dialecte de leur région : le sud-est de la France est sous influence occitane alors qu'au nord-ouest, on parle des dialectes de la langue d'oïl.

Toutefois, la poésie courtoise commune aux troubadours et aux trouvères, qui s'attache d'abord à leur terroir natal, va bientôt témoigner d'un sentiment national en train de se forger. Cette littérature étend progressivement son aire d'influence, séduisant par ses idéaux chevaleresques ou par ses valeurs de raffinement. Au-delà de leur disparité linguistique et sociale, jongleurs anonymes, seigneurs-troubadours, romanciers-chevaliers ou « pauvres » poètes, tels Rutebeuf ou Villon, ont tous contribué à la naissance de la littérature française.

La culture orale

À l'intérieur de cette culture orale, les premiers jongleurs, troubadours et conteurs se satisfont de leur rôle d'imitateurs ou de simples transmetteurs d'œuvres déjà existantes, mais leurs successeurs s'inspireront bientôt de ces modèles colportés par les uns et les autres pour nourrir leur propre création. En fait, la contribution personnelle du conteur se réduit dans certains cas à ornementer des structures narratives préétablies. Cette littérature présente ainsi un caractère répétitif du fait même qu'elle est très codifiée. Les personnages de Tristan et Iseult ou de l'enchanteur Merlin, les règles de l'amour courtois ne sont la création d'aucun auteur en particulier tout en étant à la disposition de tous.

L'anonymat étant alors la règle, les écrivains du Moyen Âge ne cherchent pas l'originalité : s'inscrire dans une tradition est pour eux tout naturel. Chacune des œuvres de cette époque représente une variation sur un fond culturel et imaginaire commun. Pourtant coexistent déjà des œuvres rédigées et compilées par de nombreux auteurs, comme *Le roman de Renart*, et d'autres qui portent les traces d'une personnalité singulière comme celle de Chrétien de Troyes.

La transition vers la culture écrite

C'est souvent la protection d'un seigneur qui permet à un écrivain de se faire connaître. Assuré d'un gîte, l'ancien jongleur met un terme à ses pérégrinations et s'attache un public attentif et cultivé. Il réunit ainsi les conditions lui permettant de transformer son art de « jongler » à haute voix en art d'écrire en silence. À partir du XIIIe siècle, au moment où naît la vie culturelle des premières villes, les écrivains trouvent un public lettré plus vaste. La littérature écrite s'écarte alors davantage de ses sources orales. C'est le passage de l'oralité à l'écriture qui assure aux œuvres leur pérennité, qui tire le jongleur de l'anonymat et lui donne le statut d'écrivain qui signe ses œuvres.

LA LITTÉRATURE MÉDIÉVALE

> Quelles caractéristiques lui attribuer qui puissent aider à l'analyse des œuvres ?

La littérature reflète forcément certains des traits de la société médiévale tout en proposant, dans certains cas, une version embellie de la réalité. Comme l'Église exerce une influence prépondérante à l'époque, la littérature en portera les marques : elle sera sous influence religieuse comme l'art en général. Tout en s'inspirant des mythes chrétiens, elle puise aussi dans les légendes locales : c'est une littérature du merveilleux. Chantée ou composée pour un public aristocrate restreint, c'est aussi une littérature de cour. Le héros en est le chevalier et ses valeurs sont celles du combattant : c'est une littérature guerrière, ou si on préfère, chevaleresque. Enfin, même écrite, elle traduit ses origines orales : c'est une littérature versifiée.

Les traits distinctifs

1 Une littérature sous influence religieuse

Dans une société pétrie de christianisme, la représentation du monde se fonde sur les explications de la Bible et des textes religieux ; l'amour se plie à un code moral, qui implique la sublimation du désir ; les moments essentiels de la vie sont soulignés par des cérémonies religieuses ou accompagnés de rites liturgiques. Les mentalités médiévales sont façonnées par la religion chrétienne. Les premiers textes, dont la *Cantilène de sainte Eulalie* publiée au IXe siècle, sont des vies de saints qui visent l'exaltation de la foi ; au moment des croisades, les chevaliers eux-mêmes se perçoivent comme des soldats au service de Dieu dans la lutte contre les infidèles. Le théâtre médiéval prend sa source dans la mythologie religieuse avec sa représentation de la Passion du Christ et autres grands mystères, et c'est en son sein que naît le théâtre profane. Enfin, même l'amour courtois que chantent les troubadours se traduit par une forme d'adoration platonique du chevalier pour sa dame qui ressemble au culte du croyant pour la Vierge Marie.

2 Une littérature de cour

Au Moyen Âge, il y a autant de cours qu'il y a de seigneurs puissants en quête de prestige. Pour faire diversion aux tournois et autres activités combatives qui ne suscitent

Le roman de la rose, enluminure, XIVe siècle.
Le roman de la rose a connu un réel succès au Moyen Âge. En effet, il s'agit de l'un des textes les plus copiés de l'époque : il existe plus de 300 manuscrits connus, et l'œuvre fut imprimée dès 1480. Vous trouverez un extrait de ce texte à la page 24.

guère l'intérêt des dames, le seigneur et son entourage s'adonnent à des jeux mondains ou à des joutes verbales qui, progressivement, contribuent au raffinement de la culture. C'est à ce public aristocratique que s'adressent les troubadours, dans le but de le divertir, mais aussi pour l'instruire des rites et coutumes qui serviront à chacun des chevaliers au moment de rendre hommage à sa dame. Ce cérémonial est d'ailleurs de même nature que celui qu'exige la fidélité au seigneur. Le chevalier assimile ainsi les valeurs prônées par ce milieu très restreint, qui sont par exemple la loyauté au seigneur et à la dame, la vaillance qui se forge dans l'épreuve, l'humilité et l'obéissance.

Ainsi, la sublimation du désir contribue à l'élévation morale du chevalier et sert tout à la fois à renforcer la cohésion dans la noblesse. Un mode de vie s'érige en idéal dont est tout naturellement exclu le vilain (le paysan), cet inconnu dont on parle peu, sauf dans les farces et les fabliaux, et dont presque personne ne chante ni les amours ni les peines. Même la littérature satirique, en se moquant des mœurs de la cour, se trouve ainsi à rendre compte de l'importance de cette dernière.

3 Une littérature guerrière (ou chevaleresque)

Au Moyen Âge, l'homme du monde est d'abord un homme de combat. Ses activités sont belliqueuses : quand il n'est pas pris par des batailles avec des seigneurs rivaux, il part en croisade ou, sinon, il occupe son temps à des activités substituts comme les tournois et la chasse. Les animaux fétiches sont d'ailleurs le cheval, qui sert aux affrontements, et le faucon, qui sert pour la chasse et fait l'objet d'un véritable culte puisque sa domestication exige une très grande patience. Ainsi, les chansons de geste autant que les romans de chevalerie font l'éloge des prouesses du chevalier, qui est le héros de ces récits. C'est d'ailleurs parce qu'elle vante les vertus de la noblesse et qu'elle érige en modèle sa façon de vivre qu'on peut considérer que cette littérature vise des buts autres que le divertissement, qu'elle milite en faveur d'un mode de vie tout en excluant de son champ d'intérêt, par exemple, tout ce qui relève du travail de la terre, sur lequel repose pourtant l'économie.

4 Une littérature du merveilleux

Dans la mentalité du Moyen Âge, on croit qu'il existe des intermédiaires entre l'homme et Dieu, et que le monde réel communique avec le monde surnaturel, sans frontière étanche pour les séparer. Dans les bestiaires de l'époque, les animaux véritables sont décrits avec autant de précision que les animaux chimériques comme la licorne, d'ailleurs maintes fois représentée. La nuit est un temps qui se prête aux prodiges ; la forêt est un lieu propice aux mirages. Le chevalier qui s'y aventure peut faire la rencontre de nains ou de géants, être victime de maléfices ou subir l'envoûtement d'une sorcière.

Ce goût pour les récits fabuleux tient au fait que, dans une culture orale, il est impérieux de retenir l'attention de l'auditoire, aussi le troubadour n'hésite-t-il pas à amplifier les faits, voire à les dénaturer pour frapper l'imagination. On peut ajouter que ce goût du merveilleux se fonde partiellement sur l'ignorance de l'interlocuteur ou sur sa crédulité, mais c'est aussi parce que la vraisemblance ne fait vraiment pas partie des critères du troubadour pour juger de son travail. Dans le monde médiéval, on vit très bien avec l'idée du philtre magique qui métamorphose les êtres, comme on accepte très bien la mouvance des faits et des événements qui se transforment en légende.

5 Une littérature versifiée

La prépondérance de la parole sur l'écrit a des conséquences directes sur la forme et le style des œuvres. En effet, sans le support du papier et d'une version permanente, comment mémoriser les œuvres et s'assurer de leur transmission ? À l'instar de la majorité des littératures du monde, la littérature française naissante utilise les ressources sonores et rythmiques de la langue, sous la forme de la versification, pour établir ses fondements.

Jusqu'au *Lancelot* en prose, vers 1225, toutes les œuvres littéraires ou presque sont écrites en vers. Les longues chansons de geste, les volumineux romans de chevalerie, les farces théâtrales empruntent une forme versifiée, spontanément associée à la poésie. Comme dans les comptines pour enfants ou les refrains de chansons, la musique des mots devient le support de la mémoire. Les rimes, la longueur et la coupe des vers, la structure des strophes, toutes les règles de la prosodie servent de cadre pour l'élaboration des œuvres. Voilà pourquoi la distinction entre poésie et prose est difficile à établir et reste un peu artificielle à cette époque. Il faut attendre la fin du Moyen Âge pour que la prose et la poésie deviennent des genres relativement distincts.

Enfin, du fait de leurs origines orales, les œuvres, finalement recopiées à la main par des moines, se présentent comme des textes instables. L'imprimerie n'existe pas et aucun auteur ne revendique la paternité des premières légendes ou épopées. Le lecteur se trouve devant des versions qui présentent des différences : outre le fait que les copistes pouvaient être distraits, myopes ou fatigués en travaillant, dans certains cas, ils parlaient même un autre dialecte que celui qu'ils transcrivaient. Il n'est pas dit non plus que certains d'entre eux, cherchant à échapper à l'ennui de la vie monacale, n'aient pas laissé aller leur imagination pour ajouter ici et là quelques détails ou même des épisodes entiers, autre explication plausible à ces variations d'un texte à l'autre.

Les caractéristiques de la littérature médiévale

Littérature sous influence religieuse	• Importance de la mythologie religieuse dans tous les genres. • Les chansons de geste sont des récits de croisades : le héros chevalier participe à une guerre sainte contre les infidèles. • Lyrisme qui emprunte un caractère superstitieux, mystique ou fataliste. • Inquiétude spirituelle liée à la mort et à la peur du Jugement dernier et de l'enfer.
Littérature de cour	• Expression du raffinement des mœurs : le chevalier sublime son désir pour la dame. • Promotion des valeurs et des coutumes de l'élite aristocratique (sens de l'honneur, fidélité et soumission). • Transposition dans les rapports amoureux du cérémonial relatif à la vassalité. • Parodie de la vie courtoise.
Littérature chevaleresque	• Valorisation du héros épique, le chevalier. • Exaltation des valeurs guerrières, comme la vaillance et le sens de l'honneur. • Manichéisme du monde fondé sur une opposition simplifiée entre le bien et le mal.
Littérature du merveilleux	• Dans les chansons de geste, transformation de faits historiques en légendes. • Personnages de géants et de nains, de fées et de sorcières ; animaux chimériques. • Absence de frontière entre le monde réel et le monde surnaturel. • Philtres, maléfices et métamorphoses miraculeuses.
Littérature versifiée	• Chansons de geste composées en laisses (tirade, couplet ou suite de vers) assonancées (avec reprise d'un même son). • Répétition de formules pour aider à la mémorisation du récit. • Adoption de la ballade pour exprimer le lyrisme. • Jeu avec les mots dans les textes à caractère satirique. • Textes instables, avec des différences selon les versions retenues.

LA CHANSON DE GESTE

Quelles sont ses particularités ?

La littérature des origines d'un peuple mêle toujours la légende à l'histoire, le désir de glorifier le passé se greffant à la connaissance de faits réels. Chez les Grecs, par exemple, Homère a raconté l'épopée de la guerre de Troie et les aventures d'Ulysse dans l'*Iliade* et l'*Odyssée*. En France, ce sont de très longs récits versifiés qui serviront à garder vivante la mémoire des grands événements et de la « geste » héroïque de ceux qui deviendront peu à peu les Français.

Les chansons de geste s'élaborent graduellement à travers l'art oral des jongleurs. Elles seront transcrites et adaptées en langue vulgaire (c'est-à-dire dans la langue du peuple), soit l'ancien français, entre les XIe et XIIIe siècles.

Au centre de la chanson de geste, le héros épique se distingue par ses qualités exceptionnelles. Son courage, sa loyauté et sa foi le placent au-dessus des autres protagonistes et en font un modèle à imiter, bien qu'il soit en fait inatteignable. Homme d'action et de combat sûr de lui, sa psychologie sommaire se base sur la certitude absolue de la justesse de sa cause. Engagé dans une mission périlleuse contre des ennemis terribles, il meurt en héros regretté de tous. Le style épique privilégie un vocabulaire noble, des superlatifs ou des images parfois grandiloquentes pour magnifier les actions du héros. Les exploits sont décrits et les événements sont racontés sommairement, sans trop de détails ni de nuances : le héros est d'une vaillance inégalable et les ennemis sont cruels et méchants.

Fondée sur des événements historiques importants, l'intrigue se rapporte habituellement à des guerres, qui sont transformées par la légende. Généralement regroupées en cycle – par exemple, le cycle de l'empereur Charlemagne –, les chansons de geste relatent notamment les exploits militaires des Francs contre les Sarrasins, les infidèles. Plusieurs racontent les croisades pour reconquérir Jérusalem. Les chansons de geste exaltent les idéaux religieux et politiques d'une collectivité (thématique). Ce sont des récits exemplaires qui proposent une ligne de conduite, une morale et des valeurs incarnées par le héros épique (vision du monde).

Le récit lui-même est entrecoupé d'interventions du conteur faites dans le but de maintenir l'intérêt de l'auditoire, ce qui témoigne de l'origine orale des chansons de geste. Adoptant une tonalité grave, les chansons de geste ne sont pas concernées par l'expression de l'amour : on y fait très peu allusion à la sexualité ou aux relations conjugales. L'humour en est aussi exclu. Le récit est formé de plusieurs dizaines de laisses ; celles-ci constituent les couplets de la chanson qui regroupe des vers en nombre variable se terminant par la même

Relief de la façade ouest, linteau dit de la *Chanson de Roland*, détail : combat, bataille de Ronceveaux, 1130.
En plus de servir à instruire les fidèles sur des passages bibliques, les bas-reliefs d'églises leur rappelaient parfois des faits d'armes.

assonance, c'est-à-dire par la même voyelle accentuée. Le rythme et la musique engendrés par cette versification ainsi que la répétition de formules ou d'expressions stéréotypées facilitent le travail de mémorisation du jongleur et captent l'attention des auditeurs. Même dans les versions modernisées, on trouve quelques-unes des caractéristiques propres à la tradition orale.

Les caractéristiques de la chanson de geste

Histoire	• Héros exceptionnel dépeint de façon sommaire.
	• Faits historiques transposés en légendes.
Structure	• Simplicité de la narration avec marques de la langue orale, grandiloquence du style.
Thématique	• Épopée collective proposant un idéal, un modèle.
	• Valorisation du courage, de la loyauté et de l'abnégation du chevalier totalement dédié à la cause de son roi et de son dieu.
Style et procédés d'écriture	• Structure en laisses assonancées ; emploi de procédés pour favoriser la mémorisation.
	• Tonalité épique ou grave.

Roland sonne l'olifant

132 L'archevêque les entend se quereller. Il pique son cheval de ses éperons d'or pur, vient jusqu'auprès d'eux et se met à les réprimander : « Sire Roland, et vous sire Olivier ! Au nom de Dieu, je vous en prie, ne vous querellez point ! Sonner le cor ne nous serait plus guère d'aucun secours. Néanmoins ce serait mieux, car si le roi revient il pourra nous venger : ceux d'Espagne ne doivent pas s'en retourner satisfaits. Nos Français descendront ici de cheval, nous trouveront morts et démembrés, nous mettront en bière sur des destriers et nous pleureront de deuil et de pitié. Puis ils iront nous inhumer en quelque crypte d'une église, et ni les loups, ni les porcs, ni les chiens ne mangeront nos cadavres. » Roland répond : « Sire, vous avez bien parlé ! »

133 Roland porte alors l'olifant à sa bouche. Il l'emprend bien et de toutes ses forces le fait résonner. Hautes sont les montagnes, et longue la plainte du cor : à trente lieues on l'entend qui s'éloigne. Charles l'entend, et toutes ses compagnies. Le roi dit : « Nos hommes livrent bataille ! » Et Ganelon lui réplique : « Si un autre l'avait prétendu, ç'aurait été un grand mensonge ! »

134 Roland le comte à grande peine et grand effort et grande douleur sonne son olifant. De sa bouche le sang jaillit clair. Sur sa tempe la veine s'est rompue. Du cor qu'il tient ainsi le son est très grand. Charles l'entend là-bas, qui déjà passe les cols. Naimes le duc aussi l'entend, et tous les Français l'écoutent. Le roi dit : « J'entends là-bas l'olifant de Roland ! Il n'en sonnerait pas s'il n'y livrait bataille. » Et Ganelon répond : « Il n'en est rien de cette bataille ! Vous vous faites vieux et fleuri et tout blanc ! De tels propos font de vous un enfant ! Vous connaissez pourtant le grand orgueil de Roland : c'est merveille encore que Dieu l'endure tant ! Déjà il a pris Nobles sans votre commandement : les Sarrasins sortirent de la cité et livrèrent bataille au bon vassal Roland. Puis avec de l'eau il lava le sang sur les prés pour qu'il n'en reste pas de traces honteuses. Pour un seul lièvre, il sonnerait volontiers du cor pendant toute une journée ! Aujourd'hui il se joue sûrement de ses pairs ! Il n'est personne sous le ciel qui oserait lui chercher bataille. Chevauchez donc ! Pourquoi rester ici ? La Terre des aïeux est encore très loin là-bas devant nous… »

135 Roland le comte a la bouche ensanglantée. Sur sa tempe la veine s'est rompue. Il sonne l'olifant à grande peine et grande douleur. Charles l'entend bien là-bas, et ses Français aussi l'entendent. Le roi alors dit : « Ce cor a longue haleine ! » Naimes le duc répond : « Si le baron s'en donne la peine, c'est qu'il livre bataille, voilà mon avis. Celui-là même l'a trahi, qui vous conseille de le laisser tomber. Revêtez vos armures, criez votre cri d'armes et allez porter secours à votre armée vaillante ! Ah ! vous entendez bien que Roland se démène ! »

Anonyme, la *Chanson de Roland*, laisses 132 à 135, v. 1070.

Anonyme

Le héros et le traître

La *Chanson de Roland*, une chanson de geste de plus de 4000 vers (traduite ici en français moderne et transposée en prose), raconte l'épopée des origines lointaines et mythiques de la France. Recopiée à différentes époques, cette chanson existe en plusieurs versions ; sa forme définitive serait née sous la plume d'un certain Turold dont on ne sait s'il était poète ou simple copiste. Le récit entremêle faits historiques et embellissements légendaires : en 778, à Roncevaux, dans les Pyrénées, les troupes de Charlemagne, menées par son neveu Roland, affrontent des mercenaires espagnols au service des Sarrasins. Dans le récit, cet épisode s'inscrit dans le cadre d'une croisade opposant chrétiens et musulmans. Devant la menace d'une nouvelle attaque, l'archevêque convainc Roland de « sonner l'olifant », sorte d'instrument à vent, pour appeler le roi Charles à son secours alors que celui-ci a déjà pris le chemin du retour. Dans cet extrait, les actions héroïques de Roland contrastent avec les propos sarcastiques du traître Ganelon, son beau-père.

Laisse 133 de la *Chanson de Roland* dans sa forme originale

CXXXIII
Rollant ad mis l'olifan a sa buche,
Empeint le ben, par grant vertut le sunet.
Halt sunt li pui e la voiz est mult lunge,
Granz. XXX. liwes l'oïrent il respundre.
Karles l'oït e ses cumpaignes tutes.
Ço dit li reis : « Bataille funt nostre hume ! »
E Guenelun li respundit encuntre :
« S'altre le desist, ja semblast grant mençunge ! »
AOI.

Atelier d'analyse

Exploration

1. Montrez le caractère guerrier de l'extrait en répondant aux questions suivantes. Justifiez vos réponses au moyen d'une citation.
   a. Quel personnage est porteur des valeurs héroïques ?
   b. Au nom de qui se bat-il ?
   c. Quel est l'ennemi à combattre ?
   d. Relevez quelques termes et expressions qui témoignent du thème de la guerre.
   e. Comment le texte permet-il de saisir que les moyens de combattre d'alors diffèrent de ceux d'aujourd'hui ?

2. Clarifiez la situation sociale des personnages en relevant les titres ou les marques de respect qui révèlent leur importance et expliquez le lien de dépendance qui existe entre eux.

3. Expliquez comment le texte permet de saisir l'importance de la religion.

4. Quels propos de Ganelon sur Roland permettent de conclure à sa trahison ?

5. Relevez les énumérations et les répétitions qui contribuent à rendre l'atmosphère solennelle, et relevez les inversions qui témoignent, entre autres, du caractère versifié du texte d'origine.

6. Montrez que les références au corps témoignent de l'héroïsme de Roland.

Rédaction

7. **Sujet :** Analysez la thématique chevaleresque dans cet extrait de chanson de geste.

   Consigne : Dressez un plan détaillé en prenant comme point de départ les trois mots clés suivants : le contexte, le héros, la thématique.

Baudouin et Turpin annoncent à Charlemagne la mort de Roland ; Charlemagne pleure la mort de Roland, enluminure française tirée des *Grandes chroniques de France* (« Chronique de Saint-Denis »), vers 1340.

LA POÉSIE COURTOISE

Quelle est sa thématique ? Quelles sont ses modalités ?

Si amour rime avec toujours, c'est aux troubadours et aux trouvères qu'il revient de l'avoir chanté pour... toujours. À la fin du XIe siècle se développent autour de ces musiciens poètes un nouvel art d'aimer et une manière de vivre à la cour en même temps qu'une poésie lyrique originale. Le concept de courtoisie recouvre ces trois éléments et influence fortement la poésie, bien sûr, mais aussi le roman de chevalerie.

Apparue dans les cours des grands seigneurs, la courtoisie représente un idéal de vie et d'amour qu'une élite aristocratique veut opposer aux mœurs féodales souvent primitives : loi du plus fort, inégalité du statut des hommes et des femmes, mariages forcés sans considération des sentiments amoureux, etc. L'amour courtois, connu à l'origine sous l'appellation de *fine amor*, représente, quant à lui, la quintessence des manières de cour ; il incarne en quelque sorte cette aspiration de l'élite au raffinement.

Consacrée à un code amoureux exigeant, d'abord élaboré par les troubadours, au sud, et les trouvères, au nord, qui en trouvent (*trobar* signifie « trouver ») les règles, la poésie de ces « auteurs-compositeurs interprètes » est inséparable de la musique qui accompagne leurs *canso*, leurs chansons d'amour. Peu à peu, les valeurs clés de la *cortesia* ou de la *fine amor* se précisent. Ce code de l'amour courtois est une transposition, dans un cadre amoureux, du genre de relations qui existent entre le chevalier et son seigneur, ce qui implique une soumission et une obéissance complètes de l'amant envers sa dame et un serment de fidélité absolue.

Les troubadours, plutôt que de chercher à satisfaire le désir amoureux, mettent l'accent sur sa sublimation, c'est-à-dire le fait de repousser son accomplissement. Il s'ensuit une sorte de jeu amoureux où l'amant nourrit sans cesse son désir, mais veille à ce qu'il reste inassouvi... ou presque. Cela tient au fait que les chevaliers et les troubadours élisent souvent comme dame l'épouse du suzerain (le seigneur dont ils dépendent), ce qui signifie que la dame est d'un rang supérieur, mais comme celle-ci est mariée, cela signifie aussi que cet amour est par nature adultère (seul Chrétien de Troyes essaiera de réconcilier mœurs chrétiennes et *fine amor*). Ils se placent donc dans un rapport de vassalité avec une dame qui, quant à elle, joue souvent l'indifférence. Ce tourment amoureux, à la fois plaisant et douloureux, les troubadours le nomment « joï », terme qu'il ne faut pas confondre avec celui de joie.

Essentiellement lyrique, la poésie des troubadours et des trouvères s'inspire de leurs sentiments et de leurs aspirations amoureuses. « J'aime, je chante », écrit l'un d'eux. Pourtant, l'emploi systématique du « je » n'a pas de valeur autobiographique et ne renvoie pas véritablement à une expérience personnelle ou intime. C'est un moyen d'expression mis au service de thèmes et de motifs qui font partie d'un fond culturel et imaginaire commun : le printemps, la saison des amours, la dame inaccessible, les tourments du cœur. Témoignant du fait qu'on se trouve toujours dans une culture orale, la chanson, qui associe le vers à la musique pour servir le travail de la mémoire, demeure la forme poétique privilégiée.

Guillaume de Machaut composant, enluminure, 1370.

Les caractéristiques de la poésie courtoise

Histoire	• Héros dont les exploits visent à conquérir le cœur d'une dame inaccessible et sublime, habituellement sa suzeraine. • Action plutôt secondaire laissant place au tourment amoureux du héros en proie à un dilemme déchirant et à un désir dévorant.
Structure	• Poèmes en vers de formes diverses (lai, rondeau, ballade) d'abord composés en vue d'être chantés.
Thématique	• Opposition aux mœurs primitives de la société féodale. • Représentation d'une manière de vivre et d'aimer typique de la cour. • Calque des liens amoureux sur les rapports entre le chevalier et le seigneur. • Préférence pour le désir amoureux plutôt que pour son assouvissement. • Expression de sentiments souvent tourmentés dans un cadre adultère.
Style et procédés d'écriture	• Tonalités lyrique et pieuse. • Expression de la subjectivité et des sentiments.

Jaufré Rudel
(v. 1130 – v. 1170)

La dame inaccessible de l'amour courtois

Petit seigneur dont on croit qu'il fut rattaché à la cour du duc et poète Guillaume IX d'Aquitaine, Jaufré Rudel est l'un des tout premiers troubadours. Illustre et inconnu sont deux mots qui résument bien sa vie et son œuvre. Comme le veut une légende dans la plus pure tradition courtoise, il serait tombé amoureux d'une mystérieuse comtesse arabe, la comtesse de Tripoli, qu'il n'aurait pourtant jamais vue ! C'est pour la rencontrer qu'il aurait participé à la croisade de 1147. La légende veut aussi qu'il y soit mort, expirant dans les bras de sa dame.

Des six poèmes de Jaufré Rudel parvenus jusqu'à nous, celui-ci exprime avec délicatesse les sentiments à la fois joyeux et tourmentés de l'amant pour une dame inaccessible et lointaine, trop lointaine.

Lorsque les jours sont longs en mai

Lorsque les jours sont longs en mai
Me plaît le doux chant d'oiseaux lointains,
Et quand je suis parti de là
Il me souvient d'un amour lointain ;
5 Alors je m'en vais si morne et pensif
Que ni chants, ni fleurs d'aubépines
Ne me plaisent plus qu'hiver gelé.

Je tiens pour seigneur de vrai [véritable]
Celui par qui je verrai l'amour lointain ;
10 Mais pour un bien qui m'échoit [m'advient]
J'ai deux maux, tant il m'est lointain.
Ah ! si j'étais pèlerin
Pour que mon bâton et ma couverte
Puissent être vus de ses beaux yeux !

15 Joie me viendra quand je lui querrai, [demanderai]
Pour l'Amour de Dieu, d'accueillir l'hôte lointain,
Et s'il lui plaît je m'hébergerai
Auprès d'elle, moi qui suis lointain,
Alors seront doux entretiens
20 Quand l'hôte lointain sera si voisin
Que les doux propos la soulageront.

Triste et joyeux m'en séparerai,
Si jamais je la vois, de l'amour lointain
Mais je ne sais quand je la verrai,
25 Car notre pays en est trop lointain :
D'ici à là-bas il y a trop de pas et de chemins ;
Et pour le savoir, je ne suis pas devin
Mais qu'il en soit tout comme à Dieu plaira.

Jamais d'amour je ne jouirai
30 Si je ne jouis de cet amour lointain,
Je n'en sais point de plus noble, ni de meilleur

> **Extrait du poème dans sa forme originale**
>
> *Lai can li jorn son lonc e may*
> *m'es bel dos chans d'auzels de lonc,*
> *e can mi soi partitz de lay*
> *remenbra.m un amor de lonh.*
> *Vau de talan enbrons e clis,*
> *si que chans ni flors dels bels pis*
> *nom val pus que l'yvern in glatz.*

Atelier d'analyse

Exploration

1. S'il y a lieu, récrivez les vers qui vous semblent difficiles en modernisant le vocabulaire et la syntaxe.
2. Les troubadours aiment que leur dame soit inatteignable, car cela leur permet de sublimer le désir amoureux. Montrez que ce poème met fortement en relief cet aspect propre à l'amour courtois.
3. Relevez les marques du lyrisme en considérant les aspects suivants.
   a. L'expression subjective.
   b. L'expression d'émotions et de sentiments.
   c. Le lien avec la nature.
4. Montrez que le texte est traversé par des images opposées de joie et de tristesse.
5. Soumission et piété sont des qualités très valorisées au Moyen Âge.
   a. Comment le sentiment religieux s'exprime-t-il dans le texte ?
   b. Comment le poème semble-t-il exprimer une déviation par rapport à cette valeur de la soumission ?

En nulle part, ni près ni loin ;
De tel prix elle est, vraie et parfaite,
Que là-bas au pays des Sarrasins,
35 Pour elle, je voudrais être appelé captif !

Dieu qui fit tout ce qui va et vient
Et forma cet amour lointain
Qu'il me donne le pouvoir, que j'en aie le courage,
Que je puisse voir cet amour lointain,
40 En vérité en semblable demeure
Que la chambre et que le jardin
Me soient en tout temps un palais.

Il dit vrai celui qui m'appelle avide
Et désireux d'amour lointain,
45 Car nulle autre joie ne me plaît autant
Que jouissance d'amour lointain.
Mais ce que je veux m'est refusé,
Car ainsi me dota mon parrain,
Que j'aime et dont je ne suis pas aimé.

50 Mais ce que je veux m'est refusé ;
Qu'il en soit maudit, le parrain,
Qui me dota de n'être pas aimé.

Jaufré Rudel, *Chanson*, milieu du XIIe siècle.

Les frères de Limbourg, *Le mois de mai,* enluminure tirée du livre *Les très riches heures du duc de Berry*, 1416.

6. Dans une culture orale, la répétition aide à la mémorisation du texte et en permet la transmission. Montrez que ce poème illustre cette façon de procéder.

Rédaction

7. **Sujet :** Dans ce poème, est-il vrai que l'amour se plie aux exigences du code de l'amour courtois ?

   Consigne : Complétez l'introduction suivante, puis composez le premier paragraphe du développement.

   Introduction partiellement rédigée :
   Sujet amené : *Née au Moyen Âge, la courtoisie répond à un besoin de raffinement et impose aux amants un ensemble d'exigences qui élève le sentiment amoureux au rang d'un idéal d'amour.*
   Sujet posé : *Dans ce poème intitulé « Lorsque les jours sont longs en mai », qui date du milieu du XIIe siècle, Jaufré Rudel exprime les déchirements mais aussi le plaisir qu'entraîne son attirance pour une dame lointaine.*
   Sujet divisé : À compléter.

Marie de France (seconde moitié du XIIe siècle)

Le lai

Première femme poète française qui vécut probablement à la cour d'Angleterre, Marie de France transforme des légendes celtiques en courts poèmes narratifs qu'on appelle des « lais ». Composés en octosyllabes à rimes plates, les 12 récits qui nous sont parvenus présentent, sur une toile de fond réaliste ponctuée d'éléments de merveilleux, des histoires d'amour adultère (9 cas sur 12) dans lesquelles l'attachement des amants compte plus que le respect du lien conjugal.

La poésie de Marie de France se distingue par une peinture tout en demi-teintes de la tendresse amoureuse, comme l'illustre le lai ci-contre relié à la légende de Tristan et Iseult. Dans ce poème, Tristan, qui ressent une peine extrême loin de sa bien-aimée, lui envoie en quelque sorte un gage d'amour, soit une branche de coudrier entourée d'un brin de chèvrefeuille, symbole de leur attachement.

Les équivalents lexicaux suivants devraient favoriser la compréhension du poème : « moult est dolent » signifie que Tristan est très triste ; « en la vêprée » veut dire le soir ; le verbe « ouïr » est l'équivalent d'entendre ; « mander » signifie envoyer. Enfin, il faut retenir qu'un lai est un court récit versifié.

Le lai du chèvrefeuille

C'est mon plaisir et mon vouloir,
du lai qu'on nomme Chèvrefeuille,
que la vraie histoire vous conte,
comme il fut fait, de quoi et d'où.
5 Plusieurs me l'ont conté et dit,
et je l'ai trouvé en écrit,
lai de Tristan et de la reine,
de leur amour qui fut extrême,
dont ils eurent mainte douleur,
10 puis en moururent en un jour.

Le roi Mark était courroucé,
irrité contre son neveu ;
et de sa terre, il le bannit,
pour ce que la reine il aimait.
15 En son pays s'en est allé
Tristan, en Galle, où il naquit ;
toute une année y demeura,
n'eut la force de revenir,
et il y courut grand danger
20 de mort et de destruction.
Ne vous en émerveillez point :
car qui aime loyalement
moult est dolent et tourmenté
quand il n'a pas ce qu'il désire.
25 Tristan est dolent et pensif :
et il sortit de son pays.
En Cornouaille vint tout droit,
là où la reine demeurait.

En la forêt, tout seul, entra,
30 ne voulant pas qu'homme le vît.
En la vêprée, il en sortait,
quand venait temps de s'héberger.
Chez paysans et pauvres gens
prenait la nuit hébergement.
35 Les nouvelles leur demandait
du roi, comme il se comportait.
Eux disent ce qu'ils ont ouï,
que les barons sont convoqués,
qu'à Tintagel doivent venir,
40 où le roi sa cour veut tenir :
à Pentecôte y seront tous ;
moult y aura joie et déduit,
et la reine y sera aussi.
Tristan l'ouït, en grande joie :
45 elle n'y pourra point aller,
que ses yeux ne la voient passer.

Le jour que le roi y alla,
Tristan est au bois revenu,
sur le chemin où il savait
50 que devait passer le cortège.
Un coudrier tranche au milieu
et l'équarrit en le taillant.
Quand il a écorcé la branche,
de son couteau écrit son nom.
55 Si la reine fait attention,
elle que tout indice alerte,
de son ami bien connaîtra
le bâton, lorsque le verra :
autrefois il est arrivé
60 qu'ainsi avait su sa présence.
Voici la teneur de l'écrit
qu'il lui manda et où il dit :
longtemps là il avait été
et attendu et séjourné
65 pour épier et pour savoir
comment il la pourrait revoir,
car ne pouvait vivre sans elle.
D'eux deux il fut semblablement
comme il était du chèvrefeuille
70 qui au coudrier s'attachait :
quand il s'est enlacé et pris
et tout autour du tronc s'est mis,
ensemble ils peuvent bien durer ;
mais, si l'on veut les séparer,
75 bien vite meurt le coudrier
et le chèvrefeuille avec lui :
« Belle amie, ainsi est de nous :
ni vous sans moi, ni moi sans vous ! »

Marie de France, *Le lai du chèvrefeuille*, seconde moitié du XIIe siècle.

Atelier d'analyse

Exploration

1. Clarifiez le contexte d'énonciation du poème en précisant qui se trouve derrière les pronoms en rouge.
   a. « **Plusieurs** me l'ont conté et dit »
   b. « et **je** l'ai trouvé en écrit »
   c. « dont **ils** eurent mainte douleur »
   d. « et de sa terre, **il le** bannit »
   e. « Voici la teneur de l'écrit
   qu'**il lui** manda et où **il** dit »
   f. « car ne pouvait vivre sans **elle** »

2. En quoi la première strophe contribue-t-elle à éclairer le rôle que se donne ici Marie de France ?

3. Quels sont les personnages en présence dans ce lai ? Qu'apprend-on sur chacun d'eux et sur leurs relations ?

4. Que révèle ce poème sur la société féodale ?

5. En répondant aux questions, analysez l'importance des vers suivants par rapport à la signification du poème.
   « D'eux deux il fut semblablement »
   « Comme il était du chèvrefeuille »
   « Qui au coudrier s'attachait »
   a. Expliquez comment la figure de style présente dans ce court extrait donne naissance à une analogie très significative.
   b. Quelle vision de l'amour ces vers traduisent-ils ?
   c. Quelles caractéristiques de l'amour courtois illustrent-ils ?

6. Quelle figure de style peut-on reconnaître dans les deux derniers vers ? Pourquoi contribue-t-elle à l'efficacité de ce dénouement ? En quoi le dénouement éclaire-t-il la fatalité qui semble peser sur l'amour de Tristan pour sa reine ?

Rédaction

7. **Sujet :** Tristan est un héros ambivalent, qui sert les valeurs courtoises et en même temps les trahit. Démontrez-le.

   Consigne : Choisissez trois idées parmi les suivantes pour construire votre plan.
   a. Tristan a trahi son seigneur à qui il devait loyauté.
   b. Tristan est victime d'un ensorcellement qui le prive de sa volonté.
   c. Tristan répond aux exigences de l'amour courtois en aimant la reine.
   d. Tristan trahit les exigences de l'amour courtois en renonçant à ses valeurs de chevalier.
   e. Tristan surmonte tous les dangers pour prouver son amour à la reine, sa bien-aimée.
   f. Tristan se sert d'une allégorie pour témoigner de sa fidélité à la reine.
   g. Tristan trahit l'un (le roi) pour être fidèle à l'autre (la reine), ce qui constitue l'un des paradoxes de l'amour courtois.

Bernard de Ventadour
(v. 1147 – v. 1170)

La sublimation du désir

Les troubadours sont issus de tous les groupes sociaux et, s'il est vrai que l'on compte dans leurs rangs de grands et puissants seigneurs, tel Thibaut de Champagne, il s'en trouve aussi de plus pauvres, plus proches de l'image habituelle que l'on se fait de ces poètes de l'amour, comme Bernard de Ventadour. Plusieurs médiévistes (spécialistes du Moyen Âge), s'appuyant sur des documents historiques, le présentent comme le fils de pauvres domestiques. Cette condition sociale inférieure ne l'empêche toutefois pas d'être l'un des troubadours les plus appréciés de la cour de la future reine de France, puis d'Angleterre, Aliénor d'Aquitaine.

Cette chanson porte sur l'un des thèmes préférés des troubadours : le « joï d'amour », mélange de désirs et de tourments, caractéristique de leur poésie. Ici, l'amant exprime, sur un ton plaintif, les déchirements propres au sentiment amoureux.

Chanson

Je ne vois point luire le soleil,
Tellement me sont obscurcis ses rayons ;
Et pourtant je ne m'en émeus point
Car une clarté m'ensoleille
5 D'Amour, qui au cœur m'envoie ses rayons
Et quand d'autres gens s'émeuvent
Je préfère ne pas me laisser abattre
Pour que mon chant n'en souffre pas.

Les prés me semblent verts et vermeils
10 Autant qu'au doux temps de mai
Tellement l'amour me tient joyeux et gai,
La neige m'est fleur blanche et vermeille
Et l'hiver m'est fête de mai,
Depuis que la plus noble et la plus gaie
15 M'a promis de m'octroyer son amour,
Si elle ne me l'a encore ôté.

La peur me donne mauvais conseil
Et par elle le monde meurt et décroît,
Les mauvais encore s'unissent
20 Et l'un et l'autre se conseille
Comment il détruira l'amour fidèle.
Ah ! mauvaises gens méchantes,
Celui qui vous croit ou votre conseil,
Que le Seigneur Dieu le perde et le confonde.

25 De cela je me plains et je soupire
Qu'ils me font deuil, peine et chagrin
Et que leur pèse la joie que j'ai,
Puisque chacun se chagrine
De la joie d'autrui et s'en fait peine,
30 Je ne veux pas avoir meilleur droit
Que de vaincre et guerroyer par ma joie seule
Celui qui plus fort me guerroie.

Nuit et jour je médite et pense et veille,
Je me plains et soupire et m'apaise ;
35 Quand le mieux m'advient j'en retire peine,
Mais une bonne attente m'éveille
Qui mes chagrins apaisent.
Fou, pourquoi dire que j'en retire du mal :
Car si un noble amour me l'envoie,
40 L'envoi seul m'est un gain.

Que ma Dame ne s'émerveille point
Si je lui demande son amour et un baiser,
Contre la folie dont je parle
Ce sera gentille merveille
45 Si elle m'accole et me baise,
Mon Dieu, puisse-t-on se récrier déjà
(Ah ! tel je vous vois et tel je vous ai vu !)
Pour le bonheur que l'on voit en moi !

Noble amour, je me fais votre compagnon
50 Car ce n'est ni promesse ni sort
Mais ce qui plaît à votre grâce
(Dieu je le crois m'en gratifie)
Que si noble amour soit mon sort.
Ah! Dame, par pitié je vous prie
55 Ayez pitié de votre ami
Qui vous demande grâce si doucement!

Bernard demande grâce à sa Dame
Qui si doucement lui fait grâce
Et si je la vois d'ici peu
60 Je ne crois pas que je la verrai pour longtemps.

Bernard de Ventadour, *Chanson*, seconde moitié du XIIe siècle.

Portrait de Bernard de Ventadour, enluminure, XIIIe siècle.

Atelier d'analyse

Exploration

1. Assurez-vous de bien comprendre la chanson. Pour ce faire, récrivez les vers qui vous semblent difficiles en modernisant le vocabulaire et la syntaxe.

2. Ce poème illustre les caractéristiques de base du genre. Pour le démontrer, expliquez-en chacun des aspects suivants, citation à l'appui.
   a. Relation subalterne du troubadour à la dame.
   b. Sublimation du désir.
   c. Tonalité pieuse.

3. On peut associer les caractéristiques de ce poème au lyrisme. Démontrez-le, avec citations à l'appui, en tenant compte des aspects suivants.
   a. Expression subjective.
   b. Expression des émotions et des sentiments.
   c. Liens avec la nature.

4. Quels sont les mots ou les expressions qui connotent la solitude et l'isolement de l'amant?

5. Comment expliquez-vous que l'amant se sente obligé de « demande[r] grâce à sa Dame »?

6. Ce poème témoigne d'une habileté nouvelle dans la façon de jouer avec les mots. Faites l'inventaire des figures d'analogie, des figures d'opposition et des énumérations qui le prouvent et expliquez comment elles contribuent à la tonalité contrastée du poème.

7. Montrez qu'« autrui » représente ici une figure d'adversité.

8. Dites en quoi la répétition contribue à la musicalité du poème.

9. Montrez qu'il y a rupture de ton dans l'envoi final (le dernier quatrain).

Rédaction

10. **Sujet :** La poésie des troubadours est essentiellement lyrique. Démontrez-le.

    Consigne : Améliorez le paragraphe suivant, qui a été composé par un étudiant qui éprouve des difficultés en rédaction, et complétez la dissertation s'il y a lieu.

    Pour qu'un texte soit lyrique il faut qu'il soit subjectif. Une des marques de la subjectivité, c'est l'emploi du « je ». Il y a un « je » dans le vers suivant : Je ne vois point luire le soleil. On voit aussi que le poète s'adresse à la dame pour obtenir ses faveurs. Ailleurs, il invoque Dieu personnellement. Et on sait même qui se cache derrière ce pronom « je », puisque le poète signe en quelque sorte son texte en y inscrivant son prénom dans un vers. Donc ce poème est lyrique et je viens de prouver le sujet par une première idée.

Guillaume de Machaut (v. 1300 – 1377)

Le lyrisme courtois

Guillaume de Machaut est d'abord connu comme musicien pour sa *Messe de Notre-Dame*, première messe polyphonique, c'est-à-dire chantée par une chorale à plusieurs voix. On lui doit également de nombreux motets, soit des chants en latin à caractère liturgique. Son statut de chanoine ne l'empêche aucunement de pratiquer la poésie, ni même d'exprimer, à la fin de sa vie, son amour pour une toute jeune demoiselle, fruit de son imagination ou personnage réel. À titre de troubadour, il a fixé certaines formes poétiques, comme le lai, le rondeau et la ballade. De plus, il a créé le « dit », un poème narratif aux allures biographiques où le lyrisme courtois se mêle aux réflexions sur la vie quotidienne ou le monde en général.

Cet extrait de *Voir Dit* raconte la « hardiesse » de l'amant qui ose embrasser sa dame. L'apparition allégorique d'Amour se présentant comme un dieu, vrai maître du cœur de l'amant, vient en quelque sorte troubler la vraisemblance du récit.

Le baiser

La belle, qui douceur a,
Sur ma taille s'inclina.
Et quand elle fut inclinée,
Ma joie fut renouvelée.
5 Je ne sais pas si elle y dormit,
Mais elle sommeilla un peu sur moi
Mon secrétaire qui était là
Se leva, et alla
Cueillir une verte feuillette.
10 Il la mit sur sa bouchette
Et me dit : « Baisez cette feuille. »
Alors Amour, que je le veuille
 ou ne le veuille,
Me fit en riant abaisser
15 Pour cette feuillette baiser.
Mais je n'osais pas y toucher,
Bien que je le désirais.
Désir me le commandait,
À rien d'autre il ne tendait,
20 Et il me dit que je me hâtasse
Pour que la feuillette je baisasse.
Mais il tira la feuille vers lui,
Et mon visage pâlit ;
Car j'étais un peu peureux
25 À cause de mon trouble amoureux.
Cependant, à la douce bouche
Je fis alors une amoureuse touche ;
Car j'y touchai un petit peu,
Certes, rien d'autre il n'y eut :
30 Mais un petit peu je me repentis,
Parce que quand ma Belle sentit
Mon outrage et mon hardiment
Elle me dit bien doucement :
« Ami, vous êtes très courageux ;
35 Ne savez-vous pas d'autres jeux ? »
Mais la belle se mit à sourire
De sa très belle bouche, sans rien dire ;
Et cela me fit imaginer,
Et certainement espérer
40 Que ce geste lui plaisait
Parce qu'elle se taisait.
Toutefois, je m'avisai,
Et tant je la chérissais
Que je lui dis : « Ma chère Dame,
45 S'il y a une pointe de blâme,
Je ne vous ai en rien mal fait,
Au nom de Dieu, corrigez ce méfait
C'est de fin cœur que je vous le demande.
Ma Belle, recevez ici mon amende ;
50 Car fin amour me le fit faire,
Par conseil de mon secrétaire ;
Et un grand désir m'y contraignait,
Qui en rien ne faisait semblant,
Et certes, ce baiser je le désirais tant
55 Que m'abstenir je ne le pouvais. »

Guillaume de Machaut, *Voir Dit* (c'est-à-dire « dit véridique, dit de la vérité »), 1364.

Extrait du poème dans sa forme originale

*La belle qui douceur fine a ;
Et, quant elle y fu enclinee,
Ma joie fu renouvelee :
Si ne sai pas s'elle y dormi,
Mais un po sommilla sur mi.
Mes secretaires qui fu la
Se mist en estant et ala
Cueillir une verde fueillette
Et la mist dessus sa bouchette
Et me dist : « Baisiés ceste fueille ! »
Adonc Amour, veuille ou ne veuille,
Me fist en riant abaissier
Pour ceste fueillette baisier ;
Mais je n'i osoie touchier,
Comment que l'eüsse moult chier.
Lors Desirs le me commandoit,
Qu'a nulle riens plus ne tendoit,
Et disoit que je me hastaisse
Et que la fueillette baisasse.
Mais cilz tira la fueille a li,
Dont j'eus le viaire pali,*

Anonyme, *La dame à la licorne*, tapisserie, XVe siècle.

Atelier d'analyse

Exploration

1. Relevez quelques passages qui illustrent les difficultés de lecture liées à ce poème et expliquez les procédés qui sont en cause, surtout sur le plan syntaxique.

2. Clarifiez l'intrigue en suivant les consignes suivantes.
   a. Énumérez les étapes de la stratégie de l'amant pour approcher la belle.
   b. Expliquez comment réagit la dame.
   c. Faites un court résumé du poème.

3. Par quels moyens ce poème illustre-t-il la relation hiérarchique entre la dame et son amant, caractéristique de l'amour courtois ?

4. L'amour courtois se vit dans la sublimation du désir. Montrez qu'on sent ici un début de transgression de cette règle.

5. Dites en quoi les événements semblent importer plus que les émotions dans ce poème.

6. Peut-on dire que ce poème baigne dans une tonalité ludique ?

Rédaction

7. **Sujet :** Ce poème est en somme un récit versifié. Démontrez-le.
   Consigne : Dans votre développement, tenez compte des caractéristiques du récit et de la poésie.

Guillaume de Lorris
(? – v. 1238)

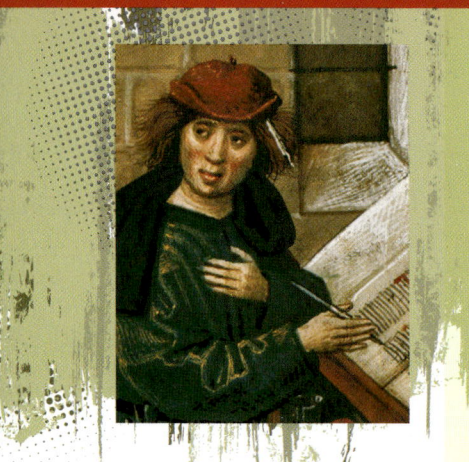

Le récit d'inspiration courtoise

La vie de Guillaume de Lorris est peu connue. Vers 1230, il écrit *Le roman de la rose,* qu'il laisse inachevé et qui sera repris, 40 ans plus tard, par Jean de Meung, un intellectuel érudit. La première partie de l'œuvre illustre les possibilités narratives de l'allégorie. Guillaume de Lorris prend prétexte d'un rêve pour raconter les aventures du narrateur dans un jardin de roses. Là, toutes les valeurs de l'amour courtois sont représentées par les personnages : Jeunesse, Richesse, Jalousie, Courtoisie, Félonie. On trouve aussi le dieu Amour et la dame aimée, symbolisée par la Rose à cueillir. Ce roman connut un réel succès, comme en témoigne le fait qu'il est l'un des textes les plus copiés du Moyen Âge. La partie reprise par Jean de Meung suscitera, quant à elle, une querelle durable en raison de l'antiféminisme dont celui-ci témoigne à l'occasion.

Cet extrait (une transposition en prose du texte versifié) du *Roman de la rose,* véritable art d'aimer à l'usage de l'amant courtois, utilise l'allégorie pour souligner la blessure d'amour du narrateur, littéralement foudroyé par l'Amour.

La flèche du Dieu d'Amour

Il y avait là des monceaux de roses ; jamais il n'en fut de plus belles sous les cieux. Il y avait de petits boutons fermés, et d'autres un peu plus gros, et d'autres encore plus développés et prêts à s'épanouir ; ceux-ci ne sont pas à mépriser : les roses larges ouvertes passent en une journée, mais les boutons se gardent frais au moins deux ou
5 trois jours. Les boutons que je vis me plurent fort. Je me dis que celui qui pourrait en cueillir un serait bien heureux, et que si je pouvais en avoir assez pour m'en faire une couronne, elle me serait plus chère qu'un trésor.

Parmi ces boutons j'en élus un si beau qu'à côté de lui je ne prisai nul des autres, après que je l'eus bien regardé, car il était enluminé d'une couleur si vermeille et si
10 fine que Nature n'avait pu mieux faire : elle y avait disposé par grande maîtrise quatre paires de feuilles à la suite ; la queue était droite comme jonc, et par-dessus se dressait le bouton qui répandait une odeur si suave qu'elle emplissait toute la place.

Et quand je sentis ce parfum pénétrant, je ne pensai plus à retourner sur mes pas : je me serais volontiers approché pour prendre le bouton, si j'avais osé y porter la
15 main ; mais des chardons aigus et piquants m'en empêchaient ; des épines et des ronces crochues ne me laissaient pas aller plus avant, et je craignais de me blesser.

Le dieu d'Amour, qui ne cessait pas de m'épier et de me poursuivre avec son arc tendu, s'était arrêté près d'un figuier. Quand il vit que j'avais choisi ce bouton qui me plaisait plus que tout autre, il prit aussitôt une flèche et l'encocha, puis bandant son
20 arc jusqu'à l'oreille il me visa à l'œil et me planta la sagette raide à travers le cœur. Un froid mortel me saisit, qui depuis m'a causé maint frisson sous chaude pelisse. Aussitôt que je fus enferré, je chus à terre et le cœur me faillit. Je demeurai longtemps gisant et pâmé ; quand je repris mes sens, je me trouvai si faible que je crus avoir perdu beaucoup de sang, mais la sagette qui m'avait percé ne m'avait pas fait saigner,
25 et ma plaie était toute sèche. Je pris alors la flèche à deux mains, et commençai à tirer fort, et en tirant à soupirer, et je tirai tant que j'amenai à moi le fût empenné. Mais la pointe barbelée, qui avait nom Beauté, était fichée si profondément dans mon cœur qu'elle n'en put être extraite ; elle resta dedans, et je l'y sens encore.

Guillaume de Lorris et Jean de Meung, *Le roman de la rose,* v. 1230.

Atelier d'analyse
Exploration

1. Analysez comment le troubadour s'y prend pour dépeindre la beauté du jardin de roses en répondant aux questions suivantes.
    a. Comment le troubadour exprime-t-il la beauté du jardin quand il parle de la quantité de roses ?
    b. Comment exprime-t-il la beauté du jardin quand il parle de la qualité des roses ?
    c. Relevez une phrase où la rose semble associée à une quête du bonheur.
2. L'auteur exprime la beauté de la rose choisie comme s'il s'agissait d'une femme ; il s'attache à chacune des parties de la rose et en dégage un trait de sensualité. Confirmez cette affirmation.
3. Pour arriver au bonheur, il faut généralement surmonter des obstacles. Sous quelle forme apparaissent-ils ici ?
4. Montrez que le dieu Amour est représenté avec des attributs et des attitudes de guerrier.
5. L'amour apparaît-il ici sous la forme d'un grave malaise ou comme une source de félicité ?
6. Énumérez des arguments, avec citations à l'appui, qui prouvent que le texte est pénétré d'une forme de dualité.

Rédaction

7. L'allégorie est une personnification d'idées ou de sentiments abstraits qui se prolongent sur plusieurs phrases. Montrez que cet extrait représente une vision allégorique de l'amour courtois.

LE ROMAN DE CHEVALERIE

> Quelles caractéristiques lui attribuer qui puissent aider à l'analyse des œuvres ?

Dans un palmarès des héros les plus populaires de tous les temps, le chevalier aurait toutes les chances d'arriver bon premier. De *La guerre des étoiles* à la réalité virtuelle des jeux électroniques, le héros des romans médiévaux demeure une source inépuisable de récits d'aventures. Sa popularité en a fait l'archétype de toute son époque, tout comme le coureur des bois qui est associé à la colonisation en Nouvelle-France ou le cow-boy, devenu le personnage fétiche de l'épopée du Far West. Il est bel et bien l'ancêtre lointain de tous ces héros masculins avides d'action.

Vers le milieu du XIIe siècle, le mot « roman » désigne tout ce qui n'est pas écrit en latin. Le roman « de chevalerie » est donc un long récit d'exploits en vers, qui a d'abord été écrit en ancien français. Avec le développement de la prose, au début du XIIIe siècle, le terme « roman » renvoie dorénavant au genre narratif. Le roman chevaleresque raconte ainsi les exploits individuels d'un ou de plusieurs chevaliers en quête d'aventures pour conquérir ou conserver l'amour d'une dame. On constate donc que le mot « roman », qui a d'abord désigné un dialecte à l'origine du français, s'est ensuite appliqué au texte produit dans cette langue, puis à toute forme de récit long.

Par son atmosphère baignée de merveilleux puisant à même le folklore celtique et breton, le roman de chevalerie est au carrefour des littératures épique et courtoise : épique, puisqu'il raconte des exploits hors du commun, et courtois, puisque la thématique est imprégnée de valeurs en lien avec la relation amoureuse. Il illustre aussi la crise que traverse la chevalerie traditionnelle dans sa quête d'un nouveau modèle, d'un nouveau héros. En effet, comment concilier rudesse des mœurs guerrières, règles du code chevaleresque et idéal de l'amour courtois, et ce, sans oublier l'obligation de se conduire en bon chrétien ?

L'union de la littérature guerrière et de la poésie amoureuse va donc engendrer un héros plus complexe. Aux tâches dévolues au chevalier s'ajoutent les devoirs de l'amant courtois. Les valeurs s'individualisent, et le héros gagne en profondeur psychologique. Il est désormais plus motivé par son amour pour sa dame que par sa loyauté envers son seigneur. La thématique s'oriente vers la gloire et le prestige, qui lui permettent de se distinguer pour retenir l'attention de la dame.

Lancelot ne part pas en mission officielle comme Roland : il choisit lui-même ses aventures. Il est actif et dirige son destin. Le romancier multiplie les épreuves ou leur attribue un caractère de plus en plus extraordinaire. D'exploit en exploit, la réputation du chevalier grandit, et avec elle sa renommée d'amant courtois. L'intrigue se présente donc comme une suite de péripéties qui structurent le roman.

Le roman de chevalerie emprunte le ton simple et dépouillé de la chanson de geste pour faire le récit des combats et le style lyrique des troubadours pour dépeindre les scènes d'amour.

Perceval arrive à l'ermitage, enluminure, XIVe siècle.

Les caractéristiques du roman de chevalerie

Histoire	• Héros plus complexe et humanisé, partagé entre sa dame et son seigneur.
Structure	• Narration fondée sur la multiplication des aventures, des exploits et des épreuves.
Thématique	• Thèmes empruntés à la littérature épique et courtoise, et climat de merveilleux.
Style et procédés d'écriture	• Style qui emprunte d'une part à l'épopée et d'autre part au lyrisme des troubadours.

Anonyme

Le château maléfique

Lancelot, le plus célèbre des chevaliers de la Table ronde, a enchanté des générations de cinéphiles, ses aventures ayant donné naissance à plusieurs films. Issu d'une famille royale, il est élevé par une fée qui l'enlève très jeune à sa mère terrassée par le chagrin à la suite de la destruction du château seigneurial. La magicienne, aussi appelée la « Dame du Lac », lui fait franchir la frontière du monde surnaturel avec l'intention de le transformer en parfait chevalier. Le roman lui-même juxtapose les épreuves que doivent surmonter les preux chevaliers pour prouver leur vaillance : ils affrontent des monstres et des dangers de toutes sortes. Les péripéties des uns et des autres se développent en parallèle, sans qu'il y ait nécessairement de lien entre elles. Les héros se lancent à l'aventure pour vivre... des aventures palpitantes !

Toutefois, Lancelot est celui qui se distingue parmi ses pairs, et c'est à ce titre qu'il séduit la reine Guenièvre elle-même. C'est notamment pour la libérer qu'il doit affronter les mille pièges d'un château prodigieux surnommé la Douloureuse Garde. L'extrait ci-contre est une transposition en français moderne d'un récit composé à l'origine en octosyllabes ; il donne un aperçu du combat de Lancelot.

Lancelot affronte mille périls

On lui apporte ses armes ; et quand il est armé, on l'emmène dans le cimetière où étaient les tombes. De là on le conduit dans une chapelle, qui était au bout du cimetière, sous la tour. On lui montre à l'intérieur l'entrée d'un caveau souterrain et on lui dit qu'il y trouvera la clé des enchantements. Il se signe, entre, porte son écu
5 devant son visage et tire l'épée. Il ne voit rien, sinon une porte béante et plus loin une grande clarté. Il s'avance vers la porte et, après l'avoir franchie, entend tout autour de lui un grand vacarme. Il passe outre cependant. Alors il lui semble que tout le caveau va s'effondrer et que le sol se met à tournoyer. Il se retient au mur et le suit tout du long jusqu'à une porte qui commande l'entrée d'une autre chambre. Arrivant à la
10 porte, il aperçoit deux chevaliers sculptés en cuivre. Chacun d'eux tient une épée si grande et si pesante que deux hommes auraient beaucoup à faire pour en soulever une seule. Ils gardent l'entrée de la porte et agitent leurs épées si rapidement que nul ne pourrait passer au travers, sans en recevoir un coup. Mais le chevalier n'en a pas peur. Il place son écu au-dessus de sa tête et s'élance en avant. L'une des deux épées
15 l'atteint et fend son écu de part en part. Le coup descend sur l'épaule droite et tranche les mailles de son haubert si durement que le sang vermeil lui coule tout le long du corps. Il heurte la terre des deux mains, mais se relève vite, reprend son épée qui lui avait échappé, remet son écu au-dessus de sa tête et regarde droit devant lui. Il arrive ensuite à une autre porte et voit devant elle un puits, dont l'odeur était fétide. Tout le
20 vacarme qu'on entendait dans le caveau venait de ce puits, qui avait sept bons pieds de large. Le chevalier voit le puits noir et hideux. À côté se tenait un homme, dont la tête était noire comme de l'encre ; de sa bouche s'échappait une flamme toute bleue ; ses yeux luisaient comme deux charbons ardents et ses dents de même. L'homme tenait dans sa main une hache ; et comme le chevalier s'approche, il la prend à deux
25 mains et la lève pour garder la porte. Le chevalier ne voit pas comment il peut entrer ; car le puits, à lui seul, était un obstacle très dangereux à franchir pour un chevalier armé. Alors il remet l'épée dans son fourreau, retire l'écu de son cou et le prend de sa main droite par les énarmes. Puis il recule au milieu de la chambre et s'élance le plus vite qu'il peut jusqu'au puits. Il met son écu devant lui et en frappe au visage l'homme
30 qui tenait la hache, avec tant de vigueur que tout son écu se brise ; mais l'homme ne bouge pas. Alors il se jette sur lui de toute la force que lui donne son élan et le heurte si durement qu'il eût été précipité dans le puits, s'il ne s'était tenu solidement à lui. L'homme laisse tomber sa hache, car le chevalier l'a saisi à la gorge, de ses poings qui sont durs et forts. Il le tient si serré qu'il ne peut rester debout et tombe à terre, sans
35 pouvoir se relever. Le chevalier le traîne par la gorge au-dessus du puits et le lance dedans. Alors il tire de nouveau son épée du fourreau et voit devant lui une demoiselle de cuivre, façonnée très élégamment, qui tient les clés des enchantements dans sa main droite. Il les prend, s'approche d'un pilier de cuivre, qui était au milieu de la chambre, et y lit l'inscription suivante : « La grosse clé est pour ce pilier, et la petite
40 ouvre le coffre périlleux. » Le chevalier ouvre le pilier avec la grosse clé ; et, quand il arrive au coffre, il entend à l'intérieur tant de bruits et de cris que tout le pilier en tremble. Il se signe et veut ouvrir le coffre. Mais il voit qu'il en est sorti trente tuyaux de cuivre. De chacun d'eux s'échappe une voix affreuse ; et c'est à qui criera plus fort que les autres. De ces voix venaient les enchantements et les merveilles du château.
45 Il met la clé dans le coffre. Quand il l'a ouvert, il en sort un tourbillon impétueux et un si grand vacarme qu'il lui semble que tous les diables d'enfer y sont. Et en vérité ils y étaient, car c'étaient bien des diables. Il tombe évanoui. Quand il revient à lui, il prend la clé du coffre et l'emporte, ainsi que celle du pilier. Il s'en va. Arrivé au puits, il en trouve la place aussi unie que le reste de la chambre. Il regarde autour de lui : il

voit le pilier s'abattre jusqu'en terre, de même que la demoiselle de cuivre, et les deux chevaliers de cuivre qui gardaient la porte tombent en morceaux. Il sort en emportant les clés et voit venir à sa rencontre toute la population du château. Il arrive au cimetière mais n'y voit plus aucune tombe ni les heaumes et les têtes qui étaient habituellement sur les créneaux. Tout le monde le félicite et il offre les clés sur l'autel de la chapelle. On l'emmène jusqu'au palais. Il ne serait pas facile de décrire l'accueil triomphal qui lui fut fait.

Anonyme, *Lancelot du Lac*, v. 1225.

Evrard d'Espinques, *Combat d'Ivain et d'un chevalier,* enluminure tirée du livre *Lancelot du Lac,* 1470.

Atelier d'analyse

Exploration

1. Assurez-vous de bien comprendre l'extrait. Pour ce faire :
   a. cherchez la définition des mots dont la définition peut éclairer la signification du texte, comme « écu », « haubert », « énarmes », etc. ;
   b. faites un bref résumé de l'extrait.

2. Présentez les éléments du récit dans un tableau à trois colonnes.
   a. Dans la première colonne, dressez la liste des adversaires de Lancelot.
   b. Dans la deuxième colonne, énumérez les épreuves qu'il doit franchir.
   c. Dans la troisième colonne, relevez les moyens qu'il emploie pour surmonter les obstacles.

3. Montrez que les adversaires de Lancelot sont dénués d'humanité, réduits à l'anonymat.

4. Quel vocabulaire l'auteur emploie-t-il pour souligner le caractère dangereux des épreuves que doit franchir Lancelot ?

5. Comment la description des lieux contribue-t-elle à créer l'illusion du danger (types de luminosité, odeurs, sons, etc.) ?

6. Comment la description des combats contribue-t-elle à donner un style épique (événements et héros plus grands que nature) à l'extrait ?

7. Analysez le personnage de Lancelot en répondant aux questions suivantes.
   a. Comment le personnage de Lancelot est-il associé à l'image d'un guerrier ?
   b. Comment ses actions contribuent-elles à l'idéaliser ?
   c. Peut-on dire que Lancelot semble dépourvu d'émotions, réduit à ses seuls exploits ?

8. Analysez les caractères du merveilleux dans ce texte.
   a. Montrez que le merveilleux baigne dans un climat de religiosité.
   b. Montrez que le merveilleux est associé à une inquiétude devant la mort.

9. Comment le dénouement contribue-t-il à la signification générale de l'extrait ?

Rédaction

10. **Sujet :** Montrez que l'extrait est conçu de façon à révéler en Lancelot un superhéros.
    Consigne : Concevez un plan détaillé avec idées principales et secondaires. Appuyez vos idées sur des citations et des exemples.

Anonyme

La formation du chevalier

De l'histoire de Tristan et Iseult, couple d'amants célèbre, il ne reste aucun texte original complet. C'est principalement dans les versions du trouvère anglo-normand Thomas et du jongleur normand Béroul, ainsi que dans de nombreux autres textes en danois, en allemand ou en anglais, que les médiévistes puisent les éléments servant à reconstituer l'histoire. Ces nombreuses versions comportent parfois des différences significatives qui s'expliquent par la dispersion des manuscrits, copiés à des périodes et dans des régions différentes. Elles révèlent toutes la complexité et la richesse de ce roman qui met en scène l'un des plus grands mythes de l'amour-passion en Occident.

Le passage ci-contre est un extrait de la version établie par le médiéviste René Louis qui a transposé en prose le texte composé à l'origine en vers. On y apprend quelle éducation le chevalier devait recevoir pour être en mesure de s'acquitter de ses devoirs.

L'enfance de Tristan

Tristan, durant ses premières années, fut nourri par des servantes dans la maison de son père. Quand il eut sept ans révolus, Rivalen jugea que le temps était venu de le reprendre aux femmes et il le confia à un sage écuyer nommé Gorvenal, qui se chargea de son éducation. Tristan apprit à courir, sauter, nager, monter à cheval, tirer
5 à l'arc, combattre à l'épée, manier l'écu et la lance. Il excella bientôt dans l'art de vénerie et de fauconnerie, expert à reconnaître les qualités et les défauts d'un cheval, les vertus d'un fer bien trempé et l'art de tailler le bois. Il y joignit le chant et le jeu des instruments, car il jouait à merveille de la harpe et de la rote, et composait des lais à la manière des chanteurs bretons. Chose plus rare, il imitait à s'y méprendre le chant
10 du rossignol et des autres oiseaux.

Il venait d'atteindre ses quinze ans quand son père, le roi Rivalen, fut tué dans un guet-apens par son ennemi acharné le duc Morgan. L'orphelin fut recueilli et protégé des atteintes de l'ennemi de son père par le sénéchal Rouault le Foitenant qui l'accueillit dans sa propre maison avec Gorvenal et prit soin de lui comme de ses
15 propres enfants. Bientôt, Gorvenal jugea cette retraite insuffisante pour la sécurité de l'adolescent : il décida de quitter avec lui le Loonois et de se rendre par mer en Cornouailles afin de placer Tristan sous la sauvegarde de son oncle, le roi Marc. Le jeune homme désirait d'un grand désir entrer au service de son oncle dont il avait si souvent entendu parler par son père et par les plus hauts hommes de son entourage.
20 Toutefois, il demanda à son maître Gorvenal de ne pas révéler à Marc qu'il était le fils de Blanchefleur. Il voulait gagner l'estime et la bienveillance du roi par lui-même et par sa seule valeur. Pour rien au monde, il n'eût accepté de devoir la faveur du roi à la naissance et à la parenté. Le sage Gorvenal y consentit volontiers.

Anonyme, *Tristan et Iseult*, extrait du chapitre II, entre 1172 et 1180.

Atelier d'analyse

Exploration

1. Dressez la liste des personnages en précisant la nature de leurs relations.
2. Analysez le traitement du thème de l'éducation en répondant aux questions suivantes.
   a. Qu'est-ce qui est en lien avec les activités guerrières du chevalier autant qu'avec l'art du troubadour ?
   b. Quels termes témoignent de la réussite de Tristan ?
   c. Quels traits de caractère Tristan semble-t-il avoir développés ?
   d. Quels sont les aspects sacrifiés dans cette éducation ?
3. Relevez quelques énumérations et expliquez l'efficacité de ce choix stylistique.
4. Quels autres aspects de la société médiévale l'extrait révèle-t-il concernant les sujets suivants ?
   a. Le statut des femmes
   b. Les rapports qu'entretiennent les seigneurs entre eux
   c. La façon de se déplacer d'un pays à l'autre
   d. L'importance de certains animaux

Rédaction

5. En vous appuyant sur l'extrait, dressez le portrait de la société médiévale.

Le philtre d'amour

Dès que les deux jeunes gens eurent bu de ce vin, l'amour, tourment du monde, se glissa dans leurs cœurs. Avant qu'ils s'en fussent aperçus, il les courba tous deux sous son joug. La rancune d'Iseult s'évanouit et jamais plus ils ne furent ennemis. Ils se sentaient déjà liés l'un à l'autre par la force du désir, et pourtant ils se cachaient encore l'un de l'autre. Si violent que fût l'attrait qui les poussait vers un même vouloir, ils tremblaient tous deux pareillement dans la crainte du premier aveu.

Quand Tristan sentit l'amour s'emparer de son cœur, il se souvint aussitôt de la foi jurée au roi Marc, son oncle et son suzerain, et il voulut reculer : « Non, se disait-il sans cesse, laisse cela, Tristan, reviens à toi, n'accueille jamais un dessein aussi déloyal. » Il songeait aussi : « Audret, Denoalan, Guenelon et Gondoïne, félons qui m'accusiez de convoiter la terre du roi Marc, ah ! je suis plus vil encore et ce n'est pas sa terre que je convoite. Bel oncle, qui m'avez recueilli orphelin avant même de reconnaître le sang de votre sœur, vous qui me pleuriez tandis que Gorvenal me portait dans la barque sans rames ni voile, que n'avez-vous, dès le premier jour, chassé l'enfant errant venu pour vous trahir ! » Mais son cœur le ramenait sans relâche à la même pensée d'amour. Souvent, il rassemblait son courage, comme fait un prisonnier cherchant à s'évader, et il se répétait : « Change ton désir, aime et pense ailleurs ! » Mais le lacet du veneur le serrait de plus en plus. Quant à Iseult, toute sa pensée n'était plus que l'amour de Tristan. Jusqu'au déclin du jour, durant de longues heures, ils se cherchèrent à tâtons comme des aveugles, malheureux quand ils gardaient le

Anonyme

Le recours au merveilleux

La fascination qu'exerce l'histoire des amants de Cornouailles tient en grande partie au caractère impossible de cet amour : le fidèle Tristan ramène au roi Marc, son oncle, la jeune femme qu'il vient de « gagner » ; Iseult est remplie de rancœur à l'égard du jeune homme, car non seulement il a tué son oncle, le géant Morholt, mais en plus, elle se croit dédaignée par lui.

Trompés par une servante (ou par un maléfice d'Iseult elle-même selon la version retenue), Tristan et Iseult ont bu un philtre d'amour destiné au roi Marc et à Iseult. L'extrait ci-contre, une transposition en prose du texte versifié, présente une scène remplie de magie et de mystère ; le philtre au pouvoir secret transforme l'amour des jeunes gens en passion absolue et les amène à transgresser toutes les règles morales et sociales.

Tristan boit le philtre d'amour, enluminure tirée du *Livre de Messire Lancelot du Lac* de Gautier Map, 1470.

silence et languissaient séparés, plus malheureux encore quand, réunis, ils reculaient devant l'ivresse du premier baiser.

Iseult parla la première et de manière bien féminine : c'est par de longs détours qu'elle s'approcha peu à peu de son ami : « Ah ! quand s'est présentée l'occasion si propice de vous frapper dans le bain, quand j'ai laissé retomber l'épée déjà brandie, Dieu ! qu'ai-je fait ? Ce que je sais aujourd'hui, si je l'avais su alors, par ma foi je vous aurais tué ! — Pourquoi, dit-il, belle Iseult ? Qu'est-ce donc qui vous tourmente ? — Tout ce que je sais me tourmente ; tout ce que je vois me fait mal ; le ciel et la mer me tourmentent et mon corps et ma vie. » Elle se pencha et appuya son bras sur lui : ce fut sa première hardiesse. Ses yeux clairs comme des miroirs s'embuèrent de larmes furtives, sa poitrine se gonfla, ses douces lèvres frémirent, elle inclina la tête. Il lui dit à voix basse : « Iseult, vous seule et l'amour m'avez bouleversé et m'avez pris mes sens. Me voici sorti de la route et si bien égaré que jamais plus je ne la retrouverai. Tout ce que mes yeux voient me semble sans prix. Dans tout ce monde, rien n'est cher à mon cœur, vous seule exceptée. » Iseult dit : « Seigneur, tel êtes-vous pour moi. » Dans leurs beaux corps frémissaient la jeunesse et la vie. Alors que des feux de joie s'allumaient dans l'île et que les marins dansaient en chantant autour des flammes rougeoyantes, les deux ensorcelés, renonçant à lutter contre le désir, s'abandonnèrent à l'amour.

Anonyme, *Tristan et Iseult,* extrait du chapitre IX, entre 1172 et 1180.

Atelier d'analyse

Exploration

1. Dégagez les composantes de l'intrigue en répondant aux questions suivantes.
    a. Quels sont les trois personnages importants évoqués dans cet extrait et quels liens existe-t-il entre eux ?
    b. Pourquoi le lien entre Tristan et Marc constitue-t-il un empêchement à l'amour de Tristan pour Iseult ?
    c. Comment Tristan et Iseult succombent-ils à l'amour ?
    d. Quels effets ressentent-ils (tels que décrits dans le premier paragraphe) ?

2. Analysez la thématique de l'amour en ce qui concerne Tristan en répondant aux questions suivantes.
    a. Comment s'exprime la culpabilité dans le cœur de Tristan ?
    b. Quelle phrase rend le mieux compte de ses efforts pour échapper à son inclination ?

3. Analysez la thématique de l'amour en lien avec Iseult en répondant aux questions suivantes.
    a. Quelle phrase indique qu'Iseult ne résiste pas à son attrait pour Tristan ?
    b. Comment le corps, plus que les paroles, sert-il ici à exprimer son amour ?

4. Quelle phrase exprime de façon imagée l'idée du renoncement de Tristan à sa loyauté envers Marc ?

5. Montrez que l'atmosphère qui règne à la fin du texte traduit l'exubérance amoureuse.

6. L'extrait illustre aussi le raffinement stylistique par le recours à plusieurs figures de style qui viennent enjoliver cette scène amoureuse. Relevez un exemple pour chacune des figures de style suivantes.
    a. Une métaphore.
    b. Une personnification.
    c. Une comparaison.

7. Montrez que la répétition sert surtout à mettre en relief la douleur associée au choix amoureux.

Rédaction

8. Expliquez comment, dans cet extrait, l'amour entre en conflit avec la loyauté chevaleresque.

9. Montrez que l'amour porte à transgresser les règles de la chevalerie.

L'adoubement de Perceval

Le lendemain, de grand matin, l'hôte se lève, fait porter devant lui au lit du garçon chemise et braies de toile fine, chausses teintes en rouge de brésil, cotte de drap de soie tissé en Inde. Il le prie de s'en revêtir. Mais le garçon s'en défend bien !

« Beau sire, vous pourriez mieux dire ! Voyez les habits que me fit ma mère. Ne valent-ils pas mieux que ceux-ci ? Et vous voulez que je les change !

— Par ma tête et par mes deux yeux, garçon, vous vous trompez ! Ceux que j'apporte valent mieux.

— Non ! Valent pis !

— Bel ami, ne m'avez-vous dit que vous obéiriez à tous mes commandements ?

— Ainsi ferai et je n'y manquerai en rien. »

Le garçon se vêt donc, mais non des habits donnés par sa mère. Le maître se baisse et lui chausse l'éperon droit. Telle était en effet la coutume : qui faisait un chevalier devait lui chausser l'éperon droit. Des valets s'approchent, portant les pièces de l'armure, se pressant à l'envi pour armer le jeune homme. Mais c'est le maître qui lui ceint l'épée et l'embrasse. Il dit : « Avec cette épée que je vous remets, je vous confère l'ordre le plus haut que Dieu ait créé au monde. C'est l'Ordre de Chevalerie qui ne souffre aucune bassesse. Beau frère, souvenez-vous, si vous devez combattre, que, lorsque crie merci vers vous votre adversaire vaincu, vous devez le prendre en miséricorde et non l'occire. Ne parlez pas trop volontiers. Qui parle trop prononce des mots qui lui sont tournés à folie. Qui trop parle fait un péché, dit le sage. Je vous prie aussi : s'il vous arrive de trouver en détresse, faute de secours, homme ou femme,

Scène d'adoubement, enluminure française, 1250.

Chrétien de Troyes (v. 1135 – v. 1185)

Le rite initiatique

Premier vrai romancier médiéval, Chrétien de Troyes vécut une grande partie de sa vie à la cour de Marie de Champagne, fille d'Aliénor d'Aquitaine. Son œuvre, profondément originale, fait une « molt bele conjointure », une très belle synthèse, en créant des liens entre les légendes bretonnes, la tradition courtoise et les valeurs chrétiennes. Grâce à lui, le roman de chevalerie s'érige en genre littéraire à part entière en puisant dans les aventures des chevaliers de la Table ronde. Chrétien de Troyes donne ses lettres de noblesse à tout un imaginaire surgi du merveilleux tout en rendant plus complexes ses personnages légendaires. Il contribue ainsi à l'évolution du genre romanesque.

Dans *Perceval ou le roman du Graal*, Perceval le Gallois part à la recherche du Saint Graal, vase dans lequel le sang du Christ aurait été recueilli. L'expression « être à la recherche du Graal » est d'ailleurs passée dans la langue moderne ; elle signifie « poursuivre un but lointain, souvent inaccessible ». Ce fait à lui seul témoigne non seulement de la popularité de ce roman, mais encore de la survivance du mythe d'origine. L'extrait choisi (une transposition en prose du texte versifié) présente l'adoubement de Perceval (la cérémonie qui le fait chevalier), qui se situe au début de sa quête religieuse et spirituelle.

Quelques termes utilisés dans cet extrait ne sont plus ou ne sont pas d'usage courant. Voici leurs équivalents : « brésil » : arbre qui donne un colorant ; « crier merci » : demander grâce ; « occire » : tuer ; « moutier » : monastère ; « vavasseur » : vassal responsable de la cérémonie d'adoubement.

orphelin ou dame, secourez-les si vous pouvez. Vous ferez bien. Enfin voici une autre chose qu'il ne faut pas mettre en oubli : allez souvent au moutier prier le Créateur de toutes choses qu'il ait merci de votre âme et qu'en ce siècle terrien, il vous garde comme son chrétien. »

Et le Gallois répond :

« De tous les apôtres de Rome, soyez béni, beau sire, qui m'enseignez comme ma mère !

— Beau frère, écoutez-moi : ne dites plus que vous savez toutes ces choses de votre mère. Jamais ne vous en ai blâmé, mais désormais, je vous en prie, il vous en faut vous corriger. Si vous le faisiez encore, on dirait que c'est une folie. Pour cela gardez-vous-en bien.

— Beau sire, que dirai-je donc ?

— Que vous enseigna ce vavasseur qui vous chaussa l'éperon. »

Le garçon le promet. Le seigneur fait sur lui le signe de la croix, disant encore : « Puisqu'il te plaît d'aller sans attendre, adieu ! »

Chrétien de Troyes, *Perceval ou le roman du Graal*, 1181.

Atelier d'analyse

Exploration

1. Énumérez les étapes de l'adoubement de Perceval.

2. Pour Perceval, l'adoubement est un rite initiatique qui contribue à sa transformation. Montrez :
   a. qu'il acquiert un nouveau statut ;
   b. qu'il doit adhérer à un code moral ;
   c. qu'il doit faire le deuil de l'enfance ;
   d. qu'il témoigne de son esprit de soumission.

3. Montrez que ce cérémonial rend compte de l'importance des valeurs religieuses à l'époque.

4. Devenir chevalier, c'est devenir un combattant qui adopte tous les signes de cet état. Relevez tous les mots qui suggèrent l'idée du combat.

5. Montrez que le texte témoigne aussi, indirectement, du statut inférieur de la femme à cette époque.

Rédaction

6. **Sujet :** Montrez que cet extrait permet de dresser un portrait du chevalier, incluant son éducation, son rôle et ses valeurs.

   Consigne : En prenant comme point de départ les trois mots clés présents dans l'énoncé du sujet, faites un plan détaillé de votre développement (avec idées secondaires, exemples et citations).

7. Comparez la représentation qui est faite du chevalier dans cet extrait avec celle qu'on en fait dans l'extrait de *Tristan et Iseult* (voir p. 28). Pour faire le plan de votre développement, inspirez-vous des idées proposées au numéro précédent en vous donnant la liberté de les modifier si nécessaire.

Le mariage ou l'aventure ?

Comment ! serez-vous à présent du nombre de ceux, disait monseigneur Gauvain, qui à cause de leurs femmes valent moins ? Honte, par la Vierge Marie, à celui qui se marie pour se dégrader ! Il a le devoir de monter en prix pour elle, celui qui a une telle dame pour amie ou pour femme, car il n'est pas juste qu'elle l'aime, une fois que sa
5   réputation et sa renommée se ternissent. Assurément, vous serez tôt ou tard fâché de son amour, si vous vous dégradez. C'est qu'une femme a vite fait de reprendre son amour, et elle n'a pas tort, si elle méprise celui qui se dégrade si peu que ce soit, quand il est devenu seigneur d'un royaume. C'est maintenant plus que jamais que votre réputation doit croître. Rompez le frein et le licou, et nous irons courir les tournois,
10 vous et moi, afin que l'on ne vous traite pas de jaloux. Vous ne devez plus rêver, mais fréquenter les tournois, participer à des batailles et jouter durement, quoi qu'il doive vous en coûter. Ne pas sortir de chez soi, c'est perdre son temps à rêver. Assurément, il faut que vous veniez, car il n'y aura jamais d'autre excuse ; prenez garde, cher compagnon, que notre compagnie ne cesse par votre faute, car ce n'est pas par ma
15 faute à moi qu'elle s'arrêtera. Une chose me sidère : comment peut-on savourer un plaisir qui se prolonge éternellement ? Un petit bonheur, quand il tarde à venir, est plus agréable à goûter qu'un grand que l'on goûte sans interruption. La joie d'amour qui est longue à venir ressemble au bois vert qui brûle : il produit d'autant plus de chaleur et garde d'autant plus longtemps sa vigueur qu'il tarde davantage à
20 s'enflammer. On peut prendre telle habitude dont il est très difficile de se débarrasser ; quand on le veut, on ne peut pas le faire.

Chrétien de Troyes, *Yvain ou le chevalier au lion*, v. 1177.

Chrétien de Troyes (v. 1135 – v. 1185)

La contrepartie de l'amour courtois

Au cœur de ce second roman de chevalerie se trouve Yvain, le chevalier au lion, qui n'a ni le charme de Tristan ni la popularité de Lancelot mais qui, pourtant, est le héros du roman de chevalerie le plus accompli. Chevalier de la Table ronde, Yvain a réussi à déjouer les sortilèges entourant une fontaine magique, tuant du coup son adversaire. Marié à la veuve de celui-ci, brièvement éplorée, Yvain part à l'aventure et oublie la promesse qu'il lui a faite de revenir avant un an. Il doit alors subir une longue suite d'épreuves et accomplir de nombreux exploits pour reconquérir le cœur de sa dame.

Dans cet extrait transposé en prose du texte original en vers, Yvain va bientôt se marier. Son ami Gauvain l'admoneste sévèrement pour lui rappeler les dangers du mariage pour un chevalier fier de sa réputation. D'une façon habile, il établit un parallèle entre le désir d'aventure et le désir amoureux tel qu'il est conçu dans le code courtois.

Atelier d'analyse

Exploration

1. Quels sont les arguments de Gauvain pour convaincre Yvain que le mariage représente une menace pour le chevalier ?
2. Expliquez le caractère ironique que prend l'invocation à la Vierge Marie dans la bouche de Gauvain.
3. Montrez que le sentiment amoureux est ici associé à un ensemble de termes péjoratifs.
4. Relevez les figures d'analogie employées par Gauvain et expliquez en quoi elles contribuent à révéler le personnage.
5. Montrez que les propos de Gauvain traduisent une forme de misogynie (mépris pour les femmes) qui englobe la vision de l'épouse et la vie au foyer.
6. Relevez les nombreuses répétitions qui témoignent du fait que la version originale était en vers et composée pour être mémorisée.

Rédaction

7. Montrez que les activités dites « viriles » sont valorisées au détriment du bonheur conjugal.

LE LYRISME MÉDIÉVAL

Dans quel contexte surgit-il ? Quels sont ses attributs particuliers ?

À la fin du Moyen Âge, les crises politiques et religieuses secouent les anciennes évidences alors que les calamités naturelles sèment l'inquiétude. À partir du milieu du XIIIe siècle, le vent morbide de la peste noire souffle sur les faubourgs de Paris et sur les campagnes. La guerre de Cent Ans crache la mort et l'horreur ; les chrétiens reviennent défaits et amers des dernières croisades. Tous ces bouleversements engendrent un lyrisme parfois rude ou ironique, plaintif ou mélancolique, mais surtout empreint d'une nouvelle lucidité.

Alors que le roman de chevalerie s'enlise dans la copie des chefs-d'œuvre passés, la poésie se régénère en s'intéressant au quotidien et aux difficiles conditions de vie des gens du Moyen Âge. Il est bien beau de chanter l'amour, mais ne faut-il pas aussi se pencher sur la pauvreté, sur les malheurs existentiels ? S'il y a l'héroïsme d'un côté, il y a aussi de l'autre les caprices de l'Infortune et la soumission au joug destructeur du Temps et de la Mort.

Pour exprimer l'anxiété devant la destinée humaine, les poètes qui vont clore cette période emploient le « je », mais d'une façon un peu différente de leurs prédécesseurs ; ils s'investissent personnellement. Ils délaissent les lieux communs de l'amour courtois et parlent des petits drames de leur vie quotidienne et de celle de leurs contemporains. La poésie devient sinon plus sociale, du moins plus proche de la réalité. Elle prend également des accents biographiques qui tranchent avec le ton impersonnel des troubadours : le veuvage de Christine de Pizan est loin de se situer dans l'imaginaire merveilleux comme c'était le cas pour le philtre d'amour et la magie de Tristan et d'Iseult ; on ne traite plus la mort de la même façon, comme une preuve de vaillance, puisqu'on meurt notamment par condamnation de la justice, pendu au bout d'une corde (Villon). Les malheurs décrits peuvent aussi être simples et tirés du quotidien : une femme malade, un cheval à la patte cassée, des amis que le vent emporte (Rutebeuf).

Les signes inéluctables de la mort accablent une humanité qui semble se résigner à son sort. L'explication à ces épreuves, à cette pauvreté morale et physique, les écrivains la trouvent dans la roue de Fortune. Concept clé de la pensée médiévale, la Fortune n'a rien à voir avec la chance ou le hasard, pas plus qu'elle ne représente la richesse matérielle. Elle symbolise plutôt la fatalité des événements, l'impuissance de l'être humain devant les forces de la nature et sa soumission à une Providence divine devenue impénétrable. Transformée par les poètes en personnage allégorique, Fortune revêt de multiples masques. Ses brusques sautes d'humeur plongent les hommes dans une inquiétude spirituelle qu'ils expriment par de vains appels à un Dieu apparemment indifférent à leurs malheurs.

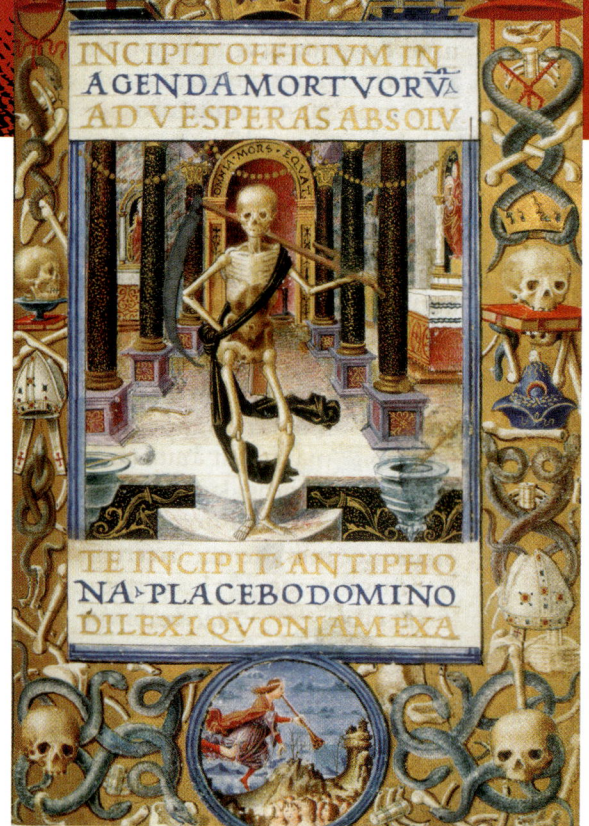

La mort, enluminure tirée du *Livre d'heures* de Mirandola, 1450.

Pour donner forme à leur lyrisme, les poètes privilégient la ballade. Celle-ci se compose de trois strophes d'égale longueur (plus ou moins dix vers), qui se terminent toutes par le même vers. Équivalant à une moitié de strophe, l'envoi, qui clôt le poème, contient un message qui s'adresse au destinataire ou au protecteur. Tout au long de sa ballade, le poète s'adresse effectivement à quelqu'un dont il ne nous révèle l'identité qu'à la fin. Son lyrisme n'est pas uniquement tourné vers lui-même, mais tendu vers une oreille bienveillante, un lecteur empathique.

Les caractéristiques de la poésie lyrique

Histoire	• Distanciation par rapport à l'amour courtois et à la rhétorique des troubadours. • Témoignage des aléas d'une vie urbaine troublée par la misère, la famine, la maladie et la mort.
Structure	• Recours à une forme privilégiée, la ballade.
Thématique	• Récurrence de certains thèmes : l'infortune, la solitude, la pauvreté, la misère, la mélancolie et la mort.
Style et procédés d'écriture	• Emploi du « je » dans un propos plus ou moins biographique. • Ton ironique, désabusé ou plaintif.

La complainte de Rutebeuf

Il ne convient pas que je vous raconte
Comment je me suis mis dans la honte,
Car vous savez déjà bien ce conte
    Et de quelle manière
5 Je pris femme l'année dernière,
Qui ni belle ni gentille était hier.
    Alors naquit ma peine
Qui dura plus d'une semaine,
Car elle commença à la lune pleine.
10   Or entendez,
Vous qui rimes me demandez,
Comment je me suis amendé
    De femme prendre.
Je n'ai rien en gage ni rien à vendre :
15 J'ai tant eu à attendre
    Et tant à faire
(Tout ce que j'ai fait est à refaire)
Que si je voulais vous le retrere, [raconter]
    Cela durerait trop.
20 Dieu m'a fait compagnon de Job[1],
Il m'a tout enlevé d'un seul coup
    Tout ce que j'avoie. [j'avais]
De l'œil droit, dont mieux je vois,
Je ne vois plus la voie
25   Ni je puis m'y conduire.
Ah ! cette douleur est si dolente et dure,
Qu'à midi il m'est nuit obscure
    De cet œil.
Or, je n'ai point ce que je veuille, [je veux]
30 Ainsi je suis dolent et je m'endeuille [je souffre]
    Profondément,
Car je suis en grand effondrement.
    [...]
Ces mots me sont durs et amers,
35 Et plusieurs se sont changés en vers
    Contre le passé d'antan ;
Peu s'en faut que je sois fou en y songeant.
Inutile de me tanner dans du tan,
    Car le réveil
40 Me tanne assez quand je m'éveille ;
Que je ne sais, que je dorme ou veille
    Ou que je pense,
Où je prendrai mes dépenses
Pour que je puisse passer le temps :
45   Telle est la vie que j'ai gâchée.

1 Personnage de la Bible très riche et puissant à qui Dieu enleva tout pour en éprouver la foi.

Rutebeuf (v. 1230 – v. 1280)

Le lyrisme du pauvre troubadour

La vie de Rutebeuf demeure assez obscure. Comme l'illustrent ses *Poésies de l'Infortune*, il est le chantre de la pauvreté, promenant un regard critique sur les malheurs qui l'entourent. De la misère humaine enfouie dans les bas-fonds de Paris à l'échec collectif que sont devenues les croisades, des abus de l'Église aux querelles qui secouent l'Université, son œuvre, satirique et réaliste, dresse un portrait accablant de son époque.

Le poème connu sous le nom de « La complainte de Rutebeuf » porte sur un ensemble de thèmes inspirés de ces années troublées. Le ton lyrique de la complainte tranche radicalement avec celui des troubadours, tout entiers tournés vers les tourments de leur vie amoureuse, plutôt que vers les difficiles conditions de la vie humaine.

Le lyrisme médiéval

Tous mes gages sont engagés,
    Et de chez-moi je suis déménagé,
        Car j'ai survécu
    Trois mois sans personne vue.
50 Ma femme a enfant eu,
        Et un mois durant
    Elle gémissait et avait l'air mourant.
    Je gisais pendant ce temps
        Dans l'autre lit,
55 Où j'avais peu de délit. [délices, plaisirs]
    Jamais je ne fus moins abelit [agréable]
        Et gémis plus qu'alors,
    Car je suis de mon avoir fors [privé]
    Et je suis blessé à mon corps.
60   Jusqu'au finir. [jusqu'à la mort]
    Le mal ne sait jamais seul venir ;
    Tout ce qui m'était à venir,
        M'est advenu.
    Que sont mes amis devenus
65 Que j'avais de si près tenus
        Et tant aimés ?
    Je crois qu'ils étaient trop clairsemés ;
    Ils ne furent pas bien semés,
        Et qu'ils sont perdus.
70 Ces amis m'ont bien failli,
    Car jamais, tant que Dieu m'assaillit
        De tous côtés,
    Je n'en vis un seul à mes côtés.
    Je crois que le vent les a ôtés,
75   L'amour est morte :
    Ce sont amis que le vent emporte,
    Et il ventait devant ma porte
        Et il les emporta,
    Car jamais aucun d'eux ne me réconforta
80 Ni de son bien ne m'apporta.
        Ceci m'apprend
    Que quiconque a des biens, ami les prend ;
    Mais celui qui trop tard se repend
        D'avoir trop mis
85 De son avoir pour se faire des amis,
    Il ne les trouve pas sincères, même à demi,
        Pour le secourir.
    Je laisserai donc Fortune courir
    Et je tenterai de me secourir
90   Si je puis le faire.

Rutebeuf, *La complainte de Rutebeuf*, v. 1262.

Extrait du poème dans sa forme originale

*Mei gage sunt tuit engaigié
Et d'enchiez moi desmenagiei,
Car g'ai geü
Trois mois, que nelui n'ai veü.
Ma fame ra enfant eü,
C'un mois entier
Me ra geü sor le chantier.
Ge [me] gisoie endementier
En l'autre lit,
Ou j'avoie pou de delit.
Onques mais moins ne m'abelit
Gesirs que lors,
Car j'en sui de mon avoir fors
Et s'en sui mehaigniez dou cors
Jusqu'au fenir.
Li mal ne seivent seul venir ;
Tout ce m'estoit a avenir,
C'est avenu.
Que sunt mi ami devenu
Que j'avoie si pres tenu
Et tant amei ?*

Atelier d'analyse

Exploration

1. Clarifiez le contexte d'énonciation du texte en précisant qui se trouve derrière les pronoms en rouge dans les phrases suivantes.
   a. « Il ne convient pas que **je vous** raconte »
   b. « Car **vous** savez déjà bien ce conte »
   c. « Car **elle** commença à la lune pleine »

2. Résumez le poème (en trois à cinq phrases au maximum).

3. Classez les images et les formules qui traduisent :
   a. la pauvreté économique ;
   b. le délabrement physique ;
   c. la dépression psychologique.

4. Quelle image de la femme et de la vie domestique se dégage de ce poème ?

5. Dressez le champ lexical de la solitude.

6. Analysez les thèmes de l'Infortune et de l'amitié en répondant aux questions associées à chacun d'eux.
   a. Comment se manifeste l'Infortune dans la vie de Rutebeuf ?
   b. Peut-on dire que Dieu est du côté de l'Infortune ?
   c. « Ces amis m'ont bien failli » Expliquez de quelle manière.
   d. Relevez les métaphores filées (l'une sur trois vers, l'autre sur cinq) qui illustrent le comportement des amis.
   e. Quels reproches le poète adresse-t-il à ses amis ?
   f. Quelle morale tire-t-il de ses malheurs ?

7. Parmi les attitudes suivantes, choisissez celle qu'adopte le poète et expliquez votre choix.
   a. La débrouillardise.
   b. La sérénité.
   c. L'impuissance devant le malheur.
   d. L'esprit de rébellion.
   e. Le mysticisme.

Rédaction

8. En vous servant du tableau descriptif du lyrisme médiéval, expliquez quelles caractéristiques s'appliquent à ce poème et fournissez des arguments, des exemples, des citations qui justifient votre choix.

9. Comparez le lyrisme de Rutebeuf avec celui de Jaufré Rudel en tenant compte de trois des aspects suivants.
   a. La relation à la vie.
   b. La relation à la nature.
   c. La relation à la femme.
   d. La relation à Dieu.
   e. La tonalité générale.

Christine de Pizan (v. 1364 – v. 1431)

Le lyrisme au féminin

La vie de cette femme de lettres française est exceptionnelle. D'origine italienne, veuve dès l'âge de 25 ans, avec trois enfants à sa charge, Christine de Pizan produit une œuvre abondante dans laquelle se manifeste une volonté constante de défendre et de valoriser le rôle et le statut des femmes. L'écriture devient son métier, et lui permet d'assurer sa subsistance et celle de sa famille tout en la plaçant dans une situation singulière pour l'époque. La plupart des jeunes filles se résignent en effet à ce qu'on décide de leur sort, rêvant tout de même du chevalier qui viendra les délivrer ou les distraire.

Dans cette ballade, Christine de Pizan choisit un sujet très personnel, s'écartant ainsi des lieux communs de la poésie des troubadours : elle parle de la tristesse qu'elle ressent après la mort de son mari. C'est la solitude monotone du veuvage qui rythme le poème.

Seulete suis...

Seulete suis et seulete veux être,
Seulete m'a mon doux ami laissée,
Seulete suis, sans compagnon ni maître,
Seulete suis, dolente et courroucée,
5 Seulete suis en langueur malaisée,
Seulete suis plus que nulle égarée,
Seulete suis sans ami demeurée.

Seulete suis de porte en fenêtre,
Seulete suis en coin cachée,
10 Seulete suis pour moi de pleurs repaistre,
Seulete suis, dolente ou apaisée,
Seulete suis, rien n'est qui tant me siée, [me plaît]
Seulete suis en ma chambre enserrée,
Seulete suis sans ami demeurée.

15 Seulete suis partout et en tout être, [en tous lieux ou en toutes circonstances]
Seulete suis, où que j'aille ou je siée, [je m'assoie]
Seulete suis plus qu'autre créature terrestre,
Seulete suis de chacun délaissée,
Seulete suis durement abaissée,
20 Seulete suis souvent éplorée,
Seulete suis sans ami demeurée.

Princes, or est ma douleur commencée :
Seulete suis de tout deuil menacée,
Seulete suis plus sombre que moirée, [plus livide que mûre]
25 Seulete suis sans ami demeurée.

Christine de Pizan, *Cent ballades d'amant et de dame*, 1394-1410.

Atelier d'analyse

Exploration

1. Classez les vers selon qu'ils expriment :
   a. la peine de la veuve, femme désormais sans compagnon ;
   b. la réclusion physique ;
   c. l'isolement social.

2. Analysez le rythme, en considérant :
   a. le rôle de la rime des troisièmes vers par comparaison avec les autres rimes ;
   b. l'effet créé par la répétition de « Seulete suis » et du refrain repris à la fin de chaque strophe.

3. Selon vous, ce poème est-il :
   a. la complainte d'une veuve à la recherche d'un nouveau compagnon ?
   b. un poème d'amour adressé au mari disparu ?
   c. la complainte d'une femme démunie ?
   d. une prise de conscience féministe ?
   e. inclassable dans ces catégories ?
   Justifiez votre réponse.

Rédaction

4. Montrez que le poème fournit des éléments pour décrire la condition de la femme au Moyen Âge.

5. Analysez l'expression de la solitude dans ce poème.

Ballade des pendus

Frères humains qui après nous vivez,
N'ayez les cœurs contre nous endurcis,
Car, se pitié de nous pauvres avez,
Dieu en aura plus tôt de vous mercis.
5 Vous nous voyez ci attachés cinq, six :
Quant de la chair que trop avons nourrie,
Elle est piéça [depuis longtemps] dévorée [détruite] et pourrie,
Et nous, les os, devenons cendre et poudre. [poussière]
De notre mal personne ne s'en rie ;
10 Mais priez Dieu que tous nous veuille absoudre !

Ses frères vous clamons, pas n'en devez
Avoir dédain, quoique fûmes occis
Par justice. Toutefois, vous savez
Que tous hommes n'ont pas bon sens rassis ;
15 Excusez-nous, puisque nous sommes transis, [trépassés]
Envers le fils de la Vierge Marie,
Que sa grâce ne soit pour nous tarie,
Nous préservant de l'infernale foudre.
Nous sommes morts, âme ne nous harie [que personne ne nous moleste]
20 Mais priez Dieu que tous nous veuille absoudre !

La pluie nous a débués [lessivés] et lavés,
Et le soleil desséchés et noircis ;
Pies, corbeaux, nous ont les yeux cavés, [creusés]
Et arraché la barbe et les sourcils.
25 Jamais nul temps nous ne sommes assis ;
Puis çà, puis là, comme le vent varie,
À son plaisir sans cesse nous charrie,
Plus becquetés d'oiseaux que dés à coudre.
Ne soyez donc de notre confrérie ;
30 Mais priez Dieu que tous nous veuille absoudre !

Prince Jésus, qui sur tous a maîtrie,
Garde qu'Enfer n'ait de nous seigneurie :
À lui n'avons que faire ni que soudre. [avec lui n'ayons rien à faire ni à payer]
Hommes, ici n'a point de moquerie ;
35 Mais priez Dieu que tous nous veuille absoudre !

François Villon, *L'épitaphe de Villon*, 1463.

François Villon (v. 1431 – v. 1463)

L'inquiétude à l'égard de la mort

Étudiant révolté devenu voyou, Villon sera bientôt banni de Paris pour ses crimes. Il laisse une œuvre à l'image de sa vie de hors-la-loi, remplie d'intensité et éloignée des sentiers battus. Condamné à mort puis exilé, il disparaît mystérieusement à 32 ans, ou du moins perd-on toute trace de lui. Proche parent de Rutebeuf dans son inspiration, Villon aime décrire la vie pauvre et misérable des marginaux. Le poète se construit un style à nul autre pareil en puisant dans les jargons populaires. Les « menus propos » qu'il recueille, souvent grossiers, servent son esprit parodique et contestataire. Rebelle dans la vie comme dans son œuvre, Villon est le premier des « poètes maudits ». Plusieurs poètes se réclameront de lui, parmi lesquels Baudelaire et Rimbaud, qui eux aussi prendront le chemin de la marginalité quatre siècles plus tard.

Souvent surnommée la « Ballade des pendus », cette épitaphe déchirante aurait été écrite par Villon alors qu'il était dans l'attente de sa propre pendaison. Le lecteur peut difficilement rester insensible à l'appel des condamnés surtout quand ceux-ci s'adressent, au-delà des siècles, à tous leurs « frères humains ».

Le lyrisme médiéval

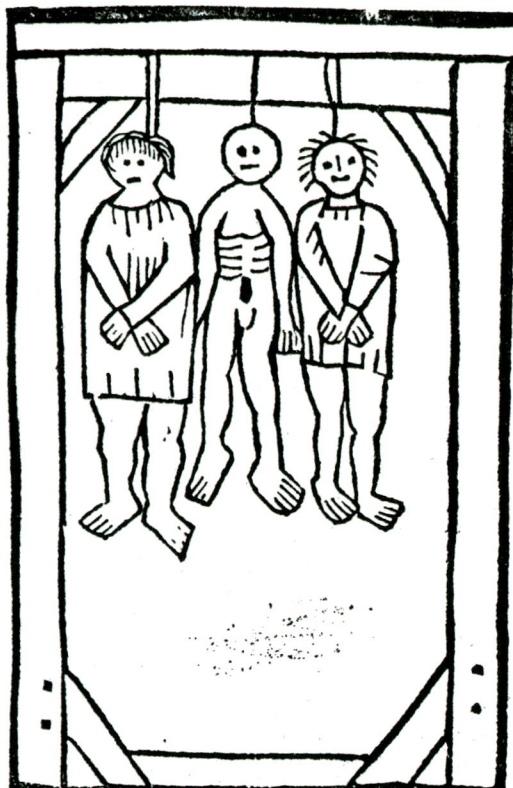

La ballade des pendus, illustration tirée de *L'épitaphe de Villon*, 1489.

Atelier d'analyse

Exploration

1. Pour bien comprendre le texte, récrivez les vers qui vous semblent difficiles en modernisant la syntaxe et le vocabulaire.

2. Clarifiez le contexte d'énonciation du texte en précisant qui se trouve derrière les pronoms en rouge.
   a. « Frères humains qui après **nous** vivez. »
   b. « Dieu en aura plus tôt de **vous** mercis. »
   c. « Mais priez Dieu que **tous nous** veuille absoudre ! »

3. Résumez le sens de chacune des strophes en dégageant les étapes de la décomposition charnelle. Montrez que la description prend progressivement un caractère de merveilleux morbide.

4. Expliquez le paradoxe de la présence du sentiment religieux dans ce même contexte.

5. Citez un vers en appui aux affirmations suivantes.
   a. Le poème en appelle au pardon de Dieu.
   b. Le poème est un appel à la compassion des hommes.
   c. Le poème présente un aveu de culpabilité.
   d. Le poème présente un tableau de la souffrance des condamnés.

6. Que nous apprend ce poème sur la condition humaine au Moyen Âge ? Répondez par un paragraphe bien structuré avec citations et exemples.

7. Dégagez le rôle de la nature dans ce contexte avec citations à l'appui.

8. Quelles expressions ou images laissent poindre l'humour noir de Villon ?

9. Étudiez le rythme du texte en tenant compte des aspects suivants.
   a. La coupe du vers, l'alternance et la richesse des rimes.
   b. Les éléments de répétition, d'énumération, etc.
   c. Les éléments qui contribuent le plus à souligner la signification du poème.

Rédaction

10. Analysez la représentation de la mort dans cet extrait.

11. **Sujet :** Comparez le lyrisme de Villon et celui de Bernard de Ventadour.

    Consignes :
    a. Première étape : Choisissez trois des aspects suivants pour construire votre plan.
    - L'expression de la subjectivité.
    - La représentation de l'individu au centre du poème.
    - Les émotions et les sentiments exprimés.
    - La représentation de la condition humaine.
    - La thématique exploitée dans le poème.
    - La virtuosité poétique.

    b. Deuxième étape : Énumérez les similitudes et les différences entre les deux textes par rapport à chaque aspect retenu.

LA LITTÉRATURE SATIRIQUE

Quelles caractéristiques lui attribuer qui puissent aider à l'analyse des œuvres ?

Pour bien comprendre la littérature satirique médiévale, il convient de rappeler que l'univers des romans de chevalerie avait peu à voir avec la vie réelle des chevaliers et du reste de la population. Ce monde fictif tournait le dos à une époque ravagée par les guerres et les famines, dominée par l'ignorance et la pauvreté de la vaste majorité.

L'humour et la fantaisie sont peu présents dans les romans de chevalerie. Entre deux épreuves pour juger de leur amour ou entre deux combats, les chevaliers ont à peine le temps d'esquisser un sourire. Tout pénétrés de l'importance de leur mission, les héros des romans de la Table ronde ne semblent avoir ni le temps ni le goût de plaisanter, de lever le coude ou de se moquer de leurs sublimes aventures. Quant aux relations sexuelles, les règles de la courtoisie les obligent à une longue et douloureuse abstinence... du moins, par rapport à leur dame ! Seigneurs, chevaliers et troubadours ne riaient pas, mais leurs contemporains s'en sont chargés à leurs dépens, et la littérature satirique se moquait d'eux volontiers pour leur arracher leur masque trop grave.

En marge du sérieux caractéristique de la littérature officielle se sont développés un théâtre comique et des fables en prose ou fabliaux. De nombreux épisodes forment un gigantesque roman parodique, *Le roman de Renart*. Cette littérature satirique répond en fait aux exigences d'un nouveau public composé d'avocats, de commerçants, de moines et de citadins d'origine humble. C'est pour eux que se créent des personnages nouveaux pour l'époque. À travers l'humour perce une volonté d'être plus près de la réalité sociale et politique, et de prendre des distances par rapport à l'idéalisme de la littérature courtoise et chevaleresque.

La littérature satirique fait appel à l'esprit et aux procédés de la parodie. Imitation d'un style, d'un thème ou d'un personnage dans le but de s'en moquer, de le ridiculiser, la parodie médiévale emploie les procédés universels de ce genre drôle et mordant. À cette satire sociale s'ajoute une parodie littéraire qui ridiculise le lyrisme plaintif des troubadours ou le ton héroïque de la chanson de geste. Dans tous les cas, la littérature parodique rit à gorge déployée et déchire tout à belles dents, comme si elle exprimait la lucidité et la colère du peuple.

Le fabliau

Le fabliau met généralement en scène des gens simples, pauvres ou peu instruits, qui font face à de puissants personnages : seigneur, prêtre, chevalier, etc. Le but est de créer des situations ridicules qui contribuent à la dégradation des haut placés ou qui montrent la duperie du mari par la femme. *Le roman de Renart*, par exemple, invente une cour royale où les animaux sont répartis entre roi et sujets, exploiteurs et exploités.

Un évêque prononce la séparation de corps de deux époux, enluminure tirée de *Décrets de Gratien,* glosé par Barthélémy de Brescia de Gratien de Chiusi, XIVe siècle.

L'anecdote se résume en deux lignes : les protagonistes sont des caricatures rapidement esquissées, et l'humour, exagéré, souvent grivois, repose sur un ensemble de procédés comiques : jeux de mots, phrases à double sens, sarcasme, exagération, etc. Comme dans les fables, une sentence ou un proverbe ajoute parfois un brin de morale. Toutefois, c'est le ridicule de la situation dans laquelle les personnages sont empêtrés qui tient lieu de véritable morale.

La farce

Associé à la littérature satirique, la farce gagne la faveur populaire. L'appellation même de « farce » (le fait de farcir un aliment) illustre son premier usage : elle servait d'intermède dans des pièces de théâtre à caractère religieux, par exemple les *Mystères de la Passion*, afin d'en alléger l'atmosphère. Issue d'une longue tradition de fête populaire, la farce constitue le joyau du théâtre comique du Moyen Âge. On trouvera ce type de pièce encore vivant jusque dans le théâtre de Molière, au siècle classique.

Les caractéristiques du fabliau

Histoire	**Personnages**
	• Personnages qui parodient les Grands du royaume et leurs sujets.
	Intrigue
	• Situations ridicules dans le but de se moquer de la hiérarchie sociale et en particulier de l'élite.
Narration	• Narration marquée par l'exagération et la grivoiserie dont le but est de susciter le rire.
Thématique	• Parodie de l'idéalisme de la littérature courtoise et chevaleresque. • Prédilection pour les thèmes sociaux.
Style et procédés d'écriture	• Emploi de procédés liés à la parodie : exagération, contraste, surprise, inclusion de plusieurs niveaux de langue.

Les caractéristiques de la farce

Histoire	**Personnages**
	• Personnages généralement issus du peuple participant à l'élaboration d'une bonne blague, d'une grosse farce.
	Intrigue
	• Intrigue semblable à celle des fabliaux : tout litige entraîne des bastonnades et des traits d'humour gras.
Structure	• Dialogues plutôt sommaires et expressifs.
Thématique	• Tromperie, argent, rapports de pouvoir dans la famille et dans la société.
Style et procédés d'écriture	• Comique de gestes : crocs-en-jambe, pirouettes, bastonnade, etc. • Ton parodique.

Jérôme Bosch, *Le concert dans l'œuf (satire de l'alchimie symbolisée par l'œuf philosophique)*, XVᵉ siècle.

Renart devient roi

Mais laissons là Noble et revenons à ce mal embouché de Renart, ce fourbe trompeur. Un certain temps de réflexion l'amène à se dire qu'il a une chance de se retrouver roi et empereur avant la fin du mois (pourvu que Dieu lui soit favorable) en faisant croire aux barons que le lion est mort. Il se dépêche de rédiger un message puis fait venir un serviteur :

« Écoute bien ce que je vais te dire, mon ami, et promets-moi de garder le secret sur les consignes que je vais te donner.

— Vous pouvez me faire confiance, seigneur. Je n'en soufflerai mot, soyez sans crainte ; je vous en donne ma parole. »

Avec cette assurance, Renart s'ouvre à lui :

« Voici ce que je voudrais que tu fasses : demain, tu te présenteras devant les barons qui sont à la cour et tu leur annonceras sans barguigner que le roi a été tué. Après quoi, tu me remettras la lettre que voici en leur présence.

— À vos ordres, seigneur, et advienne que pourra. »

Il remet donc le pli au garçon qui s'en saisit et, après avoir pris congé, s'éloigne rapidement sans être vu d'âme qui vive. Pendant ce temps, Renart est au comble de l'impatience : son projet va-t-il réussir ? Non sans astuce, le messager attend le point du jour pour sortir de la ville. Il fait galoper son cheval à travers la campagne, suffisamment pour le mettre en sueur puis le ramène à vive allure, lui mettant les flancs en sang à coups d'éperons. Franchissant la porte à bride abattue, il pénètre dans l'enceinte. Puis, après avoir mis pied à terre, c'est en courant qu'il entre dans le palais. Il salue d'abord Renart, puis la reine, comme on le fait pour une dame de son rang.

« Dame, le roi vous salue et ordonne qu'on lise ce message aux barons. Il vous fait dire par mon intermédiaire qu'il a reçu au combat une blessure mortelle.

— Mortelle ! dit Renart. Malheur à moi ! Monseigneur le roi est donc mort ? »

À ces mots, il se jette sur le messager et lui fend le crâne d'un coup de bâton qui le laisse mort sur place : « Tais-toi, dit-il, à Dieu ne plaise que nous ayons ainsi perdu le roi ! »

Avez-vous compris la raison de ce geste ? C'est que Renart ne voulait pas courir le risque d'être dénoncé par le garçon : d'où sa ruse. Il prend alors le message comme si de rien n'était et, au vu de tous les barons, le donne à Tibert le chat qui le parcourt de bout en bout, moustaches dressées.

« Sur ma tête, Renart, le roi est bel et bien mort. Il fait dire à tous les siens sa volonté que dame Fière épouse Renart en tout amour et que celui-ci soit reconnu immédiatement et sans contestation comme souverain de tout le royaume. »

Ce qu'ayant entendu, la reine se contente de répondre :

« Puisque telle est sa volonté, je dois la respecter. Je vois bien qu'il n'y a pas d'autre solution. Le sort du royaume est lié au mien, puisque je suis la reine et que je dois le demeurer. Mais je voudrais savoir si le seigneur Renart accepte également.

— Mais oui, dame, et je suis prêt à me conformer sans retard à vos ordres.

— C'est là bien parler, seigneur, sur ma foi. »

Les barons sont à la fois peinés pour le roi qui ne reviendra pas et contents d'avoir Renart comme nouveau seigneur. L'échange des serments entre le goupil et la reine a lieu aussitôt et c'est la liesse dans le palais qui retentit des chansons et des lais joués par les jongleurs sur leurs vielles. Dames et jeunes filles dansent. Toutes et tous mènent grande joie ; on dormit peu cette nuit-là. Le lendemain, sans plus attendre, Renart épouse la dame. Tous les barons du royaume lui prêtent serment de fidélité et s'engagent solennellement à lui venir en aide dès qu'il aura besoin d'eux, ce qu'il se garde bien de refuser. La danse et les jeux réunissent tous les participants au milieu de l'allégresse générale. Puis le connétable Ysengrin, dont c'est la charge, fait dresser

---

Anonyme

La parodie des valeurs courtoises

Écrit par plusieurs auteurs anonymes et structuré en différentes branches, *Le roman de Renart* raconte les multiples aventures de Renart le goupil. Rusé, mal-appris, grivois, menteur, Renart use de mille astuces pour tromper ses amis et ridiculiser la religion, les autorités politiques ou les valeurs de l'amour courtois. Le personnage sert en quelque sorte d'exutoire à toutes les frustrations que ressent l'homme, prisonnier d'une société à la fois très cloisonnée et très contraignante comme celle du Moyen Âge. *Le roman de Renart* connut un tel succès que le nom du personnage, Renart, a remplacé le terme de « goupil » pour désigner l'animal, comme si aujourd'hui on remplaçait le mot « chat » par Félix, ou le mot « canard » par Donald !

Dans cet extrait, tiré de la branche XI, la société des animaux a remplacé celle des hommes et, de ce fait, elle caricature les rapports de pouvoir qui la caractérisent. Pour prendre la place du lion-roi nommé Noble (!), Renart se sert de sa ruse habituelle.

les tables et circuler les aiguières pour se laver les mains. Tous s'assoient pour manger. Grimbert le blaireau, le cousin germain de Renart, apporte le premier service, un plat digne d'une aussi noble assistance. Je crois bien qu'il y eut une vingtaine de services, mais je ne les ai pas comptés. À la fin du repas, tous se lèvent rapidement. Les premiers
55 à le faire sont Tibert et Grimbert, les deux bons compagnons, qui vont bénir le lit nuptial. Après quoi, ils se retirent gais et contents, tandis que les amants restent pour se livrer à leur plaisir jusqu'au petit jour. Monseigneur Renart se lève alors, fort satisfait et fier de lui, et se dépêche de faire ouvrir le trésor car ils ne veulent pas attendre davantage. Il distribue une partie de son contenu en or et en argent aux
60 siens de façon à ne plus avoir à y revenir et fait porter le reste à Maupertuis car il craint, non sans raison, d'avoir à faire face au roi au cas où celui-ci reviendrait, et il veut être en mesure de lui résister. C'est pourquoi il accumule assez de provisions pour pouvoir soutenir un siège d'au moins sept ans à mon avis. En effet, la situation de son château le rendant imprenable, on ne peut le réduire qu'en affamant ses
65 occupants. Il le met donc en état de faire face à toute éventualité, et ses souhaits sont comblés quand il se voit proclamé empereur. Alors il ne se connaît plus de joie. Cependant, il continue de munir son château de tout ce qui est nécessaire. La reine le chérit et l'aime comme son légitime époux, car, dit-on, il l'aimait plus que n'avait fait monseigneur Noble le lion.

Anonyme, *Le roman de Renart,* entre 1170 et 1250.

La nef des vices pilotée par Renart, enluminure française, vers 1275.

Atelier d'analyse

Exploration

1. Suivez les consignes suivantes afin de vous assurer de bien comprendre le texte.
   a. Cherchez la définition de mots comme « fourbe » ou « barons », qui sont susceptibles d'éclairer la signification du texte.
   b. Dressez le plan du récit.

2. Dans un tableau à trois colonnes :
   a. Dressez la liste des personnages en présence (première colonne).
   b. Expliquez leur rôle dans le récit (deuxième colonne).
   c. Précisez leur sort (troisième colonne).

3. Analysez le personnage de Renart en répondant aux questions suivantes.
   a. Pourquoi les actions de Renart illustrent-elles le trait de caractère énoncé au début du texte, soit « fourbe trompeur » ?
   b. Dans la suite du récit, quels autres traits de caractère son comportement révèle-t-il ?
   c. Relevez les phrases qui se rapportent implicitement à la relation amoureuse, sinon même sexuelle, de Renart avec la reine. Que peut-on déduire de leur vie de couple ?
   d. Que fait Renart pour s'assurer de la fidélité des siens ?
   e. Finalement, peut-on dire que Renart a toutes les qualités souhaitables pour remplacer le roi ? Donnez des preuves à l'appui de votre réponse.

4. Analysez la réaction de l'entourage par rapport à la mort présumée du roi en répondant aux questions suivantes.
   a. Quelle est la réaction de la reine ? Que peut-on déduire de sa relation avec son époux, le roi ?
   b. Quelle est la réaction des barons ?
   c. Quelle est la réaction de la cour ?

5. Le texte informe le lecteur actuel de plusieurs faits concernant, entre autres, le fonctionnement social et politique, la mentalité et les relations de couple au Moyen Âge. Faites cinq constatations en lien avec ces connaissances.

6. Par plusieurs aspects, ce texte présente une critique des valeurs courtoises. Considérez les aspects suivants.
   a. Le comportement de Renart avec son entourage et ses subalternes.
   b. Les relations de Renart avec la reine.
   c. Le comportement des autres acolytes.
   d. Les réactions au décès présumé de Noble le lion.

7. Analysez la narration en répondant aux questions suivantes.
   a. Quelles sont les interventions du narrateur ?
   b. Quel est le type de narrateur choisi ?
   c. Ce choix témoigne-t-il de l'influence de la culture orale ?
   d. À votre avis, le narrateur est-il favorable ou défavorable à Renart ? Justifiez votre opinion.

8. À vos yeux, quels avantages le fait de transposer la société des humains en société des animaux présente-t-il dans le contexte médiéval ? Tenez compte (en faisant un peu de prospection !) des avantages de cette transposition tant pour l'auteur que pour le lecteur.

9. En quoi les passages associés à Dieu traduisent-ils une forme d'ironie ? L'ironie se glisse-t-elle ailleurs dans le texte ?

Rédaction

10. Composez une introduction et un premier paragraphe de dissertation qui conviendraient au sujet suivant : « Le personnage de Renart sert à introduire un élément de critique sociale dans la littérature médiévale. »

11. Analysez la parodie du thème du pouvoir dans ce fabliau.

12. Comparez ce fabliau avec la fable *Les animaux malades de la peste* de Jean de La Fontaine (voir page 112).

Anonyme

Le théâtre profane

La farce de Maître Pathelin, dont on ne connaît pas le ou les auteurs, met en scène un avocat sans le sou, mais à l'imagination débridée et à la fourberie certaine. Grâce à ses « qualités », Maître Pathelin se procure à crédit une pièce de drap chez un marchand qui se laisse prendre à ses belles paroles. S'ensuit une série de péripéties où le trompeur sera à son tour trompé. Le procédé sera repris par Molière lui-même, qui s'inspirera aussi de ce personnage comique pour créer ses propres valets.

Dans cet extrait, le drapier vient se faire payer. Pathelin, avec la complicité de sa femme Guillemette, feint d'être fou et mourant. D'un jeu de mots à l'autre, la comédie est si bien jouée que le drapier ne sait où donner de la tête.

La maladie de Pathelin

PATHELIN. Ah! méchante! viens ici! T'avais-je dit d'ouvrir ces fenêtres? Viens me couvrir! Chasse ces gens noirs! Marmara! Carimari! Carimara! Emmenez-les-moi! Emmenez!

GUILLEMETTE. Qu'est-ce? Comme vous vous démenez! Avez-vous perdu le sens?

5 PATHELIN. Tu ne vois pas ce que je sens. Voilà un moine noir qui vole. Attrape-le! Passe-lui une étole! Au chat, au chat! Comme il monte!

GUILLEMETTE. Eh! Qu'est ceci? N'avez-vous pas honte? Eh! Par Dieu! C'est trop remuer!

PATHELIN. Ces médecins m'ont tué avec ces drogues qu'ils m'ont fait boire. Et toutefois
10 il les faut croire! Ils nous manient comme de la cire!

GUILLEMETTE. Hélas! Venez le voir, cher Monsieur, il est au plus mal.

LE DRAPIER. Vraiment, il est malade, depuis l'instant où il est revenu de la foire?

GUILLEMETTE. De la foire?

LE DRAPIER. Par saint Jean, oui! Je crois qu'il y est allé. Du drap que je vous ai donné à
15 crédit il me faut l'argent, maître Pierre!

PATHELIN. Ah! maître Jean, plus dures que pierre j'ai chié deux petites crottes noires, rondes comme pelotes. Prendrai-je encore un clystère?

LE DRAPIER. Qu'en sais-je? Qu'ai-je à voir à cela? Il me faut neuf francs ou six écus.

PATHELIN. Ces trois morceaux noirs et pointus, les nommez-vous pilules? Ils m'ont
20 abîmé les mâchoires! Pour Dieu, ne m'en faites plus prendre! Maître Jean, ils m'ont fait tout rendre. Ah! Il n'est rien de plus amer.

LE DRAPIER. Mais non! Par l'âme de mon père, mes neuf francs ne m'ont point été rendus!

GUILLEMETTE. Par le col puisse-t-on prendre de tels gens si ennuyeux! Allez-vous-en,
25 par tous les diables, puisque au nom de Dieu vous ne voulez rien savoir!

LE DRAPIER. Par le Dieu qui me fit naître, j'aurai mon drap avant de partir, ou mes neuf francs!

Anonyme, *La farce de Maître Pathelin,* v. 1465.

Atelier d'analyse

Exploration

1. Quels sont les personnages en présence dans ce texte ? Quel rôle jouent-ils ? Que peut-on rapidement déduire de leur caractère ?

2. Le comique de cette scène est avant tout verbal. Dans les réparties, repérez :
   a. un jeu de mots avec des paronymes (mots de prononciation très semblable) ;
   b. un jeu de mots avec des homographes (mots de prononciation différente mais de graphie identique) ;
   c. des répétitions ;
   d. une comparaison.

3. Cette courte scène permet certaines observations. Lesquelles peut-on faire par rapport aux aspects suivants ?
   a. Les médecins.
   b. Les commerçants.
   c. Les relations de couple.
   d. Les gens de milieu populaire.

4. Montrez que la syntaxe sert à donner du mouvement à la scène.

Rédaction

5. En un ou deux paragraphes, montrez que cette scène illustre certaines caractéristiques de la farce (reportez-vous à l'encadré sur ce genre [voir p. 42] pour vous aider).

Entre les diables et le royaume des cieux, enluminure tirée de *La cité de Dieu*, 1469-1473.

La littérature satirique

Michel-Ange, *La Création d'Adam*, peinte sur la voûte de la chapelle Sixtine de 1508 à 1512.

CHAPITRE 2
La Renaissance
L'âge d'or de l'humanisme

PRÉSENTATION DE L'ÉPOQUE	51
LE COURANT HUMANISTE	59
LA POÉSIE	62
Pierre de Ronsard	
Amours de Marie	63
Les odes	64
Sonnets pour Hélène	66
Joachim Du Bellay	
Les regrets – extrait 1	67
Les regrets – extrait 2	68
Louise Labé	
Sonnets – extrait 1	70
Sonnets – extrait 2	71
Agrippa d'Aubigné	
Les tragiques	72
LE RÉCIT	73
François Rabelais	
Pantagruel	74
Marguerite de Navarre	
Heptaméron	77
L'ESSAI	80
Michel de Montaigne	
Essais – extrait 1	81
Essais – extrait 2	82
Joachim Du Bellay	
Défense et illustration de la langue française	84
Louise Labé	
Louise Labé Lyonnaise	85
LE THÉÂTRE	86
William Shakespeare	
Roméo et Juliette	87

Repères chronologiques

	Événements politiques	Art, littérature et sciences
1453	Prise de Constantinople par les Turcs	
1455		Gutenberg invente l'imprimerie et publie la Bible en latin.
1478		Botticelli, *Le printemps*
1492	Découverte de l'Amérique par Christophe Colomb	
1494-1559	Guerres entre la France et l'Italie	
1501-1504		Michel-Ange, *Le David*
1503-1505		de Vinci, *La Joconde*
1508-1512		Michel-Ange, *Le jugement dernier*
1511		Érasme, *Éloge de la folie*
1513		Machiavel, *Le prince*
1515-1547	Règne de François Ier ; renforcement de l'absolutisme royal	
1516		More, *L'Utopie*
1516-1519		Séjour de Léonard de Vinci à la cour de France ; diffusion de la Renaissance italienne
1517	Publication des 95 thèses de Luther ; début de la réforme protestante	
1519-1522	Premier tour du monde entrepris par Magellan	
1530	Fondation du Collège de France ; l'Église perd le monopole de l'enseignement.	
1532		Rabelais, *Pantagruel*
1534	Premier voyage de Jacques Cartier au Canada	Rabelais, *Gargantua*
1535		Marot, *Le blason du beau tétin*
1536-1541		Michel-Ange, *Le jugement dernier*
1538		Introduction du sonnet en France par Clément Marot
1539	Ordonnance de Villers-Cotterêts ; usage obligatoire du français dans les textes de loi et les jugements de cour	Parution du premier dictionnaire français/latin de Robert Estienne
1540	Fondation de la Compagnie de Jésus (les Jésuites) par Ignace de Loyola	
1542-1545		Développement de la médecine : description de l'appendicite ; premier traité d'anatomie humaine ; traité de chirurgie d'Ambroise Paré
1543		Théorie de l'héliocentrisme de Copernic
1545-1563	Concile de Trente ; contre-Réforme de l'Église catholique pour faire échec au protestantisme	
1547-1559	Règne d'Henri II, fils de François Ier	
1549		Du Bellay, *Défense et illustration de la langue française*
1550-1552		Ronsard, *Les odes*
1552		Ronsard, *Les amours de Cassandre*
1555		Labé, *Œuvres poétiques* Ronsard, *Les amours de Marie*
1558		Du Bellay, *Les regrets*
1559-1560	Règne de François II	de Navarre, *Heptaméron* (1559)
1560-1574	Règne de Charles IX	
1562	Début des guerres de religion	
1568		Début de la *commedia dell'arte* en Italie
1572	Massacre de la Saint-Barthélemy	
1574-1589	Règne de François III	
1578		Ronsard, *Sonnets pour Hélène*
1580-1595		Montaigne, *Essais*
1589-1610	Règne d'Henri IV ; redressement économique de la France	
1592		Invention du thermomètre par Galilée
1594		Shakespeare, *Roméo et Juliette*
1598	Proclamation de l'édit de Nantes ; loi assurant la tolérance religieuse et la paix sociale entre catholiques et protestants	

PRÉSENTATION DE L'ÉPOQUE

LA RENAISSANCE : Quels événements marquent sa naissance ? Comment la définir ?

La Renaissance naît en Italie sous l'impulsion de grands penseurs qui entendent prendre leur distance de la tradition religieuse en effectuant un retour aux auteurs de l'Antiquité. Cette période se définit par son effervescence intellectuelle, la confiance en l'être humain et l'optimisme à l'égard de l'avenir ; elle s'appuie sur un renouvellement de l'enseignement afin de promouvoir le savoir et l'amour de l'art.

La Renaissance va ainsi s'affranchir progressivement du Moyen Âge pour se tourner vers le progrès. Plusieurs événements contribuent à favoriser un climat d'effervescence qui atteint tous les domaines, de la vie intellectuelle marquée au sceau de l'humanisme jusqu'aux activités économiques stimulées par un esprit de découverte. L'invention de l'imprimerie (1434) accélère la diffusion des connaissances ; l'exploration du Nouveau Monde, notamment par Christophe Colomb et Jacques Cartier, ouvre de nouveaux horizons au commerce ; la Réforme projette l'Europe dans une polémique entourant le dogme religieux. En voulant combattre la corruption de l'Église et le relâchement moral du clergé, Martin Luther (1483-1546) provoque le schisme à l'origine du protestantisme. Partout l'intolérance religieuse engendre des luttes fratricides chez les chrétiens désormais divisés. En outre, la conquête des Amériques, souvent décrite comme une grande épopée missionnaire, entraîne son lot d'injustices, parmi lesquelles la décimation des populations indigènes ou leur réduction à l'esclavage.

En France, la Renaissance est tardive. Il faut attendre le règne de François Ier (1494-1547) pour voir la vie de cour prendre son élan grâce à la construction de palais majestueux comme celui de Fontainebleau. Rabelais (v. 1485-1553), Ronsard (1524-1585) ou Montaigne (1533-1592) donnent une coloration locale à l'humanisme venu d'Italie.

L'ÉPOQUE : Que faut-il en connaître pour mieux apprécier sa littérature ?

Rien ne résume mieux la Renaissance que l'idée de croissance. Celle-ci s'appuie sur la circulation des idées, car les humanistes se déplacent partout en Europe. Des découvertes importantes, déjà en gestation à la fin du Moyen Âge, bouleversent tous les domaines du savoir. Toujours majoritairement rurale, l'économie s'ouvre à des échanges commerciaux plus variés. Elle est soutenue par le dynamisme des marchands alors que le capitalisme en est à ses débuts. Les villes prennent de l'expansion, les États sont mieux administrés. La mentalité est certes façonnée par la

Hans Holbein, *Les Ambassadeurs*, 1533.
Le peintre utilise le procédé d'anamorphose, qui permet d'apercevoir un crâne humain selon l'angle adopté pour regarder la toile.

religion, qui pousse dans certains cas à l'intolérance, sinon même au fanatisme, mais la Réforme introduit le doute à l'égard des dogmes, l'insubordination face à l'autorité papale. Cette ébullition repose enfin sur des échanges entre le passé, par le retour à l'**Antiquité**, et l'avenir puisqu'elle prélude aux **Temps modernes**.

Pour mieux comprendre la Renaissance, il importe aussi de saisir les disparités fondamentales avec aujourd'hui. Au XVe siècle, les entités politiques composent une carte européenne au gré des guerres ou des alliances (matrimoniales ou autres) et des héritages au sein des grandes familles dynastiques dont les rois sont tous issus. Les souverains sont en effet parents entre eux ; ils lèguent la couronne généralement à leur fils sans que les sujets aient à redire.

Antiquité : par ce terme, les écrivains de la Renaissance désignent les civilisations grecque et latine qui s'épanouissent du VIe siècle avant J.-C. au IIe siècle après J.-C.

Temps modernes : pour plusieurs historiens, l'époque moderne commence à la Renaissance ; pour d'autres, elle commence avec le Siècle des lumières. Les caractéristiques suivantes contribuent à définir la modernité : une culture écrite plutôt qu'orale, l'émergence de l'État-nation, l'idée du progrès plutôt que la référence à la tradition et la place prépondérante de la bourgeoisie. Les historiens ne s'entendent pas non plus sur l'événement qui clôt la modernité, mais l'invention de l'ordinateur et la mondialisation seraient à situer dans la postmodernité.

Finalement, la société, fortement hiérarchisée, reconduit l'inégalité entre les groupes sociaux et entre les deux sexes tout autant que l'intolérance à l'égard de la différence de confessions, sans que jamais ces valeurs posent réellement problème.

L'HUMANISME : Quelle est la contribution de l'Italie ? Comment évoluent l'art et la littérature ailleurs qu'en Italie ?

La Renaissance prend sa source en Italie pour ensuite se répandre en Europe. Les grands érudits communiquent en latin et comme plusieurs d'entre eux enseignent en outre le grec et l'hébreu, ils peuvent consulter les textes anciens sans intermédiaire. Les artistes eux-mêmes servent la propagation de leurs œuvres en se déplaçant d'une ville à l'autre : Léonard de Vinci (1452-1519) est invité à la cour de France alors que Joachim Du Bellay rejoint à Rome son oncle, cardinal attaché au Vatican. Enfin, le livre imprimé sauvegarde le savoir tout aussi bien que pouvait le faire le manuscrit, mais il est plus économique à produire, il circule plus facilement de main en main et s'avère à l'usage un instrument pédagogique de premier ordre pour propager de nouvelles idées. Il arrive toutefois que les institutions en place le considèrent comme une menace à l'ordre établi : les autorités le censurent, interdisent son importation, le mettent à l'**index** ou le brûlent en **autodafés** exemplaires.

Les villes de la péninsule, Florence, Venise, Milan ou Bologne, ont de somptueuses bibliothèques où sont bien représentés les écrivains de l'Antiquité, et des universités prestigieuses, où se côtoient penseurs, grammairiens et **exégètes**. Plus que tout, les ruines romaines évoquent le raffinement des civilisations anciennes. Ce sont là des aspects qui favorisent probablement l'éclosion de l'humanisme en Italie. Les philosophes italiens prennent modèle sur Platon ou Aristote pour faire l'analyse des textes sacrés ou échafauder des argumentations rigoureuses sur des sujets comme la relation de l'homme à son créateur ou l'exercice du pouvoir dans une monarchie. Ainsi, dans son pamphlet intitulé *Le Prince*, Machiavel (1469-1527) se penche sur l'art de bien gouverner ; Pic de la Mirandole (1463-1494) propose de son côté une nouvelle interprétation de la Bible qui lui vaudra d'être déclaré hérétique. Les écrivains s'inspirent aussi des mythes anciens pour construire leurs œuvres. Dante (1265-1321) montre une humanité en quête de bonheur terrestre et de salut éternel dans sa *Divine Comédie*. Pétrarque (1304-1374) et Boccace (1313-1375) transposent en poésie une conception de la beauté héritée de l'Antiquité.

L'humanisme franchit les frontières. En Angleterre, Thomas More (1478-1535) construit, dans son ouvrage intitulé *Utopia*, un idéal politique très éloigné d'une vision pratique et plutôt amorale comme celle de Machiavel. En France, Ronsard cherche à transposer dans ses propres vers l'élégante métrique des maîtres italiens. De son côté, Rabelais conçoit tout un programme éducatif qu'il adresse à son personnage Pantagruel. Sa pédagogie s'appuie sur les grandes idées qui définissent dorénavant l'humanisme, non seulement en Italie mais partout en Europe. Pour « revisiter » les textes anciens, comme le suggère Rabelais, il faut se mettre à l'étude des langues qui ont servi à leur rédaction. Le lecteur jouit ainsi d'un accès direct aux textes, sans intermédiaire susceptible d'en contrefaire le sens. La lecture personnelle développe l'autonomie intellectuelle et le doute critique qui se situent à la source de l'individualisme moderne. Ainsi, contrairement à son précurseur médiéval, le penseur de la Renaissance ne se soumet plus aussi facilement à l'autorité religieuse. Celle-ci continue toutefois à vouloir imposer sa compréhension de la Bible et des textes sacrés. Elle cherche également à maintenir une vision de l'univers pourtant remise en question par les plus récentes observations scientifiques de Copernic (1473-1543) puis celles de Kepler (1571-1630) et de Galilée (1564-1642). L'humanisme propose donc d'abandonner la tranquillité d'esprit plutôt factice que suscitent les vérités inébranlables et de s'ouvrir à l'esprit de découverte et à l'interrogation méthodique.

La contribution de l'Italie est aussi déterminante dans le domaine des arts. Léon X (1475-1521, de son vrai nom Jean de Médicis) et Clément VII (1478-1534, de son vrai nom Jules de Médicis), qui se succèdent comme papes au Vatican, sont tous deux issus de la très puissante et richissime famille florentine des Médicis. Ils invitent à Rome les plus grands artistes. Michel-Ange peint la voûte de la chapelle Sixtine. Raphaël et le Titien participent aussi au grand œuvre de la basilique de Saint-Pierre. De son côté, Léonard de Vinci peint des portraits énigmatiques comme celui de la Joconde tout en dessinant des maquettes qui préfigurent les inventions de demain. Botticelli révèle la grâce de la féminité. Ces peintres appliquent les lois de la perspective, qui donnent de la profondeur à leurs toiles, et créent des personnages suscitant l'illusion du mouvement, deux aspects qui consomment la rupture avec l'art figé du Moyen Âge. Les réputés architectes italiens comme Brunelleschi (1377-1446) et Bramante (1444-1514), sans compter Michel-Ange lui-même, sont aussi sollicités par des **mécènes** fortunés qui veulent éblouir

---

Index : catégorie de livres frappés de l'interdit de lecture par le Vatican parce que considérés comme dangereux pour les croyants.

Autodafé : destruction par le feu de livres ou de personnes considérées comme hérétiques (dissidents religieux).

Exégète : spécialiste de l'interprétation de la Bible et par extension de tout livre donnant matière à interprétation.

Mécène : personne de haut rang ou puissante qui vient en aide aux artistes et qui s'attend, en contrepartie, à ce qu'on la louange.

Sandro Botticelli, *Le printemps*, 1478.
Cette toile allégorique entremêle les symboliques profane et religieuse pour célébrer la beauté de la nature, la jeunesse et la vie.

avec des monuments à la mesure de leur gloire ou de leur prétention. À l'intérieur des palais, les décors tout en arabesques et en feuilles d'or rivalisent avec les jardins extérieurs, rafraîchis par d'élégantes fontaines, et qui cèdent aux lois de la géométrie. L'homme semble vouloir domestiquer la nature et soumettre le monde à son ordre, comme s'il faisait concurrence à son Créateur.

À une première période marquée par l'approche réaliste en art qui promouvait le sens de l'harmonie et de l'équilibre va succéder, en fin de siècle, une tendance plus exubérante qui mise sur les artifices du décor. Les toiles, les sculptures présentent des personnages instables qui semblent souvent aspirés dans une spirale; leurs corps se contorsionnent. Des peintres comme le Greco et le Corrège annoncent en fait la sophistication de l'art baroque qui saura traduire le désarroi provoqué par la multiplication des dissidences religieuses.

Enfin, d'autres foyers culturels font le choix de renouveler l'art médiéval par l'apport de nouvelles techniques. C'est le cas notamment des peintres flamands Pieter Bruegel et Jan Van Eyck (1390-1441). En Allemagne, Albrecht Dürer (1471-1528), considéré comme le plus grand peintre de la Renaissance en dehors de l'Italie, propose une série d'autoportraits qui témoignent de la prise de conscience de soi chez l'artiste.

LA RÉFORME : Pourquoi cet événement peut-il être considéré comme le plus important de la Renaissance ?

Aux yeux d'un lecteur actuel, il peut paraître inusité de choisir comme l'épisode saillant de la Renaissance la Réforme, instaurée par Martin Luther (1483-1546), et non pas la découverte de l'Amérique pourtant si lourde de conséquences. La Réforme introduit une fracture décisive dans l'ordre du monde qui semblait jusque-là immuable aux yeux d'une population croyante, adhérant massivement au dogme chrétien.

En effet, au fil du temps, l'Église omnipotente s'est éloignée de sa mission d'origine, soit celle de soutenir la foi des croyants, de les encourager à la charité pour qu'ils méritent la grâce d'être élus de Dieu. Elle a adopté des pratiques condamnables comme vendre des indulgences (faire payer pour le pardon des fautes) ou céder l'exercice de prestigieuses fonctions cléricales à des membres corrompus de la noblesse. Par le passé, plusieurs théologiens ont eu la témérité de dénoncer ces abus, mais ils ont été réduits au silence ou brûlés vifs sur les bûchers de l'**Inquisition**

Inquisition : tribunal ecclésiastique institué pour lutter contre l'hérésie, c'est-à-dire contre toute forme de théorie et de comportement qui s'éloigne du dogme catholique établi. Au Moyen Âge et à la Renaissance, elle sert quelquefois des fins politiques.

après avoir subi des procès expéditifs. Cependant, Martin Luther fait preuve d'opiniâtreté, car il mesure l'ampleur d'un mouvement d'indignation qui se diffuse principalement dans les contrées au nord de l'Europe choquées par la corruption du clergé. Martin Luther propose d'effectuer un retour aux sources de l'Évangile. Il encourage chaque croyant à développer un contact personnel avec Dieu par la lecture individuelle et directe des Saintes Écritures désormais rendue possible par les nombreuses traductions de la Bible en **langues vulgaires**. La rupture est consommée avec le rejet de l'autorité papale.

Les divergences dans l'interprétation des Saintes Écritures activent les divisions confessionnelles. En France, Calvin se dissocie de l'Église luthérienne; en Angleterre, Henri VIII se proclame chef de l'Église anglicane parce que le pape Clément VII s'est opposé à son divorce. Dans les dernières décennies du XVIe siècle, les conflits entre les factions religieuses dégénèrent en guerres civiles avec des poussées d'extrême violence. C'est notamment le cas en France avec l'épisode de la Saint-Barthélemy durant lequel périssent des milliers de **huguenots**. C'est dans ce contexte que sera assassiné le roi de France Henri III en 1589. Son successeur, Henri IV, qui avait renié sa foi protestante pour accéder au trône et assurer la paix du royaume, subira le même sort en 1610. Signé en 1598, l'édit de Nantes, qui accordait aux Français la liberté de culte, n'est pas arrivé véritablement à calmer les passions.

Fondée sur la controverse, la Réforme stimule l'esprit d'analyse et l'individualisme. Elle contribue à bouleverser l'ordre des valeurs reçues du Moyen Âge, ce qui entraîne forcément des changements en littérature. Par certaines de ses idées, la Réforme sème même le germe de la démocratie, notamment lorsqu'elle définit l'Église comme une communauté de croyants égaux devant Dieu. Paradoxalement, son influence s'étend même au catholicisme. L'Église réagit par une Contre-Réforme et réaffirme avec le Concile de Trente les positions dogmatiques de l'Église. Pour conserver leurs fidèles, les prêtres sont sommés par le Vatican de donner l'exemple en se pliant à des règles morales plus strictes. L'Inquisition est confirmée dans son rôle de tribunal religieux qui punit ceux qui remettent en question l'enseignement de l'Église. On instaure l'Index, qui permet de censurer ou de condamner les livres considérés comme erronés du point de vue de la foi chrétienne. L'Église se lance aussi avec enthousiasme dans une entreprise missionnaire en territoire d'Amérique. Longtemps décrit par les historiens européens comme une épopée progressiste, ce mouvement comporte ses revers tragiques, soit la conversion forcée des indigènes et, en corollaire, la destruction de grandes civilisations, comme celles des Aztèques et des Incas.

LA SCIENCE : En quoi contribue-t-elle au changement ?

Tout cet activisme religieux tire profit d'un contexte favorable au changement. Les récentes découvertes scientifiques ébranlent en effet les certitudes établies. Nicolas Copernic (1473-1543) avance une théorie audacieuse pour l'époque, soit que les planètes tournent sur elles-mêmes en même temps qu'autour du Soleil, ce qui contredit les explications bibliques. Cette théorie sera bientôt confirmée par Johannes Kepler (1571-1630) puis par Galilée (1564-1642) qui, lui, se fonde sur des observations plus précises obtenues grâce à la récente invention du télescope. Les grands navigateurs, qui traversent les océans en s'appuyant sur de nouvelles données géographiques, scientifiques et mathématiques, ont démontré que la Terre est ronde et qu'il y a d'autres continents que l'Europe. La rencontre avec les habitants du Nouveau Monde suscite aussi des interrogations sur la nature humaine : les « Sauvages » sont-ils dotés d'une âme et peuvent-ils aspirer au salut éternel ? L'Amérique est-elle le paradis perdu enfin retrouvé ?

Devant ces allégations qui constituent autant d'atteintes à son enseignement, l'Église réagit avec virulence, notamment en menaçant les astronomes du bûcher, auquel Galilée échappe en cédant devant le tribunal de l'Inquisition.

LA POLITIQUE : Comment s'exerce le pouvoir ?

Un roi hérite son royaume, qu'il lèguera à son tour au plus proche héritier mâle de sa famille, du moins là où s'applique la **loi salique**, ce qui est le cas en France. Le monarque ne répond à personne de ses décisions puisqu'il est au-dessus des lois. Un parlement existe bien dans certains États, mais ses prérogatives sont limitées et c'est au souverain lui-même que revient le privilège de le convoquer.

Élevés dans le sens de l'honneur, les rois ont soif de puissance, raison qui les pousse à vouloir annexer des territoires ou soumettre des populations. Pour faire la guerre, et pour coloniser outre-mer, il faut lever des impôts et développer un appareil gouvernemental plus efficace. En même temps que les États s'organisent, les sujets développent un sentiment d'appartenance nationale. Les habitants d'un même territoire partagent des valeurs communes, pratiquent souvent la même religion comme ils parlent souvent la même langue, toutes deux imposées par leur souverain.

Dans la première moitié du XVIe siècle, François Ier règne sur la France. Par son physique altier et ses manières

---

> **Langue vulgaire :** par opposition au latin parlé par l'élite, une langue vulgaire est celle parlée par le peuple ; elle deviendra langue nationale.
>
> **Huguenot :** nom donné aux protestants adhérant au calvinisme en France.
>
> **Loi salique :** loi qui exclut la possibilité d'une femme comme héritière de la couronne.

François Dubois, *La nuit de la Saint-Barthélemy*, 1576-1584.
La scène représente le massacre des huguenots sortant du Louvre. François Dubois a peint cette toile en Suisse, où il s'est exilé après la tuerie. Lors de ce massacre, toute sa famille, protestante, fut assassinée par les catholiques. L'art sert ici à dénoncer le sacrifice d'innocents au moment des guerres de religion.

élégantes, il personnifie l'héroïsme et la munificence du grand seigneur. Pour raffermir le pouvoir royal, il entretient le culte de sa personne et contribue à l'essor artistique en développant une vie de cour somptueuse. Il s'assure la fidélité des grands du royaume en octroyant des postes et des distinctions qui menacent toutefois à long terme l'équilibre du budget. Parallèlement, il doit travailler à rendre plus efficace le régime fiscal (en particulier la levée des impôts), ce qui apparaît comme une étape nécessaire, mais remplie d'embûches, pour mener à bien la réorganisation administrative de l'État.

La France demeure déchirée au point de vue religieux. L'équilibre s'avère fragile entre protestants et catholiques; les guerres de religion ralentissent la marche vers la prospérité. La France est aussi morcelée au point de vue linguistique. Considéré comme la langue savante, le latin recule en France, comme dans tous les pays d'ailleurs, devant les **langues vernaculaires**. Dans la région parisienne, la langue d'usage est le français mais, en dehors de la capitale, on constate une grande hétérogénéité de **dialectes** et de **patois** locaux. Adoptant une mesure qui devrait contribuer à l'unification de son royaume, le roi, par l'édit de Villers-Cotterêts, déclare le français la langue officielle des tribunaux. Enfin, en finançant les voyages de Jacques Cartier, il favorise l'expansion de la culture française en Amérique.

Parmi les successeurs immédiats de François Ier se distingue surtout Henri IV, qui gouverne la France de 1589 jusqu'au moment de son assassinat en 1610. Il signe l'édit de Nantes en 1598, mettant ainsi fin aux guerres de religion. Il assainit les finances et rétablit la prospérité économique par des interventions bien ciblées qui s'avèrent profitables à courte échéance. En épousant Marie de Médicis, le roi sait tirer profit du vaste réseau de relations de sa puissante famille. La future régente lui donne cinq descendants : trois filles, dont deux deviendront reines, et deux garçons, dont l'un deviendra le futur roi de France Louis XIII, qui devra contraindre sa mère à l'exil pour pacifier le royaume.

Cette agitation politique qui caractérise le tournant du siècle oriente la littérature vers un humanisme plus pessimiste dont l'œuvre de Montaigne se fait l'écho. Les célèbres *Essais* semblent dénier la truculence des récits de Rabelais, qui exprimaient en début de siècle une inébranlable confiance en l'avenir.

L'ÉCONOMIE : Peut-on parler d'une forme de précapitalisme ?

La Renaissance n'apporte pas de cassure brutale dans l'économie. L'agriculture demeure la principale source

> **Langue vernaculaire :** par opposition au latin parlé par l'élite, langue parlée par le peuple et appelée à devenir la langue nationale, comme le français et l'espagnol.
>
> **Dialecte :** langue régionale – notamment la langue d'oc et la langue d'oïl – qui est appelée à s'effacer pour des raisons politiques au profit de la langue du seigneur le plus puissant (le roi), qui centralise le pouvoir entre ses mains.
>
> **Patois :** variante locale souvent utilisée par des populations restreintes. Si on observe le français dans son état actuel, on pourra dire que la langue parlée dans la province française tout comme au Québec présente des traits dialectaux ou patoisants (la frontière n'étant pas très nette entre les deux catégories).

Friedrich Bouterwek, *Le Camp du drap d'or*, 1845.
La peinture témoigne souvent d'événements politiques importants. Ici, elle met en scène la rencontre de deux rois, François Ier et Henri VIII, qui eut lieu près de Calais, du 7 au 24 juin 1520. Ils ne parviendront pas à s'entendre et leur tentative d'alliance se soldera par un échec.

de revenus. Les campagnes n'ont pas rompu avec le cadre de vie médiéval : elles sont subdivisées en seigneuries, qui appartiennent à des nobles ou à des monastères. Quelques paysans devenus riches propriétaires terriens sont libérés du servage. Ils sont tenus de payer des impôts au seigneur, à l'Église, au roi, ce qui nourrit les tensions sociales et provoque de graves mouvements de rébellion.

Le **mercantilisme** se développe dans les villes. Constituée de notables, de marchands et de banquiers, la bourgeoisie réussit à amasser des capitaux qu'elle investit bientôt dans l'industrie naissante. Les avancées technologiques en navigation, en tissage, en métallurgie et même en imprimerie favorisent la meilleure circulation des biens et du savoir. Tenues dans les villes à intervalles réguliers, les foires commerciales sont des lieux de négoce où transitent les marchandises de la campagne à la ville. Ce sont également des lieux de sociabilité où l'on s'instruit des potins locaux, des modes vestimentaires ou des dernières innovations.

Pour impressionner et témoigner de sa gloire ou de sa réussite, l'élite urbaine adopte un cadre de vie somptueux qui entraîne la construction de résidences et de palais tous plus majestueux les uns et les autres. Par ricochet, le goût de la beauté se répand jusque dans les campagnes où l'on transforme même les anciennes forteresses pour les rendre plus belles et confortables. Cet appétit du luxe est d'ailleurs la justification première des grandes explorations. Christophe Colomb découvre l'Amérique en cherchant la route des épices, ces ingrédients qui donnent une saveur magique aux plats que l'on déguste à la table des plus riches. L'établissement dans les colonies permet l'exploitation de nouvelles ressources ; l'asservissement des populations locales, la traite des esclaves répondent aux besoins de main-d'œuvre. L'Europe s'enrichit au prix, dans certains cas, de la dévastation des autres continents ou de la disparition de leurs civilisations.

Ces transformations vont mener à plus long terme au **capitalisme** mais, pour l'heure, la production est encore largement artisanale, la consommation d'objets de luxe est réservée aux classes privilégiées et les moyens de communication par voie terrestre existent, mais sont encore peu sécuritaires.

LA MENTALITÉ : Quels traits en freinent le progrès ?

L'inégalité tout comme l'intolérance religieuse sont des traits inscrits dans les mentalités. L'écart se perpétue en effet entre une élite cultivée et le reste de la population, toujours illettrée, encore ignorante des récentes découvertes sur le cosmos ou sur l'être humain. Bien que les grandes famines et les épidémies aient régressé depuis le Moyen Âge, il n'en reste pas moins que le peuple, qui vit pour une large part dans la pauvreté, est démuni lorsque viennent les mauvaises récoltes ou quelque autre fatalité.

Mercantilisme : se rapporte à l'économie de marché, au commerce des biens qui favorise la prospérité collective.

Capitalisme : économie fondée sur l'idée de profit, qui implique l'investissement de capitaux par des particuliers pour la production de biens et de services et le travail salarié d'une main-d'œuvre (aspects qui contribuent à la hiérarchisation sociale).

La distinction de statut se maintient aussi entre les hommes et les femmes, qui ne jouissent pas des mêmes droits légaux. Bien que plusieurs femmes se distinguent comme chefs d'État, par exemple Marguerite d'Autriche (1480-1530), Élisabeth Ire (1533-1603) ou Catherine de Médicis (1519-1589), ou encore en tant qu'intellectuelles, par exemple Marguerite de Navarre (1492-1549) ou Louise Labé (1524-1566), il reste que la participation féminine à l'essor économique demeure limitée. Maintenues dans un statut d'infériorité, les femmes sont considérées comme des êtres imparfaits plus portés vers l'émotion que vers la raison et, de ce fait, plus proches des forces maléfiques, ce qui explique que les victimes de la chasse aux sorcières aient été en plus grand nombre des représentantes du « sexe faible ».

Même si l'époque progresse vers une intelligence éclairée, la fascination pour la magie et l'occultisme persiste et on continue d'être habité par la crainte du diable et de l'enfer. La médecine reste enferrée dans un ensemble de croyances qui n'ont d'autres justifications que de remonter à l'Antiquité. Autrefois interdite par l'Église, la dissection de cadavres humains permet toutefois d'approfondir la connaissance de l'anatomie. Cette pratique demeure cependant très réglementée : elle est permise uniquement à des fins d'enseignement et doit être pratiquée sur des cadavres de criminels. En fait, un dogmatisme rigide qui pousse à pourfendre le péché inexorablement, du côté des protestants comme du côté des catholiques, coexiste avec l'ouverture d'esprit des humanistes. Cette double influence se fera sentir jusqu'au siècle suivant, notamment chez Pascal et les jansénistes. De leur côté, les libertins choisiront la voie de l'affranchissement intellectuel et moral.

L'ÉCRIVAIN : Quelle est son importance à l'époque ?

Tout au long de cette période, la culture se transforme profondément et de façon durable : d'orale qu'elle était, elle devient écrite, entraînant comme conséquence la distinction très nette entre prose et poésie. L'apparition du livre imprimé modifie le travail de l'écrivain, son rôle et sa place dans la société. Il faut dire que l'invention de Gutenberg (1434) marque si profondément la Renaissance qu'on peut se demander si l'époque aurait eu le même retentissement sans elle. Le portrait de l'humaniste, un livre à la main, au milieu des ouvrages de sa bibliothèque n'est-il pas l'image la plus courante pour évoquer la Renaissance ? Alors que l'artiste au Moyen Âge se cantonnait souvent dans l'anonymat, l'écrivain pétri d'humanisme affirme son individualité : il signe ses œuvres et revendique une carrière et une reconnaissance publique. Des poètes se regroupent à l'intérieur d'écoles littéraires comme la Pléiade, fondée par Ronsard. Ils partagent des idées, définissent une esthétique,

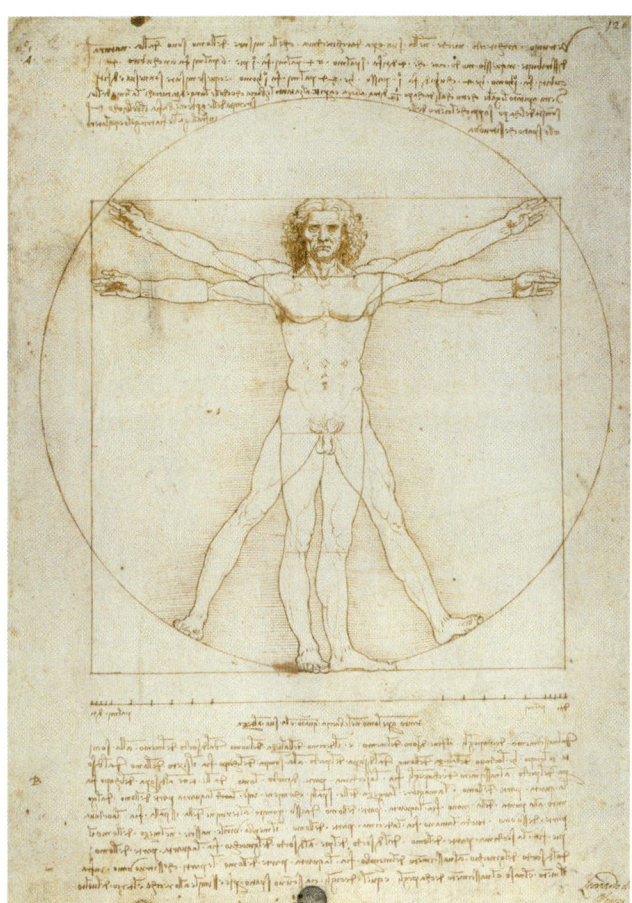

Léonard De Vinci, *L'homme de Vitruve,* **1492.**
L'homme de Vitruve se présente comme le symbole de l'humanisme. L'homme y est représenté comme le centre de l'univers. D'un point de vue formel, l'art de la Renaissance illustre une quête inlassable de solutions à des problèmes graphiques. Cette planche présentant une étude de l'anatomie humaine en donne la preuve.

composent des manifestes et cherchent à se singulariser par rapport à leurs prédécesseurs.

La lecture n'est plus réservée aux quelques érudits qui, auparavant, avaient accès à de trop rares manuscrits. L'œuvre d'un penseur italien, par exemple, circule bien au-delà des frontières de son pays. L'accès aux idées est rendu plus facile, et chaque artiste enrichit son style par le contact avec les histoires de ses contemporains de toutes nationalités. Il s'intéresse également aux autres disciplines valorisées par l'humanisme : philosophie, droit, science,

Janséniste : partisan d'un mouvement religieux puritain proche des doctrines réformistes par sa conception du salut éternel et de la grâce.

Libertin : libre penseur qui s'oppose notamment à la morale établie.

École littéraire : regroupement d'écrivains qui partagent une vision commune de la littérature, avec à leur tête un chef de file. Ex. : La Pléiade avec Ronsard comme chef de file. On utilise comme synonymes les termes « mouvement littéraire » et « courant littéraire » dont le sens, dans les deux cas, est plus large.

Cesare Mussini, *Léonard mourant*, 1828.
Protecteur des arts et des lettres, et par le fait même grand promoteur du mouvement de la Renaissance en France, François Ier a hébergé dans l'une de ses résidences l'artiste et inventeur Léonard de Vinci pendant deux ans, l'accompagnant même, dit-on, jusqu'au seuil de la mort.

philologie, théologie, etc. Ajoutons aussi que le latin, encore largement considéré comme la langue de la culture savante, favorise entre érudits la communication directe, sans traduction. Même s'ils demeurent une minorité, les intellectuels forment enfin un groupe beaucoup plus vaste et diversifié qu'au Moyen Âge. Si plusieurs sont, comme leurs prédécesseurs, membres de l'Église, cela ne les empêche pas de se consacrer au développement d'une pensée laïque et d'une littérature profane.

L'homme de lettres, d'art ou de science est bientôt sollicité pour participer à l'administration du royaume, construire ou décorer des palais, ou pour peindre le portrait de son protecteur, soigner ses maladies, rédiger ses discours, composer son éloge ou son épitaphe. À cause de cette proximité avec les grands du royaume, écrivains et artistes deviennent des courtisans soumis aux mœurs de la cour. Ils y gagnent en notoriété. Une certaine aisance financière leur permet de se consacrer à leur œuvre sans trop de soucis. Leur liberté d'action et de pensée est toutefois limitée par le fait qu'ils sont encore soumis au bon vouloir des mécènes qui les protègent moyennant flatterie. Cependant, le véritable frein à la création apparaît surtout durant les guerres de religion : l'expression de la moindre sympathie envers la confession adverse peut entraîner pour l'écrivain au mieux la censure, au pire l'exil ou la mort.

En cette période où les cultures nationales s'affirment, l'écrivain se trouve au premier rang pour exalter les qualités de sa langue maternelle et militer en sa faveur. Certains, comme Rabelais, participent activement à l'enrichissement du français en faisant entrer des centaines de mots, de proverbes et d'expressions dans la langue alors que d'autres contribuent à fixer l'orthographe, la grammaire et la syntaxe. À l'heure où les premiers dictionnaires s'écrivent, le vocabulaire dont se sert l'écrivain, son intérêt pour les mots français jamais encore utilisés à l'écrit sont une source documentaire essentielle pour l'élaboration de ces ouvrages de référence.

Il importe ici de souligner que le français de la Renaissance, qui se distingue nettement alors de son ancêtre latin, présente des différences notables par rapport à la langue d'aujourd'hui. L'orthographe n'est pas encore fixée, comme on pourra le constater à la lecture des poèmes de Ronsard. Le lexique varie forcément par rapport à celui que l'on connaît maintenant et la syntaxe peut parfois étonner.

LE COURANT HUMANISTE

Quelles caractéristiques lui attribuer qui puissent aider à l'analyse des œuvres ?

Couvrant plus d'un siècle marqué par de nombreuses perturbations, la littérature de la Renaissance est remarquable par sa diversité stylistique et thématique. Le lecteur y trouve des chroniques qui le plongent dans une atmosphère de carnaval ; des poèmes qui expriment le désarroi devant la jeunesse qui fuit et le temps qui passe ; des essais qui traitent de « vie domestique » ou, à l'autre extrémité, de grâce et de salut éternel.

Une connaissance plus approfondie de la culture humaniste et de l'époque qui l'a vu naître devrait permettre de mieux situer et comprendre les enjeux littéraires liés au texte à l'étude. Les caractéristiques de la littérature du XVIe siècle peuvent faciliter l'étape de la planification de l'analyse littéraire ou de la dissertation.

Les traits distinctifs

1 La référence à l'Antiquité

Les érudits du Moyen Âge connaissaient les grands auteurs de l'Antiquité, notamment Aristote, Platon, Virgile, Cicéron et Ovide, mais c'est à la Renaissance que s'approfondit l'exégèse des textes latins et grecs et celle de la Bible. Cet engouement pour la culture antique renouvelle les cadres de la création. La **mythologie** est omniprésente dans la fiction. Dans les essais, des citations d'auteurs grecs ou latins étayent les arguments et les allusions à des événements ou à des ouvrages connus sont nombreuses. La poésie s'inspire des prédécesseurs italiens qui eux-mêmes puisaient certaines formes poétiques chez leurs illustres ancêtres. C'est aussi à ce retour dans le passé qu'on doit la naissance de la comédie et de la tragédie françaises. Cette influence s'étend d'ailleurs au siècle classique et même bien au-delà.

2 La culture savante

Les écrivains de la Renaissance rétablissent la continuité avec l'Antiquité, ce qui les porte à privilégier la culture savante au détriment de la culture populaire riche en contes, en fables et en proverbes variés. Ils choisissent d'élaguer la langue : ils sacrifient le vocabulaire dialectal ou patoisant pour privilégier la terminologie recherchée. En outre, la syntaxe trahit encore dans certains cas l'influence latine.

Au Moyen Âge, les fabliaux, les farces, le *Roman de Renart* reflétaient les croyances d'un peuple qui, bien que soumis à l'autorité religieuse et civile, n'en était pas moins joyeusement irrespectueux. Même dans les romans de chevalerie, pourtant réservés à une élite, les dragons, les philtres et les enchantements divers témoignaient de l'influence du folklore et touchaient l'imagination populaire. Durant la Renaissance, le fossé se creuse entre la culture de l'élite et celle du peuple. À l'exception de Rabelais, les écrivains de la Renaissance dédaignent les genres naïfs ou proches de la parodie loufoque. En tournant le dos à la tradition du comique populaire du Moyen Âge, la littérature savante de la Renaissance se drape de sérieux. Ce clivage entre une culture savante et une culture populaire, qui connaîtra son apogée au XVIIe siècle avec le classicisme, n'est pas exclusif à la France, mais il y est particulièrement important.

L'œuvre de François Rabelais se distingue toutefois en faisant coexister la culture populaire médiévale avec l'érudition de la Renaissance. En effet, dans ses chroniques, Rabelais reste fidèle à la verve populaire. On dira d'ailleurs souvent que son œuvre transporte en pleine Renaissance l'imaginaire carnavalesque du Moyen Âge.

3 La conscience de soi

En avance sur leur temps, les artistes témoignent de la montée de l'individualisme à la Renaissance. L'être humain prend conscience de sa singularité, il se détache du clan pour trouver sa propre voie. Plusieurs faits témoignent de ce changement de mentalité : la publication de biographies et d'autobiographies ; en peinture, la multiplication des autoportraits de même que les portraits de personnalités importantes. Et finalement, le fait que les artistes signent leurs œuvres, ce qui démontre leur désir de notoriété personnelle, leur refus de l'anonymat.

L'émergence d'une subjectivité, qu'elle soit émotive chez des poètes comme Ronsard et Du Bellay ou plus intellectuelle chez l'essayiste Montaigne, demeure un fait fondamental de la Renaissance. Rompant avec le lyrisme codifié des troubadours, les humanistes se mettent en quête de moyens pour se rapprocher de leur moi intime, pour exprimer une sensibilité personnelle qui peut aller du rire tonitruant de Rabelais devant tout un monde à avaler, au scepticisme éclairé de Montaigne en passant par la passion déchirante de Louise Labé. L'impuissance devant l'inexorable passage du temps inspire plus d'un écrivain à célébrer les plaisirs de la vie et à insister sur l'importance d'en profiter pendant qu'il en est encore temps, rappelant ainsi le fameux *Carpe diem*.

La relation au livre se transforme. Autrefois, la lecture était souvent faite à voix haute par un officiant pour le

Mythologie : ensemble des mythes propres à une civilisation, issus de récits qui présentent des personnages et événements légendaires. Exemple de mythe occidental : la quête de la toison d'or (symbolique de l'idéal impossible à atteindre).

bénéfice d'une communauté ne sachant pas lire. Le manuscrit était en outre un objet rare et précieux dont la consultation se faisait souvent sur place, dans les grandes bibliothèques des monastères ou des universités. L'imprimerie met en circulation un plus grand nombre de livres et il est désormais possible pour les familles plus riches de constituer des bibliothèques privées. La lecture peut se pratiquer dans le silence et l'isolement. Elle devient un geste personnel, présage d'une plus grande autonomie intellectuelle; le lecteur échappe à l'œil du censeur, il peut tirer ses propres conclusions, échafauder de nouvelles théories, il jouit de cette « liberté d'examen » que prônera Descartes au siècle suivant.

4 La problématique de l'identité nationale

Par l'édit de Villers-Cotterêts en 1539, François Ier promulgue le français langue de l'État. Les jours du latin sont comptés, même si l'Église le maintient comme langue du culte religieux. En rédigeant directement en français des textes qui font d'ailleurs la promotion de leur langue maternelle, Ronsard et Du Bellay effectuent un choix manifeste en faveur d'une littérature nationale, au détriment d'une littérature continentale qui aurait été véhiculée par le latin. Ils s'opposent ainsi à plusieurs grands intellectuels européens, comme Érasme, qui vantaient les avantages du latin, langue commune de l'élite qui abolit la nécessité des traductions tout en étant nourrie par une longue tradition culturelle.

En optant pour le français, les écrivains vont de plus en plus donner préséance à la culture profane sur la culture sacrée. Leurs intérêts se déplacent vers les préoccupations de la vie courante ou la description des particularités contemporaines. Par exemple, Montaigne réfléchit sur les cannibales du Nouveau Monde alors que commence la colonisation de l'Amérique; Rabelais s'intéresse à l'éducation et Marguerite de Navarre, à l'expression du sentiment amoureux dans les classes privilégiées.

Le français jouit du prestige d'être la langue parlée à la cour. Parmi tant d'autres dialectes régionaux, c'est donc ce dialecte « royal » qui est appelé à déclasser le latin et à s'imposer comme langue nationale. Il faudra toutefois attendre aussi loin que le XXe siècle pour que se réalise totalement l'unification linguistique.

Préciosité : mouvement surtout associé à des femmes qui combattent la vulgarité dans le langage et militent en faveur du raffinement des mœurs.

Baroque : style qui privilégie le mouvement et l'ornementation, en émergence à la fin de la Renaissance et dont l'influence s'étend jusqu'au début du XVIIIe siècle et même au-delà. (voir p. 99)

5 L'optimisme, l'ouverture à la sensualité et le goût de l'exploration

L'appétit du savoir s'allie au goût de la vie. On fait désormais confiance à la nature humaine et à sa capacité d'analyse. La littérature s'ouvre à l'érotisme et la passion se fait plus charnelle, comme chez Ronsard et encore plus chez Louise Labé. L'imagination permet au corps de communiquer avec l'âme et tous deux doivent désormais s'épanouir également. Une « âme saine dans un corps sain » et, pourquoi pas aussi, dans une belle demeure, somptueusement décorée, sertie au cœur d'un jardin soigneusement entretenu. C'est que la noblesse, tout autant que la bourgeoisie, prend effectivement goût au luxe et à l'élégance. Les mœurs se civilisent : l'usage de manger et de se moucher avec les mains se perd. On invente la fourchette; on utilise le mouchoir. Même le mysticisme s'imprègne de sensualité : on fait référence à l'expérience corporelle pour le décrire.

La littérature, qui reflète une époque plus optimiste, prend plaisir au jeu avec les mots, avec les sonorités et à l'expérimentation de nouvelles formes poétiques. Le sonnet, qui connaîtra une faveur qui ne se démentira pas jusqu'au XIXe siècle, est introduit en France notamment par Clément Marot (1496-1544), qui traduit Pétrarque (1304-1374), humaniste et poète italien de grande renommée. Au théâtre, tout comme chez Rabelais, l'esprit carnavalesque continue de s'exprimer.

À la fin du siècle, cette exubérance bascule dans un certain maniérisme, un style qui penche vers l'ornementation et qui annonce la **préciosité**, qui s'associera à l'esprit **baroque** en France au siècle suivant.

Les caractéristiques précédentes font l'objet d'une synthèse présentée dans le tableau qui suit, dont le but est de favoriser l'étude des extraits littéraires.

Les caractéristiques de la littérature humaniste

Référence à l'Antiquité	• Personnages créés sur le modèle des héros de ce passé fabuleux ou qui en portent le nom. • Personnages hors normes, comme les géants de Rabelais. • Cadres fictifs ou réels inspirés de la mythologie gréco-latine. • Allusions fréquentes à des événements ou à des œuvres de l'Antiquité. • Emprunts de formes poétiques et imitations variées. • Intégration de citations d'auteurs grecs ou latins. • Au théâtre, inspiration puisée dans le théâtre antique pour l'écriture de comédies et de tragédies françaises.
Une culture savante	• Prédilection pour la culture savante au détriment de la culture populaire (sauf chez Rabelais). • Écrivains privilégiant la terminologie abstraite; syntaxe trahissant encore dans certains cas l'influence latine. • Prédilection pour la réflexion philosophique (rejet assez généralisé des genres naïfs ou proches de la parodie loufoque). • Thématique de l'éducation, du temps qui passe et thèmes de réflexion religieuse. • Fossé se creusant entre la culture de l'élite et celle du peuple. • Prédominance de la culture écrite sur la culture orale nourrie de contes et de fables populaires.
Conscience de soi	• Écrivains révélant leur individualité, leur singularité par la signature de leurs œuvres. • Expression plus libre de la subjectivité, rupture avec le lyrisme codifié des troubadours. • Caractère autobiographique de plusieurs textes.
Problématique de l'identité nationale	• Choix manifeste d'une littérature qui exprime l'identité nationale. • Préséance de la culture profane sur la culture sacrée. • Importance accordée aux préoccupations de la vie courante (dans un cadre social donné). • Description des particularités contemporaines.
Optimisme, ouverture à la sensualité et goût de l'exploration	• Appétit du savoir qui s'allie au goût de la vie. • Confiance en la nature humaine et en sa capacité d'analyse. • Expression plus charnelle et sensuelle de l'amour. • Expérience corporelle qui teinte même l'expression de la vie spirituelle. • Expérimentation de nouvelles formes littéraires. • Persistance chez certains auteurs d'un esprit carnavalesque.

LA POÉSIE

Comment évolue-t-elle à la Renaissance ? Quels sont ses traits distinctifs ?

La poésie est un genre littéraire où la signification du texte est suggérée par les images et par le rythme. À la Renaissance, la poésie sert des buts utilitaires comme la louange du roi ou l'apologie de la langue et de la nation. Elle se fait aussi le véhicule d'un lyrisme personnel. Les poètes s'expriment en effet souvent en leur nom et tissent des vers sur la trame de leurs expériences vécues. Une sensualité tout en finesse « fleuronne » dans le texte, trouvant appui sur des images simples qui associent, par exemple, la beauté de l'être aimé aux merveilles de la nature. Les archaïsmes de la langue, les références à la culture antique, les phrases inversées peuvent compliquer un peu la compréhension de ces textes, mais on ne décèle ici aucune volonté d'hermétisme de la part des auteurs. Enfin, le rythme est assuré par la rime et la régularité du vers, mais une analyse plus fine révèle souvent un jeu avec les sonorités ou avec les structures syntaxiques plus subtil qu'il n'y paraît au premier coup d'œil.

Étroitement liée à l'essor de la langue française, la poésie vit son heure de gloire sous le règne de François Ier. Depuis la fin du Moyen Âge, plusieurs courants témoignent de sa vitalité, tel celui des grands rhétoriqueurs qui misaient sur la virtuosité formelle. Un poète comme Clément Marot illustre d'ailleurs le penchant de ses prédécesseurs pour le jeu de mots qui confine à l'acrobatie verbale, comme on peut le constater dans l'extrait suivant transcrit dans l'orthographe de l'époque :

> *En m'esbatant je fais rondeaulx en rithme,*
> *Et en rithmant bien souvent je m'enrime (je m'enrhume);*
> *Brief, c'est pitié d'entre nous rithmailleurs,*
> *Car vous trouvez assez de rithme ailleurs,*
> *Et quand vous plaist, mieux que moi rithmassez.*

Ce poète, considéré par certains comme un simple rimailleur, a été revalorisé par le groupe de l'Oulipo au XXe siècle. Marot fait la transition entre un art qui privilégie les jeux formels et la poésie teintée d'humanisme de la Pléiade.

La Pléiade est une école littéraire qui regroupe, sous la gouverne de Ronsard, sept poètes qui se fixent les objectifs suivants :
- Ouvrir la poésie à l'influence des humanistes.
- Imiter les auteurs antiques, mais directement en français.
- Militer en faveur d'une littérature nationale.
- Renouveler la thématique et enrichir le vocabulaire français.
- Prendre ses distances par rapport à la poésie médiévale en explorant des formes poétiques nouvelles : l'épigramme, l'épitaphe, l'ode, l'hymne et le blason.

En combinant des thématiques qui sont de l'ordre à la fois de l'intime et du social, la poésie renaissante explore des registres émotifs proches de la sensibilité actuelle. Certains poèmes d'amour font partie de ces textes incontournables, comme ces berceuses qui ne sauraient s'effacer de la mémoire collective.

Titien, *La Vénus d'Urbino*, vers 1538.
En peignant le corps féminin dans une attitude sensuelle habituellement réservée à l'intimité du mariage, le Titien a fait preuve d'une grande audace pour l'époque.

Épigramme : court poème satirique.

Épitaphe : inscription funéraire ou poème à la mémoire d'un défunt.

Ode : long poème sur un sujet souvent grave.

Hymne : poème à la gloire de Dieu, du roi ou de héros légendaires.

Blason : description versifiée des parties du corps d'une personne.

Marie, levez-vous...

Marie, levez-vous, ma jeune paresseuse :
Jà la gaie alouette au ciel a fredonné,
Et jà le rossignol doucement jargonné,
Dessus l'épine assis, sa complainte amoureuse.

5 Sus ! debout ! allons voir l'herbelette perleuse,
Et votre beau rosier de boutons couronné,
Et vos œillets mignons, auxquels aviez donné,
Hier au soir, de l'eau d'une main si soigneuse.

Harsoir en vous couchant vous jurâtes vos yeux
10 D'être plus tôt que moi ce matin éveillée ;
Mais le dormir de l'Aube, aux filles gracieux,

Vous tient d'un doux sommeil encor les yeux sillée.
Çà ! çà ! que je les baise et votre beau tétin,
Cent fois, pour vous apprendre à vous lever matin.

Pierre de Ronsard, *Amours de Marie*, Sonnet XIX, 1555.

Pierre de Ronsard (1524-1585)

Le lyrisme amoureux

Né en 1524, Ronsard est fils de famille noble. Très fier de ses origines, il veut embrasser la carrière des armes lorsqu'une grave maladie lui fait perdre l'ouïe et l'oblige à envisager une autre voie. Selon la coutume de l'époque, on confie à ce fils de bonne famille des charges ecclésiastiques qui lui assurent un revenu.

Avec quelques amis, il fonde le groupe poétique de la Pléiade. La jeune école littéraire tire profit de la notoriété de son chef de file devenu poète officiel à la cour de François Ier. L'œuvre de Ronsard illustre en effet le statut exceptionnel de la poésie à la Renaissance.

Sa poésie, parsemée de références mythologiques, chante ses amours avec Cassandre et Hélène, puis célèbre les beautés de la douce Marie, dont le nom est une anagramme du verbe « aimer ». Dans ce sonnet, pour suggérer la jeunesse de la demoiselle et sa grâce, fragiles comme le temps qui passe, Ronsard se sert de la nature comme source inépuisable de métaphores.

Atelier d'analyse

Exploration

1. Assurez-vous de bien comprendre le poème en tenant compte des aspects suivants.
    a. Relevez les archaïsmes présents dans les vers et traduisez-les en français actuel.
    b. Analysez le contexte d'énonciation : qui est le locuteur principal, quel est son message, à qui s'adresse-t-il ? Peut-on classer ce poème dans la poésie lyrique ?
    c. Montrez que le temps des verbes et la ponctuation traduisent la nature de la relation que le poète entretient avec la jeune fille.

2. Analysez le rapport à la nature en tenant compte des aspects suivants.
    a. Montrez comment les figures de style du premier quatrain relèvent du sens de l'ouïe et celles du second quatrain, du sens de la vue.
    b. Relevez les passages où la référence à la nature est mise au service de la séduction.
    c. Peut-on considérer que ce poème illustre l'ouverture à la sensualité ?

3. Dans les tercets, l'intérêt se déplace vers la jeune fille et on observe un changement de ton. Démontrez-le.

4. Quel portrait de jeune fille se dégage finalement de ce poème ?

Rédaction

5. En vous rapportant à l'introduction suivante, rédigez un paragraphe d'analyse portant sur l'un des trois aspects proposés dans le sujet divisé.

    (Sujet amené) Avec la Renaissance, la poésie connaît une période d'épanouissement et plusieurs poèmes touchent encore aujourd'hui par leur sensibilité toute personnelle. *(Sujet posé et court résumé)* Le poème « Marie, levez-vous... », tiré du recueil *Amours de Marie*, publié en 1555, se présente comme un tableau tout en sensualité destiné à une jeune fille nommée Marie, à qui le poète s'adresse directement. *(Sujet divisé)* Il ressort ainsi de ce poème un portrait de jeune fille (1) dans lequel la sensualité est servie par de fines références à la nature (2). Enfin, un dernier aspect concerne la tonalité du texte, qui se situe entre lyrisme et didactisme (3).

La poésie

Pierre de Ronsard (1524-1585)

L'hymne à la vie

Chez Ronsard, la symbolique de la nature enrichit l'expression du sentiment amoureux. Parfumé de fraîcheur et de simplicité, ce sentiment est cependant menacé par le temps destructeur.

Augmenté à la suite de chaque nouvelle rencontre amoureuse, le volumineux recueil des *Odes* débute avec la célébration de la passion de « glace et de feu » que Ronsard éprouve pour la belle et indifférente Cassandre.

Au fil du temps, ce poème a inspiré d'autres écrivains, parmi lesquels Raymond Queneau au XXe siècle. Dans ce poème intitulé *Si tu t'imagines*, Queneau transcrit la langue telle qu'elle se prononce à l'oral dans les expressions « xa va xa va xa » (pour « que ça va, ça va ») et « sque tu vois pas » (pour « ce que tu ne vois pas »). Le verbe « gourer » est un synonyme de registre populaire du verbe « se tromper ». Juliette Gréco interprète ce poème en chanson.

L'hymne à la vie de Ronsard

Mignonne, allons voir si la rose

À Cassandre

ATELIER DE COMPARAISON

Mignonne, allons voir si la rose
Qui ce matin avait déclose
Sa robe pourpre au soleil,
A point perdu cette vesprée
5 Les plis de sa robe pourprée,
Et son teint au votre pareil.

Las ! Voyez comme en peu d'espace
Mignonne, elle a dessus la place
Las ! las, ses beautés laissez choir !
10 Ô vraiment marâtre Nature
Puisqu'une fleur ne dure
Que du matin jusqu'au soir !

Donc, si vous me croyez, mignonne,
Tandis que votre âge fleuronne (fleuri)
15 En sa plus verte nouveauté,
Cueillez, cueillez votre jeunesse,
Comme à cette fleur la vieillesse
Fera ternir votre beauté.

Pierre de Ronsard, *Les odes*, 1555.

Atelier de comparaison

Exploration

Mignonne, allons voir si la rose

1. Dans le poème de Ronsard, relevez tous les écarts orthographiques et lexicaux par rapport au français actuel.

2. Analysez le contexte d'énonciation en déterminant quels sont le locuteur et le destinataire et en relevant les marques de leur présence dans le poème. Résumez le sens du poème.

3. Dans la première strophe, expliquez comment la comparaison avec la rose prend vite l'allure d'une personnification. Montrez l'efficacité de ce procédé.

4. Expliquez comment la deuxième strophe témoigne, par la voie métaphorique, d'un aspect dramatique de la vie.

5. Dans la troisième strophe, montrez comment la référence à la nature contribue à révéler le sens du poème et l'intention secrète de Ronsard envers Cassandre, la jeune fille à qui il s'adresse.

6. Relevez les verbes à l'impératif et expliquez comment ils permettent de saisir la relation du poète à la jeune fille.

7. Expliquez en quoi le poème de Ronsard illustre une morale épicurienne (qui prône les jouissances de la vie).

Si tu t'imagines

8. Résumez le poème de Queneau en tenant compte du contexte d'énonciation. Le poème de Queneau adopte-t-il, lui aussi, une morale épicurienne ?

L'hymne à la vie de Queneau

Si tu t'imagines

Si tu t'imagines
si tu t'imagines
fillette fillette
si tu t'imagines
5 xa va xa va xa
va durer toujours
la saison des za
la saison des za
saison des amours
10 ce que tu te goures
fillette fillette
ce que tu te goures

Si tu crois petite
si tu crois ah ah
15 que ton teint de rose
ta taille de guêpe
tes mignons biceps
tes ongles d'émail
ta cuisse de nymphe
20 et ton pied léger
si tu crois petite
xa va xa va xa
va durer toujours
ce que tu te goures
25 fillette fillette
ce que tu te goures
les beaux jours s'en vont
les beaux jours de fête
soleils et planètes
30 tournent tous en rond
mais toi ma petite
tu marches tout droit
vers sque tu vois pas
très sournois s'approchent
35 la ride véloce
la pesante graisse
le menton triplé
le muscle avachi

allons cueille cueille
40 les roses les roses
roses de la vie
et que leurs pétales
soient la mer étale
de tous les bonheurs
45 allons cueille cueille
si tu le fais pas
ce que tu te goures
fillette fillette
ce que tu te goures

Raymond Queneau, *L'Instant fatal*, 1948.

Comparaison

9. En répondant aux questions suivantes, faites ressortir les liens d'intertextualité entre les deux poèmes (liens d'intertextualité : liens qui se tissent entre deux textes, l'un servant d'inspiration à l'autre).
    a. Montrez que la répétition joue un rôle dans les deux poèmes.
    b. Dans le poème de Queneau, relevez les références au poème de Ronsard.
    c. Les deux poèmes adoptent-ils une morale épicurienne ?

10. Étudiez les différences et les similitudes :
    a. dans la façon d'évoquer les deux jeunes filles ;
    b. dans la façon de se rapporter à la nature ;
    c. dans le traitement de la thématique du vieillissement.

11. Après avoir relevé chez Queneau quelques marques de la langue orale ou populaire, montrez que les deux poèmes diffèrent par le style.

12. Étudiez dans les deux poèmes la combinaison des tonalités : mélancolique, humoristique, etc. Vous pouvez répondre sous forme de tableau avec des exemples pour appuyer vos affirmations.

Rédaction

13. Comparez les poèmes de Ronsard et de Queneau en vous inspirant du plan suivant : l'évocation des jeunes filles ; la rhétorique de la nature ; la thématique du vieillissement, de la fuite du temps (autre possibilité, le jeu des tonalités).

Pierre de Ronsard (1524-1585)

Le passage du temps

Bouleversé comme beaucoup de ses contemporains par les guerres de religion qui font rage en France au XVIe siècle, Ronsard devient en vieillissant de plus en plus sensible à la présence de la mort qui rôde autour de lui. Déjà tangible dans ses œuvres antérieures, cette conscience aiguë du caractère éphémère de la vie humaine rend encore plus bouleversant ce sonnet adressé à Hélène, une jeune fille tendrement aimée, toujours tendrement évoquée.

Les quelques traits descriptifs du poème suffisent à imaginer un intérieur tel qu'il s'en trouve sur les toiles flamandes peintes à la même époque et qui représentent des jeunes filles rêveuses doucement illuminées par la flamme d'une chandelle.

Les mots « dévidé » et « filé » évoquent deux activités liées au tissage ; « oyant » est le participe présent du verbe « oïr », synonyme d'« entendre ».

Quand vous serez bien vieille

Quand vous serez bien vieille, au soir, à la chandelle,
Assise auprès du feu, dévidant et filant,
Direz, chantant mes vers, et vous émerveillant :
Ronsard me célébrait du temps que j'étais belle.

5 Lors vous n'aurez servante oyant telle nouvelle,
Déjà sous le labeur à demi sommeillant,
Qui, au bruit de Ronsard, ne s'aille réveillant,
Bénissant votre nom de louange immortelle.

Je serai sous la terre, et, fantôme sans os,
10 Par les ombres myrteux je prendrai mon repos ;
Vous serez au foyer une vieille accroupie,

Regrettant mon amour et votre fier dédain.
Vivez, si m'en croyez, n'attendez à demain ;
Cueillez dès aujourd'hui les roses de la vie.

Pierre de Ronsard, *Sonnets pour Hélène*, 1578.

Atelier d'analyse

Exploration

1. Clarifiez le contexte d'énonciation en relevant notamment les vers où se trouvent les pronoms représentant le locuteur et la destinataire du texte.

2. Étudiez la représentation temporelle en répondant aux questions suivantes.
   a. Ronsard et Hélène sont-ils jeunes ou vieux au moment de l'écriture du poème ?
   b. Quelles deux images contrastées sont associées à la jeune puis à la vieille Hélène ?
   c. Quels vers évoquent la mort du poète ?

3. La présence de Ronsard dans le poème est aussi importante que celle d'Hélène, sa bien-aimée. Démontrez-le.

4. En tenant compte des éléments d'information précédents, résumez le sonnet en deux phrases.

5. Quels éléments d'information trouve-t-on sur l'époque en rapport avec les activités féminines ? les modes d'éclairage ?

6. En quoi les renseignements trouvés à la question précédente contribuent-ils à l'atmosphère de douceur et de lenteur ?

7. Les tercets s'opposent notamment aux quatrains par leur caractère imagé. Démontrez-le en classant les figures de style utilisées par Ronsard et l'effet qu'elles créent.

8. Quel est le thème central de ce poème ? Justifiez votre réponse avec explications et citations à l'appui.

9. Selon vous, ce poème est-il de tonalité optimiste ou pessimiste ? Est-il plus favorable au bonheur terrestre ou prône-t-il le salut de l'âme ? Exprime-t-il un grand amour ou un appel à la sensualité ? Justifiez chacune de vos réponses.

Rédaction

10. Pourquoi peut-on dire que ce poème apparaît surtout comme une louange que Ronsard s'adresse à lui-même plutôt qu'une célébration d'Hélène sa bien-aimée ?

11. En comparant ce sonnet au poème intitulé *Mignonne, allons voir si la rose*, analysez la symbolique attachée à la rose.

Je me ferai savant en la philosophie

Je me ferai savant en la philosophie,
En la mathématique, et médecine aussi :
Je me ferai légiste, et d'un plus haut souci
Apprendrai les secrets de la théologie :

5 Du luth, et du pinceau j'ébatterai ma vie,
De l'escrime et du bal : je discourais ainsi,
Et me vantais en moi d'apprendre tout ceci,
Quand je changeai la France au séjour d'Italie.

Ô beaux discours humains ! je suis venu si loin,
10 Pour m'enrichir d'ennui, de vieillesse, et de soin,
Et perdre en voyageant le meilleur de mon âge.

Ainsi le marinier souvent pour tout trésor
Rapporte des harengs en lieu de lingots d'or,
Ayant fait, comme moi, un malheureux voyage.

Joachim Du Bellay, *Les regrets*, Sonnet XXXII, 1558.

Atelier d'analyse

Exploration

1. Les premiers vers présentent tout un programme de formation. Relevez le passage ou le vers qui se rapporte aux aspects suivants :
   a. le domaine des idées ;
   b. les chiffres ;
   c. les sciences ;
   d. le droit ;
   e. la musique ;
   f. la peinture ;
   g. l'exercice physique.

2. Quel vers montre la fatuité de toutes ces ambitions ?

3. Quel portrait de poète se dégage de ce sonnet ?

4. Analysez le message final :
   a. en le reformulant en vos mots ;
   b. en montrant son caractère allégorique ;
   c. en montrant qu'il étonne de la part d'un érudit comme Du Bellay ;
   d. en donnant votre point de vue par rapport au conseil qu'il véhicule.

Rédaction

5. Peut-on dire que ce poème traduit des préoccupations humanistes ? Nuancez votre réponse.

Joachim Du Bellay (1522-1560)

Un lyrisme plus personnel

Quatre ans après avoir publié *Défense et Illustration de la langue française* (voir p. 84), Du Bellay se rend à Rome, la ville emblématique de l'art qui perpétue le mythe du puissant empire romain en Europe. Or, ce fervent admirateur de l'Antiquité est déçu par la Ville éternelle, peu conforme à l'image qu'il s'en était faite. En effet, ce ne sont, dit-il, que « vieux palais, vieux arcs et vieux murs ». Dans le recueil *Les Antiquités de Rome*, Du Bellay semble déchiré entre sa déception réelle et son désir d'évoquer la Rome éternelle des poètes latins, qu'il persiste à prendre pour modèles.

Au désabusement à l'égard des vestiges d'une grandeur révolue s'ajoute bientôt l'amertume de l'être déraciné qui va choisir de retourner dans son pays, comme le révèle le vers « Quand je changeai la France au séjour d'Italie ». Répondant parfaitement au vœu de Du Bellay, les 191 sonnets des *Regrets* laissent un « goût à la fois de fiel et de miel, mélangé de sel ».

Joachim Du Bellay (1522-1560)

L'émergence du nationalisme

Au cœur de la Rome antique, le poète, habité par la nostalgie de la mère patrie, ne peut s'empêcher de rêver au retour. Il aura finalement le bonheur de rentrer en France, en 1558, année où sont publiés *Les regrets*. Atteint de surdité, en proie à toutes sortes de tracasseries, Du Bellay meurt subitement à l'âge de 37 ans.

Dans le sonnet ci-contre, l'un des plus connus de l'œuvre de Du Bellay, le poète regrette son « petit village », dont il oppose la simplicité à la grandeur de Rome.

Heureux qui, comme Ulysse…

Heureux qui, comme Ulysse, a fait un beau voyage,
Ou comme celui-là qui conquit la toison,
Et puis est retourné, plein d'usage et raison,
Vivre entre ses parents le reste de son âge !

5 Quand reverrai-je, hélas, de mon petit village
Fumer la cheminée, et en quelle saison
Reverrai-je le clos de ma pauvre maison,
Qui m'est une province, et beaucoup davantage ?

Plus me plaît le séjour qu'ont bâti mes aïeux
10 Que des palais romains le front audacieux,
Plus que le marbre dur me plaît l'ardoise fine,

Plus mon Loire gaulois que le Tibre latin,
Plus mon petit Liré que le mont Palatin,
Et plus que l'air marin la douceur angevine.

Joachim Du Bellay, *Les regrets,* sonnet XXXI, 1558.

Marten Van Heemskerck, *Course de taureaux à l'antique dans le Colisée en ruine*, 1552.
Fascinés par la civilisation gréco-latine, des artistes comme Du Bellay feront le pèlerinage jusqu'à Rome, où les monuments en ruine décevront leurs attentes.

Atelier d'analyse

Exploration

1. Assurez-vous de bien comprendre le texte. Pour ce faire :
   a. cherchez la définition des mots qui vous sont moins familiers, comme « ardoise », « clos », etc. Interrogez-vous également sur les mots dont la définition peut éclairer la signification du texte, comme « toison », « Tibre », etc. ;
   b. récrivez les vers qui vous semblent difficiles en modernisant la syntaxe.

2. Résumez chaque strophe. Quelle progression remarquez-vous dans l'expression des idées et des sentiments ?

3. Relevez des marques qui témoignent de la tonalité nostalgique dans le poème.

4. Peut-on dire que ce poème, sous son apparence lyrique, peut aussi être interprété comme un texte militant ? Rapportez-vous notamment aux objectifs visés par la Pléiade.

5. Relevez les références faites à l'Antiquité, d'une part, et au « petit village », d'autre part. Entre la gloire audacieuse et la douceur de vivre chez soi, quel est le choix de Du Bellay ?

6. Dans les troisième et quatrième strophes, quelle figure de style Du Bellay emploie-t-il pour indiquer ses préférences ? En quoi l'emploi de cette figure de style est-il ici particulièrement approprié quand on tient compte de la signification du texte ?

7. Montrez que la musicalité du poème repose non seulement sur la régularité des vers, mais aussi sur le recours à la répétition et sur la variation syntaxique. Observez notamment la ponctuation.

8. Ce poème correspond-il aux caractéristiques du sonnet ?

Rédaction

9. Ce poème illustre en quelque sorte le dilemme des écrivains de la Renaissance. Ceux-ci sont inspirés par l'Antiquité, mais ils veulent par ailleurs faire la promotion de la culture et de la langue françaises. À l'aide d'un tableau sur deux colonnes, énumérez les idées et les citations à l'appui de chaque thèse. Rédigez ensuite une conclusion qui reflète votre point de vue.

10. En quoi ce poème est-il le contraire d'une invitation au voyage ? Tenez compte des possibilités suivantes pour planifier votre développement et élaborer vos idées :
    - le poème débute par une évocation positive du voyage, que l'auteur nuance ensuite ;
    - le poème exprime une nostalgie du chez-soi ;
    - le poète exprime son choix en s'appuyant sur un réseau d'antithèses ;
    - le poème illustre une forme de dualisme culturel qui est celui de la Renaissance ;
    - sous son lyrisme apparent, le poète milite en faveur d'une cause.

Louise Labé (1524-1566)

L'érotisme au féminin

Poétesse talentueuse et admirée, Louise Labé brille par son audace dans le monde masculin de la poésie du XVIe siècle. De manière convaincante, cette Lyonnaise passionnée inverse les rôles traditionnels et inchangés depuis les premiers troubadours : dans ses sonnets, c'est la femme qui aime, et c'est l'homme qui devient objet de désir. Son érotisme tranche vivement avec la retenue pudique de certains poètes de la Pléiade, dont Ronsard dans quelques-unes de ses œuvres. Pour évoquer ses amours tourmentées, elle mêle ses soupirs de bonheur à ses larmes et se sert de l'opposition entre l'eau et le feu qui traduit de manière particulièrement expressive son élan amoureux. Le réseau des antithèses, qui organise la structure du poème, sert alors à évoquer parfois l'être aimé, parfois l'exigence de l'amour. Ce procédé renvoie à l'image d'une femme prise entre la violence impérieuse de ses pulsions et l'impossibilité de les satisfaire. Les deux sonnets ci-après illustrent cette situation.

Je vis, je meurs...

Je vis, je meurs ; je me brûle et me noie ;
J'ai chaud extrême en endurant froidure ;
La vie m'est et trop molle et trop dure ;
J'ai grands ennuis entremêlés de joie.

5 Tout à coup je ris et je larmoie,
Et en plaisir maint grief tourment j'endure ;
Mon bien s'en va, et à jamais il dure ;
Tout en un coup je sèche et je verdoie.

Ainsi Amour inconstamment me mène ;
10 Et quand je pense avoir plus de douleur,
Sans y penser je me trouve hors de peine.

Puis quand je crois ma joie être certaine
Et être au haut de mon désiré heur,
Il me remet en mon premier malheur.

Louise Labé, *Sonnets*, 1555.

Atelier de comparaison

Exploration

1. Résumez chacun des poèmes.
2. Dans le premier poème, dressez la liste de toutes les antithèses.
3. Dans le deuxième poème, relevez les notations sensorielles. Quel semble être le sens privilégié : le toucher, l'ouïe, le goût, la vue ou l'odorat ? Quel est l'effet sur le lecteur ?
4. À l'aide d'un tableau, comparez les aspects suivants :
   a. le contexte d'énonciation ;
   b. le mode d'emploi des verbes ;
   c. les figures de style et les sensations (notamment celles qui sont reliées au feu, à l'eau et à la terre) ;
   d. l'expression de la thématique amoureuse ;
   e. le portrait de femme qui se dégage de chaque sonnet.
5. Ces textes vous apparaissent-ils également :
   a. sensuels ou érotiques ?
   b. tourmentés ?
   c. l'expression d'un sentiment d'impuissance ?
   Donnez des preuves à l'appui de vos réponses.
6. En vous appuyant sur les réponses précédentes, dégagez :
   a. les deux ressemblances qui vous paraissent les plus importantes avec un vers cité à l'appui de chacune d'elles ;
   b. les deux différences essentielles avec, ici aussi, des citations à l'appui.

Rédaction

7. Les poèmes de Louise Labé, qui décrivent une femme entièrement soumise à un amour passionné mais malheureux, vous semblent-ils contredire les propos du texte intitulé « Préface à une lectrice » (voir p. 85) ?
8. Comparez la vision de l'amour et de la vie qui se dégage de ces deux sonnets.

Baise m'encor…

Baise m'encor, rebaise-moi et baise ;
Donne m'en un de tes plus savoureux,
Donne m'en un de tes plus amoureux :
Je t'en rendrai quatre plus chauds que braise.

5 Las ! te plains-tu ? Çà, que ce mal j'apaise,
En t'en donnant dix autres doucereux.
Ainsi, mêlant nos baisers tant heureux,
Jouissons-nous l'un de l'autre à notre aise.

Lors double vie à chacun en suivra.
10 Chacun en soi et son ami vivra.
Permets m'Amour penser quelque folie :

Toujours suis mal, vivant discrètement,
Et ne me puis donner contentement
Si hors de moi ne fais quelque saillie.

Louise Labé, *Sonnets*, 1555.

François Clouet, *La lettre d'amour*, 1570.
La nudité de la dame et le jeu de regards troubles illustrent l'ouverture de l'époque à la sensualité.

Agrippa d'Aubigné (1552-1630)

Le point de vue protestant

Grand admirateur de Ronsard, Agrippa d'Aubigné s'oppose pourtant à ce fervent catholique en se faisant le porte-parole des protestants, puis en combattant au sein des armées huguenotes alors que la France s'embrase dans une guerre civile. Échappant de peu à la mort lors des massacres de la Saint-Barthélemy (1572), d'Aubigné se montre très déçu par la conversion d'Henri IV au catholicisme. Plus porté à l'intransigeance qu'à la conciliation, le poète s'aliène les amitiés du roi et de la reine et doit se retirer de la cour. Deux générations plus tard, la petite-fille d'Aubigné, la marquise de Maintenon (Françoise d'Aubigné de son nom de jeune fille) réconcilie sa lignée avec la famille royale par son mariage avec Louis XIV, en 1683.

Le texte poétique suivant est extrait de la grande épopée protestante redécouverte par Victor Hugo au XIXᵉ siècle. Ce poème illustre la tonalité polémique qui domine dans l'œuvre d'Aubigné.

Tu vois, juste vengeur, les fléaux de ton Église

Tu vois, juste vengeur, les fléaux de ton Église,
Qui, par eux en cendre et en masure mise,
A, contre tout espoir, son espérance en toy,
Pour son retranchement, le rempart de la foy.

5 Tes ennemis et nous sommes esgaux en vice,
Si, juge, tu te sieds en ton lict de justice ;
Tu fais pourtant un choix d'enfans ou d'ennemis
Et ce choix est celui que sa grâce y a mis.

Si tu leur fais des biens, ils s'enflent en blasphemes,
10 Si tu nous fais du mal, il nous vient de nous mesmes ;
Ils maudissent ton nom quand tu leur es plus doux ;
Quand tu nous meurtrirois, si te benirons-nous.

... Veux-tu longtemps laisser en cette terre ronde
Regner ton ennemy ? N'es-tu seigneur du monde,
15 Toy, Seigneur, qui abbats, qui blesses, qui gueris,
Qui donnes vie et mort, qui tues et qui nourris ?

Les princes n'ont point d'yeux pour voir ces grand merveilles ;
Quand tu voudras tonner, n'ont-ils point d'oreilles ?
Leurs mains ne servent plus qu'à nous persécuter ;
20 Ils ont tout pour Satan, et rien pour te porter.

Agrippa d'Aubigné, *Les tragiques*, 1616.

Atelier d'analyse

Exploration

1. Étudiez le contexte d'énonciation.

2. Expliquez quelle représentation est donnée de la religion en répondant aux questions suivantes.
   a. Quels sont les termes qui se rattachent au champ lexical de la guerre ?
   b. Quel est le vers où d'Aubigné semble adresser un reproche au destinataire du texte ?
   c. Quels vers évoquent la puissance du Créateur ?

3. Relevez les antithèses présentes dans le poème et montrez qu'elles participent à une vision du monde où s'opposent en effet deux partis, deux religions.

Rédaction

4. Analysez la représentation de Dieu dans ce poème.

LE RÉCIT

Comment évolue-t-il à la Renaissance ? Quels sont ses traits distinctifs ?

Le récit est un texte qui se compose d'une histoire (les événements racontés) et d'une narration (la façon dont les événements sont racontés). À la Renaissance émergent en France deux formes de récits : le roman et la nouvelle.

Le roman

En France, Rabelais est le représentant le plus illustre du genre narratif à la Renaissance et il pratique le récit à sa façon, sans faire école. Il existe toutefois des liens entre Rabelais et le grand romancier espagnol de la Renaissance, Cervantès, qui, lui aussi, tourne en dérision la thématique chevaleresque dans son célèbre roman dont le titre français est *Don Quichotte de la Manche* (1605).

Tout en parodiant les romans chevaleresques, Rabelais tisse, dans ses chroniques dites « gargantuesques », des liens entre la culture populaire et la culture savante. Reproduisant l'esprit carnavalesque des fêtes populaires, ses récits souvent farfelus ressemblent, par plusieurs aspects, au théâtre de farces et de sotties. Comme le genre du roman ne répond pas encore à des normes distinctives, Rabelais se laisse entière liberté dans le mariage qu'il élabore entre le récit d'anecdotes et la méditation sur des sujets qui lui tiennent à cœur.

Le récit rabelaisien mêle narration et argumentation tout en présentant certaines des caractéristiques du roman d'apprentissage. Les personnages sont des géants qui relèvent d'un imaginaire carnavalesque, ce qui illustre le versant fantaisiste, tandis que le héros qui s'initie à la vie en représente le versant didactique plus sérieux. L'intrigue est constituée d'une série d'épreuves que le héros doit surmonter pour faire preuve de sa capacité d'intégration à la société. Sous le couvert du comique et du grotesque (tonalités dominantes), le récit vise non seulement à plaire au lecteur, mais aussi à l'instruire. C'est d'ailleurs ce que précise Rabelais en s'adressant au lecteur : « C'est pourquoi il faut ouvrir le livre et soigneusement peser ce qui y est traité. Alors vous reconnaîtrez que la drogue qui y est contenue est d'une tout autre valeur que ne le promettait la boîte : c'est-à-dire que les matières ici traitées ne sont pas si folâtres que le titre le prétendait. »

Pour ce qui est de la thématique, le récit renvoie aux grands débats intellectuels de la Renaissance, la restauration de la foi et l'assainissement des mœurs politiques. Il témoigne également des principales valeurs humanistes : la confiance en la nature humaine, la soif de connaissance et un idéal de sagesse pacifique avec, comme corollaires, le rejet du fanatisme et de tout ce qui entrave le bonheur de l'humanité. Enfin, le style est fait d'un déferlement de tonalités illustrant tout le spectre des émotions. L'humour est subversif et licencieux. Le vocabulaire coloré et éclectique puise autant dans le langage écrit que dans le langage parlé tout en comportant de multiples références culturelles. Ces derniers éléments chez Rabelais contribuent à l'entrecroisement des cultures savante et populaire.

La nouvelle

Née en Italie au XIVe siècle sous la plume du célèbre écrivain Boccace (1313-1375), la nouvelle, une forme de petit roman en concentré, se répand en France pour devenir très populaire avec la Renaissance. Dépourvu de règles précises, ce type de récit se distingue par sa brièveté ; il s'attache, comme son nom l'indique, à raconter ce qui est nouveau. La nouvelle parle donc d'événements et de personnages contemporains. En ce sens, elle aspire à un certain réalisme puisque, à l'exemple des personnages de l'*Heptaméron*, un recueil de nouvelles de Marguerite de Navarre, elle prétend raconter des « histoires vécues » et, par le fait même, vraisemblables.

Comme dans le *Décaméron* de Boccace, qui est le modèle de ce nouveau genre, un prologue présente un groupe de personnages dont l'un prend la parole pour raconter aux autres une histoire – la nouvelle proprement dite – qu'il a lui-même vécue ou qu'on lui a rapportée. Les personnages, peu nombreux, sont campés dans une atmosphère et un décor présentés en quelques phrases. L'intrigue est rudimentaire : la nouvelle se fonde sur une tension dramatique établie en quelques traits qui mène à un retournement décisif, le dénouement, qui est le plus souvent très court. La narration est prise en charge par un conteur puisque la nouvelle, qui rejette habituellement le merveilleux du conte, conserve des traces d'oralité. La narration ne fait pas d'incursion introspective.

La thématique renvoie à la vie sociale et aux mœurs amoureuses des nobles, des bourgeois, des commerçants et des membres du clergé. Une fois le récit terminé, le narrateur et les personnages discutent de la moralité de l'histoire. Cette fin rapproche la nouvelle du conte ou de la fable moralisatrice. L'intention réaliste de la nouvelle lui fait porter un regard plutôt critique sur son époque, et on y reconnaît souvent le ton parodique et satirique de la littérature populaire du Moyen Âge. Sur ce dernier point, elle se rapproche des chroniques de Rabelais.

François Rabelais (v. 1485-1553)

L'exploration de mondes nouveaux

Moine et médecin, bon vivant et fin lettré, Rabelais a laissé une œuvre gigantesque, à l'image de ses personnages, les bons géants Pantagruel et Gargantua. Relatant une suite de « faicts et prouesses espouvantables » et « très horrificques » – enfin relativement ! –, les cinq livres de Rabelais (malgré que le dernier soit d'attribution douteuse) sont écrits dans l'esprit de sa célèbre devise : « Le rire est le propre de l'homme. »

Chez Rabelais, le gigantisme n'est pas le simple attribut d'un personnage plus grand que les autres : il symbolise aussi une manière de voir le monde, de le comprendre. Rabelais fait de cet être énorme, parfois plus grand que le paysage dans lequel il évolue, une loupe grossissante pour établir des correspondances inattendues entre le corps humain considéré comme un microcosme, et le macrocosme, c'est-à-dire l'univers entier.

Dans cet extrait, le narrateur, Alcofribas Nasier (anagramme de François Rabelais, soit un nom obtenu par la transposition des lettres de son véritable nom), raconte comment il a eu l'occasion d'entrer dans la bouche de Pantagruel et d'y vivre pendant quelques mois. L'anecdote est aussi incroyable que « l'autre monde » qu'il découvre dans cet antre…

Comment Pantagruel couvrit de sa langue toute une armée, et ce que l'auteur vit dans sa bouche

Tandis que Pantagruel avec toute sa troupe entrait sur les terres des Dipsodes, tout le monde en était joyeux ; ils se rendirent aussitôt à lui, et, de leur plein gré, lui apportaient les clés de toutes les villes où il allait, excepté les Almyrodes, qui voulurent lui résister, et répondirent à ses hérauts qu'ils ne se rendraient que sur de bonnes garanties.

5 « Quoi, dit Pantagruel, en demandent-ils de meilleures que la main au pot et le verre au poing ? Allons, et qu'on me les mette à sac. »

Ils se mirent donc tous en ordre, décidés à donner l'assaut. Mais en chemin, passant dans une grande plaine, ils furent surpris par une grosse averse. Sur quoi ils se mirent à se trémousser et à se serrer les uns contre les autres. Voyant cela, Pantagruel leur fit dire 10 par les capitaines que ce n'était rien et qu'il voyait bien au-dessus des nuées que ce ne serait qu'une petite ondée, mais, à toutes fins utiles, qu'ils se mettent en ordre car il voulait les couvrir. Ils se mirent alors en bon ordre, bien serrés, et Pantagruel tira sa langue à moitié seulement, et les couvrit comme une poule couve ses poussins.

Pendant ce temps, moi, qui vous fais ces contes si véridiques, je m'étais caché sous 15 une feuille de bardane, aussi large que l'arche du pont de Mantrible ; mais, quand je les vis si bien couverts, je m'en allai vers eux me mettre à l'abri, mais je ne le pus pas, tant ils étaient nombreux ; comme le dit le proverbe : « Au bout de l'aune, il n'y a plus de toile. » Je montai donc par-dessus le mieux que je pus, et je cheminai bien deux lieues sur sa langue, si bien que j'entrai dans sa bouche.

20 Mais, ô dieux et déesses, que vis-je là ? Que Jupiter me terrasse de son triple foudre, si je mens à ce sujet. J'y cheminais comme l'on fait dans l'église Sainte-Sophie à Constantinople, et j'y vis des rochers, aussi grands que les monts de Dantzig, je crois que c'étaient ses dents, et de grands prés, de grandes forêts, de puissantes et grosses villes, aussi grandes que Lyon ou Poitiers.

25 La première personne que j'y rencontrai, ce fut un bonhomme qui plantait des choux. Aussi, tout ébahi, lui demandai-je :

« Mon ami, que fais-tu ici ?

— Je plante des choux, dit-il.

— Et pourquoi et comment ? dis-je.

30 — Ha, messire, dit-il, tout le monde ne peut pas avoir les couillons aussi pesants qu'un mortier, et nous ne pouvons pas tous être riches. Je gagne ainsi ma vie, et je vais les vendre au marché dans la cité qui est là derrière.

— Jésus, dis-je, il y a ici un nouveau monde ?

— Certes, dit-il, il n'est pas nouveau ; mais l'on dit bien que, hors d'ici, il y a une 35 terre neuve où ils ont soleil et lune, et tout plein de belles affaires ; mais celui-ci est plus ancien.

— Oui mais, dis-je, mon ami, quel nom porte cette ville où tu vas vendre tes choux ?

— Elle porte le nom, dit-il, d'Aspharage, et les habitants sont des chrétiens, gens de bien, qui vous feront un bon accueil. »

40 Bref, je décidai d'y aller.

Or, en chemin, je rencontrai un compagnon qui tendait des pièges aux pigeons, et je lui demandai :

« Mon ami, d'où viennent ces pigeons-ci ?

— Sire, dit-il, ils viennent de l'autre monde. »

45 Je pensai alors que, quand Pantagruel bâillait, les pigeons entraient à toute volée dans sa gorge, croyant que c'était un colombier.

Puis j'entrai dans la ville, que je trouvai belle, puissante et d'un bel aspect ; mais à l'entrée les gardiens me demandèrent mon certificat de santé, ce dont je fus fort ébahi, et je leur demandai :

50 « Messieurs, y a-t-il ici danger de peste ?

— Ô Seigneur, dirent-ils, on meurt tant près d'ici que le chariot des morts n'arrête pas de courir par les rues.

— Vrai Dieu, dis-je, et où ? »

À cela ils me répondirent que c'était à Laryngues et Pharingues, qui sont deux villes aussi grosses que Rouen et Nantes, riches et bien commerçantes, et que la peste était venue d'une puante et infecte exhalaison naguère sortie des abîmes, et qui a fait mourir plus de vingt-deux fois cent soixante mille et seize personnes depuis huit jours. Alors je suppute, je calcule, et je trouve que c'était une puante haleine qui était venue de l'estomac de Pantagruel lorsqu'il mangea tant d'aillade, comme nous l'avons dit plus haut.

Partant de là, je passai entre les rochers, qui étaient ses dents, et je réussis à monter sur l'une d'elles ; là je trouvai les plus beaux lieux du monde, de beaux et grands jeux de paume, de belles galeries, de belles prairies, beaucoup de vignes et une infinité de fermettes à la mode italienne, dans les champs pleins de délices ; là, je demeurai bien quatre mois et je ne fis jamais meilleure chère qu'alors.

Puis je descendis par les dents de derrière pour aller aux lèvres ; mais en passant je fus détroussé par des brigands dans une grande forêt, qui est vers les oreilles.

Puis, en redescendant, je trouvai une petite bourgade dont j'ai oublié le nom, où je fis encore meilleure chère que jamais, et où je gagnai un peu d'argent pour vivre. Savez-vous comment ? À dormir ; car on loue les gens à la journée pour dormir, et ils gagnent cinq à six sous par jour ; mais ceux qui ronflent bien fort gagnent bien sept sous et demi. Je racontai aux sénateurs comment on m'avait détroussé dans la vallée ; ils me dirent qu'en vérité les gens qui vivaient au-delà étaient malfaisants et brigands de nature ; à cela je vis que, de même que nous avons des contrées en deçà et au-delà des monts, de même ils en ont en deçà et au-delà des dents ; mais il fait bien meilleur vivre en deçà et l'air y est meilleur.

Là je me mis à penser qu'on ne se trompe pas quand on dit que la moitié du monde ne sait pas comment l'autre vit, vu que personne n'avait encore écrit sur ce pays-là, où il y a plus de vingt-cinq royaumes habités, sans compter les déserts et un gros bras de mer ; mais j'ai composé là-dessus un grand livre intitulé l'Histoire des Rengorgés ; je les ai nommés ainsi parce qu'ils demeurent dans la gorge de mon maître Pantagruel.

Finalement je voulus m'en retourner, et passant par sa barbe, je me jetai sur ses épaules, et de là je dévale à terre et tombe devant lui.

Quand il m'aperçut, il me demanda :

« D'où viens-tu, Alcofribas ? »

Je lui réponds :

« De votre gorge, Messire.

Gustave Doré, illustration de *Pantagruel*, 1854.
L'énormité du géant établit une perspective insolite sur le monde tout en étant source de comique.

Le récit

105 — Et depuis quand y es-tu ? dit-il.
— Depuis, dis-je, que vous marchiez contre les Almyrodes.
— Il y a, dit-il, plus de six mois. Et de quoi vivais-tu ? Que buvais-tu ? »
Je réponds :
« Seigneur, la même chose que vous, et sur les plus friands morceaux qui passaient
110 dans votre gorge, je prélevais des droits de douane.
— Oui mais, dit-il, où chiais-tu ?
— Dans votre gorge, Messire, dis-je.
— Ha, ha, tu es un gentil compagnon, dit-il. Nous avons, avec l'aide de Dieu, conquis tout le pays des Dipsodes, et je te donne la châtellenie de Salmigondis.
115 — Merci beaucoup, dis-je, Messire. Vous me faites plus de faveur que je n'ai mérité de votre part. »

François Rabelais, *Pantagruel,* extrait du chapitre XXXII, 1532.

Atelier d'analyse

Exploration

1. Dressez le plan du récit et donnez trois preuves permettant de classer ce texte dans cette catégorie.

2. Relevez des passages qui permettent de conclure à la présence d'un narrateur intérieur au récit.

3. « Pendant ce temps, moi, qui vous fais ces contes si véridiques » : montrez que ce passage confirme la tonalité ironique du récit.

4. Dans les premiers paragraphes (lignes 1 à 13), relevez des passages qui montrent que la tonalité burlesque domine dans la façon de représenter la guerre.

5. Cette description d'un autre monde correspond assez fidèlement à la réalité de l'époque. Relevez dans le texte divers éléments qui illustrent les caractéristiques suivantes :
   a. la présence de la religion ;
   b. l'importance des villes ;
   c. une économie qui repose sur l'agriculture ;
   d. une époque où l'on découvre des mondes nouveaux ;
   e. la menace des épidémies ;
   f. l'imposition de douanes sur les marchandises.

6. Le corps et ses fonctions – boire, manger, digérer et déféquer – occupent une place centrale dans l'œuvre de Rabelais. Relevez des exemples qui illustrent cette affirmation. Expliquez en quoi cela contribue à la tonalité burlesque du texte.

7. La description évite le piège de l'utopie en présentant à la fois les maux de cette société et ses bons côtés. Démontrez-le.

8. Chez Rabelais, le récit est souvent mis au service d'une morale humaniste. Démontrez-le.

Rédaction

9. Montrez que ce récit illustre les caractéristiques du récit rabelaisien en tenant compte des aspects suivants pour planifier et élaborer votre analyse :
   a. des personnages qui relèvent d'un univers carnavalesque ;
   b. une intrigue qui force le héros à surmonter des obstacles pour faire l'apprentissage de la vie ;
   c. une thématique qui illustre les caractéristiques de la société renaissante et un idéal de sagesse pacifique ;
   d. un style qui explore un large spectre de tonalités.

La punition de la femme adultère

Le Roi Charles, huitième de ce nom, envoya en Allemagne un gentilhomme nommé Bernage, sieur de Sivray près Amboise, lequel, pour faire bonne diligence, n'épargnait jour ni nuit pour avancer son chemin ; de sorte que, un soir bien tard, arriva en un château d'un gentilhomme où il demanda logis, ce qu'à grand peine put avoir.
5 Toutefois, quand le gentilhomme entendit qu'il était serviteur d'un tel Roi, s'en alla au-devant de lui et le pria de ne se mal contenter de la rudesse de ses gens car, à cause de quelques parents de sa femme qui lui voulaient mal, il était contraint de tenir ainsi la maison fermée. Aussi ledit Bernage lui dit l'occasion de sa légation, en quoi le gentilhomme s'offrit de faire tout son service à lui possible au Roi son maître. Et le
10 mena dedans sa maison, où il le logea et festoya honorablement.

Il était heure de souper. Le gentilhomme le mena en une belle salle tendue de belle tapisserie. Et ainsi que la viande fut apportée sur la table, vit sortir de derrière la tapisserie une femme, la plus belle qu'il était possible de regarder ; mais elle avait sa tête toute tondue, le demeurant du corps habillé de noir, à l'allemande. Après que ledit seigneur
15 eut lavé avec le seigneur de Bernage, l'on porta l'eau à cette dame qui lava et s'alla seoir au bout de la table, sans parler à nullui, ni nul à elle. Le seigneur de Bernage la regarda bien fort, et lui sembla une des plus belles dames qu'il avait jamais vues, sinon qu'elle avait le visage bien pâle et la contenance bien triste. Après qu'elle eut mangé un peu, elle demanda à boire, ce que lui apporta un serviteur de léans, dedans un émerveillable
20 vaisseau, car c'était la tête d'un mort, dont les yeux étaient bouchés d'argent. Et ainsi but deux ou trois fois la demoiselle. Après qu'elle eut soupé et fait laver les mains, fit une révérence au seigneur de la maison et s'en retourna derrière la tapisserie, sans parler à personne. Bernage fut tant ébahi de voir chose si étrange qu'il en devint tout triste et pensif. Le gentilhomme, qui s'en aperçut, lui dit : « Je vois bien que vous vous étonnez
25 de ce que vous avez vu en cette table. Mais, vu l'honnêteté que je trouve en vous, je ne vous veux celer que c'est, afin que vous ne pensiez qu'il y ait en moi telle cruauté sans grande occasion. Cette dame que vous avez vue est ma femme, laquelle j'ai plus aimée que jamais homme pourrait aimer femme, tant que, pour l'épouser, j'oubliai toute crainte, en sorte que je l'amenai ici dedans malgré ses parents. Elle aussi me montrait
30 tant de signes d'amour que j'eusse hasardé dix mille vies pour la mettre céans à son aise et à la mienne, où nous avons vécu un temps à tel repos et contentement que je me tenais le plus heureux gentilhomme de la chrétienté. Mais en un voyage que je fis, où mon honneur me contraignit d'aller, elle oublia tant son honneur, sa conscience et l'amour qu'elle avait en moi qu'elle fut amoureuse d'un jeune gentilhomme que j'avais
35 nourri céans. Dont à mon retour je me cuidai apercevoir ; si est-ce que l'amour que je lui portais était si grand que ne me pouvais défier d'elle jusqu'à la fin que l'expérience me creva les yeux : et vis ce que je craignais plus que la mort. Parquoi l'amour que je lui portais fut converti en fureur et désespoir, en telle sorte que je la guettai de si près qu'un jour, feignant aller dehors, me cachai en la chambre où maintenant elle demeure, où
40 bientôt après mon partement elle se retira ; et y fit venir ce jeune gentilhomme, lequel je vis entrer avec la privauté qui n'appartenait qu'à moi avoir à elle. Mais quand je vis qu'il voulait monter sur le lit auprès d'elle, je saillis dehors et le pris entre ses bras, où je le tuai. Et pour ce que le crime de ma femme me sembla si grand qu'une telle mort n'était suffisante pour la punir, je lui ordonnai une peine que je pense qu'elle a plus
45 désagréable que la mort : c'est de l'enfermer en ladite chambre où elle se retirait pour prendre ses plus grandes délices, et en la compagnie de celui qu'elle aimait trop mieux que moi. Auquel lieu je lui ai mis dans une armoire tous les os de son ami, tendus comme une chose précieuse en un cabinet. Et afin qu'elle n'en oublie la mémoire, en buvant et mangeant lui fais servir à table, au lieu de coupe, la tête de ce méchant, et là
50 tout devant moi, afin qu'elle voie vivant celui qu'elle a fait son mortel ennemi par sa faute, et mort pour l'amour d'elle celui duquel elle avait préféré l'amitié à la mienne. Et

Marguerite de Navarre (1492-1549)

L'envers de l'amour courtois

Sœur du roi François Iᵉʳ, Marguerite de Navarre reçoit une éducation digne des plus grands humanistes. Personnage important dans le domaine des lettres, elle réunit autour d'elle une cour où brillent plusieurs artistes qui profitent de son mécénat. Auteure d'un des plus célèbres recueils de nouvelles, elle deviendra la protectrice du poète Clément Marot et du prédicateur de la Réforme Jean Calvin. Après quelques œuvres mystiques, elle écrit l'*Heptaméron*, qui ne paraîtra que dix ans après sa mort. Sur le modèle du *Décaméron* de Boccace, elle crée sept personnages qui pendant sept jours (du grec *hepta*, qui signifie « sept ») se racontent des histoires « vécues ». Bien que les protagonistes soient des nobles cultivés, leur conversation porte davantage sur la vie privée et amoureuse que sur les affaires de la cour.

L'extrait ci-contre présente un aperçu troublant et cruel des thèmes abordés dans l'*Heptaméron* : mariage et infidélité, amour et jalousie, passion et vengeance.

ainsi elle voit à dîner et à souper les deux choses qui plus lui doivent déplaire : l'ennemi vivant et l'ami mort, et tout par son péché. Au demeurant, je la traite comme moi-même, sinon qu'elle va tondue, car l'arraiement des cheveux n'appartient à l'adultère,
55 ni le voile à l'impudique. Parquoi s'en va rasée, montrant qu'elle a perdu l'honneur de la chasteté et pudicité. S'il vous plaît de prendre la peine de la voir, je vous y mènerai. »

Ce que fit volontiers Bernage ; lesquels descendirent à bas, et trouvèrent qu'elle était en une très belle chambre, assise toute seule devant un feu. Le gentilhomme tira un rideau qui était devant une grande armoire, où il vit pendus tous les os d'un
60 homme mort. Bernage avait grande envie de parler à la dame, mais, de peur du mari, il n'osa. Le gentilhomme qui s'en aperçut lui dit : « S'il vous plaît lui dire quelque chose, vous verrez quelle grâce et parole elle a. » Bernage lui dit à l'heure : « Madame, votre patience est égale au tourment : je vous tiens la plus malheureuse femme du monde. » La dame, ayant la larme à l'œil, avec une grâce tant humble qu'il n'était
65 possible de plus, lui dit : « Monsieur, je confesse ma faute être si grande que tous les maux que le seigneur de céans – lequel je ne suis digne de nommer mon mari – me saurait faire ne me sont rien au prix du regret que j'ai de l'avoir offensé. » En disant cela se prit fort à pleurer. Le gentilhomme tira Bernage par le bras et l'emmena. Le lendemain au matin, s'en partit pour aller faire la charge que le Roi lui avait donnée.
70 Toutefois, disant adieu au gentilhomme, ne se put tenir de lui dire : « Monsieur, l'amour que je vous porte et l'honneur et privauté que vous m'avez faite en votre maison me contraignent à vous dire qu'il me semble, vu la grande repentance de votre pauvre femme, que vous lui devez user de miséricorde. Et aussi vous êtes jeune, et n'avez nuls enfants ; et serait grand dommage de perdre une si belle maison que la
75 vôtre, et que ceux qui ne vous aiment peut-être point en fussent héritiers. » Le gentil-homme, qui avait délibéré de ne parler jamais à sa femme, pensa longuement aux propos que lui tint le seigneur de Bernage. Et enfin connut qu'il disait la vérité, et lui promit que, si elle persévérait en cette humilité, il en aurait quelque fois pitié. Ainsi s'en alla Bernage faire sa charge. Et quand il fut retourné devant le Roi son maître, lui
80 fit tout au long le conte que le prince trouva tel comme il disait. Et entre autres choses, ayant parlé de la beauté de la dame, envoya son peintre nommé Jean de Paris, pour lui rapporter cette
85 dame au vif. Ce qu'il fit après le consentement de son mari, lequel, après longue pénitence, pour le désir qu'il avait d'avoir enfants, et pour la pitié qu'il eut de sa femme qui en si
90 grande humilité recevait cette pénitence, la reprit avec soi. Et en eut depuis beaucoup de beaux enfants.

Marguerite de Navarre, *Heptaméron*, 1559.

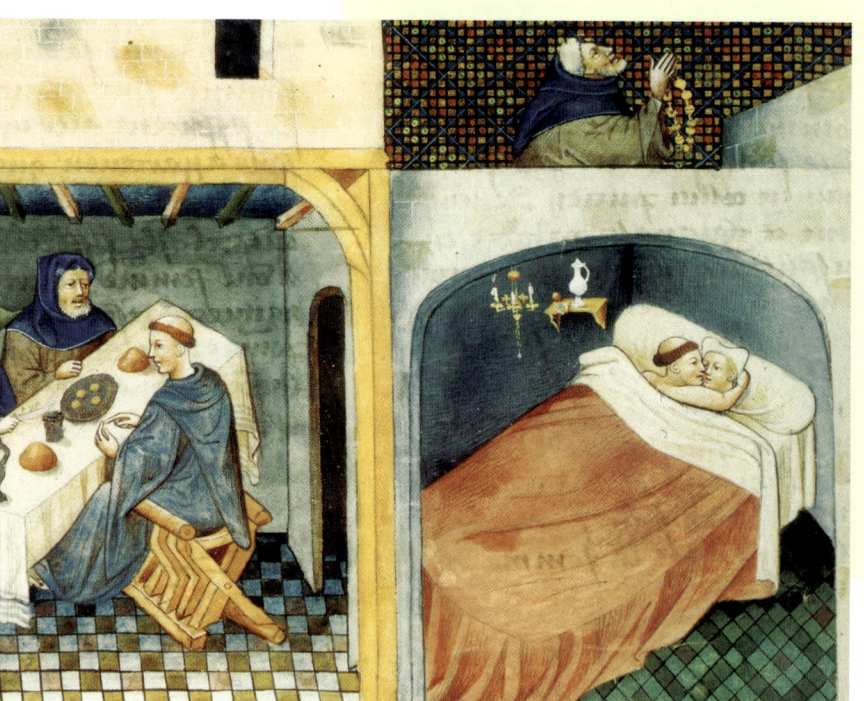

Enluminure tirée du livre le *Décaméron* (1348) de Jean Boccace, 1460.
Marguerite de Navarre a écrit son *Heptaméron* sur le modèle du célèbre *Décaméron* publié presque 200 ans plus tôt, avec moult histoires d'amour et de trahison, mais la mort ne lui a pas permis de se rendre à 100 nouvelles comme l'avait fait Boccace.

Atelier d'analyse

Exploration

1. Assurez-vous de bien comprendre le texte. Pour ce faire :
   a. cherchez la définition des mots qui vous sont moins familiers, comme « diligence », « légation », etc. Interrogez-vous également sur les mots dont la définition peut éclairer la signification du texte, comme « gentilhomme », « tapisserie », etc. ;
   b. faites le plan de l'extrait.

2. Ce texte correspond-il aux caractéristiques de la nouvelle telle que pratiquée à la Renaissance ? Répondez avec preuves à l'appui en tenant compte des aspects suivants :
   - des personnages, peu nombreux, qui appartiennent à la noblesse ;
   - une atmosphère et un décor présentés en quelques phrases ;
   - une intrigue fondée sur une tension dramatique qui mène à un retournement décisif de la situation au dénouement ;
   - une narration centrée sur l'événement et qui ne pousse pas vers l'introspection ;
   - une thématique qui renvoie à la vie sociale et aux mœurs amoureuses des nobles ;
   - une intention moralisatrice ou satirique.

3. Décrivez le climat d'étrangeté en tenant compte des aspects suivants.
   a. Relevez des faits ou des comportements étranges.
   b. Montrez comment l'auteure s'y prend, après avoir effectué un retour dans le passé, pour prolonger cette atmosphère plus loin dans le récit.
   c. En quoi la description de la dame contribue-t-elle à créer un effet de malaise chez Bernage et, par ricochet, chez le lecteur ?

4. Analysez l'expression de la culpabilité dans le texte en tenant compte des questions suivantes.
   a. Quel est le sentiment exprimé par l'épouse : du ressentiment, un esprit de vengeance, de l'abattement, du remords, etc. ?
   b. Que pensez-vous des justifications du mari pour un châtiment aussi cruel ?
   c. Selon vous, quel crime est plus grave, l'infidélité de l'épouse ou l'assassinat du jeune amant ?

5. Comment le récit permet-il de mieux comprendre la signification de la phrase suivante, exprimée au début du texte : « [...] à cause de quelques parents de sa femme qui lui voulaient mal, il était contraint de tenir ainsi la maison fermée. » ?

6. En adoptant un point de vue actuel, peut-on dire que l'anecdote du récit peut être assimilée à un crime d'honneur ?

7. Comment jugez-vous le dénouement ? Peut-on dire que le mari fait preuve de réelle commisération ?

8. Évaluez la réussite du récit en répondant aux questions suivantes à l'aide d'arguments et d'exemples.
   a. Les personnages sont-ils bien décrits et essentiels à la construction de l'intrigue ?
   b. L'atmosphère d'étrangeté est-elle nécessaire pour susciter l'intérêt du lecteur ?
   c. Le récit reflète-t-il bien les valeurs d'une société différente de la nôtre, fondée notamment sur l'inégalité ?
   d. Dans la version retenue, est-il difficile de lire et de comprendre le texte ? Expliquez-en les raisons.

Rédaction

9. Analysez les thèmes de l'amour, de la cruauté et de la culpabilité tels qu'ils sont représentés dans cet extrait.

10. Est-il juste d'affirmer que cette nouvelle reflète un ordre social fondé sur l'inégalité ?

L'ESSAI

Comment décrire ce genre créé par Montaigne ?
M p. 253

Souvent aussi bref que la nouvelle, l'essai appartient à la littérature de réflexion. Tout en touchant tous les domaines de la pensée humaine, l'essai témoigne de l'émergence d'une nouvelle subjectivité, d'une relation inédite entre le moi et le monde. Cette liberté de pensée peut se manifester à la Renaissance parce que les certitudes héritées du Moyen Âge, qu'elles soient religieuses, philosophiques ou scientifiques, ont été ébranlées. Délivrée des dogmes, la pensée peut désormais se ressourcer. De plus, comme le voulait l'humanisme, l'essai place la personne au centre du monde.

Montaigne, le père de l'essai, a adopté une forme qui donne une marge de manœuvre à l'écrivain. En effet, « essai » veut dire tentative, épreuve, expérience, mais aussi possibilité de risquer, de se tromper afin de... recommencer. En retenant cette appellation, Montaigne veut bien montrer qu'il opte avant tout pour une démarche et une façon d'écrire, et non pour l'obtention de résultats ou pour l'atteinte de certitudes.

Défini comme une libre spéculation bien plus que comme un bilan définitif, l'essai peut aborder tous les sujets qui mettent l'intelligence et la sensibilité de l'écrivain à l'épreuve. Ainsi, Montaigne parle de la mort à partir du saisissement qu'il ressent à la suite d'un accident de cheval où il pense perdre la vie ; de l'amitié, à travers le chagrin provoqué par le décès de son ami Étienne de La Boétie ; de l'éducation, en se remémorant celle qu'il a reçue. Quel que soit le sujet abordé, il y a dans l'essai une tension entre le récit de l'expérience vécue et la réflexion qu'elle provoque, entre la vie privée et la vie sociale, entre le personnel et l'universel, entre les sentiments et les idées.

Le genre de l'essai est appelé à connaître un grand succès. On classe généralement aujourd'hui dans cette catégorie tout texte qui présente une réflexion portant sur un aspect de la réalité. Certains essayistes n'ont aucune prétention littéraire et se contentent de traiter de leur sujet de façon neutre ou impersonnelle ; d'autres affirment leur singularité autant sur le plan des idées que sur celui du style.

Albrecht Dürer, *Autoportrait* (autoportrait à la veste de fourrure), 1500.
La vague de l'autoportrait et l'émergence de l'autobiographie sont toutes deux représentatives de l'individualisme nouveau de la Renaissance.

Au lecteur

Tu as ici un livre de bonne foi, lecteur. Il t'avertit, dès le début, que je ne m'y suis pas assigné d'autres buts que familiaux et personnels. Je ne m'y suis pas du tout préoccupé de ton intérêt, ni de ma gloire : je n'ai pas assez de forces pour assumer un tel projet. Je voulais que ce livre soit commode avant tout pour mes parents et mes amis :
5 que, lorsqu'ils m'auront perdu (ce qui ne saurait tarder), ils puissent y retrouver certains traits de mon caractère et de mon tempérament, et qu'ils entretiennent ainsi de manière plus exhaustive et plus vivante la connaissance qu'ils ont eue de moi. Si j'avais écrit pour rechercher les faveurs du monde, je me serais mieux paré, et je me présenterais avec une démarche étudiée. Mais je veux qu'on me voie là tel que je suis
10 dans ma forme simple, naturelle et ordinaire, sans effort et sans artifice : car c'est moi que je peins. Mes défauts se liront sur le vif, ainsi que ma manière d'être naïve, du moins autant que me le permettent les convenances. Si j'avais été de ces peuplades dont on dit qu'elles vivent encore dans la douce liberté des premières lois de la nature, je t'assure que je me serais très volontiers peint tout entier ici, et tout nu. Ainsi,
15 lecteur, je suis moi-même la matière de mon livre : il n'est pas raisonnable de prendre sur tes loisirs pour un sujet si frivole et si vain.

Adieu donc ; de Montaigne, ce 12 juin 1580.

Michel de Montaigne, *Essais*, 1580.

L'aucteur au lecteur (forme originale)

C'est icy un livre de bonne foy, lecteur. Il t'advertit dez l'entree, que ie ne m'y suis proposé aulcune fin, que domestique et privee : ie n'y ay eu nulle consideration de ton service, ny de ma gloire ; mes forces ne sont pas capables d'un tel dessein. Ie l'ay voué à la commodité particuliere de mes parents et amis : à ce que m'ayants perdu (ce qu'ils ont à faire bientost), ils y puissent retrouver quelques traicts de mes conditions et humeurs, et que par ce moyen ils nourrissent plus entiere et plus vifve la cognoissance qu'ils ont eue de moy. Si c'eust esté pour rechercher la faveur du monde, ie me feusse paré de beautez empruntees : ie veulx qu'on m'y veoye en ma façon simple, naturelle et ordinaire, sans estude et artifice ; car c'est moy que ie peinds. De Montaigne, ce 12 de juin 1580.

Atelier d'analyse

Exploration

1. Les intentions de Montaigne : résumez les buts qu'il poursuit autant que ceux qu'il rejette.

2. Le contexte d'énonciation : relevez les passages où Montaigne s'adresse directement au lecteur. Qu'y a-t-il de provocant et de paradoxal dans la mise en garde qu'il lui adresse ?

3. Le thème de l'individualisme : selon Montaigne, parler de soi-même serait « frivole et vain » et n'intéresserait que nos parents et amis. Discutez de ce point de vue.

4. La langue d'écriture : en comparant le texte en français actuel avec sa version originale, relevez cinq mots orthographiés de façon différente.

Rédaction

5. En un paragraphe bien articulé, montrez qu'il se dégage de cet extrait un portrait de Montaigne en tant qu'homme et écrivain.

6. Montrez que ce court prologue illustre l'émergence d'un sentiment d'individualisme à la Renaissance.

Michel de Montaigne (1553-1592)

L'invention de l'essai

Fils d'un magistrat plutôt modeste, Michel Eyquem, seigneur de Montaigne, se distingue par une œuvre dont l'originalité fait date dans la littérature française. Rien ne laissait présager sa passion tardive pour l'écriture. Il consacrera les 20 dernières années de sa vie à ses *Essais*, un ouvrage composite dont il est à la fois l'objet et le sujet de la réflexion.

Montaigne crée un nouveau genre qui se présente comme un amalgame de récits à caractère autobiographique comprenant des passages argumentatifs ou analytiques. L'émotion déclenche la réflexion et appelle souvent un lyrisme qui se manifeste par l'emploi d'un vocabulaire qui exprime la subjectivité. Montaigne est conscient de la nouveauté de sa démarche car, dans son prologue, il prend soin d'expliquer celle-ci au lecteur. Ce prologue, dont on présente ici une version en français actuel et une version originale, écrite dans le français de la Renaissance, constitue donc à la fois une invitation à la lecture et une mise en garde au lecteur.

Michel de Montaigne (1553-1592)

Le relativisme culturel

Comme la plupart de ses contemporains, Montaigne est fasciné par les mœurs des peuples « sauvages » que l'on vient de découvrir. Dans une foire à Caen, il a l'occasion d'apercevoir quelques indigènes ramenés du Brésil. Il lit aussi des récits de voyages pour se familiariser avec ces civilisations jusque-là inconnues.

Sans en prendre la défense, Montaigne considère ici le cannibalisme des peuples du Nouveau Monde sous un angle inusité : en effet, il dresse un parallèle entre la « barbarie » des Sauvages et la prétention à la civilisation des Européens.

Des cannibales

Les Cannibales font leurs guerres contre les nations qui sont au-delà de leurs montagnes, plus avant dans les terres, guerres où ils vont tout nus, n'ayant en fait d'armes que des arcs ou des épées de bois, aiguisées à un bout à la façon des fers de nos épieux. C'est une chose étonnante que la dureté de leurs combats, qui ne finissent jamais
5 qu'en tueries et en effusion de sang ; car, les déroutes et l'effroi, ils ne savent pas ce que c'est. Chacun rapporte, en trophée personnel, la tête de l'ennemi qu'il a tué, et l'attache à l'entrée de son logis. Après une longue période où ils traitent bien leurs prisonniers avec tous les agréments auxquels ils peuvent penser, celui qui en est le maître, fait une grande assemblée des gens de sa connaissance ; il attache une corde à
10 l'un des bras du prisonnier, corde au bout de laquelle il le tient éloigné de quelques pas, de peur d'être blessé par lui, et donne au plus cher de ses amis l'autre bras à tenir de la même façon ; et eux deux, en présence de toute l'assemblée, le massacrent à coups d'épée. Cela fait, ils le rôtissent, ils en mangent ensemble, et en envoient des lopins à ceux de leurs amis qui sont absents. Ce n'est pas, comme on pense, pour s'en
15 nourrir, ainsi que faisaient, dans l'Antiquité, les Scythes ; c'est pour figurer une extrême vengeance. À preuve, le fait qu'ayant remarqué que les Portugais, qui s'étaient alliés à leurs adversaires, usaient d'une autre sorte de mort contre eux quand ils les prenaient, laquelle consistait à les enterrer jusqu'à la ceinture et à leur tirer sur le reste du corps une pluie de traits, puis à les pendre, ils pensèrent que ces représen-
20 tants de l'Autre Monde, en hommes qui avaient semé la connaissance de beaucoup plus grands spécialistes qu'eux pour toute sorte de méchanceté, ne prenaient pas sans cause cette sorte de vengeance et qu'elle devait être plus amère que la leur ; et ils commencèrent à abandonner leur ancienne manière pour adopter celle-ci. Je ne suis pas fâché que nous soulignions l'horreur barbare qu'il y a dans une telle action, mais
25 je le suis vraiment que, jugeant bien de leurs fautes, nous soyons si aveugles sur les nôtres. Je pense qu'il y a plus de barbarie à manger un homme vivant qu'à le manger mort, à déchirer par des tortures et des supplices un corps ayant encore toute sa sensibilité, à le faire rôtir par le menu, à le faire mordre et mettre à mort par les chiens et les pourceaux (comme nous l'avons non seulement lu, mais vu de fraîche date [...]).

Michel de Montaigne, *Essais,* 1580.

Atelier d'analyse

Exploration

1. Assurez-vous de bien comprendre le texte. Pour ce faire :
   a. cherchez la définition des mots qui vous sont moins familiers, comme « épieux », « agréments », « lopins », etc. Interrogez-vous également sur les mots dont la définition peut éclairer la signification du texte, comme « cannibales », « traits », etc. ;
   b. dressez le plan de l'extrait puis faites un court résumé de celui-ci.
2. Dressez la liste des actions « barbares » commises par les Sauvages. Quel effet Montaigne veut-il provoquer en insistant sur ces gestes cruels ?
3. Quels termes Montaigne utilise-t-il pour relativiser ou justifier la cruauté des Sauvages ?
4. En quoi l'exemple des Portugais contribue-t-il à son argumentation ?
5. Quelle phrase résume le mieux la critique de Montaigne à l'endroit des Européens ?

Les Indiens dépeints comme des cannibales, illustration de la première édition latine (Rome, E. Argenteus) des lettres de Christophe Colomb sur la découverte des Amériques, 1493.

6. Distinguez les arguments qui cherchent à émouvoir le lecteur de ceux qui s'adressent à sa raison.
7. Ce texte présente-t-il les caractéristiques de l'essai ? (voir p. 80)

Rédaction

8. En utilisant un plan comparatif, analysez la représentation des cannibales et celle des Européens tout en dégageant le but visé par Montaigne.
9. Est-il vrai que Montaigne croit à la supériorité culturelle des Européens ?

Joachim Du Bellay (1522-1560)

Le choix du français

Éduqué dans le culte de la culture gréco-latine, Joachim Du Bellay se fait d'abord connaître en prenant la défense de la langue française. Manifeste poétique de toute sa génération, *Défense et Illustration de la langue française* propose de s'inspirer des écrivains de l'Antiquité, mais d'écrire les textes non en latin, comme plusieurs humanistes le souhaitaient, mais directement en français. Le but est donc de s'appuyer sur une culture reconnue pour donner à la langue nationale son prestige.

Dans l'extrait ci-contre, Du Bellay refuse de sombrer dans une admiration béate pour les langues anciennes ou dans un pessimisme facile quant à l'avenir de cette langue nouvelle qu'est le français.

Pourquoi la langue française n'est pas si riche que la grecque et latine

Ainsi puis-je dire de notre langue, qui commence encore à fleurir sans fructifier, ou plutôt, comme une plante et vergette, n'a point encore fleuri, tant se faut qu'elle ait apporté tout le fruit qu'elle pourrait bien produire. Cela, certainement, non pour le défaut de la nature d'elle, aussi apte à engendrer que les autres : mais pour la coulpe de ceux qui l'ont eue en garde, et ne l'ont cultivée à suffisance, ainsi comme une plante sauvage, en celui même désert où elle avait commencé à naître, sans jamais l'arroser, la tailler, ni défendre des ronces et épines qui lui faisaient ombre, l'ont laissée envieillir et quasi mourir. Que si les anciens Romains eussent été aussi négligents à la culture de leur langue, quand premièrement elle commença à pulluler, pour certain en si peu de temps elle ne fût devenue si grande. Mais eux, en guise de bons agriculteurs, l'ont premièrement transmuée d'un lieu sauvage en un domestique : puis afin que plus tôt et mieux elle pût fructifier, coupant à l'entour les inutiles rameaux, l'ont pour échange d'iceux restaurée de rameaux francs et domestiques, magistralement tirés de la langue grecque, lesquels soudainement se sont si bien entés et faits semblables à leur tronc que désormais n'apparaissent plus adoptifs, mais naturels. De là sont nées en la langue latine ces fleurs et ces fruits colorés de cette grande éloquence, avec ces nombres et cette liaison si artificielle, toutes lesquelles choses, non tant de sa propre nature que par artifice, toute langue a coutume de produire. Donc si les Grecs et Romains, plus diligents à la culture de leurs langues que nous à celle de la nôtre, n'ont pu trouver en icelles, sinon avec grand labeur et industrie, ni grâce, ni nombre, ni finalement aucune éloquence, nous devons nous émerveiller si notre vulgaire n'est si riche comme il pourra bien être, et de là prendre occasion de le mépriser comme chose vile et de petit prix ? Le temps viendra (peut-être), et je l'espère moyennant la bonne destinée française, que ce noble et puissant royaume obtiendra à son tour les rênes de la monarchie, et que notre langue (si avec François n'est du tout ensevelie la langue française) qui commence encore à jeter ses racines, sortira de terre, et s'élèvera en telle hauteur et grosseur qu'elle se pourra égaler aux mêmes Grecs et Romains, produisant comme eux des Homères, Démosthènes, Virgiles et Cicérons, aussi bien que la France a quelquefois produit des Périclès, Nicias, Alcibiades, Thémistocles, Césars et Scipions.

Joachim Du Bellay, *Défense et Illustration de la langue française,* 1549.

Atelier d'analyse

Exploration

1. D'après Du Bellay, quelles sont les raisons qui ont permis aux Romains et aux Grecs de faire fructifier leur langue ?

2. Que manque-t-il au français pour être l'égal du grec et du latin ? Quelles sont les causes de cette lacune ? Que propose Du Bellay pour améliorer la langue française ?

3. Ce passage s'appuie sur une métaphore filée (une métaphore qui a plusieurs prolongements dans le texte). Quelle est-elle ? Étudiez son développement dans le texte.

4. Ce texte semble critiquer « ceux qui l'ont eue en garde », parlant ici de la langue française. En quoi les reproches qu'on leur adresse peuvent-ils être perçus comme une critique du Moyen Âge ?

Rédaction

5. Montrez que cet essai s'inscrit dans une littérature militante.

Préface à une lectrice

Étant le temps venu, Mademoiselle, que les sévères lois des hommes n'empêchent plus les femmes de s'appliquer aux sciences et disciplines, il me semble que celles qui ont la commodité doivent employer cette honnête liberté, que notre sexe a autrefois tant désirée, à icelles apprendre, et montrer aux hommes le tort qu'ils nous faisaient en nous privant du bien et de l'honneur qui nous en pouvait venir ; et si quelqu'une parvient en tel degré que de pouvoir mettre ses conceptions par écrit, le faire soigneusement et non dédaigner la gloire, et s'en parer plutôt que de chaînes, anneaux et somptueux habits, lesquels ne pouvons vraiment estimer nôtres que par usage. Mais l'honneur que la science nous procurera sera entièrement nôtre, et ne nous pourra être ôté, ne par finesse de larron, ne force d'ennemis, ne longueur du temps. Si j'eusse été tant favorisée des Cieux, que d'avoir de l'esprit grand assez pour comprendre ce dont il a eu envie, je servirais en cet endroit plus d'exemple que d'admonition. Mais, ayant passé partie de ma jeunesse à l'exercice de la Musique, et, ce qui m'a resté de temps, l'ayant trouvé court pour la rudesse de mon entendement, et ne pouvant de moi-même satisfaire au bon vouloir que je porte à notre sexe, de le voir non en beauté seulement, mais en science et vertu passer ou égaler les hommes, je ne puis faire autre chose que prier les vertueuses Dames d'élever un peu leurs esprits par-dessus leurs quenouilles et fuseaux, et s'employer à faire entendre au monde que, si ne nous sommes faites pour commander, si ne devons-nous être dédaignées pour compagnes, tant ès affaires domestiques que publiques, de ceux qui gouvernent et se font obéir. Et, outre la réputation que notre sexe en recevra, nous aurons valu au public que les hommes mettront plus de peine et d'étude aux sciences vertueuses, de peur qu'ils n'aient honte de voir précéder celles desquelles ils ont prétendu être toujours supérieurs quasi en tout.

Louise Labé, *Louise Labé Lyonnaise,* 1554.

Atelier d'analyse

Exploration

1. Récrivez en les modernisant les phrases dont le sens vous paraît obscur, puis faites le plan de l'argumentation.
2. Montrez que l'emploi du « je » conjugué à celui du « nous » contribue à donner un ton de manifeste féministe à ce texte.
3. Les hommes sont-ils seuls responsables de la situation inférieure dans laquelle les femmes se trouvent ? Quelle semble être l'opinion de Louise Labé à ce sujet ?
4. Montrez que le texte de Louise Labé exprime un point de vue sur les rapports entre hommes et femmes très différent de ce qui est illustré par l'anecdote racontée par Marguerite de Navarre (voir p. 77-78).

Rédaction

5. Étudiez la thématique féministe de l'extrait.

Louise Labé (1524-1566)

Un humanisme féministe

Fille d'artisans à l'aise, elle reçoit une éducation poussée qui inclut même le maniement des armes. Elle épouse très jeune un artisan cordier plus âgé qu'elle, ce qui lui vaut le surnom de « la Belle Cordière ». Elle se présente comme une représentante originale du pétrarquisme, ce courant qui s'inspire du poète italien Pétrarque en mettant l'accent sur l'idéalisation de l'amour et qui exercera une profonde influence en France, notamment sur la Pléiade. Elle fréquente les intellectuels et les poètes, et semble s'être permis quelques aventures amoureuses avec certains d'entre eux. Qu'elle ait été accusée d'esprit de débauche, notamment par Calvin, réformiste et puritain, ne surprend donc pas puisque, aujourd'hui encore, ses poèmes brûlent d'une passion troublante.

Refusant d'être victime de sa réputation, Louise Labé affirme avec fierté le caractère innovateur et contestataire de son œuvre, comme en témoigne cette préface adressée à une lectrice.

LE THÉÂTRE

Quelles sont ses particularités ?

En France, le théâtre vit à la Renaissance une période de transition. Très populaire aux XVe et XVIe siècles, la tradition du théâtre religieux, qui met en spectacle des épisodes de la vie du Christ, perd progressivement de son intérêt à mesure que décline dans le quotidien l'influence de la religion. Le théâtre profane repose de son côté sur des genres courts comme la sottie et la farce déjà en vogue au Moyen Âge, qui présentent des retournements de situations comiques advenant à des personnages du peuple.

Dès son arrivée en France, la *commedia dell'arte*, d'origine italienne, connaît un grand succès. Sur un canevas s'inspirant des faits et gestes de la vie quotidienne, les comédiens, qui portent un masque, improvisent, en mettant l'accent sur le comique gestuel. Chacun d'eux est identifié à un personnage stéréotypé, dessiné à grands traits, tels le vieux barbon ou le valet de comédie. Chaque personnage satisfait, d'une présentation à l'autre, les attentes d'un public populaire. Il faudra toutefois patienter jusqu'au siècle suivant pour que ce théâtre, trop souvent prisonnier d'un comique corporel aux effets limités, acquière plus de cohérence et de profondeur, notamment grâce au génie de Molière.

Les dramaturges d'allégeance humaniste composent les premières comédies et les premières tragédies, des genres plus réglementés et par nature plus élitistes. Ils prennent comme modèles les auteurs de l'Antiquité grecque et romaine, mais s'inspirent aussi d'auteurs italiens récents comme Boccace et Pétrarque. Les comédies, qui mettent en scène des personnages modestes, issus du peuple ou de la bourgeoisie, sont rédigées en prose alors que la tragédie, déjà considérée comme le genre noble par excellence, est composée en vers. Le héros tragique est d'ailleurs toujours un prince ou un personnage de haut lignage.

En France comme ailleurs, le théâtre s'exerce souvent dans des conditions difficiles. À la cour des princes, ce sont souvent les courtisans eux-mêmes qui se déguisent et qui montent les spectacles, mettant au point à la fois les effets surprises et les intermèdes musicaux. Dans les campagnes, des comédiens ambulants jouent à ciel ouvert, sans décor, devant des publics indisciplinés qui manifestent leur satisfaction ou leur indignation à tout propos. Quand bientôt les troupes se sédentarisent, elles jouent dans des lieux souvent inappropriés et précaires qui ne répondent pas à leurs besoins. Ainsi, parce qu'elle ne peut renouveler la location du terrain, la troupe de Shakespeare démonte le bâtiment qui lui tenait lieu de théâtre pour le relocaliser ailleurs. Avec le temps, toutefois, les comédiens se professionnalisent et de riches mécènes leur offrent leur protection. Les comédiens peuvent alors jouer dans des salles spécialement conçues pour répondre à leurs besoins. Parallèlement, certains auteurs se distinguent et parviendront à franchir le cap de la postérité.

Toutefois, les figures connues du théâtre de la Renaissance sont surtout issues de l'extérieur de la France. En Angleterre, Élisabeth Ire donne son impulsion à l'économie britannique. La reine, qui apprécie les divertissements, accorde sa protection aux troupes théâtrales, notamment à celle dirigée par Shakespeare. Dans ce royaume largement soumis au puritanisme (adhésion à une forme de morale stricte), les pièces sont menacées de censure. Le métier de comédien est reconnu, mais ne peut être exercé que par des hommes. Pour assurer leur subsistance, les troupes cherchent le parrainage d'un riche et puissant gentilhomme, sinon elles en sont réduites à quêter à la fin du spectacle. Dans les théâtres construits à l'époque, l'aire de jeu à ciel ouvert, dépourvue de rideau et pratiquement de décor, se situe au centre. Les pièces sont en outre présentées l'après-midi puisqu'il n'y a pas d'éclairage possible le soir. Les comédiens, qui jouent en costumes de ville, peuvent ainsi capter les réactions des spectateurs de toutes origines sociales qui s'entassent autour de la scène. Les plus pauvres restent debout alors que quelques privilégiés profitent d'un siège prêté pour l'occasion.

Bien que Shakespeare soit considéré comme insurpassable par ses compatriotes, opinion encore largement reconduite aujourd'hui, on sait peu de choses sur sa vie. Probablement acteur, puis directeur de troupe, Shakespeare améliore vraisemblablement ses pièces en intégrant, au fil des représentations, les suggestions de ses partenaires de jeu.

Pour retenir l'attention d'un auditoire composite, souvent distrait ou bruyant, Shakespeare fait alterner les passages burlesques, qui allègent l'atmosphère, avec les moments plus intenses, qui donnent de la gravité à l'intrigue. Pourtant, ce qui captive le spectateur, et ce, presque à son insu, c'est la musicalité de la langue. Shakespeare met à profit l'effet rythmique créé par un vers appelé *iambic pentameter*. Ce type de vers joue sur le déplacement de l'accent tonique, qui n'est pas fixe en anglais (alors qu'il se trouve toujours sur la dernière syllabe prononcée en français). Le dramaturge ne répugne pas non plus à glisser dans la trame de l'histoire des passages en prose. Les rimes sont utilisées de façon parcimonieuse pour marquer la fin d'une scène ou d'un acte, procédé qui supplée en quelque sorte à l'absence de rideau de scène. Shakespeare se donne enfin entière liberté dans le découpage temporel et spatial, très loin des contraintes du théâtre classique français, qui s'astreint à la règle des trois unités.

Ainsi, Shakespeare jette le pont entre l'esprit renaissant et l'imaginaire baroque qui s'impose déjà en Europe. Son influence s'exerce bien au-delà sur le théâtre romantique français du XIXe siècle. Victor Hugo se réclame d'ailleurs de son héritage lorsqu'il crée le drame, un type de pièce qui conjugue le tragique avec le comique, le pitoyable avec le grotesque en s'inspirant du modèle shakespearien.

Défais-toi de ton nom

Scène 2

*Le jardin des Capulet.
Entre Roméo.*

Roméo

Il se moque bien des balafres
5 Celui qui n'a jamais reçu de blessures.

Juliette paraît à une fenêtre.

Mais doucement! Quelle lumière brille à cette fenêtre?
C'est là l'Orient, et Juliette en est le soleil.
Lève-toi, clair soleil, et tue la lune jalouse
10 Qui est déjà malade et pâle, du chagrin
De te voir tellement plus belle, toi sa servante.
Eh bien, ne lui obéis plus, puisqu'elle est jalouse,
Sa robe de vestale a des tons verts et morbides
Et les folles seules la portent : jette-la...
15 Voici ma dame. Oh! elle est mon amour!
Si seulement elle pouvait l'apprendre!
Elle parle... que dit-elle? Peu importe,
Ses yeux sont éloquents, je veux lui répondre...
Non, je suis trop hardi. Ce n'est pas à moi qu'elle parle.
20 Deux des plus belles étoiles de tout le ciel,
Ayant affaire ailleurs, sollicitent ses yeux
De bien vouloir resplendir sur leurs orbes
Jusqu'au moment du retour. Et si ses yeux
Allaient là-haut, si ces astres venaient en elle?
25 Le brillant de ses joues les humilierait
Comme le jour une lampe. Tandis que ses yeux, au ciel
Resplendiraient si clair à travers l'espace éthéré
Que les oiseaux chanteraient, croyant qu'il ne fait plus nuit...
Comme elle appuie sa joue sur sa main! Que ne suis-je
30 Le gant de cette main, pour pouvoir toucher cette joue!

Juliette

Hélas!

Roméo, *bas.*

Elle parle.
35 Oh, parle encore, ange lumineux, car tu es
Aussi resplendissante, au-dessus de moi dans la nuit,
Que l'aile d'un messager du Paradis
Quand il paraît aux yeux blancs de surprise
Des mortels, qui renversent la tête pour mieux le voir
40 Enfourcher les nuages aux paresseuses dérives
Et voguer, sur les eaux calmes du ciel.

Juliette

Ô Roméo, Roméo! Pourquoi es-tu Roméo!
Renie ton père et refuse ton nom,
45 Ou, si tu ne veux pas, fais-moi simplement vœu d'amour
Et je cesserai d'être une Capulet.

Roméo, *bas.*

Écouterais-je encore, ou vais-je parler?

William Shakespeare (1564-1616)

Précurseur du baroque

Shakespeare meurt en 1616. Ses pièces de toutes catégories, de la comédie à la tragédie, lui assurent rapidement la notoriété, car elles se distinguent par des monologues d'une ample intensité dramatique, par une étincelante richesse lexicale (les Britanniques lui sont d'ailleurs redevables d'une part de leur vocabulaire courant) et par un habile mélange de tonalités, procédés littéraires qui font de lui un illustre précurseur du baroque.

Composée en 1595, la pièce *Roméo et Juliette* met en scène l'exaltation de l'amour juvénile dans un contexte encore dominé par un code de l'honneur ancestral. Roméo appartient au clan des Montaigu, rival depuis des temps immémoriaux de la famille Capulet à laquelle appartient Juliette, dont il tombe éperdument amoureux au premier regard. L'extrait suivant se trouve dans la célèbre scène du balcon (Acte II, scène 2) qui permet aux jouvenceaux de s'avouer réciproquement leur amour.

Juliette

50 C'est ce nom seul qui est mon ennemi.
    Tu es toi, tu n'es pas un Montaigu.
    Oh, sois quelque autre nom. Qu'est-ce que Montaigu ?
    Ni la main, ni le pied, ni le bras, ni la face,
    Ni rien d'autre en ton corps et ton être d'homme.
55 Qu'y a-t-il dans un nom ? Ce que l'on appelle une rose
    Avec tout autre nom serait aussi suave
    Et Roméo, dit autrement que Roméo,

Brown Ford Madox, *Roméo et Juliette*, 1867-1870.
Peinte au XIXe siècle, la toile témoigne de la pérennité en Occident du mythe amoureux que Shakespeare a mis en scène dans sa célèbre pièce *Roméo et Juliette*.

Conserverait cette perfection qui m'est chère
Malgré la perte de ces syllabes. Roméo,
60 Défais-toi de ton nom, qui n'est rien de ton être,
Et en échange, oh, prends-moi tout entière !

       Roméo

Je veux te prendre au mot.
Nomme-moi seulement « amour », et que ce soit
65 Comme un autre baptême ! Jamais plus je ne serai Roméo.

       Juliette

Qui es-tu qui, dans l'ombre de la nuit,
Trébuche ainsi sur mes pensées secrètes ?

       Roméo

70 Par aucun nom
Je ne saurai te dire qui je suis,
Puisque je hais le mien, ô chère sainte,
D'être ton ennemi. Je le déchirerais
Si je l'avais par écrit.

75   Juliette

Mes oreilles n'ont pas goûté de ta bouche
Cent mots encore, et pourtant j'en connais le son.
N'es-tu pas Roméo, et un Montaigu ?

       Roméo

80 Ni l'un ni l'autre, ô belle fille,
Si l'un et l'autre te déplaisent.

William Shakespeare, *Roméo et Juliette,* 1595.

Atelier d'analyse

Exploration

1. Analysez le monologue de Roméo en répondant aux questions suivantes.
   a. Montrez le caractère cosmique du réseau des images.
   b. Relevez les allusions à la lumière et montrez que se tisse, tout au long du texte, un contraste entre le jour et la nuit.
   c. Relevez les mots qui traduisent une forme de menace.
   d. Expliquez comment la syntaxe et la ponctuation témoignent du trouble émotif de Roméo.

2. En examinant les répliques de Juliette, expliquez pourquoi la jeune fille voudrait qu'elle et Roméo renoncent à leur nom de famille.

3. « Défais-toi de ton nom, qui n'est rien de ton être. » Que pensez-vous de cette affirmation ? Que montre la suite de la pièce, que Juliette a tort ou qu'elle a raison ?

4. En quoi le texte traduit-il d'une certaine façon la psychologie de l'adolescence ?

5. Pour faire avancer l'action, un dramaturge doit avoir recours à des conventions théâtrales (par exemple, les comédiens échangent entre eux, mais doivent toujours tenir compte du spectateur à l'écoute). Peut-on dire que cette célèbre scène du balcon illustre cet aspect, qu'elle est partiellement invraisemblable ? Expliquez votre point de vue.

Rédaction

6. Dans cette scène, montrez que l'amour est représenté comme un sentiment qui bouleverse l'ordre du monde.

Jean-Baptiste Tuby, *Le bassin d'Apollon* (Versailles), 1668-1671.

CHAPITRE 3
Le baroque et le classicisme
Opposition et complémentarité

PRÉSENTATION DE L'ÉPOQUE	93
LE COURANT BAROQUE	99
LE COURANT CLASSIQUE	102
LA POÉSIE	105
François de Malherbe	
Louange à la reine	106
Marc-Antoine Girard, sieur de Saint-Amant	
Le contemplateur	108
Nicolas Boileau	
L'art poétique	110
Jean de La Fontaine	
Les animaux malades de la peste	112
LE THÉÂTRE	115
Pierre Corneille	
L'illusion comique	118
Le Cid	120
Horace	122
Jean Racine	
Andromaque	125
Phèdre	127
Molière	
Dom Juan	131
Le misanthrope	134
Le malade imaginaire	136
LA PROSE	139
Blaise Pascal	
Pensées	140
François, duc de La Rochefoucauld	
Les maximes	141
Marie-Madeleine Pioche de La Vergne, comtesse de La Fayette	
La princesse de Clèves	142
Jean de La Bruyère	
Les caractères	144
Charles Perrault	
Le petit chaperon rouge	145

Repères chronologiques

	Événements politiques	Art, littérature et sciences
1598	Édit de Nantes	
1598-1610	Période de prospérité économique. Politique d'expansion commerciale	
1600		Shakespeare, *Hamlet*
1601		Caravage, *La mort de la Vierge*
1605		Malherbe, *Odes*
1605-1615		Cervantès, *Don Quichotte*
1608	Champlain fonde Québec	
1609		Rubens, *Adoration des mages*
1610	Assassinat d'Henri IV	
1610-1617	Régence de Marie de Médicis	
1617-1643	Règne de Louis XIII, le Juste	
1618-1648	Guerre de Trente Ans	
1624-1642	Ministère de Richelieu	
1630		Poussin, *L'inspiration du poète*
1635	Fondation de l'Académie française	
1636		Corneille, *Le Cid* Corneille, *L'illusion comique*
1637		Descartes, *Discours de la méthode* Rubens, *Les horreurs de la guerre*
1640		Corneille, *Horace*
1642	Fondation de Montréal	Début du classicisme chez les peintres français : Le Brun, Poussin et de Lorrain
1643-1661	Mort de Louis XIII ; régence d'Anne d'Autriche	
1648		La Tour, *Le nouveau-né*
1648-1652	La Fronde : révolte des nobles contre l'autorité de Mazarin et d'Anne d'Autriche	
1660-1662		Pascal, *Pensées*
1661-1715	Règne de Louis XIV, Roi-Soleil Construction du château de Versailles	
1662-1682	Ministère de Colbert	Saint-Amant, *Œuvres poétiques*
1664		Interdiction du *Tartuffe* de Molière
1665		La Rochefoucauld, *Les maximes* Molière, *Dom Juan*
1666	Fondation de l'Académie des sciences	Molière, *Le misanthrope*
1667		Racine, *Andromaque*
1668		La Fontaine, *Fables*
1672-1677		Mme de La Fayette, *La princesse de Clèves*
1673		Molière, *Le malade imaginaire*
1674		Boileau, *L'art poétique*
1677		Racine, *Phèdre*
1682	Installation de la cour à Versailles	
1684		Leibniz développe le calcul différentiel
1685	Révocation de l'édit de Nantes Reprise de la guerre contre les protestants	
1687		Formulation de la théorie de l'attraction universelle par Newton
1688		La Bruyère, *Les caractères*
1690		Locke, *Essai sur l'entendement humain*
1694		*Dictionnaire de l'Académie française*
1697		Perrault, *Contes de ma mère l'Oye*
1701-1713	Guerre de succession d'Espagne	
1715	Mort de Louis XIV	

PRÉSENTATION DE L'ÉPOQUE

LE GRAND SIÈCLE : Quels événements l'encadrent ? Qui règne sur la France au XVIIe siècle ?

Il est habituel de présenter le XVIIe siècle comme étant celui de Louis XIV. Deux règnes entrecoupés de gouvernements dirigés par des régentes précèdent en fait l'accession de Louis XIV au trône. Celui qui se surnomme lui-même le Roi-Soleil éclaire de sa gloire uniquement la seconde moitié du siècle tout en menant à son accomplissement l'absolutisme royal de droit divin. La civilisation française atteint alors son apogée, et tous les regards se tournent vers le somptueux château de Versailles, où loge le roi entouré de sa cour.

Le règne d'Henri IV et la régence de Marie de Médicis, de 1610 à 1617

C'est l'assassinat de l'aïeul Henri IV, tué par un fanatique religieux en 1610, qui marque le début de ce qu'il est convenu d'appeler le Grand Siècle. Très aimé de son peuple, ce converti du protestantisme au catholicisme fait passer les intérêts de son royaume avant la défense de l'une ou l'autre de ces religions. En 1598, il signe l'édit de Nantes, qui reconnaît à ses sujets la liberté d'adhérer au culte de leur choix, ce qui met temporairement fin aux tensions religieuses. Tout au long du siècle, elles vont resurgir épisodiquement et engendrer des troubles à l'intérieur du royaume et la guerre à ses frontières. C'est également sous le règne d'Henri IV que Champlain fonde Québec en 1608, date marquant le début de la colonisation en Nouvelle-France.

En 1610, Marie de Médicis, la veuve d'Henri IV, assure la *régence* en attendant que Louis XIII atteigne la maturité, ce qui sera fait en 1617. Femme à l'ambition dévorante, elle ne recule devant rien, pas même la conspiration contre son propre fils, pour conserver le pouvoir.

Le règne de Louis XIII, de 1617 à 1643

Afin que cesse l'agitation politique, le roi Louis XIII prend à son service un homme d'une grande intelligence qui supplée à ses faiblesses, le cardinal de *Richelieu* à la poigne ferme et aux larges vues. Celui-ci met en place une politique de centralisation du pouvoir et crée des institutions comme les académies d'art, de littérature et de science qui lui permettent d'exercer le contrôle sur la vie intellectuelle. Il met sur pied un *mécénat* d'État, c'est-à-dire qu'il subventionne les artistes pour leur talent, mais aussi pour leur soumission aux règles mises en place par le régime. Rien dans cette mesure n'encourage donc l'indépendance d'esprit ou l'originalité trop voyante.

Henri Testelin, *Louis XIV protecteur de l'Académie royale de peinture et de sculpture*, 1668.
Louis XIV souhaitait que les arts et la littérature servent sa gloire, aussi les a-t-il soumis à un ensemble de règles formulées par les académies récemment créées.

Porté par sa volonté d'unifier le territoire français, le ministre plénipotentiaire (doté de tous les pouvoirs pour administrer l'État) va se heurter aux politiques expansionnistes des Habsbourg, descendants de Charles Quint, qui règnent à l'ouest sur l'Espagne et à l'est sur l'Autriche. Le fanatisme religieux, qui répugne au compromis, fait en sorte que les guerres très coûteuses se prolongent indûment et qu'elles finissent à la longue par vider les coffres de l'État. Richelieu augmente les impôts tout en cherchant à rendre plus efficace leur mode de perception.

Régence : période de transition durant laquelle le pouvoir est exercé généralement par un membre de la famille royale en attendant que le dauphin (le fils aîné) atteigne sa maturité (fixée à 13 ans) ou soit en mesure de gouverner le royaume.

Richelieu (Armand Jean Du Plessis, cardinal et duc de, 1585-1642) : ministre plénipotentiaire de Louis XIII, il établit une politique de l'absolutisme royal marquée par la création d'académies qui réglementent la vie artistique.

Mécénat : soutien par l'octroi de pensions aux artistes qui doivent en retour flatter la gloire de leur donateur, généralement un Grand du royaume ou le roi lui-même s'il s'agit d'une politique instaurée par l'État.

La régence d'Anne d'Autriche, de 1643 à 1661

Lorsque Louis XIII s'éteint, en 1643, c'est un royaume exsangue qu'il lègue à son très jeune fils Louis XIV, né tardivement de son union avec Anne d'Autriche. Celle-ci doit assurer la régence jusqu'à ce que le jeune prince atteigne la maturité. Pour qu'il aide à diriger la France durant cette période de transition, la reine-mère nomme au poste de premier ministre Jules **Mazarin**, qui se distingue par ses qualités de diplomate. Ce fin stratège adopte des mesures impopulaires pour redresser la situation catastrophique du royaume, parmi lesquelles celle d'envoyer en région des commissaires qui surveillent la collecte des impôts. La guerre avec l'Espagne, qui s'éternise, ne permet pas de remettre à flot les finances publiques.

Plusieurs facteurs d'insatisfaction concourent ainsi à alimenter la grogne générale et à favoriser l'organisation de la **Fronde**. Large mouvement de révolte qui unit toutes les classes sociales, la Fronde s'éteint, par manque de direction ferme et de cohésion. En 1652, la famille royale, qui avait fui à l'extérieur de Paris, regagne la capitale.

Le règne personnel de Louis XIV, de 1661 à 1715

Lorsque meurt le cardinal Mazarin en 1661, le royaume est pacifié. Louis XIV assume la responsabilité de gouverner par lui-même. Les orientations politiques du royaume, les décisions finales lui reviennent. Il est aidé dans la gouvernance du royaume par **Colbert**. Il inaugure un long règne de droit divin qui va se terminer avec sa mort, en 1715.

LA MONARCHIE ABSOLUE DE DROIT DIVIN : Quelles sont ses caractéristiques ?

Dans une monarchie absolue de droit divin, le monarque est au-dessus des lois et n'a de compte à rendre à personne si ce n'est à son Créateur, de qui il reconnaît tenir son pouvoir. Le régime est héréditaire et Louis XIV accède au trône une fois son père décédé ; ils sont tous deux de la lignée des Bourbon, une branche de la dynastie des Capétiens en place depuis le Xe siècle. En France, où on applique la loi salique, seuls les hommes peuvent accéder au trône. Les citoyens doivent entière obéissance au souverain et n'exercent pas de droit de vote. Aucune révolte n'est tolérée. Devant la justice, le tort est généralement attribué au plus faible.

Pour éviter les complots souvent ourdis par la noblesse, Louis XIV invite les Grands du royaume à venir le rejoindre à Versailles. Sans remettre en question leurs privilèges ou leur prestige, il les soumet aux petites exigences d'un protocole très pointilleux tout en les privant d'influence politique. Le souverain choisit en effet ses collaborateurs dans la bourgeoisie. Les ministres peuvent être révoqués de leur fonction en tout temps, aussi ont-ils intérêt à bien servir leur maître. Parmi ceux-ci, Colbert se démarque rapidement pour devenir l'homme fort du régime. Il assainit les finances (du moins temporairement) ; il augmente la production de biens manufacturés et ouvre des voies de navigation pour mieux servir le commerce.

En se donnant le surnom de Roi-Soleil, Louis XIV impose le culte de sa personnalité, autre élément qui paralyse l'esprit critique et la revendication sociale. Ce culte implique comme corollaire qu'on ne saurait mieux travailler à sa renommée personnelle qu'en servant d'abord celle du roi. Toutefois, cette politique, toute orientée vers le faste et la gloire, a ses revers. Les dépenses occasionnées par les guerres et les frais de la cour grugent inexorablement les ressources financières et nuisent à l'essor économique du royaume. Sur son lit de mort, Louis XIV reconnaîtra lui-même son échec à améliorer les conditions de vie de son peuple, ce qui entraînera comme conséquence à long terme une fragilisation du pouvoir royal, puis sa totale remise en question.

LE CONTEXTE SOCIAL : Comment s'organise la société sous l'Ancien Régime ?

Déjà sur son déclin à la Renaissance, le féodalisme sert encore de référence pour comprendre le fonctionnement de la société française, divisée en trois groupes qui se complètent par leur fonction. Au clergé revient le rôle de prier pour préserver les hommes de la fureur de Dieu. La noblesse assure la protection du royaume par les armes. Le tiers état, formé de 95 % de la population, travaille pour nourrir les deux premiers groupes.

Cette description met l'accent sur la complémentarité des groupes sociaux, mais occulte le caractère hiérarchique de l'Ancien Régime (celui d'avant la Révolution française de 1789 qui ouvre la voie à la **République**). Dans l'Ancien Régime, l'aristocratie domine tout en haut de l'édifice et jouit de nombreux privilèges attachés à la naissance ; c'est elle qui fournit ses hauts dignitaires au clergé. Cette description ne tient pas compte non plus de la progression de la bourgeoisie, cette frange du peuple qui ambitionne de se substituer à la noblesse.

Mazarin, Jules, cardinal (1602-1661) : né en Italie, ministre de la régente Anne d'Autriche (qu'il a probablement épousée secrètement), puis ministre de Louis XIV, il réussit à vaincre la Fronde.

Fronde : nom que l'on donne à l'épisode de rébellion dirigée par les seigneurs du royaume pour lutter contre l'absolutisme royal.

Colbert, Jean-Baptiste (1619-1683) : homme politique qui améliore la gestion du royaume sous Louis XIV tout en favorisant l'implantation de manufactures en France.

République : régime démocratique qui sera pour la première fois instauré lors de la Révolution française, soit de 1792 à 1804.

La noblesse

La noblesse, qu'on peut définir comme la caste des seigneurs, se distingue par ses titres (prince, duc, comte, marquis, baron, etc.) et par ses nombreux privilèges hérités à la naissance, comme ceux de ne pas payer d'impôt et de se réserver l'accès à la prestigieuse carrière militaire. La guerre permet aux gentilshommes de prouver leur vaillance et de gagner des faveurs royales. De même, la gloire d'un roi repose sur la quantité de ses conquêtes militaires, tout comme la puissance de son royaume se mesure à l'étendue de son territoire.

Depuis l'épisode de la Fronde, le roi craint la tendance des nobles à fomenter des rébellions qui sèment le trouble dans le royaume. Aussi les invite-t-il à son somptueux château de Versailles pour les soumettre à l'état inoffensif de courtisans. Les nobles rivalisent d'habileté pour plaire au souverain, attirer son regard, figurer à l'un des nombreux divertissements organisés en son honneur. Leur liberté de mœurs et leurs dépenses infructueuses ne sont pas sans alimenter un mécontentement populaire qui s'accroît en fin de règne pour souvent tourner en émeutes promptement réprimées.

Le clergé

C'est aussi au sein de cette caste parasitaire que sont recrutés les membres du haut clergé sans que ne soient nécessairement prises en compte la probité morale des candidats ou l'intensité de leur foi. Il n'est pas rare de voir un cardinal cumuler des fonctions ecclésiastiques et politiques tout en vivant dans le luxe, voire la luxure. Ces usages expliquent la perception négative entretenue à leur sujet par le peuple, qui se trouve privé de représentants pour véhiculer ses revendications. Les curés de petites paroisses, souvent peu éduqués, partagent le sort de la plèbe.

Le tiers état (le peuple)

Habitant en grande majorité la campagne et vivant d'agriculture, les paysans dépendent du climat pour leur subsistance et se trouvent réduits à la mendicité lorsque la récolte est insuffisante. Peu scolarisés, ils ne lisent pas, se révoltent de temps à autre, pour protester contre l'impôt qui augmente de façon effarante au cours du siècle. Leur espérance de vie est réduite et la mortalité infantile continue d'être très importante, puisque le quart des nourrissons meurent quelques mois après leur naissance. La peste, extrêmement contagieuse, fait encore des ravages, de même que la grippe, qui peut entraîner des conséquences sérieuses faute de médicaments adéquats pour la soigner. En ville, les tâches manuelles reviennent aussi à la plèbe citadine. Certains gagnent leur vie comme petits marchands ambulants, d'autres cherchent des emplois à la journée, sans aucune forme de protection sociale.

La bourgeoisie

Le clivage s'accentue pourtant au sein du tiers état puisque des individus s'élèvent au-dessus de la masse, notamment

Louis Le Nain, *Le repas des paysans* (détail), 1642.
L'œuvre de Louis Le Nain touche par son côté humain plutôt que pittoresque. Le peintre immortalise ici avec une grande sensibilité la sévérité et la tristesse des regards de ces hommes conscients de leur condition.

par les profits qu'ils tirent du commerce. Il s'agit des bourgeois, nommés ainsi parce que leurs activités s'exercent principalement dans les bourgs, c'est-à-dire les villes. Le contexte leur est favorable : Colbert les incite à mettre sur pied des entreprises. Il favorise en outre les échanges avec les autres pays d'Europe et même avec la Nouvelle-France par son soutien à la marine marchande. Progressivement, les bourgeois s'enrichissent et développent l'appétit du pouvoir. Ainsi, par leurs multiples talents et leur dynamisme, les grands ministres de Louis XIV, d'origine bourgeoise, assurent la stabilité de la monarchie absolue.

LA HIÉRARCHISATION DE LA SOCIÉTÉ : Quelles autres sphères sont touchées ?

À l'image de la société fortement hiérarchisée, les familles sont, elles aussi, fondées sur l'inégalité. Le père exerce l'autorité, contrôle le budget familial et décide de l'avenir de sa progéniture. Comme l'éducation féminine n'est en aucun cas une priorité, les femmes ne sont pas préparées à exercer une activité qui puisse leur assurer un revenu. Elles sont d'abord considérées comme monnaie d'échange dans des alliances matrimoniales susceptibles de profiter au clan. Elles doivent arriver vierges au mariage sous peine de répudiation, aussi leur attache-t-on souvent un chaperon pour surveiller leurs allées et venues afin qu'elles ne commettent en aucun cas une faute susceptible d'entacher l'honneur familial. Comme l'illustre le théâtre de Molière, elles doivent jouer d'astuce pour échapper au mari qu'on veut leur imposer ou pour ne pas finir au couvent si par malheur elles ne trouvent aucun prétendant.

Ces contraintes laissent de faibles possibilités d'épanouissement personnel ou d'accomplissement intellectuel. Dans cette France régie par la loi salique, seules les régentes sont appelées à exercer un pouvoir temporaire. Les épouses et maîtresses du roi tirent quelquefois en coulisse leur épingle du jeu. Certaines femmes passent malgré tout à la postérité grâce à leur talent littéraire, comme c'est le cas de Madame de La Fayette, auteure de *La princesse de Clèves*, alors que d'autres impressionnent par leur intense vie spirituelle, comme le font les moniales de l'abbaye de Port-Royal, foyer du jansénisme.

Enfin, la littérature elle-même n'échappe pas à cet ordonnancement. Les tragédies qui présentent des personnages de haut rang sont plus valorisées que les comédies mettant en scène la bourgeoisie. Les farces, qui s'adressent au peuple tout en le caricaturant, appartiennent au genre le moins considéré.

LA RELIGION : Comment s'inscrit-elle dans les valeurs de l'époque ?

Omniprésente à l'époque, la religion donne son caractère sacré à l'absolutisme royal. Louis XIV prétend détenir son pouvoir de Dieu et, à ce titre, il revendique des responsabilités pontificales comme celle de nommer lui-même les évêques à la tête des diocèses. Ces prétentions alimentent les tensions entre Rome et Versailles. Souvent contraint à tempérer son gallicanisme pour ne pas se mettre à dos le pape, Louis XIV acceptera en fin de règne de se plier à quelques arrangements qui aplaniront cet antagonisme.

En monarque convaincu de ses prérogatives, Louis XIV veut imposer à ses sujets la religion qu'il pratique, le catholicisme. Peu enclin à l'ascétisme et allergique à toute forme d'extrémisme, il combat le jansénisme, mouvement proche de la doctrine calviniste. Il fera même raser le principal foyer du jansénisme, l'abbaye de Port-Royal, coupable à ses yeux de s'écarter du dogme catholique.

En 1685, par la révocation de l'édit de Nantes, Louis XIV impose l'unité religieuse au royaume et les protestants font de nouveau l'objet de persécutions. Plusieurs d'entre eux choisissent l'exil en Hollande et il s'en trouvera même quelques-uns pour fuir en Nouvelle-France. Le roi supporte plus facilement les dévots, qui se plient de façon stricte aux principes religieux, et se rangera même parmi eux quand la vieillesse le rendra plus sensible à l'urgence de sa propre rédemption. Quant aux libertins, adeptes d'une plus grande latitude morale et philosophique, ils demeurent relativement discrets pour ne pas se mettre à dos l'entourage du roi, où se retrouvent de fervents catholiques toujours prêts à blâmer la moindre impiété.

Par ailleurs, la revendication n'est pas uniquement du domaine religieux. Insidieusement, d'autres phénomènes lézardent en quelque sorte le monopole culturel exercé par la cour. Des salons, animés par des grandes dames comme la marquise de Rambouillet (1588-1655) ou Mlle de Scudéry (1607-1701), deviennent des lieux d'échanges culturels stimulants. Ils contribuent à propager la préciosité, un mouvement qui adopte le point de vue féminin pour examiner la dynamique amoureuse. Les précieuses exercent une influence non négligeable sur le raffinement des mœurs, qui entraîne, en littérature, l'élégance dans l'expression des sentiments et le goût de l'analyse psychologique. Ces féministes avant le terme souhaitent régler le mode de vie sur un code des bonnes manières et tenir l'amour éloigné des banalités du quotidien et même de la sexualité, asservie à leurs yeux à des fins utilitaires.

Finalement, on constate que la société française du XVIIe siècle associe le rituel catholique aux moments les plus importants de la naissance à la mort. En marge persistent quelques recours à la magie ou aux superstitions, surtout en milieu populaire. Cependant, en général, l'idée d'une vie après la mort (le salut éternel) détermine en grande partie la vision que l'être humain se fait de son passage sur terre.

LA SCIENCE : Comment fait-elle évoluer le savoir au XVIIe siècle ?

Au point de vue scientifique, la France se trouve à la croisée des chemins. La science fait des avancées importantes, mais les connaissances fondées sur les textes anciens et sur les croyances populaires retardent ses applications concrètes.

René Descartes (1596-1650) rompt avec la scolastique, qui fonde son savoir sur la philosophie antique et sur la Bible. Il donne son impulsion à la méthodologie scientifique en énonçant que la quête de vérité doit se faire à partir de la raison, faculté pensante, et s'appuyer sur des faits observables. L'invention d'instruments comme le microscope va bientôt permettre d'observer les globules rouges, les bactéries et les spermatozoïdes, et d'améliorer la connaissance du corps humain. La pratique de la dissection des cadavres se répand, permettant ainsi des interventions chirurgicales mieux ciblées.

En 1628, William Harvey (1578-1657) est déjà en mesure de décrire la circulation du sang dans les artères, mais cette théorie ne sera enseignée en France qu'à partir de 1672. Elle suscitera une vive polémique à laquelle Molière fait écho dans *Le malade imaginaire*. On connaît aussi les éléments de base de la fécondation à partir de 1677. Louise

---

Jansénisme : doctrine rigoriste, fondée sur l'idée de prédestination qui veut que Dieu octroie le salut éternel selon son bon désir sans que l'être humain puisse se racheter par ses bonnes actions.

Gallicanisme : en France, politique d'affirmation de l'autorité royale sur l'administration ecclésiastique (qui équivaut à contester la suprématie du pape en la matière).

Doctrine calviniste : forme de protestantisme proche notamment du jansénisme par sa croyance à la prédestination, inspirée de Jean Calvin, théologien réformiste français du XVIe siècle.

Bourgeois (1564-1644) codifie les fondements de l'enseignement obstétrique à l'usage des sages-femmes. À la fin du siècle, on fonde des académies et des journaux qui servent de premiers outils de vulgarisation scientifique. Grâce à eux, les descriptions des maladies se précisent, rendant possibles de meilleurs diagnostics.

Les hôpitaux, peu nombreux, sont dédiés à l'accueil des déshérités. Ces institutions de charité ne sont pas conçues spécifiquement pour recevoir des patients ou pratiquer des soins, et encore moins pour favoriser l'enseignement de la médecine. En fait, la pratique médicale n'est pour l'heure aucunement réglementée. Dans les campagnes, il est fréquent de consulter le barbier qui, s'il n'a pas la compétence, possède du moins l'outil, le ciseau ou le rasoir, pour couper dans la chair vive. Plusieurs charlatans s'improvisent médecins et c'est souvent l'appât du gain qui décide de leur vocation. Cependant, la médication chimique commence à fournir des preuves de son efficacité, notamment la quinine et l'antimoine qui permettent de lutter contre certaines maladies spécifiques, comme le paludisme. L'opium est déjà prescrit pour apaiser les douleurs.

Quelle que soit l'étendue de leur compétence, les médecins sont très peu nombreux en France au XVIIe siècle : à peine 200 pour tout le territoire. Dans ces conditions, on comprendra pourquoi les enfants sont si nombreux à trépasser en bas âge. La famille royale n'échappe pas à ce destin, alors que les dauphins meurent un à un. L'espérance de vie est d'ailleurs très faible : à peine 25 ans avant 1740. Louis XIV, qui vit jusqu'à l'âge vénérable de 77 ans, apparaît donc comme une exception notable pour l'époque.

À l'extérieur de la France, de grands philosophes comme Spinoza (1632-1677) et Leibniz (1646-1716) s'appuient sur les mathématiques pour développer des points de vue très critiques envers la religion. Galilée (1564-1642) porte un coup fatal au géocentrisme, théorie plaçant la Terre au centre de l'Univers à laquelle s'accroche l'Église, contre toute évidence. Isaac Newton (1642-1727) doit sa notoriété plus particulièrement à ses lois sur la gravitation universelle. John Locke (1632-1704) annonce le siècle des Lumières en faisant la promotion de l'empirisme en science (l'expérimentation précède les conclusions) et du libéralisme en politique, système censé limiter l'étendue des interventions de l'État pour laisser à l'individu le contrôle de sa vie et de ses valeurs.

LA FRANCE EN EUROPE : Comment en mesurer la puissance ?

Dans la seconde moitié du siècle, la France affirme sa position en Europe. Elle bénéficie de l'affaiblissement de ses voisins immédiats tout en tirant profit des ressources de son large territoire et de ses 20 millions d'habitants, qui en font le deuxième pays le plus peuplé d'Europe après la Russie.

L'Espagne est sur son déclin, car la colonisation de l'Amérique du Sud nuit à sa prospérité : l'importation massive de métaux et de céréales freine la production locale. La Grande-Bretagne se sort tout juste d'une grave crise politique. Les Provinces-Unies (Hollande, Belgique, Luxembourg) appuient leur richesse sur le commerce maritime, mais la petitesse du territoire et de la population limite les possibilités de développement, de sorte qu'elles ne peuvent à long terme soutenir la concurrence avec la France. Toutefois, au moment du décès de Louis XIV en 1715, la France sera de nouveau acculée à la ruine, le roi n'ayant jamais su résister à la tentation d'envoyer ses armées à la guerre, insouciant de son peuple qui croule sous le fardeau des impôts.

L'importance de la France se mesure aussi à l'admiration que suscitent ses réussites, en particulier le château de Versailles. Son ample architecture se déploie dans l'harmonie, sa décoration est tout à la fois raffinée et somptueuse et ses jardins sont savamment dessinés. Le classicisme impose aussi ses chefs-d'œuvre ailleurs en Europe, contribuant à faire du français la langue de prestige souvent adoptée par les élites.

L'AVENTURE COLONIALE : Comment s'inscrit-elle dans une politique de grandeur ?

À l'instar des autres grandes puissances européennes, la France poursuit, au XVIIe siècle, une politique d'expansion territoriale et commerciale. Elle établit une colonie en territoire nord-américain, d'abord à Québec en 1608, puis à Ville-Marie (Montréal) en 1642. Dans la logique des idéaux religieux de l'époque, un défi s'ajoute au contact des populations autochtones, celui de les évangéliser. Une élite religieuse et civile met sur pied un réseau d'institutions qui pourvoit aux besoins des habitants et contribue à l'implantation des valeurs culturelles et idéologiques de la mère patrie. Plusieurs communautés religieuses, parmi lesquelles les Jésuites, les Récollets, les Sulpiciens, les Ursulines et les Hospitalières, participent à l'effort de colonisation. Progressivement, une nation émerge au confluent de deux cultures : les premiers colons venus d'Europe apportent leur savoir-faire, leur foi, leur langue ; les Indiens d'Amérique fournissent l'exemple de leur acclimatation à ce pays.

Louis XIV s'intéresse peu à ce lointain continent, contrairement à Colbert, son ministre, qui pourvoit la Nouvelle-France d'une structure gouvernementale plus efficace tout en cherchant à favoriser le peuplement de ce vaste territoire. Il soutient le commerce des fourrures qui implique l'appui aux explorateurs. Ces héros plus grands que nature, parmi lesquels Louis Jolliet (1645-1687), Jacques Marquette (1637-1675), Pierre Lemoyne d'Iberville (1661-1706), La Vérendrye (1685-1749) et ses fils parcourent le continent en canot, cette frêle embarcation qu'ils manient avec autant d'adresse que les Amérindiens et qui les mène de la Baie d'Hudson à la Louisiane, de l'Acadie aux montagnes Rocheuses.

Les écrits coloniaux témoignent de la vision de cette élite qui s'est déplacée sur de nouvelles terres pour y apporter la parole de Dieu tout en servant les intérêts de la monarchie. Les premiers colons eux-mêmes ont laissé un très précieux héritage aux générations qui ont suivi, soit toutes ces chansons apportées de France et des contes oraux qui ont été par la suite transposés à l'écrit.

LES ÉCRIVAINS DU XVIIe SIÈCLE : Comment diffèrent-ils des écrivains actuels ?

L'époque propose un idéal, celui de l'honnête homme. Celui qui tend vers cet idéal cherche l'équilibre en tout, s'assure d'être d'agréable compagnie en adoptant les normes du bon goût et du bon parler en usage à la cour. Il ne cherche ni à briller ni à se distinguer personnellement puisque son premier souci est de servir la gloire de son souverain. Les artistes trouvent avantage à se plier à ce conformisme social, puisqu'il est impossible de percer ou de se faire un nom sans la protection d'un Grand du royaume. Or, le plus auguste mécène est encore le roi lui-même : recevoir ou non une allocation de pension de Sa Majesté assure la survie des créateurs, ou précipite leur chute, selon le cas.

Ainsi, loin de vouloir comme aujourd'hui choquer ou provoquer, l'écrivain du XVIIe siècle préfère se plier aux attentes du petit groupe de courtisans qui gravitent autour du roi et forment son auditoire de prédilection. Dans ce contexte, peu de voix s'élèvent contre les injustices ou se portent à la défense des opprimés. En fait, sauf chez Molière, le peuple lui-même est peu représenté sur scène, car le spectateur du XVIIe siècle, qui vit dans le cercle royal, souhaite qu'on le confirme dans ses goûts et ses préjugés : sur scène, les princes se doivent d'être majestueux, les bourgeois avaricieux et incultes, les femmes, captives de leurs émotions.

Les écrivains partagent en outre avec le lectorat un bagage culturel commun constitué essentiellement des chefs-d'œuvre de l'Antiquité. Il n'est pas dans l'air du temps de chercher à se distinguer par son originalité, comme c'est le cas généralement pour les écrivains actuels. Les dramaturges classiques puisent leurs intrigues dans les pièces du répertoire étranger ou les empruntent aux écrivains de l'Antiquité (Sophocle, Eschyle, Plaute, etc.). Ainsi, Racine évoque l'exemple d'Euripide dans sa préface à *Phèdre* tout en s'excusant des libertés prises à l'égard du texte d'origine.

Les écrivains se montrent aussi sensibles aux doctrines prisées par leur milieu. De la préciosité en vogue dans les salons, ils retiennent le goût pour le beau langage et la courtoisie ; du jansénisme, ils retiennent une vision souvent tragique de la vie et un sentiment de fatalité quant au destin de l'être humain. La religiosité ambiante les porte à la pudeur dans l'expression des sentiments et au respect d'une certaine moralité, particulièrement dans la résolution de l'intrigue. Dans ce siècle de guerre et de décorum, le théâtre vante les exploits du héros qui se soumet à l'approbation de son souverain ; dans ce siècle de courtisanerie, l'écrivain subordonne sa renommée à la gloire de son souverain et cherche à correspondre à l'idéal proposé par le régime, celui de l'honnête homme.

L'ART ET LA LITTÉRATURE : Quelles en sont les grandes orientations ?

Deux visions de l'art, baroque et classique, vont exercer une influence déterminante sur la création artistique, absorbant en quelque sorte toutes les tendances qui se seront manifestées au cours du siècle. Chacun des termes désignant ces deux visions comporte plusieurs sens parfois difficiles à discerner.

Le mot « baroque » vient du portugais *barroco* qui signifie « perle de forme irrégulière ». Pendant longtemps, le mot a conservé en français cette connotation d'étrangeté, ce qui s'explique probablement par la fermeture d'esprit des gens de l'époque à l'égard d'un art venu d'ailleurs. Issu de l'Italie, le mouvement baroque est orienté vers la virtuosité et le goût de l'ornementation. Cependant, il traduit aussi en art l'inquiétude que fait surgir la Réforme chez des croyants jusque-là habitués à l'unité religieuse.

Longtemps très populaire partout en Europe, l'art baroque est déclassé par le classicisme en France dans la seconde moitié du siècle. La frontière entre ces deux courants est toutefois loin d'être étanche : certains auteurs entremêlent les styles au fil de leur production alors que d'autres évoluent de l'un vers l'autre.

De son côté, l'épithète « classique » implique de tout temps l'idée de « bon goût », quoiqu'elle puisse aussi être synonyme d'esprit « traditionnel ». En outre, ce qualificatif s'applique à tout écrivain dont la renommée est établie. De façon plus restrictive, le classicisme est le terme utilisé pour nommer cette doctrine littéraire qui s'épanouit sous le règne de Louis XIV, alors que la civilisation française atteint son apogée en Europe. Le classicisme se caractérise par l'équilibre des formes, en art et en architecture, qui vise à donner l'impression d'un monde stable et à l'abri des bouleversements. En littérature, les auteurs classiques privilégient la pudeur dans l'expression de la sensibilité. Ils acceptent les normes et les contraintes qui encadrent la création sans chercher absolument à faire émerger leur originalité personnelle.

LE COURANT BAROQUE

Quelles caractéristiques lui attribuer qui puissent aider à l'analyse des œuvres ?

L'influence du courant baroque domine sous le règne de Louis XIII dans la première moitié du XVIIe siècle, alors que partout en Europe elle se prolonge jusqu'à la fin du siècle et même au-delà. La France vit, dans les premières décennies du siècle, une époque troublée, faite d'intrigues politiques. Le baroque se montre sensible à la dynamique d'une société en transition, qui quitte les valeurs sûres du Moyen Âge chrétien pour s'ouvrir à l'âge moderne.

En France, les écrivains dont l'œuvre se rattache uniquement au mouvement baroque ne sont pas passés en général à la postérité. Sauf les spécialistes de la littérature, personne ne lit aujourd'hui les romans de Mlle de Scudéry ni *l'Astrée* d'Honoré d'Urfé, qui furent pourtant si populaires au moment de leur publication. Par contre, plusieurs auteurs de grand renom produisent au début de leur carrière des œuvres de facture baroque, comme c'est le cas pour Corneille et Molière. Ils évoluent ensuite en conjuguant les deux styles puis, dans certains cas, en produisant des œuvres de facture authentiquement classique.

Le château de Versailles, le grand œuvre du règne de Louis XIV, témoigne lui aussi de cette double influence. Plusieurs artistes venus de partout en Europe y ont travaillé, mais généralement sous la direction d'architectes comme Hardouin-Mansart et d'artistes comme Le Brun et Le Nôtre, tous français d'origine. Ainsi, les somptueux intérieurs baignés de lumière du château de Versailles, et en particulier la galerie des glaces, sont d'influence baroque. L'architecture qui mise à l'extérieur sur l'équilibre des volumes et la sobriété des formes est d'influence classique. Les jardins, soumis à un dessin rigoureusement géométrique, sont classiques, mais les fontaines qui les rafraîchissent rappellent l'importance de l'eau chez les baroques.

Les traits distinctifs

1 Le goût du mouvement et le mélange des formes

Les artistes baroques choisissent d'exprimer le malaise de l'être humain devant un monde en bouleversement par l'irrégularité et le mélange des formes : chez eux, tout est mobile et illusoire. Les frontières entre les genres ne sont

Pierre-Paul Rubens, *Les horreurs de la guerre*, 1637.
La toile met en relief les caractéristiques de l'art baroque : l'effet d'illusion, les corps qui se contorsionnent dans un mouvement de spirale, illustrant de manière théâtrale l'intensité des émotions et des tourments.

pas étanches ; le tragique côtoie le comique comme dans la tragicomédie.

Au théâtre, la réalité bascule dans l'illusion. Le spectateur perd ses points de repère susceptibles de le sécuriser, car les frontières s'estompent entre le jour et la nuit, entre la clarté et l'ombre, entre le rationnel et l'onirique. Il arrive même que les comédiens sur scène se confondent avec leur personnage. Les comédiens jouent souvent masqués, et leurs déguisements successifs suivent le rythme de leurs nombreuses métamorphoses en cours d'action. Le dramaturge entretient la confusion quant à leur identité sexuelle, les hommes s'habillant en femmes, ou quant à leur statut social, les valets prenant la place des maîtres.

Les dramaturges baroques, comme Pierre Corneille au début de sa carrière, aiment les effets de mise en scène : les pièces à machines épatent le spectateur grâce aux multiples changements de décor. Des trappes s'ouvrent, où disparaissent les personnages. Chez Molière, plus tard, des statues bougent mystérieusement et suscitent la frayeur. On constate aussi une plus grande tendance à représenter la société dans sa globalité, à permettre la rencontre des citadins et des paysans tout autant que celle des nobles ou des bourgeois avec leurs valets, comme c'est fréquemment le cas chez Molière.

Cet attrait pour le mouvement, ce sont toutefois les grands peintres flamands et espagnols qui le traduisent le mieux. Pierre-Paul Rubens (1577-1640) place ses personnages dans un état d'équilibre précaire, comme si leurs corps tourbillonnaient à l'intérieur d'une spirale. Rembrandt (1606-1669) sait traduire l'intériorité de l'être humain par un savant jeu de clair-obscur, par une palette de couleurs profondes, de même que par de nombreuses et subtiles innovations dans le maniement du pinceau. Vermeer (1632-1675) fait surgir la luminosité sur ses toiles à la fois épurées et stylisées qui témoignent d'une grande virtuosité artistique. Vélasquez (1599-1660), le grand maître espagnol, fonde son art sur un jeu savant de regards et de perspectives qui trouve son accomplissement dans une de ses dernières toiles, *Les Ménines*, où il se met lui-même en scène en train de peindre.

2 Une thématique orientée vers le sens de l'honneur et du sublime

Le héros baroque est prêt à se battre pour sauver son honneur et celui de sa famille ; cherchant à se distinguer par des actions héroïques, il ira jusqu'à provoquer son rival ou le destin lui-même. Noble héritier du seigneur d'hier, il se montre toujours prêt à mettre sa vie en péril pour servir les grandes causes. Il y a du Don Quichotte en lui : comme ce héros de la littérature hispanique, il adhère à l'idéal chevaleresque, qui implique le dépassement de soi. Mais il aspire en même temps à une plus grande authenticité, à se retrouver plus près de lui-même, et il voudrait pouvoir exprimer ce qu'il ressent profondément en délaissant les formules toutes faites, les rituels asservissants. Souvent libre penseur comme Dom Juan, il déconcerte par des actions qui contredisent ses valeurs ou qui confondent ses acolytes laissés perplexes devant la dualité de son caractère.

Le héros baroque est en fait un précurseur du héros romantique tout enivré de lui-même, s'exaltant de ses prouesses. Il ne peut exprimer ses sentiments en toute liberté, car il bute sur des obligations qui sont celles de sa caste, la noblesse. Le héros doit plier devant l'autorité du père ou du souverain, l'amoureux doit se conformer aux attentes de sa famille et respecter la pudeur de son amante. Pourtant, le lecteur ou le spectateur perçoit chez ce héros qui se conforme aux attentes de sa société une forme d'étouffement. Il y a apparence de soumission, mais la cuirasse craque et le carcan se fissure.

L'écrivain baroque est aussi aux prises avec l'angoisse, car s'il prend assurément plaisir aux bienfaits de la vie sur terre, il prend aussi conscience de la brièveté de l'existence ; il s'inquiète de son salut, de ce qu'il adviendra de lui au-delà de la mort.

3 L'excès dans l'expression du sentiment

L'artiste baroque exprime avec emphase des sentiments qui se distinguent avant tout par leur intensité : mysticisme profond, passion ardente, héroïsme magnifique, pathétique éploré. Autant le personnage baroque éprouve le goût du risque pour impressionner ses semblables (on parlera de personnage picaresque), autant l'artiste baroque aura tendance à privilégier la virtuosité stylistique pour épater le lecteur ou le spectateur. Dans un texte baroque, une figure de style en engendre une autre, les antithèses jouent sur les extrêmes et la métaphore a tendance à se renouveler tout au long du texte (on utilisera le terme « métaphore filée » dans ce cas) jusqu'au feu d'artifice, jusqu'à l'apothéose finale. On aime aussi les jeux d'ombre et de lumière, en fait tout procédé qui, par son ingéniosité, donne l'impression du dynamisme tout en visant un effet de surprise chez le spectateur.

4 La fantaisie et l'imagination

Pour l'artiste baroque, la vie est un théâtre où l'être humain se met en représentation. L'art baroque est tourné vers l'imagination et l'originalité ; il répugne aux règles et à la sagesse. Pour un poète comme Saint-Amant, la vie est fourmillante et profuse plutôt qu'ordonnée et mesurée. L'être humain est déchiré par des forces contradictoires et poussé à l'excès par des idéaux souvent fantasques. L'artiste baroque nourrit son imagination d'images associées à l'eau qui coule en cascade et tourbillonne, et au feu qui palpite et danse. Les frontières entre rêve et réalité s'estompent, et si le héros d'aventure s'écarte en forêt, lorsqu'il fait nuit et que la lune jette sur les êtres et les choses un éclairage trompeur, alors l'illusion bouleverse les repères et la réalité bascule dans le songe...

Les caractéristiques de la littérature baroque

Littérature du mouvement et du mélange des formes	Présentation d'un monde mobile, souvent fondé sur l'illusion. Irrégularité et mélange des genres et des formes : le tragique côtoie le comique comme dans la tragicomédie. Au théâtre, les personnages : • se présentent souvent masqués ou déguisés ; • sont d'origines sociales diverses ; • sont susceptibles de se métamorphoser en cours d'action ; • ont une identité sexuelle souvent confuse.
Thématique orientée vers l'héroïsme et le sublime	Le héros baroque : • adhère à l'idéal chevaleresque ; • accomplit des actions héroïques ; • entre souvent en contradiction avec lui-même ; c'est un héros déconcertant, toujours en quête de liberté.
Thématique de l'émotion et du sentiment	Les sentiments se distinguent avant tout par leur intensité : • mysticisme profond ; • passion ardente ; • héroïsme magnifique, pathétique éploré. Dans la palette des émotions dominent : • le sentiment d'une liberté à exercer ; • l'angoisse devant le passage du temps et l'inquiétude devant la mort.
Style : expression excessive ; accent mis sur la fantaisie et l'imagination	• Style emphatique ; virtuosité stylistique pour épater le lecteur ou le spectateur. • Emploi de figures de style multiples, associées à l'eau qui coule en cascade et tourbillonne, et au feu qui palpite et danse. • Priorité à l'imagination et à l'originalité ; il répugne à l'artiste baroque de se conformer aux règles et à la sagesse. • Effets de mise en scène visant le spectaculaire ; les pièces à machines cherchent à susciter la surprise.

LE COURANT CLASSIQUE

Quelles caractéristiques lui attribuer qui puissent aider à l'analyse des œuvres ?

Louis XIV, qui décide de régner personnellement sur la France à partir de 1661, souhaite que la littérature et les arts servent sa gloire, aussi les soumet-il à un ensemble de normes et d'exigences que formulent les académies récemment créées. Son but ultime est de se démarquer par rapport aux autres souverains d'Europe. Le classicisme aime l'équilibre plutôt que le mouvement et penche pour la continuité en prolongeant les liens avec la Renaissance au moyen de la référence à l'Antiquité. Louis XIV privilégie ce qui semble permanent, cherchant à créer l'impression de la stabilité politique. La deuxième moitié du XVIIe siècle est donc la période par excellence du classicisme.

Genre de prédilection de tout le siècle, le théâtre témoigne globalement de la progression vers l'esthétique classique. Ainsi Corneille excelle d'abord dans les formes de la comédie et de la tragicomédie baroques ; il finit, contre son gré, par se plier aux normes plus restrictives du classicisme pour concurrencer son rival, le jeune Racine, dont l'adhésion au classicisme ne laisse aucun doute. Molière, par contre, fait constamment alterner dans son œuvre les farces d'esprit baroque et les grandes comédies, plus proches de la sobriété classique.

Pour séduire un public et un lectorat qui se recrutent dans les castes supérieures, l'écrivain classique en vient à privilégier un idéal d'homme « civilisé », qui se conforme aux attentes du pouvoir. Les caractéristiques suivantes, qui concernent le classicisme, illustrent l'écart avec la vision du monde baroque, mais aussi certains points de rencontre. Les formes littéraires autres que le théâtre se rallient à un classicisme qui deviendra de plus en plus sombre, reflétant ce climat d'étranglement associé à une fin de règne qui s'éternise.

Les traits distinctifs

1 Une littérature dédiée à la gloire du roi

La littérature doit servir la gloire du roi et, par extension, favoriser le rayonnement de la civilisation française. Le théâtre, parce qu'il implique la représentation en public, sert bien un régime qui cherche à ritualiser même la vie privée. Sous Louis XIV, tout doit prendre des allures de majesté : le héros, un prince de haut rang, doit s'exprimer dans une langue châtiée, influencée par le courant précieux ; de sa bouche sortiront des alexandrins, un type de vers à la fois souple et altier, et les rimes sembleront lui venir tout naturellement, même au moment de ces longs monologues faits pour traduire son trouble intérieur ou de ces longues tirades souvent conçues pour servir son besoin de convaincre. Dans ses relations sociales, le héros se soumet à un protocole pointilleux, et ce n'est qu'à ses risques et périls qu'il peut transgresser les codes relatifs à l'amour. Toujours soucieux de solennité, le héros tragique semble porté à s'élever vers un idéal hors d'atteinte, qui ne semble pas répondre à ses aspirations intimes. Peu enclin à témoigner de sa sensualité, il semble faire abstraction de son corps.

Le grand roman du siècle, *La princesse de Clèves*, tisse une intrigue tout en raffinement dans un cadre de cour royale. Plusieurs récits servent d'ailleurs une morale de renoncement à sa propre gloire ou proposent une sorte de commentaire sur la courtisanerie. Cette prédilection pour tout ce qui est de l'ordre du grandiose rapproche le classicisme du courant baroque.

2 La finalité morale : plaire pour instruire

L'art doit justifier son existence d'un point de vue moral. L'œuvre classique propose au lecteur ou au spectateur des exemples de comportements socialement et moralement acceptables. Tout incline à la modération, à la juste mesure. Les auteurs consacrent leur attention à des questions de foi et font planer un climat de religiosité sur la fin du siècle au moment où Louis XIV lui-même délaisse les plaisirs par souci de son salut éternel. Certains genres deviennent alors à la mode à cause de leur caractère intrinsèquement moralisateur : c'est le cas des fables, des maximes, des sermons.

3 L'idéal de l'honnête homme

Le recours à la raison va dans le sens d'une acceptation des valeurs de la noblesse, valeurs teintées toutefois d'esprit bourgeois. On promeut l'idéal de l'honnête homme : capable d'exploits sans en faire étalage, cultivé sans être vaniteux, de bonne compagnie et sachant courtiser sans s'humilier. L'individu vise la juste mesure et évite d'affirmer son originalité pour ne pas porter ombrage au Roi-Soleil. Ces valeurs, comme on peut le voir, s'éloignent de celles préconisées par le courant baroque.

Les œuvres témoignent des difficultés à vivre dans une telle société. Le héros analyse avec lucidité ses mobiles personnels, il tempère ses ambitions, car nombreux sont les courtisans qui se battent pour obtenir la faveur du roi. Par conséquent, les thèmes de la rivalité et de la jalousie coexistent avec ceux de l'honneur et du devoir. De plus, l'amour place souvent le jeune homme ou la jeune fille en conflit avec l'autorité parentale. En fait, le sens de l'honneur et des responsabilités l'emporte sur le goût du bonheur.

4 Une réalité de convention : les critères de vraisemblance et de bienséance

Les dramaturges veulent créer l'illusion de la réalité, c'est-à-dire rendre la fiction crédible à leurs contemporains. Aux yeux d'un spectateur actuel, cette réalité paraît toutefois codifiée et stéréotypée, car elle se cantonne dans le sublime et évite la représentation de la sensualité, de la violence, de la vulgarité ou du bizarre. Dans les tragédies, on présente sur scène des personnages d'extraction noble, qui sont les seuls à faire preuve de courage et à participer à des actions héroïques. Dans les comédies, on se moque de la façon de vivre des bourgeois (commerçants et notables), de leur sens de l'épargne et du travail. Quant au bas peuple, pratiquement absent sauf chez Molière où il sert de faire-valoir, il ne vient à l'idée de personne de faire entendre ses revendications. Ces choix reflètent des idées bien ancrées dans la mentalité de l'époque, des préjugés que le temps va finir par déboulonner : au siècle suivant, la lâcheté sera le fait des aristocrates, la bourgeoisie sera donnée en exemple et on vantera la débrouillardise du valet.

Pierre Patel, *Vue du château de Versailles*, 1668.
Si la vie de cour était balisée de règles et de codes très stricts, il n'en sera pas autrement des bâtiments et des jardins du château de Versailles, modèle de rigueur et d'ordre.

La littérature s'astreint aussi à respecter une certaine décence morale (la règle de la bienséance) : ainsi, au théâtre, on évite l'érotisme et on relègue en coulisse les gestes de violence. Les personnages gagnent en sublime ce qu'ils perdent en humanité. Dans les intrigues, les grandes passions sont coupables, les excès sont punis. Le but est de maîtriser ses émotions afin de préserver l'illusion de l'harmonie.

Les dramaturges ont fréquemment recours à des conventions, c'est-à-dire à des procédés artificiels qui tiennent compte du destinataire assis dans la salle. Racine et Corneille utilisent des monologues pour donner accès à la vie intérieure de leurs personnages, moyen invraisemblable puisque, dans la vie réelle, qui exposerait ainsi devant public les secrets de son inconscient ? Molière emploie l'aparté pour fournir au spectateur des renseignements auxquels n'ont pas accès les personnages sur scène. Enfin, l'usage du vers et le retour de la rime concourent à l'impression de musicalité élégante, mais contredisent dans les faits la prétention à la vraisemblance des théoriciens classiques. Encore là, dans la réalité, qui se soucie de compter les syllabes jusqu'à douze pour dire « je t'aime » ?

5 Une littérature réglementée : l'imitation des modèles et les contraintes de composition

Tout au long du XVIIe siècle s'échafaude une pensée critique qui puise ses fondements dans l'Antiquité grecque et romaine. Plusieurs théoriciens formulent des normes et des directives pour encadrer la création, et même pour soumettre les artistes à leurs critères de beauté. Leurs lois s'appliquent surtout à la tragédie qui a primauté sur les autres genres.

Sur le plan de l'intrigue dramatique, on recommande de ramener l'action à un fil conducteur pour éviter l'éparpillement des épisodes : c'est la règle de l'unité d'action. Le temps de l'intrigue doit se rapprocher le plus possible du temps de la représentation pour donner l'illusion que fiction et réalité se confondent : c'est l'unité de temps, qu'on étend toutefois aux 24 heures d'une journée afin de se donner une marge de manœuvre. Enfin, les événements se succèdent dans un espace clos : c'est l'unité de lieu qui concentre et intensifie le conflit (l'action se situe souvent dans un vestibule, lieu polyvalent, lieu à la fois de passage et de rencontre). L'ensemble de ces trois règles est connu sous le nom de « règle des trois unités ».

Dans la composition, on recherche l'unification ; sur le plan du style, on favorise l'épuration, et cette tendance s'étend au roman comme en témoigne *La princesse de Clèves*. La langue est celle de la cour, dont l'Académie française, fondée en 1635, fixe l'usage. Seul Molière s'aventure dans la transcription des dialectes régionaux et populaires.

Enfin, les écrivains prennent modèle sur les pièces de l'Antiquité auxquelles ils empruntent intrigues et personnages, ou encore s'appuient sur des pièces composées par des écrivains étrangers qui, souvent, sont même leurs contemporains.

Les caractéristiques de la littérature classique

Littérature qui sert la gloire du roi et favorise le rayonnement de la civilisation française	**Sous Louis XIV, tout doit prendre des allures de majesté.** • Les relations prennent une allure protocolaire et l'art est toujours empreint de solennité. Goût pour tout ce qui est de l'ordre du grandiose, du spectaculaire. • Les auteurs accordent leur attention à des questions de foi et font planer un climat de religiosité. L'art doit justifier son existence d'un point de vue moral.
Intrigues et personnages illustrant l'idéal de l'honnête homme	Dans les tragédies : • les protagonistes centraux sont des princes, des Grands du royaume, transposés dans un contexte de l'Antiquité ; • le héros se fait un point d'honneur de privilégier la gloire du royaume et de mettre en veilleuse ses ambitions ou ses sentiments personnels ; • le héros tragique analyse ses motifs personnels et tente de tempérer ses ardeurs. Dans les comédies : • le protagoniste au centre du récit est généralement un bourgeois dont on se moque ; • les domestiques sont des personnages stéréotypés au service de cette caricature ; • les personnages jeunes cherchent à contourner les règles et à échapper au contrôle des parents.
Thématique mettant l'accent sur les oppositions	• Dans la comédie : scènes de la vie privée ; en revanche, la tragédie permet de pénétrer les cercles du pouvoir. • Les thèmes de la rivalité et de la jalousie coexistent avec ceux de l'honneur et du devoir. De plus, l'amour place souvent le jeune homme ou la jeune femme en conflit avec les figures de l'autorité. • Le sens de l'honneur et des responsabilités l'emporte sur le goût du bonheur. • En général, il y a représentation de l'idéal de l'honnête homme.
Écriture réglementée	Les écrivains doivent se plier à des contraintes de composition et, en particulier, respecter les critères suivants : • la vraisemblance, en présentant une réalité de conventions qui se cantonne dans le sublime ; • la bienséance, selon laquelle on doit tenir compte de la décence sur scène et éviter la représentation de la sensualité, de la vulgarité ou du bizarre. Il faut en outre reléguer dans les coulisses les gestes de violence. Les dramaturges doivent respecter la règle des trois unités : • unité d'action : concentration de l'action en un seul événement ; • unité de temps : concentration de l'action en une seule journée (l'intrigue doit se rapprocher le plus possible du temps de la représentation pour donner l'illusion que fiction et réalité se confondent) ; • unité de lieu : un seul lieu (espace de rencontre polyvalent).

LA POÉSIE

M p. 250

Comment évolue-t-elle à l'époque du baroque et du classicisme ? Quels sont ses traits distinctifs ?

Au XVIIe siècle, la poésie est héritière de la tradition qui veut que le vers contribue à l'élévation du propos. Même dans les conversations courantes, le courtisan désirant donner une preuve supplémentaire de sa culture aura recours à la versification.

La poésie ne se confine pas à l'expression des sentiments et au lyrisme ; elle est encore associée au récit comme ce fut le cas au Moyen Âge avec l'épopée, et elle est présente sur scène. Les tragédies, qui appartiennent au genre le plus considéré à l'époque, sont toutes composées en vers, de même que les grandes comédies de Molière. On comprendra donc que la distinction entre les genres n'est pas la même que celle que l'on fait aujourd'hui.

La poésie, entendue dans le sens de l'écriture de textes versifiés non représentés sur scène, a tendance au cours du siècle à se réduire à un passe-temps ou encore à servir à des fins politiques, notamment à faire l'éloge des grands seigneurs dont les poètes cherchent la protection. Quelques poètes d'esprit baroque se démarquent toutefois, parmi lesquels Théophile de Viau, Saint-Amant et Tristan L'Hermite. À cette liste, il faut ajouter Jean de La Fontaine, poète à part entière, qui doit surtout sa réputation à la fable, genre qu'il contribue à remettre à la mode et dans lequel il se surpasse. Les fables se présentent comme des petits récits versifiés pleins de cocasserie et d'émotion où l'on se sert notamment d'animaux pour faire la morale à l'être humain. Par leur irrégularité de forme et leur rythme alerte, les fables illustrent la persistance de l'esprit baroque au-delà de la première moitié du siècle.

Enfin, il est à noter que plusieurs chansons de l'époque feront partie du bagage apporté par les premiers colons partis s'installer en Nouvelle-France. Tout en permettant un rapprochement avec la culture populaire, elles célèbrent les joies simples du quotidien et les amours naïves. Les chansons suivantes datent de cette époque : *Au clair de la lune*, *Auprès de ma blonde*, *À la claire fontaine*, *Dans les prisons de Londres* et *Ma belle, si tu voulais*.

Les caractéristiques du vers baroque

- Il exploite avec la grâce d'une certaine spontanéité la thématique du drame personnel, au ton volontiers confidentiel. Il renouvelle l'esprit courtois en l'associant à une sensualité émotive, en particulier dans les madrigaux, qui sont de petits poèmes galants.

Nicolas Poussin, *L'inspiration du poète*, vers 1630.
Cherchant à atteindre l'idéal de perfection antique, Nicolas Poussin porta le classicisme français à son apogée.

- Il est plaisant à l'oreille, il est perçu comme une ornementation du langage et il se sert tout autant des figures de style comme de décorations dans la phrase. Il peut avoir une visée didactique comme dans les fables.
- Il est de longueur variable et se distingue ainsi par sa variété dans l'expression et par la vivacité de son rythme.

Les caractéristiques du vers classique

- Il respecte la concordance de la phrase avec le vers (les phrases doivent se terminer en fin de vers et non au milieu).
- Il adopte l'alternance des rimes masculines et féminines, modèle imposé par Ronsard au siècle précédent (il est à noter que toutes les tragédies et comédies suivent le patron des rimes plates, c'est-à-dire deux rimes féminines suivies de deux rimes masculines).
- Il sert des fins politiques dans les odes, qui sont des poèmes souvent adressés à la gloire du roi.
- Il sert des fins didactiques, comme dans *L'art poétique* où Boileau énonce et illustre les règles, les normes et les grands principes de la doctrine littéraire.

C'est contre ces mêmes règles et contre cette conception générale de la poésie, qui font dans certains cas passer le travail de versification avant l'inspiration, que se rebelleront les romantiques au XIXe siècle.

François de Malherbe (1555-1628)

Le précurseur classique

Fils de magistrat, Malherbe s'inscrit dans cette filiation d'écrivains qui choisissent la poésie non pour la liberté qu'elle offre, mais pour les contraintes qu'elle impose à l'inspiration. Précurseur du classicisme, il se montre rigoriste en tout : sur le plan de la langue, c'est un partisan de la clarté et du mot juste ; sur le plan de l'art, c'est un adepte de la facture impeccable, que saluera Boileau ; sur le plan de la pensée, son conformisme sans faille en fait le candidat idéal pour le rôle de poète de cour.

Cet extrait d'une ode composée à l'intention de la régente Marie de Médicis illustre le style solennel de la poésie d'apparat pratiquée par Malherbe.

Louange à la reine

C'est en la paix que toutes choses
Succèdent selon nos désirs :
Comme au printemps naissent les roses,
En la paix naissent les plaisirs :
5 Elle met les pompes aux villes,
Donne aux champs les moissons fertiles :
Et de la majesté des lois
Appuyant les pouvoirs suprêmes,
Fait demeurer les diadèmes
10 Fermes sur la tête des rois.

Ce sera dessous cette égide
Qu'invincible de tous côtés,
Tu verras ces peuples sans bride
Obéir à tes volontés :
15 Et surmontant leur espérance,
Remettras en telle assurance
Leur salut qui fut déploré,
Que vivre au siècle de Marie,
Sans mensonge et sans flatterie,
20 Sera vivre au siècle doré.

Les muses, les neuf belles fées
Dont les bois suivent les chansons,
Rempliront de nouveaux Orphées
La troupe de leurs nourrissons :
25 Tous leurs vœux seront de te plaire :
Et si ta faveur tutélaire
Fait signe de les avouer,
Jamais ne partit de leurs veilles
Rien qui se compare aux merveilles
30 Qu'elles feront pour te louer.

François de Malherbe, *Ode à la reine mère*, 1610.

Pierre Paul Rubens, *Couronnement de Marie de Médicis le 13 mai 1610*, 1622.

Atelier d'analyse

Exploration

1. Recherchez dans le dictionnaire la signification des mots comme « pompe », « tutélaire », etc.

2. Justifiez le titre du poème, notamment en relevant les passages où le poète s'adresse directement à la première destinataire du texte ou lui fait référence.

3. Dégagez les avantages de la paix pour le royaume de France et expliquez en quoi le poème permet de déduire que Malherbe est un partisan de la royauté.

4. Étudiez les figures de style en répondant aux questions suivantes.
   a. Relevez une comparaison. En quoi évoque-t-elle la poésie de Ronsard ?
   b. Comment la métaphore filée (qu'on pourrait renommer ici une personnification filée) contribue-t-elle en quelque sorte à diviniser la paix ?
   c. Quels mots du texte sont associés à l'idée de pouvoir ?

5. Montrez qu'un subtil jeu de répétitions contribue à la musicalité et à la signification du poème.

Rédaction

6. Le paragraphe suivant a été formulé par un élève éprouvant des difficultés en français. Le sujet est le suivant : *Montrez que Malherbe adopte dans ce poème une attitude de courtisan.*

   Relevez trois défauts de ce paragraphe et réécrivez-le dans le but de l'améliorer.

   Paragraphe à améliorer : *Je trouve qu'il y a beaucoup de flatterie dans ce poème. Le titre du poème donne déjà des indices au lecteur. En plus, je pense que la Marie qui se trouve dans le poème est la reine. Malherbe a l'air de penser qu'il faut absolument plaire à cette femme-là. Il a l'air de la courtiser. Donc, c'est sûrement de la poésie courtisane.*

Marc-Antoine Girard, sieur de Saint-Amant (1594-1661)

Le représentant de la poésie baroque

Poursuivant dans la veine de la poésie baroque chère à son compatriote Théophile de Viau, Marc-Antoine Girard de Saint-Amant fait figure de marginal par son goût du déplacement dans un siècle sédentaire. Il est l'homme de tous les lieux. Il voyage de l'Amérique à l'Afrique et il se trouve aussi à l'aise dans les cabarets populaciers que dans les salons huppés. Son esprit libertin ne l'empêche pas d'être élu à l'Académie française, cette institution fondée par le cardinal de Richelieu, qui consacre les grands écrivains.

Par opposition à l'art plutôt pompeux de Malherbe, Saint-Amant se veut moderne : sa poésie, comme l'illustre ce bref extrait d'un long poème de 460 vers, est personnelle et sensuelle. Elle chante les beautés de la nuit et de la solitude. C'est pourquoi elle annonce les poètes romantiques, et même le poète symboliste Rimbaud, auteur du second poème intitulé « Sensation », poème fréquemment mis en chanson dont existe une version par Robert Charlebois. Composés à des époques éloignées, les deux textes célèbrent l'instant fugace où la beauté se révèle.

La poésie d'inspiration baroque de Saint-Amant

Le contemplateur

Tantôt, saisi de quelque horreur
D'être seul parmi les ténèbres,
Abusé d'une vaine erreur,
Je me feins mille objets funèbres ;
5 Mon esprit en est suspendu,
Mon cœur en demeure éperdu
Le sein me bat, le poil me dresse,
Mon corps est privé de soutien
Et, dans la frayeur qui m'oppresse,
10 Je crois voir tout pour ne voir rien.

Tantôt délivré du tourment
De ces illusions nocturnes,
Je considère au firmament
L'aspect des flambeaux taciturnes
15 Et, voyant qu'en ces doux déserts
Les orgueilleux tyrans des airs
Ont apaisé leur insolence,
J'écoute, à demi transporté,
Le bruit des ailes du silence
20 Qui vole dans l'obscurité.

Saint-Amant, *Œuvres poétiques*, 1629.

Atelier de comparaison

Exploration

Le contemplateur

1. Relevez les éléments qui permettent de classer ce texte dans la poésie lyrique en tenant compte du contexte d'énonciation et de son caractère émotif.

2. Dressez le champ lexical de l'effroi.

3. Montrez que Saint-Amant cherche à créer par les mots un effet de clair-obscur.

4. Expliquez la beauté évocatrice des trois derniers vers en dégageant les figures de style employées par Saint-Amant.

5. Peut-on considérer ce poème comme un blason ?

La poésie symboliste d'Arthur Rimbaud

Sensation

Par les soirs bleus d'été, j'irai dans les sentiers,
Picoté par les blés, fouler l'herbe menue :
Rêveur, j'en sentirai la fraîcheur à mes pieds.
Je laisserai le vent baigner ma tête nue !

5 Je ne parlerai pas, je ne penserai rien ;
Mais l'amour infini me montera dans l'âme,
Et j'irai loin, bien loin, comme un bohémien,
Par la Nature, – heureux comme avec une femme.

Arthur Rimbaud, *Poésies,* 1870.

Sensation

6. Mettez en place les éléments de comparaison en répondant aux questions suivantes.
  a. Le poème présente-t-il des marques associées au lyrisme ?
  b. Les émotions exprimées sont-elles semblables ?
  c. La luminosité et la sensualité sont-elles présentes ? équivalentes ?
  d. Les deux poètes adoptent-ils la même forme poétique, le même rythme ?
  e. Peut-on dire qu'il y a une parenté d'inspiration entre Rimbaud et son prédécesseur ?

Rédaction

7. Montrez que ces deux poètes cultivent l'art de l'émotion et de la sensation.

Nicolas Boileau, dit Boileau-Despréaux (1636-1711)

Le théoricien classique

Boileau, qui a fait des études de droit, devient l'avocat d'une cause gagnée d'avance, celle du classicisme, puisque, au moment où il prend la défense de cette doctrine, elle a déjà donné ses œuvres les plus importantes. Dans *L'art poétique* il en formule les grands principes. Il perpétue ainsi la tradition française de réfléchir sur le processus de la création. Une telle entreprise ne peut être que féconde puisqu'elle contribue au renouvellement de la littérature en facilitant la critique de conceptions esthétiques établies.

Cet extrait est l'un des plus connus de *L'art poétique*. Les maîtres d'école y ont abondamment puisé les formules toutes faites servant à enseigner l'écriture et la composition à leurs élèves.

Verlaine, en écrivant presque deux siècles plus tard son propre manifeste, propose une vision aux antipodes de celle de Boileau ; celle-ci aura un impact majeur sur la poésie moderne.

Un art poétique du classicisme

L'art d'écrire

Enfin Malherbe vint, et, le premier en France,
Fit sentir dans les vers une juste cadence ;
D'un mot mis en sa place enseigna le pouvoir,
Et réduisit la muse aux règles du devoir.
5 Par ce sage écrivain la langue réparée
N'offrit plus rien de rude à l'oreille épurée.
Les stances avec grâce apprirent à tomber,
Et le vers sur le vers n'osa plus enjamber.
Tout reconnut ses lois ; et ce guide fidèle
10 Aux auteurs de ce temps sert encor de modèle.
Marchez donc sur ses pas ; aimez sa pureté,
Et de son tour heureux imitez la clarté.
Si le sens de vos vers tarde à se faire entendre,
Mon esprit aussitôt commence à se détendre ;
15 Et, de vos vains discours prompt à se détacher,
Ne suit point un auteur qu'il faut toujours chercher.
Il est certains esprits dont les sombres pensées
Sont d'un nuage épais toujours embarrassées ;
Le jour de la raison ne le saurait percer.
20 Avant donc que d'écrire, apprenez à penser.
Selon que notre idée est plus ou moins obscure,
L'expression la suit, ou moins nette, ou plus pure.
Ce que l'on conçoit bien s'énonce clairement,
Et les mots pour le dire arrivent aisément.

25 [...]

Travaillez à loisir, quelque ordre qui vous presse,
Et ne vous piquez point d'une folle vitesse :
Un style si rapide, et qui court en rimant,
Marque moins trop d'esprit que peu de jugement.
30 J'aime mieux un ruisseau qui, sur la molle arène,
Dans un pré plein de fleurs lentement se promène,
Qu'un torrent débordé qui, d'un cours orageux,
Roule, plein de gravier, sur un terrain fangeux.
Hâtez-vous lentement ; et, sans perdre courage,
35 Vingt fois sur le métier remettez votre ouvrage :
Polissez-le sans cesse et le repolissez ;
Ajoutez quelquefois, et souvent effacez.

Nicolas Boileau, *L'art poétique*, chant I, 1674.

Un art poétique du symbolisme

Art poétique

De la musique avant toute chose,
Et pour cela préfère l'Impair
Plus vague et plus soluble dans l'air,
Sans rien en lui qui pèse ou qui pose.

5 Il faut aussi que tu n'ailles point
Choisir tes mots sans quelque méprise :
Rien de plus cher que la chanson grise
Où l'Indécis au Précis se joint.

C'est des beaux yeux derrière des voiles,
10 C'est le grand jour tremblant de midi,
C'est, par un ciel d'automne attiédi,
Le bleu fouillis des claires étoiles !

Car nous voulons la Nuance encor,
Pas la Couleur, rien que la nuance !
15 Oh ! la nuance seule fiance
Le rêve au rêve et la flûte au cor !

Fuis du plus loin la Pointe assassine,
L'Esprit cruel et le Rire impur,
Qui font pleurer les yeux de l'Azur,
20 Et tout cet ail de basse cuisine !

Prends l'éloquence et tords-lui son cou !
Tu feras bien, en train d'énergie,
De rendre un peu la Rime assagie.
Si l'on n'y veille, elle ira jusqu'où ?

25 Ô qui dira les torts de la Rime ?
Quel enfant sourd ou quel nègre fou
Nous a forgé ce bijou d'un sou
Qui sonne creux et faux sous la lime ?

De la musique encore et toujours !
30 Que ton vers soit la chose envolée
Qu'on sent qui fuit d'une âme en allée
Vers d'autres cieux à d'autres amours.

Que ton vers soit la bonne aventure
Éparse au vent crispé du matin
35 Qui va fleurant la menthe et le thym...
Et tout le reste est littérature.

Paul Verlaine, « Art poétique » (1874), *Jadis et Naguère*, 1884.

Atelier de comparaison

Exploration

L'art d'écrire

1. Boileau a d'abord fait des études de droit avant de passer à la littérature. Montrez que le texte traduit l'influence de ce premier métier.

2. En relevant dans le texte les vers qui justifient votre point de vue, expliquez pourquoi Boileau favorise l'imitation plutôt que l'originalité.

3. Formulez en vos mots les grands principes de l'esthétique de Boileau (pour vous aider, reportez-vous notamment aux caractéristiques du classicisme).

4. Expliquez les raisons qui ont pu faire aimer ce texte aux maîtres d'école d'hier.

5. Selon vous, ce poème est-il porté vers l'argumentation ou plutôt vers la confidence ou le lyrisme ? Est-ce un texte imagé et musical ou plutôt un texte rationnel ?

6. En quoi le choix de l'alexandrin semble-t-il aller de soi dans un poème qui fait l'éloge de l'esthétique classique ? Pourquoi est-ce un signe de conformisme et non d'originalité ?

Art poétique

7. Dégagez les éléments de comparaison en répondant aux questions suivantes.
   a. Par rapport au texte de Boileau, le poème de Verlaine semble-t-il parler davantage du métier de poète par l'utilisation d'un lexique s'y rapportant ?
   b. Quels sont les éléments qui relèvent de l'argumentation ? Quels sont ceux qui sont plus proches du goût subjectif ?
   c. Quels sont les passages qui contredisent les principes de Boileau ?
   d. La tonalité générale du poème diffère-t-elle du texte de Boileau ? L'expressivité y est-elle plus grande ou plus personnelle ?
   e. Y a-t-il une plus grande condensation de figures de style dans le poème de Verlaine que dans celui de Boileau ?
   f. Quel nombre de syllabes les vers de ce poème comportent-ils ? En quoi ce choix est-il original ? Peut-on dire que Verlaine formule dans le poème des justifications à l'appui de ce choix ?

Rédaction

8. Montrez que les recommandations de Boileau conviendraient mieux à la prose et que l'art poétique de Verlaine s'appliquerait mieux à la poésie.

Jean de La Fontaine (1621-1695)

Le fabuliste qui fait la fusion des genres et des courants

Nul mieux que Jean de La Fontaine n'illustre la précarité des conditions de vie des écrivains au XVIIe siècle : fils de bourgeois de province couvert de dettes après une jeunesse dissipée, il offre ses services à un noble puissant, Foucquet, surintendant des finances sous Louis XIV. Au moment où son mécène est répudié par le roi, La Fontaine, sans pension, doit trouver un nouveau protecteur. Au total, il en connaîtra quatre avant de mourir en 1695 à un âge avancé pour l'époque, soit 74 ans. Entre-temps, il excelle dans un genre, la fable, qui tient à la fois du poème, du conte et de la comédie. Il se sert d'animaux pour faire réfléchir ses contemporains sur la morale qui a cours dans leur société.

Son œuvre rend compte, en fait, d'une vision pessimiste des rapports entre puissants et démunis, les premiers profitant de leur force pour manger les seconds, dans tous les sens du mot. La fable choisie pourrait servir d'appui à cette critique et ranimer le débat sur La Fontaine, ce qui est signe de l'originalité d'une œuvre qui encore aujourd'hui suscite l'intérêt.

Les animaux malades de la peste

Un mal qui répand la terreur,
Mal que le ciel en sa fureur
Inventa pour punir les crimes de la terre,
La peste (puisqu'il faut l'appeler par son nom),
5 Capable d'enrichir en un jour l'Achéron,
Faisait aux animaux la guerre.
Ils ne mouraient pas tous, mais tous étaient frappés :
On n'en voyait point d'occupés
À chercher le soutien d'une mourante vie ;
10 Nul mets n'excitait leur envie ;
Ni loups ni renards n'épiaient
La douce et l'innocente proie ;
Les tourterelles se fuyaient ;
Plus d'amour, partant plus de joie.

15 Le Lion tint conseil, et dit : « Mes chers amis,
Je crois que le Ciel a permis
Pour nos péchés cette infortune.
Que le plus coupable de nous
Se sacrifie aux traits du céleste courroux ;
20 Peut-être il obtiendra la guérison commune.
L'histoire nous apprend qu'en de tels accidents
On fait de pareils dévouements.
Ne nous flattons donc point ; voyons sans indulgence
L'état de notre conscience.
25 Pour moi, satisfaisant mes appétits gloutons,
J'ai dévoré force moutons.
Que m'avaient-ils fait ? Nulle offense ;
Même il m'est arrivé quelquefois de manger
Le berger.
30 Je me dévouerai donc, s'il le faut : mais je pense
Qu'il est bon que chacun s'accuse ainsi que moi ;
Car on doit souhaiter, selon toute justice,
Que le plus coupable périsse.
— Sire, dit le Renard, vous êtes trop bon roi ;
35 Vos scrupules font voir trop de délicatesse.
Eh bien ! manger moutons, canaille, sotte espèce,
Est-ce un péché ? Non, non. Vous leur fîtes, Seigneur,
En les croquant, beaucoup d'honneur ;
Et quant au berger, l'on peut dire
40 Qu'il était digne de tous maux,
Étant de ces gens-là qui sur les animaux
Se font un chimérique empire. »
Ainsi dit le Renard ; et flatteurs d'applaudir.
On n'osa trop approfondir
45 Du Tigre, ni de l'Ours, ni des autres puissances,
Les moins pardonnables offenses :
Tous les gens querelleurs, jusqu'aux simples mâtins,
Au dire de chacun, étaient de petits saints.
L'Âne vint à son tour, et dit : « J'ai souvenance
50 Qu'en un pré de moines passant,

La faim, l'occasion, l'herbe tendre, et, je pense,
Quelque diable aussi me poussant,
Je tondis de ce pré la largeur de ma langue ;
Je n'en avais nul droit, puisqu'il faut parler net. »
55 À ces mots on cria haro sur le Baudet.
Un Loup, quelque peu clerc, prouva par sa harangue
Qu'il fallait dévouer ce maudit animal,
Ce pelé, ce galeux, d'où venait tout leur mal.
Sa peccadille fut jugée un cas pendable.
60 Manger l'herbe d'autrui ! quel crime abominable ! Rien que la mort n'était capable
D'expier son forfait. On le lui fit bien voir.

Selon que vous serez puissant ou misérable,
Les jugements de cour vous rendront blanc ou noir.

Jean de La Fontaine, *Fables,* livre VII, 1694.

Atelier d'analyse

Exploration

1. Cherchez le sens des mots comme *Achéron, chimérique, mâtins, haro, clerc, harangue, peccadille*. Précisez la signification du mot « ciel » tel qu'il est utilisé par La Fontaine à deux endroits (*le ciel en sa fureur, le Ciel a permis*).

2. Les six premiers vers servent de scène d'exposition. Traduisez en vos mots le sens de ces vers qui sont essentiels à la compréhension de l'histoire.

3. À l'aide d'un tableau en trois colonnes :
   - dressez dans une première colonne la liste des animaux qui participent à la fable ;
   - dans la deuxième colonne, résumez par une ou deux épithètes ce qui semble se dégager de leur caractère (quand cela est possible) ;
   - dans la troisième colonne, résumez en une seule phrase le sens de leur intervention, si nécessaire.

4. Cette fable se présente en quelque sorte comme une réflexion sur le thème du pouvoir. Énumérez quelques preuves à l'appui de cette affirmation.

5. Expliquez comment la fable transpose sur le plan du récit la hiérarchie sociale et les valeurs propres à la société du XVIIe siècle. Cette fable conserve-t-elle, selon vous, un caractère actuel ?

6. Qui sert de bouc émissaire dans cette fable et assume la responsabilité du mal ? Le choix de La Fontaine vous paraît-il porteur de signification ?

7. Associez les procédés stylistiques de la personnification, de la métonymie, de l'antithèse, de la répétition et de l'énumération aux vers suivants :
   a. [La peste] Faisait aux animaux la guerre.
   b. Ni loups ni renards n'épiaient / La douce et l'innocente proie ;
   c. La faim, l'occasion, l'herbe tendre, et, je pense / Quelque diable ;
   d. Je tondis de ce pré la largeur de ma langue ;
   e. Sa peccadille fut jugée un cas pendable.

8. Parmi les tonalités suivantes, comique, didactique (ou moralisatrice), épique, ironique, lyrique, pathétique, polémique, quelles sont celles qui dominent dans ce texte ? Justifiez votre choix.

Rédaction

9. En vous appuyant sur cet extrait, expliquez ce qui fait de la fable un genre hybride, c'est-à-dire un texte à la fois narratif, poétique et didactique qui s'adresse à la fois aux enfants et aux adultes.

   Appuyez-vous sur ces caractéristiques pour construire le plan de votre dissertation.

Maurice Leloir, *Le malade imaginaire,* **1904.**
Représentation du *Malade imaginaire* avec Molière dans le rôle principal (1673).

LE THÉÂTRE

Quelles sont ses particularités au XVIIe siècle ?

En France, le XVIIe siècle est le siècle du théâtre par excellence. La conception qu'on se fait du théâtre est elle-même le fruit d'influences multiples, dont la plus décisive est celle du philosophe grec Aristote. Dans son traité intitulé *Poétique*, il donne au théâtre la vocation de créer le plus possible l'illusion du vrai – ce qu'il appelle la *mimesis*, d'où vient le terme mimétique, synonyme de vraisemblable – tout en expurgeant de l'âme les émotions néfastes – il s'agit ici de la catharsis. Ainsi, dans une époque qui subit fortement l'influence religieuse, le théâtre semble contribuer à la distinction entre le bien et le mal tout en participant à la politique de grandeur du roi.

Le texte théâtral

Le texte dramatique diffère du roman par l'absence de narration et de description. Il se présente généralement sous la forme d'une succession de répliques de longueur variable, dont certaines prennent l'allure de longues tirades ou de monologues. Il est accompagné de didascalies, qui fournissent tous les renseignements qui ne sont pas destinés à être dits sur scène, comme la liste des personnages et la description des décors (ces indications scéniques apparaissent généralement en italique dans le texte).

Dans la dramaturgie classique, les répliques sont souvent versifiées en alexandrins et les didascalies s'avèrent généralement peu nombreuses. L'art de la mise en scène n'est pas encore très développé à l'époque. En outre, dans la tragédie, la décence veut que les comédiens se touchent à peine et bougent peu pour conserver toute leur dignité.

La représentation théâtrale

Il va de soi que la magie du théâtre opère s'il y a spectacle. La mise en scène permet de prendre conscience de la nature plurielle du dialogue théâtral : les acteurs échangent des répliques, mais le public est le principal interlocuteur auquel s'adresse l'auteur. Les conséquences de ce fait concernent le processus d'analyse. Il faut distinguer les notions suivantes :
- le lieu de la fiction, tel qu'il est précisé dans le texte, qui est l'endroit où se situent les événements imaginés par le dramaturge (ex. : l'Espagne pour *Le Cid* de Corneille) ;
- l'espace scénique qui comprend la scène, les coulisses et l'espace de la salle où se trouve l'auditoire ;
- le temps que dure la fiction, souvent une seule journée dans la dramaturgie classique à cause de la règle des trois unités ;
- le temps de la représentation, celui du spectacle sur scène.

Au XVIIe siècle, les auteurs de tragédies veulent donner un caractère universel à la représentation, notamment en transposant l'intrigue dans l'Antiquité. Quant au spectateur, laissé libre de son interprétation, il peut certes déduire les liens avec le contexte politique du XVIIe siècle. Ainsi, on ne cherche pas à recréer l'époque par le décor et les costumes. On vise la sobriété sauf, semble-t-il, sur le plan de la déclamation du texte, très accentuée, plutôt emphatique. Dans le but de respecter la bienséance, on renvoie en coulisse tout acte violent ou érotique. Un personnage, le messager, rapporte en paroles les actions violentes qui ont été reléguées hors scène. Dans la tragédie classique, les mots comptent plus que les gestes pour faire progresser l'intrigue. Molière qui, lui, écrit des comédies, fait donc exception en misant sur un jeu plus naturel et en se montrant sensible à la gestuelle qui accompagne la parole pour en souligner le sens.

Les catégories de pièces

Corneille commence sa carrière en composant des comédies baroques, puis des tragicomédies, pour terminer avec des tragédies, le genre à la mode dans la deuxième moitié du siècle, dans lequel se distingue particulièrement son rival Racine. Après avoir tâté sans succès de la tragédie en début de carrière, Molière se tourne vers la farce, que les comédiens italiens en résidence à Paris ont contribué à modeler, avant d'en arriver à l'écriture de ses grandes comédies versifiées. Celles-ci mettent en jeu, simultanément, les comiques de situation, de caractères et de mœurs.

Les descriptions suivantes permettent de comparer les quatre genres dramatiques prédominants du XVIIe siècle en considérant les personnages, l'intrigue, la structure, la thématique et le style.

Les caractéristiques de la tragicomédie (courant baroque)	Les caractéristiques de la tragédie (courant classique)
Personnages issus de rangs divers avec, au centre de l'œuvre, un héros masculin fidèle au code de l'honneur aristocratique, qui poursuit une quête chevaleresque.	**Personnages** de rang élevé, déchirés entre leurs devoirs envers la famille, l'État et Dieu.
Intrigue à rebondissements multiples et imprévus avec intervention possible du merveilleux et du fantastique.	**Intrigue** concentrée, qui se plie à la règle de bienséance et à la règle des trois unités : elle présente un seul péril en un seul endroit (pas ou peu de changement de décor) et en une seule journée.
Structure : Exploration de formes variées et goût pour la complexité, en particulier la mise en abyme, c'est-à-dire le fait d'insérer une pièce dans la pièce, ce qui permet au dramaturge de réfléchir sur son art. Le dénouement peut être positif.	**Structure :** La tragédie comporte cinq actes : • acte I : l'exposition et la présentation de base des éléments de l'intrigue ; • acte II : le nœud, soit l'obstacle qui nous plonge dans le tragique ; • acte III : la péripétie, soit l'événement imprévu, le changement de situation ; • acte IV : la catastrophe qui amène le bouleversement irréversible de la situation ; • acte V : le dénouement, avec une fin généralement malheureuse. L'action se situe généralement dans le contexte de l'Antiquité grecque et romaine.
Thématique de l'exaltation morale et de la gloire héroïque ; code de l'honneur ayant pour but de proposer des modèles de comportement héroïque ; jeu, illusion, rêve et sensation.	**Thématique** teintée de pessimisme : la fatalité, la destinée humaine, le pouvoir, l'amour, la loyauté, la pièce ayant comme but moral d'expurger de l'homme les sentiments néfastes.
Le **style** favorise la variété avec des vers de métrique variable comme dans la pièce *Le Cid*, de Corneille.	Le **style** est solennel, adoptant le rythme majestueux de l'alexandrin et conservant un registre linguistique soutenu.
Une **mise en scène** qui vise la surprise avec de nombreux déguisements et une multiplication des décors.	Une **mise en scène** sobre qui met l'accent sur le caractère cérémoniel de la représentation. Une déclamation emphatique du vers. Un jeu des comédiens plutôt statique, le mot l'emportant sur le geste.
Exemple de tragicomédie : *Le Cid* de Corneille.	**Exemples** de tragédies : • *Horace* et *Polyeucte* de Corneille. • *Andromaque*, *Britannicus* et *Phèdre* de Racine.

Les caractéristiques de la farce (courant baroque)	Les caractéristiques de la comédie (influence baroque et classique)
Personnages archétypaux (traits grossis et répétitifs) avec présence fréquente d'un valet qui reflète les traits qu'on prête au domestique : rusé, bavard et débrouillard.	Les **personnages** principaux sont issus de la bourgeoisie, alors que le bas peuple est représenté sur scène par les personnages secondaires ; tous sont d'une complexité variable selon la profondeur de la pièce.
Intrigue qui repose sur une opposition élémentaire : d'un côté, les personnages sympathiques et vainqueurs et de l'autre, les personnages ridicules et perdants. Cette opposition invite le spectateur à prendre parti.	**Intrigue** qui s'appuie souvent sur des conflits entre les générations et qui révèle les excès dans les mœurs et les caractères ; le contexte est celui de la vie quotidienne au XVIIe siècle.
Structure : Grande liberté dans une pièce généralement courte, souvent en un seul acte (absence de règles). La composition reste très flexible : l'exposition peut s'étendre sur plus d'un acte, et le personnage principal peut apparaître tardivement, parfois même vers le milieu de la pièce pour réserver l'effet de surprise.	**Structure** qui copie celle de la tragédie, généralement en cinq actes. La composition reste très flexible : l'exposition peut s'étendre sur plus d'un acte, et le personnage principal peut apparaître tardivement, parfois même vers le milieu de la pièce pour réserver l'effet de surprise.
Thématique de la relation entre les générations : égoïsme et avarice des vieillards par opposition au goût de l'amour et à la moquerie de la jeunesse.	**Thématique** des grands défauts humains. Le rapport de l'amour à l'argent à l'intérieur du cadre familial avec, comme but, un message de tolérance et de bon sens (corriger les vices en riant).
Le **style** traduit l'influence de la *commedia dell'arte*, soit en prose avec une gestuelle marquée qui vise le rire plus facile.	Le **style** permet l'usage de la prose (*Dom Juan* de Molière) et le mélange de registres (grande liberté quand la comédie reste proche de la farce, alors qu'elle suit les règles classiques de plus près quand elle cherche à s'élever).
Mise en scène : Molière joue sur trois registres du comique, soit : • le comique de mots (vivacité d'esprit et répliques alertes) ; • le comique de gestes (mimiques variées, jeu corporel, coups de bâton, ce qui accentue la dimension visuelle du théâtre de Molière) ; • le comique de situation (quiproquos, poursuites et déguisements).	**Mise en scène :** Emprunte à la farce les procédés comiques, soit : • comique de mots (vivacité d'esprit et répliques alertes) ; • comique de gestes (mimiques variées, jeu corporel, coups de bâton, ce qui accentue la dimension visuelle) ; • comique de situation (quiproquos, poursuites et déguisements).
Exemples de farces : *Les précieuses ridicules* et *Les fourberies de Scapin* de Molière. Note : la comédie-ballet est une farce, avec des intermèdes en danse et en musique, qui annonce l'opéra français.	**Exemples** de comédies : *Le misanthrope*, *L'avare*, *Les femmes savantes* et *Tartuffe* de Molière.

Pierre Corneille (1606-1684)

L'influence baroque

Né à Rouen, ville où il réside la plus grande partie de sa vie, ce fils d'avocat qui suit d'abord les traces de son père, finit par être attiré par la carrière littéraire. Corneille compose une part de son théâtre sous le règne de Louis XIII, alors que le courant baroque exerce en France une influence prépondérante. Son œuvre témoigne de l'évolution des mentalités par l'évolution des formes, puisqu'il passe de l'écriture de comédies et de pièces à machines à la tragicomédie, puis enfin à la tragédie elle-même. D'inspiration nettement baroque, les premières pièces recherchent l'effet spectaculaire avec de multiples changements de décor qui ont pour fonction de représenter la mobilité du monde et la fugacité des choses. *L'illusion comique*, qui illustre cette veine, met en scène des acteurs dont le métier consiste à se déguiser, à feindre et à mentir, révélant en fait la vérité par l'illusion. La pièce est construite comme une sorte de théâtre dans le théâtre. Cela permet à Corneille, par la bouche d'Alcandre, de faire la promotion d'un genre en voie de devenir le premier passe-temps des princes.

Après avoir vu son fils jouer sur scène, Pridamant est convaincu par le metteur en scène et magicien Alcandre de l'importance du métier de comédien.

Le métier de comédien

PRIDAMANT
Mon fils comédien !

ALCANDRE
        D'un art si difficile
5 Tous les quatre, au besoin, ont fait un doux asile ;
Et, depuis sa prison, ce que vous avez vu,
Son adultère amour, son trépas imprévu,
N'est que la triste fin d'une pièce tragique
Qu'il expose aujourd'hui sur la scène publique,
10 Par où ses compagnons en ce noble métier
Ravissent à Paris un peuple tout entier.
Le gain leur en demeure, et ce grand équipage,
Dont je vous ai fait voir le superbe étalage,
Est bien à votre fils, mais non pour s'en parer
15 Qu'alors que sur la scène il se fait admirer.

PRIDAMANT
J'ai pris sa mort pour vraie, et ce n'était que feinte ;
Mais je trouve partout même sujet de plainte.
Est-ce là cette gloire, et ce haut rang d'honneur
20 Où le devait monter l'excès de son bonheur ?

ALCANDRE
Cessez de vous en plaindre. À présent le théâtre
Est en un point si haut que chacun l'idolâtre ;
Et ce que votre temps voyait avec mépris
25 Est aujourd'hui l'amour de tous les bons esprits,
L'entretien de Paris, le souhait des provinces,
Le divertissement le plus doux de nos princes,
Les délices du peuple, et le plaisir des grands ;
Il tient le premier rang parmi leurs passe-temps ;
30 Et ceux dont nous voyons la sagesse profonde
Par ses illustres soins conserver tout le monde
Trouvent dans les douceurs d'un spectacle si beau
De quoi se délasser d'un si pesant fardeau.
Même notre grand Roi, ce foudre de la guerre
35 Dont le nom se fait craindre aux deux bouts de la terre,
Le front ceint de lauriers, daigne bien quelquefois
Prêter l'œil et l'oreille au Théâtre françois.
C'est là que le Parnasse étale ses merveilles ;
Les plus rares esprits lui consacrent leurs veilles ;
40 Et tous ceux qu'Apollon voit d'un meilleur regard
De leurs doctes travaux lui donnent quelque part.
D'ailleurs, si par les biens on prise les personnes,
Le théâtre est un fief dont les rentes sont bonnes ;
Et votre fils rencontre en un métier si doux
45 Plus d'accommodement qu'il n'eût trouvé chez vous.
Défaites-vous enfin de cette erreur commune,
Et ne vous plaignez plus de sa bonne fortune.

PRIDAMANT
Je n'ose plus m'en plaindre, et vois trop de combien
50 Le métier qu'il a pris est meilleur que le mien.
Il est vrai que d'abord mon âme s'est émue :
J'ai cru la comédie au point où je l'ai vue ;
J'en ignorais l'éclat, l'utilité, l'appas,
Et la blâmais ainsi, ne la connaissant pas ;
55 Mais, depuis vos discours, mon cœur plein d'allégresse
A banni cette erreur avec que sa tristesse.
Clindor a trop bien fait.

ALCANDRE
N'en croyez que vos yeux.

Pierre Corneille, *L'illusion comique,* Acte V, scène V, 1636.

Atelier d'analyse

Exploration

1. Résumez en quelques phrases les propos tenus par les deux personnages.

2. La mise en abyme est un procédé qui permet d'intégrer une œuvre dans une autre, dans le but de réfléchir sur la littérature. Dans cet extrait, quels indices témoignent de l'usage de la mise en abyme ?

3. Les deux répliques d'Alcandre font l'apologie du théâtre. Démontrez-le en répondant aux questions suivantes.
    a. Comment Alcandre considère-t-il le métier de comédien ?
    b. Quels sont les mots ou les expressions faisant référence aux idées de l'honneur et de la gloire ?
    c. Dans la deuxième réplique, quels sont les arguments employés par Alcandre pour faire la louange du théâtre ?
    d. Quels vers expriment le fait que cette fascination pour le théâtre est nouvelle ?

4. Relevez deux parallélismes (des hémistiches en symétrie) et deux antithèses utilisés par Alcandre pour convaincre Pridamant.

5. Alcandre réussit-il finalement à convaincre son vis-à-vis ? Donnez une preuve à l'appui de votre réponse.

6. Comment l'extrait témoigne-t-il du fait que, au XVIIe siècle, la culture est étroitement liée à la politique ?

Rédaction

7. Le sujet : Cet extrait témoigne de l'engouement pour le théâtre au XVIIe siècle. Montrez en quoi.

    Sur ce sujet, composez une dissertation en tenant compte de l'introduction suivante :

    Le courant baroque, qui domine au début du XVIIe siècle, ne semble pas vouloir établir de frontières entre le rêve et la réalité. Au début de sa carrière de dramaturge, Corneille s'inscrit dans cette mouvance, notamment en composant une comédie qu'il intitule L'illusion comique, *qui rend hommage au théâtre. Dans l'extrait à analyser, tiré du dernier acte, Pridamant apprend de la bouche du magicien Alcandre que son fils a opté pour le métier de comédien. L'analyse des répliques d'Alcandre permet de dégager les arguments en faveur du théâtre ; les répliques de Pridamant montrent que le père valorise désormais le métier de comédien. Un dernier aspect, soit l'adoption de la mise en abyme, rend possible cette réflexion sur la popularité du genre théâtral.*

Pierre Corneille (1606-1684)

La tragicomédie baroque

La pièce *Le Cid*, à l'origine classée parmi les tragicomédies à cause de sa fin heureuse et du mélange des formes (par exemple, la présence de vers de longueur variable dans une tirade de Don Rodrigue), permet à Corneille d'accéder à la position de dramaturge le plus en vue de sa génération. Cette pièce, qui a pour cadre l'Espagne médiévale, témoigne pourtant des préoccupations des contemporains de l'auteur. Elle représente une société encore marquée par les valeurs chevaleresques du Moyen Âge, où dominent de grands seigneurs jaloux de leurs privilèges. L'intrigue présente en effet un conflit entre nobles : souffleté par Don Gormas, Don Diègue obtient de son fils Rodrigue que celui-ci venge son honneur.

Le dialogue oppose Don Diègue à son fils Don Rodrigue, qui sera surnommé le Cid à cause de ses exploits guerriers. Celui-ci est sorti vainqueur du duel qui l'a opposé à Don Gormas, le père de Chimène, la femme qu'il comptait épouser. En tuant le père de sa promise, il a sauvé l'honneur de son père. Le père est fier de cet exploit, alors que le fils tente de lui faire entendre les arguments de l'amour.

Le code de l'honneur

DON DIÈGUE
Rodrigue, enfin le ciel permet que je te voie !

DON RODRIGUE
Hélas !

5 DON DIÈGUE
Ne mêle point de soupirs à ma joie ;
Laisse-moi prendre haleine afin de te louer.
Ma valeur n'a point lieu de te désavouer :
Tu l'as bien imitée, et ton illustre audace
10 Fait bien revivre en toi les héros de ma race :
C'est d'eux que tu descends, c'est de moi que tu viens :
Ton premier coup d'épée égale tous les miens ;
Et d'une belle ardeur ta jeunesse animée
Par cette grande épreuve atteint ma renommée.
15 Appui de ma vieillesse, et comble de mon heur,
Touche ces cheveux blancs à qui tu rends l'honneur,
Viens baiser cette joue, et reconnais la place
Où fut empreint l'affront que ton courage efface.

DON RODRIGUE
20 L'honneur vous en est dû : je ne pouvais pas moins,
Étant sorti de vous et nourri par vos soins.
Je m'en tiens trop heureux, et mon âme est ravie
Que mon coup d'essai plaise à qui je dois la vie ;
Mais parmi vos plaisirs ne soyez point jaloux
25 Si je m'ose à mon tour satisfaire après vous.
Souffrez qu'en liberté mon désespoir éclate ;
Assez et trop longtemps votre discours le flatte.
Je ne me repens point de vous avoir servi ;
Mais rendez-moi le bien que ce coup m'a ravi.
30 Mon bras, pour vous venger, armé contre ma flamme,
Par ce coup glorieux m'a privé de mon âme ;
Ne me dites plus rien ; pour vous j'ai tout perdu :
Ce que je vous devais, je vous l'ai bien rendu.

DON DIÈGUE
35 Porte, porte plus haut le fruit de ta victoire :
Je t'ai donné la vie, et tu me rends ma gloire ;
Et d'autant que l'honneur m'est plus cher que le jour,
D'autant plus maintenant je te dois de retour.
Mais d'un cœur magnanime éloigne ces faiblesses ;
40 Nous n'avons qu'un honneur, il est tant de maîtresses !
L'amour n'est qu'un plaisir, l'honneur est un devoir.

DON RODRIGUE
Ah ! que me dites-vous ?

DON DIÈGUE
45 Ce que tu dois savoir.

DON RODRIGUE
Mon honneur offensé sur moi-même se venge,
Et vous m'osez pousser à la honte du change !
L'infamie est pareille, et suit également
50 Le guerrier sans courage et le perfide amant.
À ma fidélité ne faites point d'injure ;
Souffrez-moi généreux sans me rendre parjure :
Mes liens sont trop forts pour être ainsi rompus ;
Ma foi m'engage encor si je n'espère plus ;
55 Et ne pouvant quitter ni posséder Chimène,
Le trépas que je cherche est ma plus douce peine.

Pierre Corneille, *Le Cid,* Acte III, scène VI, 1636.

Atelier d'analyse

Exploration

1. Assurez-vous d'abord de bien comprendre l'extrait du *Cid*. Pour ce faire, cherchez dans le dictionnaire la signification de mots comme « infamie », « perfide », etc., et ceux dont la définition est susceptible d'éclairer la signification du texte, comme « honneur ».

2. En vous appuyant notamment sur la présentation en marge, vérifiez votre compréhension du texte en répondant aux questions suivantes.
   a. Quel est le sens du mot « ciel » dans le vers suivant ? « Rodrigue, enfin le ciel permet que je te voie ! »
   b. « Touche ces cheveux blancs à qui tu rends l'honneur » : Qu'a fait Rodrigue pour rendre l'honneur à son père ?
   c. Quelle est la cause du désespoir de Don Rodrigue ?
   d. « Mon bras, pour vous venger, armé contre ma flamme, / Par ce coup glorieux m'a privé de mon âme » : À qui renvoie l'expression « ma flamme » et pour quelle raison Rodrigue est-il privé de son âme ?
   e. Quel est le vers qui exprime que Rodrigue se considère comme libéré de son devoir envers son père ?

3. Expliquez la nature de l'affrontement entre le père et le fils en répondant aux questions suivantes.
   a. Quels sont les traits de personnalité de chacun des personnages ? Appuyez-vous sur l'extrait pour tenter de le déduire.
   b. Quels sont les motifs de leur opposition ?

4. Dans la troisième réplique de Don Diègue (lignes 35 à 41), relevez des vers qui sonnent comme des maximes. Selon vous, quel effet l'auteur veut-il produire sur l'auditoire ?

5. « Et ne pouvant quitter ni posséder Chimène,
   Le trépas que je cherche est ma plus douce peine. »
   Comment ces deux vers illustrent-ils le caractère tragique de la pièce ?

6. L'usage de plusieurs figures de rhétorique contribue à l'élévation du style. Relevez dans l'extrait :
   a. quelques métonymies et métaphores significatives en justifiant vos choix ;
   b. des vers à caractère antithétique en expliquant l'effet visé.

7. Dans une perspective de représentation, quelles couleurs dans le décor et les costumes conviendraient le plus à l'extrait du *Cid* ? Justifiez vos choix en vous appuyant sur la dynamique des personnages.

Rédaction

8. Montrez que l'affrontement entre Don Diègue et Don Rodrigue traduit un conflit de génération.

9. Analysez les thèmes de l'héroïsme, de l'amour et de l'honneur dans l'extrait du *Cid* en vous appuyant sur ces trois thèmes pour construire votre plan.

Pierre Corneille (1606-1684)

Le choix du classicisme

À la suite de la querelle déclenchée par la représentation du *Cid*, pièce qui ne satisfait pas aux attentes des théoriciens du classicisme, Corneille choisit de se soumettre à leurs règles en écrivant *Horace*, sa première tragédie. Prototype du personnage cornélien, Horace est guidé par un seul principe : le devoir envers l'État. Cette valeur l'emporte sur son sens de la famille et sur l'amour qu'il porte à sa femme. Cette pièce sera la première d'une série de 13 tragédies s'inspirant toutes de l'histoire romaine.

La pièce s'articule autour d'un combat entre les trois Horaces et les trois Curiaces, champions désignés pour régler le différend entre Rome et Albe. L'intrigue se corse du fait que le Romain Horace a épousé une native d'Albe et qu'un des Curiaces est fiancé à la sœur d'Horace. Dans un geste de colère, Horace, vainqueur du combat, tuera sa sœur Camille parce que celle-ci, au lieu de louer la gloire de son frère, pleure la mort de son fiancé. Dans la scène ci-contre, Camille affronte son frère.

La victoire d'Horace

Scène V. Horace, Camille, Procule. *Procule porte en sa main les trois épées des Curiaces.*

HORACE
Ma sœur, voici le bras qui venge nos deux frères,
Le bras qui rompt le cours de nos destins contraires,
5 Qui nous rend maîtres d'Albe ; enfin voici le bras
Qui seul fait aujourd'hui le sort de deux États ;
Vois ces marques d'honneur, ces témoins de ma gloire,
Et rends ce que tu dois à l'heur de ma victoire.

CAMILLE
10 Recevez donc mes pleurs, c'est ce que je lui dois.

HORACE
Rome n'en veut point voir après de tels exploits,
Et nos deux frères morts dans le malheur des armes
Sont trop payés de sang pour exiger des larmes :
15 Quand la perte est vengée, on n'a plus rien perdu.

CAMILLE
Puisqu'ils sont satisfaits par le sang épandu,
Je cesserai pour eux de paraître affligée,
Et j'oublierai leur mort que vous avez vengée ;
20 Mais qui me vengera de celle d'un amant
Pour me faire oublier sa perte en un moment ?

HORACE
Que dis-tu, malheureuse ?

CAMILLE
25 Ô mon cher Curiace !

HORACE
Ô d'une indigne sœur insupportable audace !
D'un ennemi public dont je reviens vainqueur
Le nom est dans ta bouche et l'amour dans ton cœur !
30 Ton ardeur criminelle à la vengeance aspire !
Ta bouche la demande, et ton cœur la respire !
Suis moins ta passion, règle mieux tes désirs,
Ne me fais plus rougir d'entendre tes soupirs ;
Tes flammes désormais doivent être étouffées ;
35 Bannis-les de ton âme, et songe à mes trophées :
Qu'ils soient dorénavant ton unique entretien.

CAMILLE
Donne-moi donc, barbare, un cœur comme le tien ;
Et si tu veux enfin que je t'ouvre mon âme,
40 Rends-moi mon Curiace, ou laisse agir ma flamme :
Ma joie et mes douleurs dépendaient de son sort ;
Je l'adorais vivant, et je le pleure mort.
Ne cherche plus ta sœur où tu l'avais laissée ;
Tu ne revois en moi qu'une amante offensée,
45 Qui, comme une furie, attachée à tes pas,
Te veut incessamment reprocher son trépas.
Tigre altéré de sang, qui me défends les larmes,

Qui veux que dans sa mort je trouve encor des charmes,
Et que, jusques au ciel élevant tes exploits,
50 Moi-même je le tue une seconde fois !
Puissent tant de malheurs accompagner ta vie,
Que tu tombes au point de me porter envie ;
Et toi, bientôt souiller par quelque lâcheté
Cette gloire si chère à la brutalité !

55 HORACE
Ô ciel ! qui vit jamais une pareille rage !
Crois-tu donc que je sois insensible à l'outrage,
Que je souffre en mon sang ce mortel déshonneur ?
Aime, aime cette mort qui fait notre bonheur,
60 Et préfère du moins au souvenir d'un homme
Ce que doit ta naissance aux intérêts de Rome.

CAMILLE
Rome, l'unique objet de mon ressentiment !
Rome, à qui vient ton bras d'immoler mon amant !
65 Rome qui t'a vu naître, et que ton cœur adore !
Rome enfin que je hais parce qu'elle t'honore !
Puissent tous ses voisins ensemble conjurés
Saper ses fondements encor mal assurés !
Et si ce n'est assez de toute l'Italie,
70 Que l'Orient contre elle à l'Occident s'allie ;
Que cent peuples unis des bouts de l'univers
Passent pour la détruire et les monts et les mers !
Qu'elle-même sur soi renverse ses murailles,
Et de ses propres mains déchire ses entrailles !
75 Que le courroux du ciel allumé par mes vœux
Fasse pleuvoir sur elle un déluge de feux !
Puissé-je de mes yeux y voir tomber ce foudre,
Voir ses maisons en cendre, et tes lauriers en poudre,
Voir le dernier Romain à son dernier soupir,
80 Moi seule en être cause, et mourir de plaisir !

Pierre Corneille, *Horace*, Acte IV, scène V, 1640.

Costume d'Horace d'après un dessin d'Edmond A. F. Geffroy (XIXᵉ siècle).

Atelier d'analyse

Exploration

1. Analysez cette scène d'affrontement en répondant aux questions suivantes.
   a. Quelles sont les causes (événements) de la dispute entre le frère et la sœur ?
   b. En quoi l'ordre des valeurs diffère-t-il chez les deux protagonistes ?
   c. Quelles insultes sont proférées par chacun des personnages ? Dressez-en le répertoire.
   d. Pourquoi les caractères trop semblables d'Horace et de Camille ne peuvent-ils qu'empêcher toute forme de conciliation ? Expliquez votre réponse.

2. Dressez le champ lexical de l'honneur et de la gloire associé à Horace et celui de l'amour associé à Camille.

3. Expliquez comment la ponctuation traduit très bien que la raison cède devant l'émotion.

4. Horace fait fréquemment usage de métonymies dans ses interventions, ce qui contribue à créer une impression de morcellement du corps, de morcellement de l'individu. Relevez-en quelques-unes. En quoi cet usage est-il justifié dans le contexte ?

5. D'autres procédés stylistiques contribuent à accentuer la tonalité émotive de l'extrait. Relevez dans l'extrait :
   a. quelques métaphores ;
   b. une comparaison ;
   c. une antithèse ;
   d. des anaphores.

6. Par leur construction en symétrie ou en parallèle, quels vers contribuent au caractère énergique de chacune des tirades ?

7. L'extrait traduit aussi une certaine conception des rapports entre les hommes et les femmes à l'époque : en quoi cela diffère-t-il de l'époque actuelle ? Les valeurs représentées ici sont-elles encore vivantes dans notre société ?

Rédaction

8. Expliquez comment les relations entre les deux personnages illustrent l'incompatibilité entre l'héroïsme et l'amour dans la tragédie cornélienne. Il est possible d'adopter un plan dialectique pour traiter ce sujet, soit :
   a. la thèse : l'héroïsme au service de l'État représenté par Horace ;
   b. l'antithèse : la revendication de l'amour par sa sœur Camille qui aime un ennemi de Rome ;
   c. la synthèse : les deux protagonistes se rejoignent par le caractère excessif de leur personnalité, qui est la marque des héros cornéliens typiques.

9. Dressez un portrait du héros cornélien tel que le traduit cet extrait.

10. Comparez cet extrait avec celui du *Cid* de Corneille et montrez qu'ils reposent tous deux sur un conflit de valeurs, l'honneur s'opposant à l'amour.

Un aveuglement funeste

HERMIONE
Le croirai-je, Seigneur, qu'un reste de tendresse
Vous fasse ici chercher une triste princesse ?
Ou ne dois-je imputer qu'à votre seul devoir
5 L'heureux empressement qui vous porte à me voir ?

ORESTE
Tel est de mon amour l'aveuglement funeste.
Vous le savez, Madame ; et le destin d'Oreste
Est de venir sans cesse adorer vos attraits,
10 Et de jurer toujours qu'il n'y viendra jamais.
Je sais que vos regards vont rouvrir mes blessures,
Que tous mes pas vers vous sont autant de parjures :
Je le sais, j'en rougis. Mais j'atteste les Dieux,
Témoins de la fureur de mes derniers adieux,
15 Que j'ai couru partout où ma perte certaine
Dégageait mes serments et finissait ma peine.
J'ai mendié la mort chez des peuples cruels
Qui n'apaisaient leurs dieux que du sang des mortels :
Ils m'ont fermé leur temple ; et ces peuples barbares
20 De mon sang prodigué sont devenus avares.
Enfin je viens à vous, et je me vois réduit
À chercher dans vos yeux une mort qui me fuit.
Mon désespoir n'attend que leur indifférence :
Ils n'ont qu'à m'interdire un reste d'espérance ;
25 Ils n'ont, pour avancer cette mort où je cours,
Qu'à me dire une fois ce qu'ils m'ont dit toujours.
Voilà, depuis un an, le seul soin qui m'anime.
Madame, c'est à vous de prendre une victime
Que les Scythes auraient dérobée à vos coups,
30 Si j'en avais trouvé d'aussi cruels que vous.

HERMIONE
Quittez, Seigneur, quittez ce funeste langage.
À des soins plus pressants la Grèce vous engage.
Que parlez-vous du Scythe et de mes cruautés ?
35 Songez à tous ces rois que vous représentez.
Faut-il que d'un transport leur vengeance dépende ?
Est-ce le sang d'Oreste enfin qu'on vous demande ?
Dégagez-vous des soins dont vous êtes chargé.

ORESTE
40 Les refus de Pyrrhus m'ont assez dégagé,
Madame : il me renvoie ; et quelque autre puissance
Lui fait du fils d'Hector embrasser la défense.

Jean Racine, *Andromaque*, Acte II, scène II, 1667.

Jean Racine (1639-1699)

Le dramaturge classique par excellence

Très tôt orphelin, Racine reçoit une solide éducation chez les religieuses de Port-Royal, haut lieu du jansénisme. Fortement influencé par cette doctrine puritaine sévère, il lui doit probablement une part de sa personnalité tourmentée.

Son premier grand succès, *Andromaque*, lui permet de remplacer Corneille dans la faveur du public. Désormais moins intéressé par les actions héroïques et les thèmes chevaleresques, le public des courtisans, converti au raffinement des manières, apprécie les fines analyses psychologiques dans lesquelles Racine excelle.

Le héros racinien se distingue du héros cornélien par son destin marqué du sceau de la fatalité. L'homme est une marionnette dans le jeu des passions et du pouvoir. Condamné au malheur, il illustre en fait une vision très pessimiste de la condition humaine dans laquelle même l'amour est perçu comme une pulsion néfaste qui anéantit l'idéal. Dans cet extrait d'*Andromaque*, Oreste avoue ses sentiments à Hermione, fiancée à Pyrrhus, roi d'Épire. Cette passion se révèle funeste, puisqu'elle entraîne l'assassinat de Pyrrhus, le suicide d'Hermione et la folie d'Oreste...

Atelier d'analyse

Exploration

1. Dans la première réplique d'Oreste (lignes 7 à 30), montrez que l'émotion l'emporte sur la raison.

2. Par l'analyse de cette même réplique, donnez des preuves que ce personnage répond aux caractéristiques suivantes du héros tragique :
   a. il semble être une marionnette incapable de prendre en main son destin ;
   b. il paraît condamné au malheur ;
   c. son amour, au lieu de le grandir, l'anéantit ;
   d. il illustre une vision pessimiste de la condition humaine.

3. Montrez que l'attitude d'Hermione, qui traduit une forme d'abattement au début, devient plus altière dans sa deuxième réplique.

4. Tout un réseau lexical lié à la violence et à la guerre traverse les répliques des deux personnages : démontrez-le.

5. Relevez les nombreuses références à l'Antiquité et expliquez pourquoi elles sont susceptibles de contribuer au climat de solennité.

Rédaction

6. Montrez que la fatalité semble écraser de son poids ces deux personnages. Le plan suivant peut inspirer votre développement.
   a. Les valeurs de la guerre et de la violence conditionnent les deux personnages.
   b. Oreste semble incapable de prendre en main son destin.
   c. L'extrait présente une vision pessimiste de la condition humaine en accord avec le sens même de la tragédie classique.

Pierre-Narcisse Guérin, *Andromaque et Pyrrhus*.
Apparaissent à gauche, Oreste, et à droite, Hermione.

Les tourments de la passion amoureuse

PHÈDRE, ŒNONE

PHÈDRE
Chère Œnone, sais-tu ce que je viens d'apprendre ?

ŒNONE
5   Non ; mais je viens tremblante, à ne vous point mentir.
J'ai pâli du dessein qui vous a fait sortir ;
J'ai craint une fureur à vous-même fatale.

PHÈDRE
Œnone, qui l'eût cru ? j'avais une rivale.

ŒNONE
10 Comment ?

PHÈDRE
Hippolyte aime, et je n'en puis douter.
Ce farouche ennemi qu'on ne pouvait dompter,
15 Qu'offensait le respect, qu'importunait la plainte,
Ce tigre, que jamais je n'abordais sans crainte,
Soumis, apprivoisé, reconnaît un vainqueur :
Aricie a trouvé le chemin de son cœur.

ŒNONE
20 Aricie ?

PHÈDRE
Ah ! douleur non encore éprouvée !
À quel nouveau tourment je me suis réservée !
Tout ce que j'ai souffert, mes craintes, mes transports,
25 La fureur de mes feux, l'horreur de mes remords,
Et d'un refus cruel l'insupportable injure
N'était qu'un faible essai du tourment que j'endure.
Ils s'aiment ! Par quel charme ont-ils trompé mes yeux ?
Comment se sont-ils vus ? Depuis quand ? Dans quels lieux ?
30 Tu le savais. Pourquoi me laissais-tu séduire ?
De leur furtive ardeur ne pouvais-tu m'instruire ?
Les a-t-on vus souvent se parler, se chercher ?
Dans le fond des forêts allaient-ils se cacher ?
Hélas ! ils se voyaient avec pleine licence.
35 Le ciel de leurs soupirs approuvait l'innocence ;
Ils suivaient sans remords leur penchant amoureux,
Tous les jours se levaient clairs et sereins pour eux.
Et moi, triste rebut de la nature entière,
Je me cachais au jour, je fuyais la lumière.
40 La mort est le seul dieu que j'osais implorer.
J'attendais le moment où j'allais expirer ;
Me nourrissant de fiel, de larmes abreuvée,
Encor dans mon malheur de trop près observée,
Je n'osais dans mes pleurs me noyer à loisir ;
45 Je goûtais en tremblant ce funeste plaisir ;
Et sous un front serein déguisant mes alarmes,
Il fallait bien souvent me priver de mes larmes.

Jean Racine (1639-1699)

La fatalité

Racine atteint le sommet de son art avec la présentation de *Phèdre*, pièce qui clôt pratiquement sa carrière de dramaturge puisqu'il va consacrer les dernières années de sa vie à son rôle d'historiographe du roi. Le sujet est emprunté au dramaturge grec Euripide, mais la pièce que propose Racine traduit une culpabilité que plusieurs ont attribuée à son éducation janséniste. D'autres ont cru voir dans les tensions entre personnages une transposition des complots entre courtisans, tous en quête de faveurs royales et tous soumis au bon désir du roi.

Dans la scène suivante, Phèdre, l'héroïne éponyme, vient d'apprendre que son beau-fils, dont elle est amoureuse à son grand désespoir, aime lui-même une jeune fille, Aricie, mise à l'écart du royaume par Thésée. Revenu dans son royaume après qu'on l'eut cru mort, Thésée, époux de Phèdre, est à l'image de Louis XIV, un monarque absolu. Dans cette scène, Phèdre confie son trouble à sa servante Œnone, qui soutient les projets de sa maîtresse sans pour autant recevoir de marque de reconnaissance de sa part.

ŒNONE
Quel fruit recevront-ils de leurs vaines amours ?
50 Ils ne se verront plus.

PHÈDRE
Ils s'aimeront toujours.
Au moment que je parle, ah ! mortelle pensée !
Ils bravent la fureur d'une amante insensée.
55 Malgré ce même exil qui va les écarter,
Ils font mille serments de ne point se quitter.
Non, je ne puis souffrir un bonheur qui m'outrage,
Œnone. Prends pitié de ma jalouse rage,
Il faut perdre Aricie. Il faut de mon époux
60 Contre un sang odieux réveiller le courroux.
Qu'il ne se borne pas à des peines légères :
Le crime de la sœur passe celui des frères.
Dans mes jaloux transports je le veux implorer.
Que fais-je ? Où ma raison se va-t-elle égarer ?
65 Moi jalouse ! et Thésée est celui que j'implore !
Mon époux est vivant, et moi je brûle encore !
Pour qui ? Quel est le cœur où prétendent mes vœux ?
Chaque mot sur mon front fait dresser mes cheveux.
Mes crimes désormais ont comblé la mesure.
70 Je respire à la fois l'inceste et l'imposture.
Mes homicides mains, promptes à me venger,
Dans le sang innocent brûlent de se plonger.
Misérable ! et je vis ? et je soutiens la vue
De ce sacré Soleil dont je suis descendue ?
75 J'ai pour aïeul le père et le maître des dieux,
Le ciel, tout l'univers est plein de mes aïeux.
Où me cacher ? Fuyons dans la nuit infernale.
Mais que dis-je ? mon père y tient l'urne fatale,
Le sort, dit-on, l'a mise en ses sévères mains :
80 Minos juge aux enfers tous les pâles humains.
Ah ! combien frémira son ombre épouvantée,
Lorsqu'il verra sa fille à ses yeux présentée,
Contrainte d'avouer tant de forfaits divers,
Et des crimes peut-être inconnus aux Enfers !
85 Que diras-tu, mon père, à ce spectacle horrible ?
Je crois voir de ta main tomber l'urne terrible ;
Je crois te voir, cherchant un supplice nouveau,
Toi-même de ton sang devenir le bourreau.
Pardonne. Un dieu cruel a perdu ta famille :
90 Reconnais sa vengeance aux fureurs de ta fille.
Hélas ! du crime affreux dont la honte me suit
Jamais mon triste cœur n'a recueilli le fruit.
Jusqu'au dernier soupir de malheurs poursuivie,
Je rends dans les tourments une pénible vie.

95 ŒNONE
Hé ! repoussez, Madame, une injuste terreur.
Regardez d'un autre œil une excusable erreur.

Vous aimez. On ne peut vaincre sa destinée.
Par un charme fatal vous fûtes entraînée.
100 Est-ce donc un prodige inouï parmi nous ?
L'amour n'a-t-il encor triomphé que de vous ?
La faiblesse aux humains n'est que trop naturelle.
Mortelle, subissez le sort d'une mortelle.
Vous vous plaignez d'un joug imposé dès longtemps :
105 Les dieux mêmes, les dieux, de l'Olympe habitants,
Qui d'un bruit si terrible épouvantent les crimes,
Ont brûlé quelquefois de feux illégitimes.

PHÈDRE
Qu'entends-je ? Quels conseils ose-t-on me donner ?
110 Ainsi donc jusqu'au bout tu veux m'empoisonner,
Malheureuse ? Voilà comme tu m'as perdue.
Au jour que je fuyais c'est toi qui m'as rendue.
Tes prières m'ont fait oublier mon devoir.
J'évitais Hippolyte, et tu me l'as fait voir.
115 De quoi te chargeais-tu ? Pourquoi ta bouche impie

Georges de La Tour, *La Madeleine à la veilleuse*, vers 1640-1645.

Le théâtre

A-t-elle, en l'accusant, osé noircir sa vie ?
Il en mourra peut-être, et d'un père insensé
Le sacrilège vœu peut-être est exaucé.
Je ne t'écoute plus. Va-t'en, monstre exécrable :
120 Va, laisse-moi le soin de mon sort déplorable.
Puisse le juste ciel dignement te payer !
Et puisse ton supplice à jamais effrayer
Tous ceux qui comme toi, par de lâches adresses,
Des princes malheureux nourrissent les faiblesses,
125 Les poussent au penchant où leur cœur est enclin,
Et leur osent du crime aplanir le chemin.
Détestables flatteurs, présent le plus funeste
Que puisse faire aux rois la colère céleste !

ŒNONE, *seule*
130 Ah, dieux ! pour la servir j'ai tout fait, tout quitté ;
Et j'en reçois ce prix ? Je l'ai bien mérité.

Jean Racine, *Phèdre*, Acte IV, scène VI, 1677.

Atelier d'analyse

Exploration

1. Résumez la scène.

2. Quels buts servent les répliques d'Œnone ? Effectuez des choix dans l'énumération suivante, puis illustrez chacun par un exemple.
   a. Les répliques traduisent l'admiration d'Œnone envers sa maîtresse.
   b. Par leur brièveté, les répliques traduisent la moindre importance du personnage d'Œnone dans la scène et dans la pièce.
   c. Les répliques servent à divertir Phèdre de sa peine.
   d. Les répliques contribuent au mouvement de la scène.
   e. Les répliques soulignent les émotions, la tonalité tragique de la scène.

3. Que nous apprennent les répliques de Phèdre sur Hippolyte, pourtant absent de la scène ?

4. Phèdre est une héroïne hantée par la culpabilité et la mort. Démontrez-le en faisant l'analyse de ses deux tirades.

5. Étudiez comment la rhétorique traduit le conflit émotif en relevant les oxymores et les antithèses qui ponctuent la première réplique de Phèdre.

6. Dans la deuxième réplique :
   a. relevez les métaphores et les métonymies ;
   b. montrez comment la ponctuation traduit l'émotion de Phèdre ;
   c. montrez comment les références à l'Antiquité contribuent à la gravité du moment.

Rédaction

7. En deux paragraphes, faites le portrait de Phèdre tout en montrant qu'elle présente les caractéristiques de l'héroïne tragique.

8. Analysez le caractère tragique de l'héroïne.

   Suggestion pour orienter la conception du plan : la douleur de Phèdre s'associe à (1) une culpabilité frôlant le masochisme ; (2) une attraction pour la mort ; (3) un sentiment de fatalité (la malédiction héréditaire).

Le libertin

Sganarelle. Ah! monsieur, que j'ai de joie de vous voir converti! Il y a longtemps que j'attendais cela, et voilà, grâce au Ciel, tous mes souhaits accomplis.

Dom Juan. La peste le benêt!

Sganarelle. Comment, le benêt?

Dom Juan. Quoi? Tu prends pour de bon argent ce que je viens de dire, et tu crois que ma bouche était d'accord avec mon cœur?

Sganarelle. Quoi? ce n'est pas... Vous ne... Votre... Oh! quel homme! quel homme! quel homme!

Dom Juan. Non, non, je ne suis point changé, et mes sentiments sont toujours les mêmes.

Sganarelle. Vous ne vous rendez pas à la surprenante merveille de cette statue mouvante et parlante?

Dom Juan. Il y a bien quelque chose là-dedans que je ne comprends pas; mais quoi que ce puisse être, cela n'est pas capable ni de convaincre mon esprit, ni d'ébranler mon âme; et si j'ai dit que je voulais corriger ma conduite et me jeter dans un train de vie exemplaire, c'est un dessein que j'ai formé par pure politique, un stratagème utile, une grimace nécessaire où je veux me contraindre, pour ménager un père dont j'ai besoin, et me mettre à couvert, du côté des hommes, de cent fâcheuses aventures qui pourraient m'arriver. Je veux bien, Sganarelle, t'en faire confidence, et je suis bien aise d'avoir un témoin du fond de mon âme et des véritables motifs qui m'obligent à faire les choses.

Sganarelle. Quoi! vous ne croyez rien du tout, et vous voulez cependant vous ériger en homme de bien?

Dom Juan. Et pourquoi non? Il y en a tant d'autres comme moi, qui se mêlent de ce métier, et qui se servent du même masque pour abuser le monde!

Sganarelle. Ah! quel homme! quel homme!

Dom Juan. Il n'y a plus de honte maintenant à cela: l'hypocrisie est un vice à la mode, et tous les vices à la mode passent pour vertus. Le personnage d'homme de bien est le meilleur de tous les personnages qu'on puisse jouer aujourd'hui, et la profession d'hypocrite a de merveilleux avantages. C'est un art de qui l'imposture est toujours respectée; et quoiqu'on la découvre, on n'ose rien dire contre elle. Tous les autres vices des hommes sont exposés à la censure et chacun a la liberté de les attaquer hautement, mais l'hypocrisie est un vice privilégié, qui, de sa main, ferme la bouche à tout le monde, et jouit en repos d'une impunité souveraine. On lie, à force de grimaces, une société étroite avec tous les gens du parti. Qui en choque un, se les jette tous sur les bras; et ceux que l'on sait même agir de bonne foi là-dessus, et que chacun connaît pour être véritablement touchés, ceux-là, dis-je, sont toujours les dupes des autres; ils donnent hautement dans le panneau des grimaciers, et appuient aveuglément les singes de leurs actions. Combien crois-tu que j'en connaisse qui, par ce stratagème, ont rhabillé adroitement les désordres de leur jeunesse, qui se sont fait un bouclier du manteau de la religion, et, sous cet habit respecté, ont la permission d'être les plus méchants hommes du monde? On a beau savoir leurs intrigues et les connaître pour ce qu'ils sont, ils ne laissent pas pour cela d'être en crédit parmi les gens; et quelque baissement de tête, un soupir mortifié, et deux roulements d'yeux rajustent dans le monde tout ce qu'ils peuvent faire. C'est sous cet abri favorable que

Molière (1622-1673)

L'orientation baroque

Parmi les trois dramaturges de grand renom que sont Corneille, Racine et Jean-Baptiste Poquelin dit Molière, ce dernier se distingue parce qu'il est le seul à connaître toutes les facettes du métier d'homme de théâtre : il est non seulement dramaturge, mais aussi comédien, directeur de troupe et metteur en scène. Conciliant les influences baroque et classique, Molière sait caricaturer la balourdise des valets et ironiser sur la cupidité des bourgeois. Toutefois, son attitude est plus ambivalente quand il s'agit de mettre en scène des personnages nobles : le sort de ses pièces ne dépend-il pas surtout du bon plaisir des grands seigneurs? Le personnage de Dom Juan, d'extraction noble, illustre cette ambiguïté envers les gentilshommes libertins, séducteurs à l'esprit critique aiguisé, qui sont aussi d'habiles manipulateurs.

Cet extrait fait suite à une scène où Dom Juan a promis à son père d'avoir une bonne conduite, mais il avoue maintenant à son valet Sganarelle que ce n'était qu'une feinte puisque, désormais, il fait le choix de devenir hypocrite. Son cynisme s'exprime notamment par le fait qu'il ne craint pas la statue d'un homme qu'il a tué; celle-ci finira toutefois par l'entraîner en enfer.

je veux me sauver, et mettre en sûreté mes affaires. Je ne quitterai point mes douces habitudes ; mais j'aurai soin de me cacher et me divertirai à petit bruit. Que si je viens à être découvert, je verrai, sans me remuer, prendre mes intérêts à toute la cabale, et je serai défendu par elle envers et contre tous. Enfin c'est là le vrai moyen de faire
50 impunément tout ce que je voudrai. Je m'érigerai en censeur des actions d'autrui, jugerai mal de tout le monde, et n'aurai bonne opinion que de moi. Dès qu'une fois on m'aura choqué tant soit peu, je ne pardonnerai jamais et garderai tout doucement une haine irréconciliable. Je ferai le vengeur des intérêts du Ciel, et, sous ce prétexte commode, je pousserai mes ennemis, je les accuserai d'impiété, et saurai déchaîner
55 contre eux des zélés indiscrets, qui, sans connaissance de cause, crieront en public contre eux, qui les accableront d'injures, et les damneront hautement de leur autorité privée. C'est ainsi qu'il faut profiter des faiblesses des hommes, et qu'un sage esprit s'accommode aux vices de son siècle.

Molière, *Dom Juan,* Acte V, scène II, 1665.

Alexandre-Évariste Fragonard, *Dom Juan et la statue du commandeur,* 1830.

Atelier d'analyse

Exploration

1. Étudiez le personnage de Sganarelle en répondant aux questions suivantes.
   a. Quelles preuves démontrent le fait que Sganarelle joue un rôle de confident auprès de son maître ?
   b. Comment Molière s'y prend-il pour faire saisir une part d'admiration du domestique envers son maître ?
   c. Les répliques de Sganarelle illustrent-elles la crédulité propre aux gens du peuple ?
   d. Comment perçoit-on que Sganarelle se situe surtout du côté des émotions, et non du côté de la raison ?
   e. Comment les quelques répliques de Sganarelle font-elles ressortir le caractère comique du personnage ?

2. Étudiez le personnage de Dom Juan en répondant aux questions suivantes.
   a. En quoi la profession d'hypocrisie de Dom Juan véhicule-t-elle une critique des mœurs courtisanes de son époque ?
   b. Pourquoi peut-on dire que Dom Juan associe l'idée de justice à sa harangue ?
   c. Par ses traits de caractère, comment Dom Juan entre-t-il nettement en opposition avec son valet ?
   d. Qu'est-ce qui montre que, dans les répliques de Dom Juan, tout est associé à l'idée de jeu (masque, déguisement, etc.) ?
   e. Pourquoi les répliques de Dom Juan traduisent-elles une approche baroque du personnage (idées de dédoublement et d'apparence, de pièce dans la pièce, etc.) ?

3. Associez un procédé stylistique aux passages suivants.
   a. « Oh ! quel homme ! quel homme ! quel homme ! »
   b. « ni de convaincre mon esprit, ni d'ébranler mon âme »
   c. « c'est un dessein que j'ai formé par pure politique, un stratagème utile, une grimace nécessaire »
   d. « tous les vices à la mode passent pour vertus »
   e. « l'hypocrisie [...] ferme la bouche à tout le monde, et jouit en repos d'une impunité souveraine. »
   f. « le panneau des grimaciers »
   g. « un bouclier du manteau de la religion »
   h. « et quelque baissement de tête, un soupir mortifié, et deux roulements d'yeux »

4. Avant la réplique finale de Dom Juan, expliquez comment Molière donne un mouvement alerte à la scène.

Rédaction

5. En vous rapportant aux caractéristiques du courant baroque, montrez que cet extrait en fournit une illustration en vous inspirant du plan suivant.
   a. Comme dans le théâtre baroque, Molière mêle sur scène des personnages de milieux sociaux différents (donc avec des traits de mentalité différents).
   b. Dom Juan dénonce l'hypocrisie, un trait de caractère qui implique de se masquer et de jouer sur les apparences (la mise en abyme baroque, le dédoublement).
   c. L'extrait présente une grande variété de tonalités comme dans le théâtre baroque, qui conjugue le comique au tragique.

Molière (1622-1673)

L'orientation classique : la grande comédie en vers

Molière apprend son métier dans des conditions difficiles. Au début de sa carrière, ses tournées en province lui permettent d'acquérir des connaissances variées sur la façon de vivre partout en France, et il en tire profit dans son théâtre. De retour dans sa ville natale, Paris, en 1657, il remporte enfin le succès tant attendu grâce à une farce qui caricature les excès et les travers d'un courant alors à la mode, la préciosité. Dix ans plus tard, alors qu'il est au sommet de sa gloire, deux de ses pièces, *Tartuffe* et *Dom Juan*, sont interdites, car les dévots se déchaînent contre lui. *Le misanthrope*, une comédie douce-amère, ne parvient pas sur le moment à séduire le public de la cour, alors que la postérité considérera cette grande comédie comme une de ses réussites. Dans cette comédie douce-amère, il oppose deux caractères : celui d'Alceste, esprit rigoureux qui n'hésite pas à dire la vérité sur tout, à celui de Philinte, modèle d'honnête homme, qui ne répugne pas à la flatterie pour maintenir de bonnes relations. Chacun de ces deux personnages représente une facette de la personnalité de Molière qui, épris de justice et de vérité, peut aussi se montrer pragmatique, voire indulgent. Dans cet extrait, Alceste et Philinte exposent chacun leur vision personnelle de la nature humaine et de la vie en société.

La nature humaine

PHILINTE
Vous voulez un grand mal à la nature humaine !

ALCESTE
Oui, j'ai conçu pour elle une effroyable haine.

5 PHILINTE
Tous les pauvres mortels, sans nulle exception,
Seront enveloppés dans cette aversion ?
Encore en est-il bien, dans le siècle où nous sommes...

ALCESTE
10 Non : elle est générale, et je hais tous les hommes :
Les uns, parce qu'ils sont méchants et malfaisants,
Et les autres, pour être aux méchants complaisants,
Et n'avoir pas pour eux ces haines vigoureuses
Que doit donner le vice aux âmes vertueuses.
15 De cette complaisance on voit l'injuste excès
Pour le franc scélérat avec qui j'ai procès :
Au travers de son masque on voit à plein le traître ;
Partout il est connu pour tout ce qu'il peut être ;
Et ses roulements d'yeux et son ton radouci
20 N'imposent qu'à des gens qui ne sont point d'ici.
On sait que ce pied plat, digne qu'on le confonde,
Par de sales emplois s'est poussé dans le monde.
Et que par eux son sort de splendeur revêtu
Fait gronder le mérite et rougir la vertu.
25 Quelques titres honteux qu'en tous lieux on lui donne,
Son misérable honneur ne voit pour lui personne ;
Nommez-le fourbe, infâme et scélérat maudit,
Tout le monde en convient et nul n'y contredit.
Cependant sa grimace est partout bienvenue :
30 On l'accueille, on lui rit, partout il s'insinue ;
Et s'il est, par la brigue, un rang à disputer,
Sur le plus honnête homme on le voit l'emporter.
Têtebleu ! ce me sont de mortelles blessures,
De voir qu'avec le vice on garde des mesures ;
35 Et parfois il me prend des mouvements soudains
De fuir dans un désert l'approche des humains.

PHILINTE
Mon Dieu, des mœurs du temps mettons-nous moins en peine,
Et faisons un peu grâce à la nature humaine ;
40 Ne l'examinons point dans la grande rigueur,
Et voyons ses défauts avec quelque douceur.
Il faut, parmi le monde, une vertu traitable ;
À force de sagesse, on peut être blâmable ;
La parfaite raison fuit toute extrémité,
45 Et veut que l'on soit sage avec sobriété.
Cette grande raideur des vertus des vieux âges
Heurte trop notre siècle et les communs usages ;
Elle veut aux mortels trop de perfection :
Il faut fléchir au temps sans obstination ;

Et c'est une folie à nulle autre seconde
De vouloir se mêler de corriger le monde.
J'observe, comme vous, cent choses tous les jours,
Qui pourraient mieux aller, prenant un autre cours ;
Mais quoi qu'à chaque pas je puisse voir paraître,
En courroux, comme vous, on ne me voit point être ;
Je prends tout doucement les hommes comme ils sont,
J'accoutume mon âme à souffrir ce qu'ils font ;
Et je crois qu'à la cour, de même qu'à la ville,
Mon flegme est philosophe autant que votre bile.

ALCESTE
Mais ce flegme, monsieur, qui raisonne si bien,
Ce flegme pourra-t-il ne s'échauffer de rien ?
Et s'il faut, par hasard, qu'un ami vous trahisse,
Que, pour avoir vos biens, on dresse un artifice,
Ou qu'on tâche à semer de méchants bruits de vous,
Verrez-vous tout cela sans vous mettre en courroux ?

PHILINTE
Oui, je vois ces défauts dont votre âme murmure
Comme vices unis à l'humaine nature ;
Et mon esprit enfin n'est plus offensé
De voir un homme fourbe, injuste, intéressé,
Que de voir des vautours affamés de carnage,
Des singes malfaisants, et des loups pleins de rage.

Molière, *Le misanthrope*, Acte I, scène I, 1666.

Atelier d'analyse

Exploration

1. Reformulez en vos mots les vers suivants.
   a. « je hais tous les hommes :
      Les uns, parce qu'ils sont méchants et malfaisants,
      Et les autres, pour être aux méchants complaisants »
   b. « Têtebleu ! ce me sont de mortelles blessures,
      De voir qu'avec le vice on garde des mesures ; »
   c. « Il faut, parmi le monde, une vertu traitable ; »
   d. « Et je crois qu'à la cour, de même qu'à la ville,
      Mon flegme est philosophe autant que votre bile. »

2. Relevez et expliquez les effets des figures suivantes : une antithèse, un oxymore, deux métonymies, trois énumérations.

3. Alceste représente le misanthrope (synonyme de « antisocial ») et Philinte, l'honnête homme. Dans un tableau sur deux colonnes, répartissez les éléments suivants relatifs à chaque personnage :
   a. l'attitude à l'égard de la nature humaine ;
   b. les traits de caractère valorisés ou rejetés par chacun ;
   c. un ou deux vers qui résument bien la philosophie de chacun.

4. Montrez que, dans cet extrait, le comique de caractère (caricature de traits psychologiques) se conjugue au comique de mœurs (critique sociale).

5. Compte tenu des renseignements sur Molière, de quel personnage l'écrivain serait-il le plus proche ? Nuancez votre réponse, s'il y a lieu.

Rédaction

6. Sujet : Montrez que cet extrait présente à la fois une apologie et une critique de l'idéal de l'honnête homme.

   Consigne : Relevez les maladresses qui se trouvent dans le paragraphe suivant, recomposez-le, puis complétez la dissertation.

   Dans l'extrait, c'est Philinte qui se fait le défenseur de l'idéal de l'honnête homme. Il trouve qu'on doit endurer les vieux dans la vie comme il le dit dans le vers suivant : « Cette grande raideur des vertus des vieux âges / Heurte trop notre siècle et les communs usages ». Le verbe « heurte » indique la violence du siècle envers les personnes âgées. Il dit, en plus, qu'on doit éviter la colère comme le suggère le champ lexical de ce mot : « courroux, bile, méchant, carnage et rage ». Ce qu'il propose au fond, c'est de se comporter correctement avec les gens, ce qui est tout à fait dans l'esprit de l'idéal de l'honnête homme.

7. Comparez les positions respectives d'Alceste et de Philinte avec celle de Dom Juan dans l'extrait précédent.

Molière (1622-1673)

Une résurgence baroque : la comédie-ballet

Molière connaît la prospérité en cours de carrière grâce à l'appui du roi qui a même consenti à être le parrain de son fils, mort en bas âge. Toutefois, les nombreux ennemis qu'il s'est faits, une vie matrimoniale malheureuse et ses lourdes responsabilités de chef de troupe qui doit fournir de l'emploi à ses comédiens aigrissent son caractère, nuisent à sa santé sans toutefois tarir son imaginaire ni son goût de la scène. *Le malade imaginaire* est sa dernière pièce comme auteur et comme acteur. Atteint d'une maladie qui le fait tousser en saccade, il s'écroule en cours de représentation avant de décéder chez lui, probablement de tuberculose. Le roi doit intervenir pour que l'Église accepte d'enterrer ce comédien non repenti dans un endroit toutefois réservé aux non-baptisés.

Appartenant au genre hybride de la comédie-ballet, où la comédie à caractère souvent farcesque est accompagnée de musique et de danse, *Le malade imaginaire* témoigne de l'influence continue du courant baroque sur l'œuvre de Molière. Pour servir ses intérêts de malade soucieux d'épargner des frais médicaux, Argan veut marier sa fille Angélique à un jeune médecin. Dans cet extrait où intervient Toinette, la domestique qui ajoute son grain de sel, chacune des répliques semble accentuer le quiproquo entre Argan, le père, et sa fille Angélique.

L'obéissance d'une fille

ARGAN, *se met dans sa chaise*. — Ô çà, ma fille, je vais vous dire une nouvelle où peut-être ne vous attendez-vous pas : on vous demande en mariage. Qu'est-ce que cela ? Vous riez ? Cela est plaisant, oui, ce mot de mariage. Il n'y a rien de plus drôle pour les jeunes filles. Ah ! nature, nature ! À ce que je puis voir, ma fille, je n'ai que faire de vous
5 demander si vous voulez bien vous marier.

ANGÉLIQUE. — Je dois faire, mon père, tout ce qu'il vous plaira de m'ordonner.

ARGAN. — Je suis bien aise d'avoir une fille si obéissante : la chose est donc conclue, et je vous ai promise.

ANGÉLIQUE. — C'est à moi, mon père, de suivre aveuglément toutes vos volontés.

10 ARGAN. — Ma femme, votre belle-mère, avait envie que je vous fisse religieuse, et votre petite sœur Louison aussi ; et de tout temps elle a été aheurtée à cela.

TOINETTE, *tout bas*. — La bonne bête a ses raisons.

ARGAN. — Elle ne voulait point consentir à ce mariage ; mais je l'ai emporté et ma parole est donnée.

15 ANGÉLIQUE. — Ah ! mon père, que je vous suis obligée de toutes vos bontés !

TOINETTE. — En vérité, je vous sais bon gré de cela, et voilà l'action la plus sage que vous ayez faite de votre vie.

ARGAN. — Je n'ai point encore vu la personne ; mais on m'a dit que j'en serais content, et toi aussi.

20 ANGÉLIQUE. — Assurément, mon père.

ARGAN. — Comment ! l'as-tu vu ?

ANGÉLIQUE. — Puisque votre consentement m'autorise à vous ouvrir mon cœur, je ne feindrai point de vous dire que le hasard nous a fait connaître, il y a six jours, et que la demande qu'on vous a faite est un effet de l'inclination que, dès cette première vue,
25 nous avons prise l'un pour l'autre.

ARGAN. — Ils ne m'ont pas dit cela, mais j'en suis bien aise et c'est tant mieux que les choses soient de la sorte. Ils disent que c'est un grand jeune garçon bien fait.

ANGÉLIQUE. — Oui, mon père.

ARGAN. — De belle taille.

30 ANGÉLIQUE. — Sans doute.

ARGAN. — Agréable de sa personne.

ANGÉLIQUE. — Assurément.

ARGAN. — De bonne physionomie.

ANGÉLIQUE. — Très bonne.

35 ARGAN. — Sage et bien né.

ANGÉLIQUE. — Tout à fait.

ARGAN. — Fort honnête.

ANGÉLIQUE. — Le plus honnête du monde.

ARGAN. — Qui parle bien latin et grec.

ANGÉLIQUE. — C'est ce que je ne sais pas.

ARGAN. — Et qui sera reçu médecin dans trois jours.

ANGÉLIQUE. — Lui, mon père ?

ARGAN. — Oui. Est-ce qu'il ne te l'a pas dit ?

ANGÉLIQUE. — Non, vraiment. Qui vous l'a dit, à vous ?

ARGAN. — Monsieur Purgon.

ANGÉLIQUE. — Est-ce que monsieur Purgon le connaît ?

ARGAN. — La belle demande ! Il faut bien qu'il le connaisse, puisque c'est son neveu.

ANGÉLIQUE. — Cléante, neveu de monsieur Purgon ?

ARGAN. — Quel Cléante ? Nous parlons de celui pour qui l'on t'a demandée en mariage.

ANGÉLIQUE. — Hé ! Oui.

ARGAN. — Hé bien ! c'est le neveu de M. Purgon, qui est le fils de son beau-frère le médecin, monsieur Diafoirus ; et ce fils s'appelle Thomas Diafoirus, et non pas Cléante ; et nous avons conclu ce mariage-là ce matin, monsieur Purgon, monsieur Fleurant et moi, et demain ce gendre prétendu doit m'être amené par son père. Qu'est-ce ? Vous voilà toute ébaubie ?

ANGÉLIQUE. — C'est, mon père, que je connais que vous avez parlé d'une personne, et que j'ai entendu une autre.

Molière, *Le malade imaginaire,* Acte I, scène V, 1673.

Cléante (Guillaume Champoux) et Angélique (Bénédicte Décary), les amoureux de la pièce, déclament leur flamme sous le couvert d'une improvisation chantée (Théâtre du Nouveau Monde, 2006).

Atelier d'analyse

Exploration

1. Assurez-vous d'abord de bien comprendre l'extrait. Pour ce faire :
   a. cherchez dans le dictionnaire les mots comme « physionomie », « ébaubie », etc. ;
   b. faites un bref résumé de l'extrait.

2. Faites l'étude des personnages en répondant aux questions suivantes.
   a. En s'appuyant sur leurs répliques, que peut-on déduire des personnalités d'Argan et d'Angélique ?
   b. Comment peut-on qualifier leur relation ?
   c. En extrapolant, que peut-on déduire des relations entre le père et la fille dans les familles au XVIIe siècle ?

3. Analysez le comique de situation en répondant aux questions suivantes.
   a. Comment Molière rend-il caricaturale la soumission d'Angélique ? (Répondez en tenant compte du champ lexical de ce terme dans les répliques de ce personnage.)
   b. Quelles sont les répliques qui marquent le retournement de situation ou la fin du quiproquo ?
   c. Pourquoi peut-on dire qu'Argan ne tient aucunement compte de ce qu'il dit dans sa première réplique (ce qui a trait au plaisir du mariage et à la nature des jeunes filles : « Ah ! nature, nature ! ») ?

4. Analysez comment Molière arrive à créer un comique de langage :
   a. en relevant des phrases interrogatives ou exclamatives et en expliquant leur effet sur le rythme de la scène ;
   b. en isolant la réplique plus longue susceptible de faire rire par un comique de noms ;
   c. en expliquant l'effet visé par les stichomythies ;
   d. en caractérisant le rythme général de la scène, dépourvue de moments de silence et de monologues.

5. Cette scène peut-elle donner lieu à un comique de gestes et de mimiques ? Répondez en tenant compte des aspects suivants.
   a. Repérez dans le texte tous les passages se référant aux mimiques et aux gestes : vous apparaissent-ils suffisants ?
   b. Certaines répliques pourraient-elles être dites en aparté (parole en retrait du dialogue et entendue par le spectateur) ? Justifiez votre réponse.

6. Dans une perspective de mise en scène de l'extrait :
   a. choisissez des comédiens parmi les acteurs connus et justifier votre choix ;
   b. décrivez les décors, les costumes et, s'il y a lieu, les effets d'éclairage et de bruitage tout en les justifiant.

Rédaction

7. Dans cet extrait du *Malade imaginaire*, montrez que Molière exploite des ressources variées du comique.
   Pour élaborer votre plan, tenez compte des trois types de comique : de situation, de langage et de gestes.

8. Analysez comment Molière aborde de façon comique le thème du conflit entre les générations. Vous pouvez centrer le premier paragraphe sur Argan, le père ; le deuxième sur sa fille et le troisième sur le caractère comique de la scène.

LA PROSE

Comment la prose passe-t-elle du baroque au classicisme ?

Au siècle de la galanterie, la prose ne jouit pas du prestige accordé au langage versifié. Considéré comme un genre mineur, le roman d'inspiration baroque connaît toutefois un énorme succès.

Le roman baroque du début du siècle

Le roman baroque ou précieux privilégie des intrigues à rebondissements multiples et adopte des formes variées, soit les suivantes :
- **Le roman pastoral :** comme *L'Astrée*, qui en est l'exemple le plus connu, il raconte les épreuves que doit surmonter un couple de bergers amoureux, Céladon et Astrée, avant de pouvoir célébrer leur union ;
- **Le roman héroïque et sentimental :** il mêle l'intrigue amoureuse et les aventures tout en évoluant vers l'analyse psychologique. On y classe les romans de Mlle de Scudéry, *Le grand Cyrus* et *La Clélie* ;
- **Le roman parodique :** il illustre la veine comique avec un antihéros utilisé pour se moquer du roman d'aventures ;
- **Un roman hybride, entre l'épopée et l'essai didactique :** *Les aventures de Télémaque* est le roman qui illustre enfin le prolongement de l'influence baroque jusqu'en 1699, année de sa publication.

Ces romans ne sont guère lus aujourd'hui, mais ils ont contribué, par leur grande popularité, à modeler les mentalités. Leur influence est latente au XVIIIe siècle, notamment sur Diderot qui reprend cet usage propre au courant baroque d'un narrateur qui commente le processus d'écriture dans son roman *Jacques le fataliste*. André Gide s'en inspire de nouveau, au XXe siècle, dans la composition de son antiroman *Les faux-monnayeurs*. Ce procédé de mise en abyme va finalement devenir une des marques distinctives du roman influencé par le structuralisme des années 1970.

La prose classique

Plusieurs œuvres sont écrites au fil des jours, et les écrivains se montrent souvent peu soucieux de publication, ce qui est le cas, par exemple, pour les *Pensées* de Pascal, réflexions libres imprimées après le décès de l'auteur. Les courts textes en prose ont souvent aussi pour fonction de prolonger par l'écrit le discours oral, comme dans les lettres de Mme de Sévigné. Comparée à la poésie, la prose est considérée comme une forme sans apprêt, et pour cette raison, on la réserve aux genres mineurs. Plusieurs genres doivent leur faveur à des circonstances particulières, notamment les suivants :
- **Les maximes :** ces commentaires ou réflexions à but moralisateur sont issus d'un jeu de société auquel s'amusaient les grandes dames ;
- **Le portrait moralisateur :** c'est une catégorie où l'on trouve un seul écrivain, La Bruyère ;
- **La littérature épistolaire :** elle est élevée au rang d'art par Mme de Sévigné alors que les lettres, qui s'adressent à un seul interlocuteur, ne sont pas faites, par définition, pour être publiées ;
- **L'essai :** il porte surtout sur la réflexion religieuse ou la condition humaine.

Dans la deuxième moitié du siècle, au moment où domine le classicisme, les écrivains se tournent vers des romans qui adaptent au récit les normes de la tragédie : on réduit le nombre de personnages, l'action est concentrée et le déroulement évolue de façon linéaire. On y favorise l'analyse psychologique. Illustrant ces mêmes caractéristiques, le roman *Lettres portugaises* connaît un vif succès. Ce roman jusqu'à récemment anonyme, dont on croyait l'histoire véridique, a été composé par Guilleragues (entre 1628 et 1685). Au XVIIe siècle, l'exemple le mieux réussi du roman d'analyse psychologique demeure toutefois *La princesse de Clèves* (entre 1672 et 1677) de Mme de La Fayette. Enfin, le conte de fées, plus proche de la culture populaire, est aussi soumis à l'épuration du style que privilégie le classicisme : le merveilleux se dépouille de détails inutiles tout en se souciant de vraisemblance et en prenant quelquefois des accents philosophiques.

Il reste que la prose classique traverse les âges par ses qualités de naturel, son lexique dépouillé et la clarté de la pensée. Somme toute, elle annonce les genres qui seront en vogue au XVIIIe siècle, parmi lesquels le conte philosophique, le roman épistolaire et les essais de toutes sortes.

Blaise Pascal (1621-1695)

L'essai janséniste dans le courant classique

Orphelin de mère très jeune, Pascal est éduqué par son père. Celui-ci s'étonne de l'intelligence précoce de son fils, qui se montre déjà brillant mathématicien à 11 ans, inventant même une machine à calculer pour rendre service à sa famille. Influencé par son milieu familial très porté sur la dévotion, Pascal interprète certains événements de sa vie comme des miracles. Il se porte, dans son œuvre, à la défense de la religion, toujours avec cet esprit à la fois rationnel et intuitif qui le caractérise. Dans la polémique opposant les jansénistes aux jésuites, il prend parti pour la rigueur janséniste contre l'esprit plus ouvert des jésuites, une position qu'il exprime avec éloquence dans *Les provinciales*. Par son style et ses idées, il exerce une influence indiscutable sur les prosateurs classiques français.

Réunies et publiées après la mort de Pascal, les *Pensées* ont pour but de convaincre les incrédules. La pensée présentée ici illustre la manière dont Pascal gagne son lecteur à sa cause par une parole sensible, éloignée de tout discours dogmatique.

Pensée sur le divertissement

Divertissement. — Quand je m'y suis mis quelquefois, à considérer les diverses agitations des hommes, et les périls et les peines où ils s'exposent, dans la cour, dans la guerre, d'où naissent tant de querelles, de passions, d'entreprises hardies et souvent mauvaises, etc., j'ai découvert que tout le malheur des hommes vient d'une seule
5 chose, qui est de ne savoir pas demeurer en repos, dans une chambre. Un homme qui a assez de bien pour vivre, s'il savait demeurer chez soi avec plaisir, n'en sortirait pas pour aller sur la mer ou au siège d'une place. On n'achètera une charge à l'armée si cher, que parce qu'on trouverait insupportable de ne bouger de la ville ; et on ne recherche les conversations et les divertissements des jeux que parce qu'on ne peut
10 demeurer chez soi avec plaisir.

Mais quand j'ai pensé de plus près, et qu'après avoir trouvé la cause de tous nos malheurs, j'ai voulu en découvrir la raison, j'ai trouvé qu'il y en a une bien effective, qui consiste dans le malheur naturel de notre condition faible et mortelle, et si misérable, que rien ne peut nous consoler, lorsque nous y pensons de près.

15 Quelque condition qu'on se figure, si l'on assemble tous les biens qui peuvent nous appartenir, la royauté est le plus beau poste du monde, et cependant qu'on s'en imagine, accompagné de toutes les satisfactions qui peuvent le toucher, s'il est sans divertissement, et qu'on le laisse considérer et faire réflexion sur ce qu'il est, cette félicité languissante ne le soutiendra point, il tombera par nécessité dans les vues
20 qui le menacent, des révoltes qui peuvent arriver, et enfin de la mort et des maladies, qui sont inévitables ; de sorte que, s'il est sans ce qu'on appelle divertissement, le voilà malheureux, et plus malheureux que le moindre de ses sujets, qui joue et qui se divertit.

Blaise Pascal, *Pensées*, 1670.

Atelier d'analyse

Exploration

1. Montrez que ce texte répond aux caractéristiques du genre de l'essai.

2. Expliquez quelle conception de la condition humaine se dégage des phrases suivantes.
   a. « [...] j'ai découvert que tout le malheur des hommes vient d'une seule chose, qui est de ne savoir pas demeurer en repos, dans une chambre. »
   b. « [...] on ne recherche les conversations et les divertissements des jeux que parce qu'on ne peut demeurer chez soi avec plaisir. »
   c. « [...] j'ai trouvé [qu'il y a une raison] bien effective [de tous nos malheurs], qui consiste dans le malheur naturel de notre condition faible et mortelle, et si misérable, que rien ne peut nous consoler [...]. »

3. Même le roi n'échappe pas, aux yeux de Pascal, à la condition humaine décrite par lui comme misérable. Donnez des preuves tirées du texte à l'appui de cette opinion.

4. Opposez des arguments à la vision pessimiste de Pascal.

5. Dans le contexte actuel, la réflexion sur la condition humaine a-t-elle perdu toute pertinence ? Avez-vous l'impression qu'avec les changements apportés par la science, tous les problèmes sont réglés ou en voie de l'être ?

Rédaction

6. En quoi ce texte correspond-il aux caractéristiques du jansénisme tout en étant aux antipodes de la pensée libertine ?

Réflexions morales

L'amour-propre est le plus grand de tous les flatteurs (2).

L'amour-propre est plus habile que le plus habile homme du monde (4).

La clémence des princes n'est souvent qu'une politique pour gagner l'affection des peuples (15).

Cette clémence, dont on fait une vertu, se pratique tantôt par vanité, quelquefois par paresse, souvent par crainte, et presque toujours par tous les trois ensemble (16).

L'intérêt parle toutes sortes de langues, et joue toutes sortes de personnages, même celui de désintéressé (39).

La sincérité est une ouverture de cœur. On la trouve en fort peu de gens ; et celle que l'on voit d'ordinaire n'est qu'une fine dissimulation pour attirer la confiance des autres (62).

Il n'y a point de déguisement qui puisse longtemps cacher l'amour où il est, ni le feindre où il n'est pas (70).

Ce que les hommes ont nommé amitié n'est qu'une société, qu'un ménagement réciproque d'intérêts, et qu'un échange de bons offices ; ce n'est enfin qu'un commerce où l'amour-propre se propose toujours quelque chose à gagner (83).

Il est plus honteux de se défier de ses amis que d'en être trompé (84).

Ce qui paraît générosité n'est souvent qu'une ambition déguisée, qui méprise de petits intérêts, pour aller à de plus grands (246).

Nous aurions souvent honte de toutes nos belles actions, si le monde voyait tous les motifs qui les produisent (409).

On n'a guère de défauts qui ne soient plus pardonnables que les moyens dont on se sert pour les cacher (411).

François, duc de La Rochefoucauld, *Les maximes* (1664), 1678.

François, duc de La Rochefoucauld (1613-1680)

Les maximes : un classicisme moralisateur

Raconter la vie de ce grand seigneur, c'est en quelque sorte suivre le parcours de la noblesse durant le siècle. Tel qu'attendu d'un jeune noble, La Rochefoucauld s'illustre dans la carrière des armes par des qualités chevaleresques traditionnellement associées à sa caste. Au moment de la Fronde, sa fierté d'esprit, son indépendance de caractère l'amènent à prendre le parti de l'insurrection contre la régente et son puissant ministre, Mazarin. Plus tard, il se rallie au roi et se plie au rôle de courtisan que réserve Louis XIV aux membres de la noblesse. Mais ce n'est pas sans en éprouver une certaine amertume, sentiment dont sont empreintes ses *Maximes*, courtes sentences à but moral, au style condensé et sobre. À l'époque, elles firent scandale par leur vision résolument pessimiste de la nature humaine.

Les maximes suivantes donnent un aperçu de ce que pouvait être la vision du monde d'un grand aristocrate au XVIIe siècle. Tout est vu à partir de l'amour-propre qui apparaît comme le thème central de l'œuvre.

Atelier d'analyse

Exploration

1. Ces maximes présentent-elles des traits communs ?
2. Quelle idée ces maximes donnent-elles de la vie au XVIIe siècle ?
3. Est-il vrai qu'elles traduisent une vision pessimiste de la vie ?
4. Sélectionnez deux maximes qui ont retenu votre attention et expliquez votre choix.

Rédaction

5. Analysez la tonalité moralisatrice de ces maximes.

Marie-Madeleine Pioche de La Vergne, comtesse de La Fayette (1634-1693)

Une mère conseille sa fille

La magnificence et la galanterie n'ont jamais paru en France avec tant d'éclat que dans les dernières années du règne de Henri second. Ce prince était galant, bien fait et amoureux ; quoique sa passion pour Diane de Poitiers, duchesse de Valentinois, eût commencé il y avait plus de vingt ans, elle n'en était pas moins violente, et il n'en
5 donnait pas des témoignages moins éclatants.

Comme il réussissait admirablement dans tous les exercices du corps, il en faisait une de ses plus grandes occupations. C'étaient tous les jours des parties de chasse et de paume, des ballets, des courses de bagues, ou de semblables divertissements ; les couleurs et les chiffres de Mme de Valentinois paraissaient partout, et elle paraissait
10 elle-même avec tous les ajustements que pouvait avoir Mlle de La Marck, sa petite-fille, qui était alors à marier. La présence de la reine autorisait la sienne. Cette princesse était belle, quoiqu'elle eût passé la première jeunesse ; elle aimait la grandeur, la magnificence et les plaisirs. Le roi l'avait épousée lorsqu'il était encore duc d'Orléans, et qu'il avait pour aîné le dauphin, qui mourut à Tournon, prince que sa naissance et
15 ses grandes qualités destinaient à remplir dignement la place du roi François Ier, son père.

[...]

Jamais cour n'a eu tant de belles personnes et d'hommes admirablement bien faits ; et il semblait que la nature eût pris plaisir à placer ce qu'elle donne de plus beau, dans les plus grandes princesses et dans les plus grands princes. Mme Élisabeth de France,
20 qui fut depuis reine d'Espagne, commençait à faire paraître un esprit surprenant et cette incomparable beauté qui lui a été si funeste. Marie Stuart, reine d'Écosse, qui venait d'épouser M. le Dauphin, et qu'on appelait la reine Dauphine, était une personne parfaite pour l'esprit et pour le corps : elle avait été élevée à la cour de France, elle en avait pris toute la politesse, et elle était née avec tant de dispositions pour
25 toutes les belles choses, que, malgré sa grande jeunesse, elle les aimait et s'y connaissait mieux que personne. La reine, sa belle-mère, et Madame, sœur du roi, aimaient aussi les vers, la comédie et la musique. Le goût que le roi François Ier avait eu pour la poésie et pour les lettres régnait encore en France ; et le roi son fils aimant les exercices du corps, tous les plaisirs étaient à la cour. Mais ce qui rendait cette cour belle
30 et majestueuse était le nombre infini de princes et de grands seigneurs d'un mérite extraordinaire.

[...]

Mme de Chartres, qui avait eu tant d'application pour inspirer la vertu à sa fille, ne discontinua pas de prendre les mêmes soins dans un lieu où ils étaient si nécessaires
35 et où il y avait tant d'exemples si dangereux. L'ambition et la galanterie étaient l'âme de cette cour, et occupaient également les hommes et les femmes. Il y avait tant d'intérêts et tant de cabales différentes, et les dames y avaient tant de part que l'amour était toujours mêlé aux affaires et les affaires à l'amour. Personne n'était tranquille, ni indifférent ; on songeait à s'élever, à plaire, à servir ou à nuire ; on ne connaissait ni
40 l'ennui, ni l'oisiveté, et on était toujours occupé des plaisirs ou des intrigues. Les dames avaient des attachements particuliers pour la reine, pour la reine Dauphine, pour la reine de Navarre, pour Madame, sœur du roi, ou pour la duchesse de Valentinois. Les inclinations, les raisons de bienséance ou le rapport d'humeur faisaient ces différents attachements. Celles qui avaient passé la première jeunesse et qui faisaient
45 profession d'une vertu plus austère, étaient attachées à la reine. Celles qui étaient plus jeunes et qui cherchaient la joie et la galanterie, faisaient leur cour à la reine Dauphine. La reine de Navarre avait ses favorites ; elle était jeune et elle avait du pouvoir sur le roi son mari : il était joint au connétable, et avait par là beaucoup de crédit. Madame, sœur du roi, conservait encore de la beauté et attirait plusieurs

Le récit classique par excellence

Femme de prestige et de pouvoir, la comtesse de La Fayette fréquente les milieux mondains et tient salon. Reconnue pour son érudition, elle écrit un roman qui connaît un immense succès ; il se distingue par sa finesse à saisir l'intériorité des personnages. Considéré par plusieurs comme le modèle du roman d'analyse, *La princesse de Clèves* traduit l'atmosphère de galanterie et de manigance propre à la vie à la cour, mais il traduit aussi un amour sublimé, d'inspiration courtoise.

Dans son roman, l'auteure use d'un subterfuge pour éviter les liens que ses contemporains pourraient établir avec la cour de Louis XIV. Elle transpose l'intrigue à l'époque d'Henri II, qui règne sur la France de 1547 à 1559. Diane de Poitiers est alors la favorite du roi, elle qui fut d'abord sa tutrice. La reine est ici Catherine de Médicis, épousée en 1533. Les autres personnages sont des grands du royaume de France au moment du règne de cet héritier de François Ier.

Mme de Chartres met en garde sa fille contre le danger que représente la vie à la cour pour une jeune fille.

dames auprès d'elle. La duchesse de Valentinois avait toutes celles qu'elle daignait regarder ; mais peu de femmes lui étaient agréables ; et excepté quelques-unes, qui avaient sa familiarité et sa confiance, et dont l'humeur avait du rapport avec la sienne, elle n'en recevait chez elle que les jours où elle prenait plaisir à avoir une cour comme celle de la reine.

Toutes ces différentes cabales avaient de l'émulation et de l'envie les unes contre les autres : les dames qui les composaient avaient aussi de la jalousie entre elles, ou pour la faveur, ou pour les amants ; les intérêts de grandeur et d'élévation se trouvaient souvent joints à ces autres intérêts moins importants, mais qui n'étaient pas moins sensibles. Ainsi il y avait une sorte d'agitation sans désordre dans cette cour, qui la rendait très agréable, mais aussi très dangereuse pour une jeune personne. Mme de Chartres voyait ce péril et ne songeait qu'aux moyens d'en garantir sa fille. Elle la pria, non pas comme sa mère, mais comme son amie, de lui faire confidence de toutes les galanteries qu'on lui dirait, et elle lui promit de lui aider à se conduire dans des choses où l'on était souvent embarrassée quand on était jeune.

Madame de La Fayette, *La princesse de Clèves,* 1678.

Atelier d'analyse

Exploration

1. Analysez le portrait de la vie de cour qui se dégage de l'extrait en répondant aux questions suivantes.
   a. Pourquoi est-il juste de dire que l'infidélité conjugale du roi semble un fait accepté dans les mœurs ?
   b. Qu'est-ce qui permet d'affirmer que l'oisiveté est un trait propre à la vie de cour ?
   c. En quoi l'esprit de galanterie est-il illustré par le roi lui-même dans sa relation avec Diane de Poitiers ?

2. La magnificence de la cour était insurpassable. Démontrez-le en répondant aux questions suivantes.
   a. Dans le quatrième paragraphe, quelles sont les preuves de cette magnificence ?
   b. Combien de fois l'attribut « beau » (et son féminin) et le terme « beauté » apparaissent-ils ? Quels sont les autres termes ou expressions directement associés ?

3. Expliquez les causes de l'inquiétude de Mme de Chartres par rapport à sa fille.

4. « L'ambition et la galanterie étaient l'âme de cette cour » : Expliquez les conséquences de cette réalité sur la vie à la cour.

5. Décrivez la relation de Mme de Chartres à sa fille telle qu'on peut la connaître à la suite de la lecture de l'extrait.

6. On dit que *La princesse de Clèves* est un roman d'amour, mais aussi un roman d'apprentissage, c'est-à-dire un roman où le héros apprend les règles et les normes pour mieux s'adapter au contexte social dans lequel il est appelé à vivre. Démontrez cette affirmation en vous appuyant sur cet extrait.

Rédaction

7. Est-il vrai que les termes de « magnificence », « oisiveté » et « intrigue » (ou « divertissement », « galanterie » et « jalousie ») sont les trois termes les plus en mesure de décrire la vie de cour ?

Jean de La Bruyère (1645-1696)

Un classicisme pessimiste

Né dans un milieu bourgeois, La Bruyère est avocat. Il fréquente les cercles influents, ce qui lui fournit l'occasion d'observer à loisir ses contemporains. *Les caractères*, sa seule œuvre, présente une série de portraits teintés de pessimisme. L'ouvrage paraît alors que les années fastes du classicisme sont passées, si bien qu'on a tendance à associer le ton désabusé de sa prose au climat qui marque la fin du règne de Louis XIV. Le pessimisme prend ici des accents acrimonieux et l'humour tourne à la satire. Toutefois, lorsqu'il touche à des sujets d'ordre social, La Bruyère exerce un esprit critique qui annonce l'usage que les encyclopédistes feront de la raison, qui servira moins au siècle suivant à plier l'individu aux conventions qu'à les lui faire remettre en question.

La Bruyère se définit comme un homme d'esprit, par rapport aux « hommes en place » que représentent les mécènes, ceux-là mêmes qui accordent leur protection aux écrivains.

Les gens d'esprit

Un homme en place doit aimer son prince, sa femme, ses enfants, et après eux les gens d'esprit ; il les doit adopter, il doit s'en fournir et n'en jamais manquer ; il ne saurait payer, je ne dis pas de trop de pensions et de bienfaits, mais de trop de familiarité et de caresses les secours et les services qu'il en tire, même sans le savoir : quels petits
5 bruits ne dissipent-ils pas ? quelles histoires ne réduisent-ils pas à la fable et à la fiction ? ne savent-ils pas justifier les mauvais succès par les bonnes intentions, prouver la bonté d'un dessein et la justesse des mesures par le bonheur des événements, s'élever contre la malignité et l'envie pour accorder à de bonnes entreprises de meilleurs motifs, donner des explications favorables à des apparences qui étaient mauvaises ;
10 détourner les petits défauts, ne montrer que les vertus, et les mettre dans leur jour ; semer en mille occasions des faits et des détails qui soient avantageux, et tourner le ris et la moquerie contre ceux qui oseraient en douter, ou avancer des faits contraires ? Je sais que les Grands ont pour maxime de laisser parler et de continuer d'agir ; mais je sais aussi qu'il leur arrive en plusieurs rencontres que laisser dire les em-
15 pêche de faire.

Jean de La Bruyère, *Les caractères,* 1688.

Atelier d'analyse

Exploration

1. Résumez le rôle que l'homme en place (homme de pouvoir ; mécène puissant) devrait attribuer à l'homme d'esprit selon La Bruyère.
2. Quels avantages l'homme d'esprit peut-il tirer de cette situation ? Et l'homme en place ?
3. Selon vous, cette vision favorise-t-elle la stabilité du pouvoir ou le changement social ?
4. Analysez la rhétorique du texte en répondant aux questions suivantes.
    a. Quel est le procédé stylistique sur lequel se construit l'argumentation ? Donnez deux exemples à l'appui.
    b. Quel avantage présente cet emploi dans un contexte d'argumentation ?
    c. Une autre figure de style vient en appui aux arguments : laquelle ? Donnez un exemple de son emploi.
5. Reformulez en vos mots la dernière phrase du texte.

Rédaction

6. Est-il vrai que ce texte aide à comprendre le rôle dévolu à l'artiste dans une monarchie ?

L'appétit des loups

Ensuite il [le loup] ferma la porte, et s'alla coucher dans le lit de la Mère-grand, en attendant le petit chaperon rouge, qui quelque temps après vint heurter à la porte. Toc, toc. « Qui est là ? » Le petit chaperon rouge, qui entendit la grosse voix du Loup, eut peur d'abord, mais croyant que sa Mère-grand était enrhumée, répondit : « C'est votre fille le
5 petit chaperon rouge, qui vous apporte une galette et un petit pot de beurre que ma Mère vous envoie. » Le Loup lui cria en adoucissant un peu sa voix : « Tire la chevillette, la bobinette cherra. » Le petit chaperon rouge tira la chevillette, et la porte s'ouvrit. Le Loup, la voyant entrer, lui dit en se cachant dans le lit sous la couverture : « Mets la galette et le petit pot de beurre sur la huche, et viens te coucher avec moi. » Le petit cha-
10 peron rouge se déshabille, et va se mettre dans le lit, où elle fut bien étonnée de voir comment sa Mère-grand était faite en son déshabillé. Elle lui dit : « Ma mère-grand, que vous avez de grands bras ! — C'est pour mieux t'embrasser, ma fille. — Ma mère-grand, que vous avez de grandes jambes ! — C'est pour mieux courir, mon enfant. — Ma mère-grand, que vous avez de grandes oreilles ! — C'est pour mieux écouter, mon enfant. —
15 Ma mère-grand, que vous avez de grands yeux ! — C'est pour mieux voir, mon enfant. — Ma mère-grand, que vous avez de grandes dents ! — C'est pour te manger. » Et en disant ces mots, ce méchant Loup se jeta sur le petit chaperon rouge, et la mangea.

Moralité

On voit ici que de jeunes enfants,
Surtout de jeunes filles
Belles, bien faites, et gentilles,
Font très mal d'écouter toute sorte de gens,
5 Et que ce n'est pas chose étrange,
S'il en est tant que le loup mange.
Je dis le loup, car tous les loups
Ne sont pas de la même sorte ;
Il en est d'une humeur accorte,
10 Sans bruit, sans fiel et sans courroux,
Qui privés, complaisants et doux,
Suivent les jeunes Demoiselles
Jusque dans les maisons, jusque dans les ruelles ;
15 Mais hélas ! qui ne sait que ces Loups doucereux,
De tous les Loups sont les plus dangereux.

Charles Perrault, « Le petit chaperon rouge », *Contes*, 1697.

Charles Perrault (1628-1703)

Le récit classique qui renoue avec la tradition orale

Membre d'une influente famille bourgeoise, Charles Perrault occupe, sous Louis XIV, un poste stratégique, celui de chargé de la politique artistique et littéraire du roi. Perçu comme un adepte de la modernité contre le retour à l'Antiquité, Perrault favorise le fait de trouver son inspiration dans la culture contemporaine plutôt que dans le passé. En donnant une forme écrite à des récits appartenant à la culture populaire, il illustre par l'exemple sa prise de position et annonce la vogue que connaîtra le conte au XVIIIe siècle. Dans ces histoires apparemment conçues pour enseigner la sagesse aux enfants, mais souvent destinées aux adultes, les petites filles sont particulièrement menacées : elles trouvent sur leur chemin des loups pour les manger, des ogresses pour les passer à la marmite, et des barbes-bleues qui en font collection. Est-ce par souci d'alléger le climat de ses récits que Perrault les parsème de formules magiques ? Celles-ci apparaissent comme des clés pour comprendre le monde de l'enfance.

Cet extrait provient de la version de Perrault du conte très connu du *Petit chaperon rouge* ; il présente la scène finale, morale incluse.

Atelier d'analyse

Exploration

1. Résumez l'anecdote (en prose) et la moralité (en vers) en une phrase ou deux.
2. Relevez tous les procédés qui contribuent au rythme alerte du récit (et au fait qu'il est facile à mémoriser).
3. Relevez tous les passages qui amènent à interpréter le conte dans un autre sens que celui d'une aventure enfantine. Précisez cette seconde signification (à noter ici le sens du mot « ruelle », qui signifie la partie de la chambre à coucher où les dames de qualité recevaient leurs visiteurs).
4. L'adhésion au jansénisme de la famille Perrault était un fait connu à l'époque : peut-on reconnaître l'influence de cette philosophie religieuse sur la morale du conte ?
5. Cet extrait est tiré d'un conte très connu intitulé « Le petit chaperon rouge ». Compte tenu de la définition de « chaperon », soit un capuchon, expliquez d'abord le caractère métonymique de ce titre. En quoi les attributs « petit » et « rouge » contribuent-ils aussi au sens du titre et du récit ? Et finalement, pourquoi, selon vous, ce conte jouit-il d'une si grande popularité ?

Rédaction

6. L'usage du loup dans ce conte est-il de même nature que l'usage que La Fontaine fait des animaux dans les fables ?
7. Analysez le caractère suggestif de ce conte.

Jean-Baptiste Lallemand, *Pillage des armes aux Invalides, le matin du 14 juillet 1789*, fin du XVIIIe siècle.

CHAPITRE 4 — Les Lumières
La libération de l'esprit

PRÉSENTATION DE L'ÉPOQUE	**149**
LE COURANT DES LUMIÈRES	**156**
LA PROSE	**159**
François-Marie Arouet dit Voltaire *Lettres philosophiques*	161
Jean-Jacques Rousseau *Émile ou de l'éducation*	164
Germaine de Staël *De l'Allemagne*	166
Le marquis de Sade *Histoire de Juliette ou les prospérités du vice*	168
Jean-Jacques Rousseau *Les confessions*	170
Charles de Montesquieu *Lettres persanes*	172
François-Marie Arouet dit Voltaire *Zadig*	174
Denis Diderot *Jacques le fataliste et son maître*	176
L'abbé Prévost *Manon Lescaut*	177
Pierre Choderlos de Laclos *Les liaisons dangereuses*	179
LE THÉÂTRE	**181**
Pierre Carlet de Chamblain de Marivaux *Le jeu de l'amour et du hasard*	182
Pierre Augustin Caron de Beaumarchais *Le mariage de Figaro*	184
Denis Diderot *Entretiens sur le fils naturel*	186
LA POÉSIE	**188**
André Chénier *La jeune captive*	189

Repères chronologiques

	Événements politiques	Art, littérature et sciences
1715	Mort de Louis XIV	
1715-1723	Régence de Philippe II, duc d'Orléans	
1719		Defoe, *Robinson Crusoé*
1721		Montesquieu, *Lettres persanes*
1723-1774	Règne de Louis XV, le Bien-Aimé	
1725		Vivaldi, *Les quatre saisons*
1726		Swift, *Les voyages de Gulliver*
1730		Marivaux, *Le jeu de l'amour et du hasard*
1731		Prévost, *Manon Lescaut*
1734		Voltaire, *Lettres philosophiques*
1735		Rameau, *Les Indes galantes* ; essor de l'opéra français
1744	Prise de Louisbourg par les Anglais	
1745		Invention du métier à tisser mécanique
1747		Voltaire, *Zadig*
1750		Publication du premier tome de l'*Encyclopédie*
1755	Prise de l'Acadie par les Anglais et déportation des Acadiens	Rousseau, *Discours sur l'origine de l'inégalité*
1756-1763	Guerre de Sept Ans	Prolifération des cafés et des salons où l'on discute sciences, philosophie et littérature
1759	Prise de Québec par les Anglais	Voltaire, *Candide*
1760	Prise de Montréal par les Anglais ; met fin à la guerre en Amérique	
1762		Rousseau, *Du contrat social*
1763	Traité de Paris ; fin de la guerre de Sept Ans et cession de la Nouvelle-France à l'Angleterre	
1769		Machine à vapeur Publication du dernier tome de l'*Encyclopédie*
1773		Diderot, *Jacques le fataliste et son maître*
1774-1792	Règne de Louis XVI	Goethe, *Les souffrances du jeune Werther* (1774)
1775		Premier sous-marin
1776	Déclaration d'indépendance des États-Unis (4 juillet)	Rousseau, *Les rêveries du promeneur solitaire*
1778	Alliance entre la France et les États-Unis	
1781		Kant, *Critique de la raison pure*
1782		Laclos, *Les liaisons dangereuses*
1783	Traité de Versailles ; reconnaît l'indépendance des États-Unis	
1784		Beaumarchais, *Le mariage de Figaro*
1785-1787		Chénier, *Bucoliques*
1787	Première Constitution américaine	
1789	Révolution française ; *Déclaration des droits de l'homme et du citoyen*	Lavoisier, *Traité élémentaire de chimie* ; Loi de Lavoisier : loi de conservation de la masse
1791		Mozart, *Requiem*
1792	Proclamation de la République	
1793	Exécution de Louis XVI et de Marie-Antoinette	
1794	Exécution de Danton, Desmoulins, Robespierre et Saint-Juste	
1799	Coup d'État de Napoléon Ier ; fin de la Révolution	

PRÉSENTATION DE L'ÉPOQUE

LE SIÈCLE DES LUMIÈRES : Pourquoi le XVIIIe siècle se nomme-t-il ainsi ?

Le siècle des Lumières ne commence véritablement qu'en 1715, avec la mort de Louis XIV, et se termine en 1799 quand Napoléon Bonaparte est nommé au poste de Premier Consul. La Révolution française, qui dure de 1789 à 1799, marque une rupture avec l'Ancien Régime fondé sur l'inégalité sociale, ainsi qu'avec l'absolutisme royal, régime politique qui donne au roi seul la responsabilité du pouvoir.

Les écrivains des Lumières s'inscrivent dans un large mouvement de remise en question des traditions. Ils prennent pour cibles le régime monarchiste sclérosé, la société inégalitaire issue du féodalisme, et finalement l'Église catholique, qui sacrifie l'amélioration des conditions de vie sur terre, au nom d'un salut éternel peut-être illusoire. Le XVIIIe siècle fait appel à la raison pour éclairer les mentalités, dissiper les superstitions, favoriser les droits de la personne et s'attaquer aux injustices.

Les écrivains des Lumières se prétendent tous philosophes et veulent mettre fin à un obscurantisme séculaire, entretenu par des autorités préoccupées du maintien de leur pouvoir. Ils choisissent de servir des causes qui leur tiennent à cœur ; leur écriture est engagée et militante. On comprend qu'un projet comme l'*Encyclopédie*, qui fait la promotion de la connaissance, mobilise la grande majorité d'entre eux. Cette entreprise colossale remet en question un enseignement fondé sur l'Antiquité et les textes sacrés. Les Encyclopédistes mettent plutôt l'accent sur l'actualité, sur un savoir scientifique et sur ses applications pratiques.

Ce militantisme appose sa marque sur la littérature. La prose, souple et naturelle, déclasse le vers pour servir la polémique. L'essai devient le genre littéraire par excellence pour discuter des idées. Il s'immisce même dans les récits, car la fiction est souvent détournée vers l'argumentation comme c'est le cas dans les contes philosophiques. Quant à la poésie, elle est mise au service d'un genre en voie de disparition, la tragédie, ou encore elle enjolive les conversations de salon. Enfin, le théâtre se renouvelle, illustrant sur scène un basculement des rapports sociaux annonciateur de la Révolution : chez Beaumarchais, le gentilhomme s'éclipse devant son valet qui dorénavant mène le bal ; chez Marivaux, les domestiques prennent la place de leurs maîtres le temps d'une intrigue amoureuse.

Chose certaine, les hommes appelés à diriger la France au XVIIIe siècle manquent en général de jugement pour discerner les intérêts du royaume, ou de volonté pour infléchir le cours des événements.

Jean-Baptiste Perronneau, *L'Enfant au livre*, 1745.

LA SITUATION POLITIQUE : Comment se porte l'absolutisme royal ?

Une fin de règne morose

La mort de Louis XIV, en 1715, est accueillie partout en France avec soulagement, car elle met fin au climat de désenchantement qui a marqué les dernières années de son règne. Les finances de l'État sont dans une situation déplorable. Le château de Versailles et l'entretien des trop nombreux courtisans qui vivent dans l'entourage du roi entraînent des dépenses exorbitantes. Les dernières guerres se sont soldées par des traités peu favorables à la France. Le climat de religiosité, qui pousse à la censure, freine l'élan créateur.

Par ailleurs, les morts successives de plusieurs héritiers légitimes et la santé fragile du dauphin tout juste âgé de 5 ans ont poussé Louis XIV à proposer dans son testament, comme candidats au trône, des enfants nés de ses relations extra-conjugales. Ces dispositions sans précédent heurtent les bonnes consciences. Le testament est cassé, et Philippe d'Orléans, l'oncle du futur roi, est nommé régent.

Ancien Régime : la France sous la monarchie absolue, avant la Révolution française.

Caricature d'un paysan qui git sous le poids des nobles, *Taille, impôts et corvée*, **1789.**
Cette caricature dénonce le fardeau fiscal qui accable le tiers état ; sous l'Ancien Régime, de nombreux impôts, dont la taille et la corvée, étaient perçus uniquement chez les paysans. Les nobles et le clergé en étaient exemptés.

La régence, de 1715 à 1723

Depuis le décès de Louis XIII, l'assainissement des finances publiques est un défi qui revient périodiquement hanter tous les dirigeants du royaume de France. Pour éviter d'affronter la noblesse exemptée d'impôt, on a pris l'habitude de recourir à des expédients qui ne font souvent qu'aggraver le mal. Philippe d'Orléans est séduit par les propositions de l'économiste John Law, qui croit pouvoir activer le commerce par l'introduction du papier-monnaie en rem-

> **Paysan :** synonyme de cultivateur ou de fermier.
>
> **Bourgeoisie :** classe émergente qui se détache du peuple, poussée par le désir de réussite. Elle comprend les marchands, mais aussi les hauts fonctionnaires et une certaine élite qui se distingue par son instruction.
>
> **Féodalité :** forme d'organisation héritée du Moyen Âge qui comporte une division de la société en trois ordres :
> 1. **Le premier ordre du royaume est le clergé,** qui a le double privilège de ne pas payer d'impôt au royaume et de pouvoir réclamer la dîme, impôt qui pèse lourd sur la population et qui sera abolie par la révolution. Le clergé se subdivise lui-même en haut clergé, qui regroupe les dignitaires de l'Église issus de la noblesse et qui adoptent le mode de vie des gentilshommes, et en bas clergé, représenté par des prêtres d'origine humble et résidant dans leur paroisse.
> 2. **Le deuxième ordre est la noblesse,** titrée, exemptée d'impôt, vivant souvent de pensions octroyées par le roi, résidant à la cour de Versailles ou sur leur domaine.
> 3. On nomme **tiers état le troisième ordre,** dont fait partie 95 % de la population à majorité paysanne. La bourgeoisie est cette tranche du tiers état qui a réussi à s'enrichir et qui va fournir ses principaux chefs à la révolution. C'est avant tout à la bourgeoisie que profite par la suite la révolution.
>
> **Monarchie absolue :** régime où le roi exerce tous les pouvoirs sans avoir à rendre de comptes, sinon à Dieu.

placement du métal et des factures jusqu'alors utilisés lors des transactions entre négociants. La spéculation vient à bout du système et ruine quelques riches actionnaires. Paradoxalement, cet épisode permet un certain désendettement de l'État, donnant ainsi un répit au régime monarchique. Il a toutefois l'inconvénient de miner la confiance envers le billet de banque, qui ne réapparaîtra en France que dans la première décennie du XIXe siècle.

Philippe d'Orléans, qui fréquente les milieux libertins, permet aussi à la France de respirer en donnant libre cours aux idées libérales. Cependant, il dérivera lui-même dans une débauche qui entachera la réputation de son gouvernement.

Le règne de Louis XV, de 1723 à 1774

À la mort du régent, Louis XV, qui a atteint sa majorité, rétablit la prospérité à l'intérieur du royaume malgré les deux guerres qui affectent son règne : la guerre de la Succession d'Autriche (1741-1748) et la guerre de Sept Ans (1756-1763). Sa relative indolence dans sa façon de gouverner et les scandales dans sa vie privée contribuent toutefois à discréditer la royauté.

Les Parlements, ayant retrouvé leurs prérogatives sous la Régence, servent les intérêts de la noblesse et bloquent les réformes susceptibles d'améliorer le mode d'imposition. Le régime est en quelque sorte gangrené de l'intérieur ; l'immoralité des élites reflète le pourrissement de toute la structure.

Le règne interrompu de Louis XVI

Pour redonner confiance en la monarchie, il aurait fallu un roi à la forte personnalité, bien résolu à prendre tous les moyens pour redresser la situation. C'était loin d'être le cas de Louis XVI. Toutes les mesures envisagées pour équilibrer le budget de l'État se butent à l'intransigeance des plus fortunés, qui réussissent toujours à se soustraire à leurs obligations. Le fardeau fiscal repose de plus en plus sur les épaules des **paysans**, qui constituent le groupe social le plus nombreux en France à cette époque. Ces iniquités exacerbent les tensions. La noblesse bloque tout amendement de nature à porter atteinte à ses privilèges. La **bourgeoisie** ne s'accommode plus de la **féodalité** qui freine son esprit d'entreprise. Quant aux milieux dits éclairés, ils s'appuient sur la science pour remettre en question à la fois la monarchie et le dogme chrétien qui lui sert de fondement. Le clergé répond à ces attaques en multipliant les gestes de censure. Toutefois, le Trône et l'Église, ces alliés de toujours, voient leur autorité décliner progressivement.

Le despotisme, qui est lié à la **monarchie absolue**, entraîne nombre d'injustices, par exemple l'emprisonnement arbitraire d'un citoyen sans aucune forme de procès. La répétition d'actes de cette nature finit par déclencher de violentes réactions et radicalise les idées de réforme. Ainsi, les philosophes en viennent à rejeter toute cette conception de prestige et de privilèges légués de père en fils par la naissance au sein d'une classe, la noblesse. Ils prônent plutôt l'égalité des droits entre citoyens et croient que le succès repose avant tout sur le mérite personnel. Toutes ces idées vont bientôt se répandre jusque dans les couches populaires, fournissant ainsi la base de l'idéologie révolutionnaire.

Plusieurs événements vont donc précipiter la fin de l'absolutisme royal. D'abord les échecs successifs des ministres des finances dans leurs efforts pour réduire le déficit, qui s'est d'ailleurs accru suite aux frais encourus par la participation de l'armée française à la guerre d'indépendance américaine (1775-1783) où s'est distingué La Fayette. Puis la constitution d'une assemblée qui réunit les représentants des trois ordres (noblesse, clergé et tiers état) et représente ainsi un contre-pouvoir tout autant qu'un puissant véhicule pour les revendications populaires. Enfin, la prise de la Bastille qui révèle l'implication du peuple dans le mouvement révolutionnaire. Le 14 juillet 1789, l'Ancien Régime, fondé sur la division sociale, est aboli. On peut dire qu'à partir de ce moment, le roi et sa famille se trouvent à la merci du bon vouloir du peuple français. D'ailleurs, il exécute le roi Louis XVI sur la place publique, réservant le même sort à la reine Marie-Antoinette quelques mois plus tard.

LA MENTALITÉ DE L'ÉPOQUE : Pourquoi une impression de mondanité accompagne-t-elle ce siècle marchant vers la révolution ?

Issus de la bourgeoisie ou nourrissant l'ambition d'y accéder, les écrivains reflètent en général les qualités de cette classe – dynamisme, esprit de réforme et goût du travail – qui sont désormais valorisées. Il est mal vu de se moquer du sens de l'épargne ou de la balourdise des bourgeois comme le faisait Molière au siècle précédent.

Au XVIIIe siècle, l'écrivain gagne en prestige et devient même un homme à la mode. Sauf exception, il connaît peu les conditions de vie des classes inférieures. D'ailleurs, il ne s'aventure pas dans les quartiers populaires surpeuplés et insalubres, où flotte perpétuellement une odeur nauséabonde. S'il se déplace hors de la capitale, ce ne sera certainement pas pour mener une enquête sur la misère paysanne, sur l'analphabétisme généralisé des régions ou sur l'exiguïté des masures dans les campagnes françaises. Alors que le peuple trouve encore réconfort dans la religion, les écrivains développent plutôt une pensée avant-gardiste en fréquentant les salons, animés par des femmes d'une grande culture. Là se retrouvent les intellectuels, qui discutent sciences, philosophie et littérature. Les encyclopédistes fréquentent aussi les cafés, comme le célèbre *Procope*, où circulent les idées nouvelles. Graduellement, la cour cesse de constituer le seul pôle d'attraction culturel.

Les écrivains des Lumières aspirent à la notoriété, et cela engendre parfois des malentendus avec leur lectorat. En voulant se distinguer du commun des mortels, ces aristocrates des lettres se trouvent dans une position équivoque : comme les nobles, ils remettent en question une structure sociale dont ils tirent pourtant avantage. Sans droits d'auteur reconnus, ils doivent généralement avoir recours à des mécènes (les Grands du royaume) pour assurer leur subsistance. Ils cherchent donc à se distinguer dans les salons fréquentés par les jeunes nobles. Pour échapper à l'emprisonnement qui toujours les menace, les écrivains se réfugient à la cour des souverains étrangers, qui se font concurrence pour les recevoir et se construire de cette manière une réputation de monarques éclairés. Les œuvres des écrivains des Lumières sont d'ailleurs souvent publiées par des éditeurs étrangers, ce qui a pour effet de tempérer les élans de censure en France. Ainsi, les écrivains cristallisent les contradictions d'un siècle riche en paradoxes : leurs vœux de réforme coexistent avec une tranquille assurance quant à la pérennité du régime monarchiste. Loin d'observer une rupture radicale avec le passé, ils perçoivent plutôt leur époque en continuité avec le règne de Louis XIV et sa conception de l'absolutisme royal : « Un roi, une foi, une loi ».

Avant le basculement dans l'insurrection populaire, le XVIIIe siècle est ainsi plutôt associé à des traits de culture qu'on assimile volontiers aujourd'hui au snobisme. Le culte des belles manières se conjugue avec la frivolité ; les jeux d'esprit accompagnent la dégustation de produits alors exotiques comme le chocolat et le café ! Cette atmosphère de fêtes galantes et d'élégance se trouve d'ailleurs représentée dans les toiles des grands peintres comme Antoine Watteau (1684-1721) et François Boucher (1703-1770). Jean-Siméon Chardin (1699-1779) préfère peindre les intérieurs bourgeois baignant dans une fine luminosité. Des compositeurs tels Jean-Philippe Rameau (1683-1764)

Anonyme, *Anecdote théâtrale de l'homme unique à tout âge*, 1778.
Le couronnement de Voltaire, le 30 mars 1778, est un évènement marquant dans l'histoire de la reconnaissance sociale accordée aux écrivains et aux artistes en général.

et François Couperin (1668-1733) cultivent la sobriété classique, loin de la virtuosité étincelante du célèbre compositeur autrichien Mozart (1756-1791), qui transposera le théâtre de Beaumarchais en opéra dans *Les noces de Figaro* (1786).

Il importe toutefois de rappeler l'envers du tableau : la France conserve jusqu'à la Révolution des structures sociales qui remontent au Moyen Âge. Malgré le développement de l'industrie, l'économie française repose essentiellement sur l'agriculture, et les paysans sont les plus imposés de tous les groupes sociaux. Le peuple ne jouit d'aucune protection sociale ; le taux de mortalité infantile est extrêmement élevé, de même que l'abandon d'enfants.

La France accuse d'ailleurs un retard par rapport à l'Angleterre. En effet, l'Angleterre s'est engagée dans la voie du libéralisme en développant considérablement son secteur manufacturier en vue d'échanges commerciaux. Elle a également mieux réussi son implantation dans les colonies, et le traité de Paris, signé en 1763, confirme sa mainmise sur ses établissements des Indes et de l'Amérique. Notons que c'est à cette occasion que la Nouvelle-France, qui couvre alors un territoire beaucoup plus vaste que le Québec actuel, est cédée à l'Angleterre.

L'*ENCYCLOPÉDIE* : Pourquoi cette entreprise contribue-t-elle au progrès ?

C'est dans cette société en mutation que germe l'idée de publier une encyclopédie qui rende compte de l'évolution du savoir. On en confie la direction au mathématicien d'Alembert et à l'écrivain Denis Diderot, qui porte en lui les paradoxes de son temps. Ayant louvoyé toute sa vie entre conformisme et rébellion, il fait figure à la fois de bon bourgeois, ambitieux et épargnant, et de libertin, connu pour son athéisme et sa morale matérialiste. Bon père, il élève sa fille unique en suivant ses principes libertaires ; mauvais mari, il multiplie les infidélités. L'âme ou Dieu ne sont pour lui que des concepts parmi d'autres ; de son point de vue, il n'y a « ni vice ni vertu, rien dont il faille récompenser ou châtier » puisque « s'il n'y a point de liberté, il n'y a point d'action qui mérite la louange ou le blâme ». Or de telles idées sont extrêmement dangereuses au XVIIIe siècle ; elles peuvent, en moins de deux, envoyer un homme à la Bastille. Après avoir vécu un premier emprisonnement dans sa jeunesse, Diderot aura la sagesse de conserver dans ses tiroirs ses œuvres les plus compromettantes. Elles ne seront publiées qu'après sa mort.

> **Libéralisme :** doctrine où la liberté économique se concilie avec les libertés propres aux démocraties.
>
> **Bastille :** forteresse située au cœur de Paris destinée à protéger le roi. Elle est aussi utilisée comme prison.

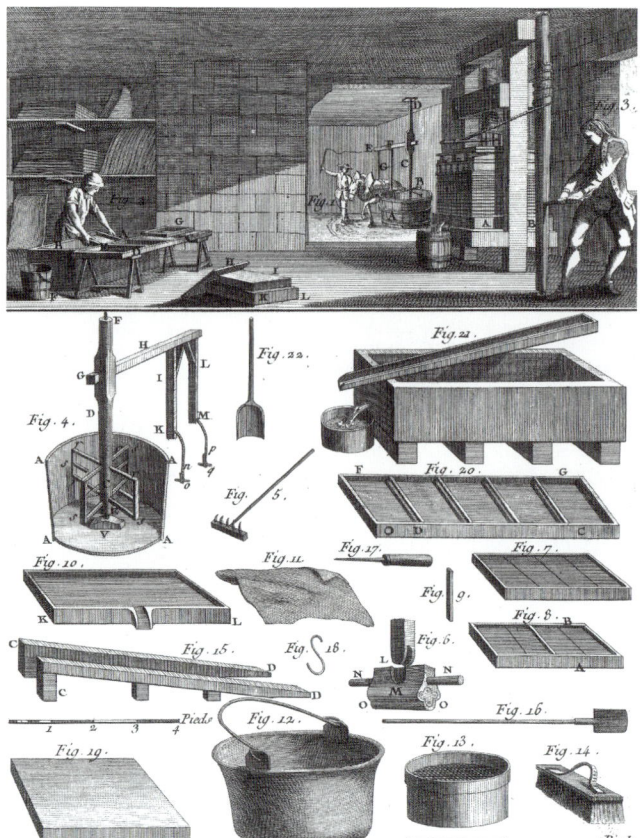

Technologie : fabrication du papier. – « Cartonnier, opérations pour fabriquer le carton, développements, et ustensiles ». – Illustration de Diderot et d'Alembert, *Encyclopédie ou dictionnaire raisonné des sciences, des arts et des métiers*, XVIIIe siècle.

Les deux directeurs de l'*Encyclopédie* recrutent une vaste équipe de collaborateurs, certains à la signature prestigieuse, comme Voltaire, Montesquieu, Rousseau et Buffon, et d'autres, plus anonymes, qui sont membres de petites académies de sciences fondées partout en province et à Paris au cours du siècle. L'entreprise dépasse rapidement le cadre commercial et scientifique initial pour prendre des dimensions idéologiques. Comme l'indique son titre, l'objectif de l'*Encyclopédie ou dictionnaire raisonné des sciences, des arts et des métiers* est d'inventorier les connaissances, tout en mettant l'accent sur les techniques de production ou les activités manuelles. Ce parti pris d'envisager la réalité d'un point de vue utilitaire a pour but de fournir à l'humanité des moyens d'assurer le progrès, gage de bonheur terrestre. Un tel but, on le remarque, va à l'encontre de la vision du siècle précédent, plus préoccupé du salut éternel.

L'*Encyclopédie* suit un ordre alphabétique afin de faciliter sa consultation, mais vise aussi les plus érudits, fonctionnant par ailleurs par réseau thématique au moyen d'un système de renvois. Tout le projet s'articule autour d'une volonté de vulgarisation et comporte une visée nettement pédagogique. Il recourt en effet à une écriture accessible avec, en complément, l'inclusion de nombreuses gravures. L'objectif s'impose fortement de combattre l'ignorance, la superstition et les croyances erronées afin de rendre l'être humain libre et lucide. C'est dans ce sens particulier que l'*Encyclopédie* représente une menace pour les pouvoirs établis, qui ne voient aucun avantage à cultiver l'esprit critique dans la population; ils préfèrent cultiver la peur qui, en effet, sert de moyen pour étouffer toute revendication.

L'*Encyclopédie* s'avère un succès d'édition impressionnant, qui aura fait vivre plus de 1000 ouvriers pendant 15 ans tout en faisant fructifier les investissements des différents souscripteurs. Elle se fait cependant de nombreux ennemis, ce qui apparaît alors comme un gage de sa qualité. Tout ce qui se trouve du côté de la tradition ou du pouvoir établi tente, à de multiples reprises, de paralyser l'entreprise. Le pape lui-même menace les lecteurs d'excommunication, sans arriver toutefois à réfréner l'engouement au moment des nombreuses publications.

Symbole d'une époque, l'*Encyclopédie* concrétise tout le potentiel d'une invention comme l'imprimerie et, en ce sens, elle mène à leur aboutissement les espoirs de la Renaissance. Projet révolutionnaire en soi, elle ouvre la porte à la modernité.

LA PENSÉE DES LUMIÈRES : Quels sont les liens avec la francophonie et avec la Nouvelle-France ?

Dans la francophonie

Dès la seconde moitié du XVIIIe siècle, la Suisse romande fournit une importante contribution à la vie culturelle française. Ses écrivains sont surtout de brillants penseurs, qui se démarquent par leur individualisme, leur goût de l'analyse et de la critique, et leur refus des contraintes intellectuelles. Ainsi en est-il de Jean-Jacques Rousseau (1712-1778), né à Genève, ville suisse qu'il quitte à seize ans; de Mme Necker (1739-1794), épouse d'un riche banquier Suisse et qui tient salon à Paris; et de sa fille, Mme de Staël (1766-1817), femme d'esprit dont l'œuvre annonce le romantisme.

L'apport de Rousseau et de Mme de Staël à la vie intellectuelle du XVIIIe siècle est si remarquable que la France les a inscrits à son panthéon littéraire. Rousseau connaît la célébrité dès la parution en 1750 du *Discours sur les sciences et les arts* puis, cinq ans plus tard, du *Discours sur l'origine et les fondements de l'inégalité* qui dénonce les méfaits de la société fondée sur la propriété, source d'inégalité. Ses écrits défendent des thèses qui annoncent une sensibilité nouvelle, un idéal où l'émotion tempère la froide raison.

De son côté, Mme de Staël favorise l'essor d'une littérature européenne. Dans ses célèbres essais *De la littérature* et *De l'Allemagne*, elle recommande une littérature affranchie des modèles classiques et gréco-latins, plus réceptive aux réalités nationales et aux influences anglaises et germaniques.

Jean-Baptiste Siméon Chardin, *Un chimiste dans son laboratoire dit le souffleur ou philosophe occupé de sa lecture.* Portrait de Joseph Aved, 1734.

En Nouvelle-France

Néanmoins, dans ce siècle où le peuple demeure fasciné par les contes et les légendes qui maintiennent vivante la culture orale, la poésie trouve parfois refuge sous la forme naïve de la chanson. Ce sont ces ballades et berceuses que retiennent, fredonnent et transforment les habitants de la Nouvelle-France et qu'ils sauvegarderont comme un héritage toujours vivant bien au-delà de la Conquête par les Britanniques en 1760. Aussi font-elles toujours partie du quotidien, influençant d'une époque à l'autre non seulement des écrivains mais aussi les chansonniers, notamment la Bolduc et Gilles Vigneault.

Quant à la figure de l'écrivain militant, il faudra attendre le début du XIXe siècle pour trouver en sol canadien des candidats qui soient prêts à défendre leurs points de vue avec un acharnement digne de celui de Voltaire, le plus virulent pamphlétaire d'entre les philosophes. Celui qui pourrait le mieux revendiquer ce statut est certes Arthur Buies (1840-1901), écrivain anticlérical, d'esprit libéral, ennemi de tous les préjugés. Au XXe siècle, Jacques Ferron, fin conteur et homme d'engagement, est certes l'écrivain qui traduit le mieux l'esprit du siècle des Lumières au moment même où le Québec vit une grave crise d'identité nationale dans les années 1970.

LA RÉVOLUTION : Pourquoi représente-t-elle une rupture ? Quel est son déroulement ? Quelle est son importance ?

Comme partout en Europe, les classes supérieures vivent coupées de la réalité du peuple ; elles cultivent un optimisme qui est souvent le fruit de leur aveuglement, elles se plaisent dans le raffinement et la frivolité alors que les classes inférieures vivent dans la frugalité. En 1788, une crise économique qui s'éternise, aggravée en outre par de mauvaises récoltes qui engendrent la famine, d'abord en région puis à Paris, provoque partout des mouvements de rébellion qui s'intensifient dans la métropole. Devant la pression populaire, Louis XVI, mal conseillé par ses proches, multiplie les bévues, notamment en tentant de s'enfuir. Faisant figure de traître, il est guillotiné en 1793. Comble de l'ironie, c'est lui-même qui avait suggéré au docteur Guillotin, l'inventeur de la guillotine, quelques modifications pour rendre cette machine de mort plus performante. Sa femme Marie-Antoinette, honnie des insurgés, notamment parce qu'elle est d'origine autrichienne (donc liée aux Habsbourg, les ennemis de toujours), le suivra de près sur l'échafaud. Le dauphin lui-même est confié à des gens du peuple ; bientôt, on perdra toute trace de son existence, et cette mystérieuse disparition contribuera à alimenter une légende à son sujet. Paradoxe de l'histoire, les jeunes chefs révolutionnaires **Danton**, **Desmoulins**, **Robespierre** et **Saint-Just**, rongés par leur ambition personnelle, en viennent à se dénoncer les uns les autres ; ils finiront par subir le sort de leurs ennemis et mourront tous sur l'échafaud la même année, en 1794, ce qui mettra fin aux sinistres années de la **Terreur**. Auréolé par ses victoires en tant que général, **Napoléon Bonaparte** prend la relève en devenant Premier consul en 1799. Il remet de l'ordre dans le pays. Il se déclare empereur en 1804 et exerce sur la France un pouvoir de nature dictatoriale, sans toutefois renier totalement les acquis de la Révolution.

Ces acquis sont nombreux et d'une importance inestimable. La Révolution française met fin au féodalisme : la société ne sera plus répartie en trois ordres sociaux, et les privilèges seront abolis. Tous les Français sont déclarés égaux devant la loi et jouissent des mêmes droits en tant que citoyens. Aucun n'est exempté d'impôts. Au moment de la succession, les biens doivent être répartis également entre les héritiers. La Révolution reconnaît en outre la liberté de commerce, de pensée et d'expression. Le peuple est déclaré souverain, ce qui signifie que sa volonté doit s'exprimer par le droit de vote. Celui-ci est d'abord censitaire (accordé en tenant compte de la fortune) puis étendu aux citoyens masculins majeurs et, plus tardivement, aux Noirs – quand ils seront libérés de l'esclavage dans les colonies – et aux femmes. Il y aura, au siècle suivant, des reculs par rapport à l'application de ces principes, mais ceux-ci finiront par triompher en France avec le choix du régime républicain en 1870 puis partout en Occident, où vont se répandre les idées démocratiques.

> **Danton, Georges Jacques (1759-1794)** : un des chefs de la révolution, grand tribun, instigateur de la Terreur dont il sera lui-même une des victimes après s'être opposé à Robespierre.
>
> **Desmoulins, Camille (1760-1794)** : pamphlétaire virulent, il s'oppose à Robespierre, favorable à la prolongation de la Terreur et est guillotiné avec son épouse et son ami Danton.
>
> **Robespierre, Maximilien (1758-1794)** : légaliste et doctrinaire, indéfectiblement en faveur de la Terreur, il se rend impopulaire en multipliant les exécutions et finit lui-même sur l'échafaud, ce qui met fin à la Terreur.
>
> **Saint-Just, Louis Antoine de (1767-1794)** : théoricien audacieux et tribun enflammé, favorable à l'exécution du roi Louis XVI, ami indéfectible de Robespierre, il sera exécuté en même temps que lui.
>
> **Terreur (1792-1794)** : pour mettre fin à la menace des aristocrates qui complotent pour renverser la révolution, les chefs de la révolution mettent sur pied un tribunal qui permet de condamner de façon expéditive tout suspect réfractaire aux idées de la révolution. Des exécutions massives et le massacre de populations opposées à la Révolution portent le total des victimes à environ 100 000 morts. La Terreur sert finalement les buts de Robespierre qui fait exécuter ses rivaux afin de s'accaparer du pouvoir avant de finir lui-même sur l'échafaud.
>
> **Bonaparte, Napoléon (1769-1821)** : ses succès à la tête des armées révolutionnaires lui permettent d'être nommé Premier Consul et de rapatrier entre ses mains tous les pouvoirs pour ensuite devenir empereur des Français (1804) sous le nom de Napoléon 1er et installer un régime qui s'inspire du modèle de la monarchie autocratique (pouvoir héréditaire) tout en empruntant des idées aux théoriciens révolutionnaires (Code civil). Exilé à l'Île Sainte-Hélène après l'échec de Waterloo en 1815.

L'ÉCRIVAIN DES LUMIÈRES : Comment se caractérise-t-il ? Comment se distingue-t-il de l'écrivain classique ?

Au siècle précédent, Molière avait créé Dom Juan, le prototype du libertin, celui qui s'adonne à la recherche des plaisirs charnels, qui refuse de se plier aux conventions sociales. Marginal au siècle du classicisme, le type du libertin s'impose au siècle des Lumières et devient le témoin de l'évolution des mentalités. Les hommes de lettres sont des libres penseurs qui s'appuient désormais sur les découvertes de la science pour critiquer l'immobilisme politique ou religieux. Ainsi, Montesquieu décrit l'évolution des sociétés et montre que toute valeur est relative. Voltaire réfute le caractère sacré des dogmes. Rousseau suggère de

Anonyme, *Attaque du palais des Tuileries, le 20 juin 1792.*
Le peuple envahit le palais des Tuileries, malgré la présence du roi et de la reine (Louis XVI et Marie-Antoinette).

de lier gouvernants et gouvernés par un contrat social. Diderot remet en cause les codes moraux et les normes esthétiques. Ainsi s'impose progressivement la figure d'un écrivain militant, qui intervient dans l'actualité et veut transformer le monde.

Les écrivains du XVIIIe siècle veulent instruire, aussi la diffusion du savoir compte-t-elle au rang de leurs préoccupations principales. Leurs efforts sont récompensés, puisque le taux d'alphabétisation augmente, notamment grâce aux cabinets de lecture qui jouent en quelque sorte le rôle de nos bibliothèques actuelles. Le nombre de lecteurs va en augmentant, atteignant les milieux plus humbles, ce qui n'est pas sans influencer les écrivains qui finiront par s'intéresser au concept de la citoyenneté et à l'organisation de la vie en société.

Ainsi, l'écrivain des Lumières contraste fortement avec l'écrivain classique, son prédécesseur. L'écrivain classique s'inspirait de l'Antiquité, l'écrivain des Lumières s'appuie sur la science pour se construire une vision du monde. Le premier s'accommodait des institutions politiques en place, le second cherche à les réformer. Alors que l'un se souciait du salut éternel, l'autre s'intéresse à son bonheur sur terre. Alors que l'écrivain classique recherchait la beauté universelle et intemporelle, l'écrivain des Lumières se tourne vers l'actualité.

Ce bref portrait du monde dans lequel évoluent les écrivains des Lumières permet de mieux comprendre leurs idées, mais il ne peut tout expliquer. En effet, entre le déisme d'un Voltaire (la croyance en une divinité, sans le support de la religion) et l'athéisme d'un Diderot (la négation de l'existence de Dieu), il y a un important écart, tout comme entre l'analyse raisonnée d'un Montesquieu et la raison sensible d'un Rousseau.

Plusieurs courants d'idées souterrains sont aussi le fait d'écrivains qui n'ont pas franchi le cap de la postérité. C'est le cas notamment du féminisme, qui s'exprime par la voix de femmes qui ont souvent évolué dans les cercles du pouvoir, par exemple Claudine de Tencin et Françoise de Graffigny. Ces écrivaines tracent un portrait pessimiste de la situation de la femme au XVIIIe siècle, dans des romans destinés à un vaste auditoire qui ont été réédités et traduits en plusieurs langues. Germaine de Staël se penche, en outre, sur l'influence qu'exercent les cultures étrangères sur la littérature française.

LE COURANT DES LUMIÈRES

Quelles caractéristiques lui attribuer qui puissent aider à l'analyse des œuvres ?

Les écrivains des Lumières provoquent parce qu'ils remettent en question un ordre du monde fondé sur la tradition. Toujours prêts à pourfendre l'arbitraire par la voie de l'argumentation rationnelle, ils cherchent à pousser vers le changement un régime sclérosé et tentent d'ébranler des institutions qu'ils jugent rétrogrades. Férus de rigueur, portés vers l'ironie, ils s'appuient sur la raison pour dénoncer les injustices et les malversations. Ils se méfient de tout ce qui est de l'ordre de l'imaginaire ou du surnaturel, aspects qui deviendront au siècle suivant les pierres d'assise du romantisme.

Les traits distinctifs

1 Une littérature militante : une visée argumentative

Ce qu'il y a de nouveau au XVIIIe siècle, ce n'est pas tant qu'il existe des injustices, mais plutôt le fait que les écrivains des Lumières se fassent un devoir de les dénoncer. Ils s'insurgent contre les idées préconçues et ne se soumettent aux conventions qu'après les avoir préalablement soupesées et critiquées. La science leur fournit désormais les moyens d'expliquer la réalité et de remettre en question les vérités absolues. Dans leurs œuvres, ils adoptent souvent la stratégie de placer un étranger, « migrant ou bons sauvage », au centre de l'intrigue. Celui-ci jette un regard critique sur les coutumes du pays qui l'accueille.

Dans les récits, la fiction peut globalement servir un point de vue idéologique ou, autre possibilité, l'histoire peut être régulièrement entrecoupée de prises de position ou de passages argumentatifs. Il arrive, comme chez Voltaire, que les personnages soient conçus un peu à la manière de pions qui se déplacent sur un échiquier mettant en présence les forces que souhaite combattre l'auteur. Émissaires des idées défendues par leur créateur, les personnages sont souvent privés de vie intérieure. Dans les contes philosophiques, leur engagement amoureux est traité à la légère, sans véritable intention de vraisemblance. Les amants se quittent avec aisance ; leurs retrouvailles sont plus joviales que dramatiques. Leurs aventures, juxtaposées assez librement les unes aux autres, semblent servir avant tout les visées satiriques de l'auteur.

Dans *Les liaisons dangereuses*, les lettres que s'échangent les personnages de sexes différents montrent que la morale sociale condamne plus sévèrement les écarts de conduite féminine que masculine.

Au théâtre, Figaro, le héros de Beaumarchais, est devenu célèbre notamment par ses longues tirades qui ont servi de véhicule aux revendications populaires.

2 Le déclassement de la religion au profit de nouvelles perspectives philosophiques

La poursuite du bonheur sur terre constitue le pivot de toute la pensée des Lumières, qui entraîne un bouleversement dans la façon d'appréhender la réalité. Se croyant observé par Dieu, l'homme classique se pliait à la morale dans l'espoir de se gagner une place au paradis pour l'éternité. L'homme du XVIIIe siècle vise l'amélioration des conditions de vie sur terre : il veut réformer le régime politique ; annuler les privilèges de caste et promouvoir les droits du citoyen ; éliminer les contraintes inutiles, qui limitent la liberté de l'individu et nuisent à son épanouissement.

Ainsi, Montesquieu remet en question l'exercice par une seule personne de tous les pouvoirs législatif, exécutif et judiciaire. Il propose plutôt de s'en remettre à des institutions distinctes, ce qui sera appliqué dans les régimes démocratiques à venir. Voltaire se porte à la défense des victimes d'injustice. Diderot avance des critères esthétiques pour juger de la qualité d'une toile. Jean-Jacques Rousseau échafaude un système éducatif fondé sur le postulat d'une nature humaine fondamentalement bonne, dans son essai intitulé *Émile ou de l'éducation*. Il établit les principes d'égalité et de justice comme bases du pacte social devant unir les citoyens d'une nation, idées que vont revendiquer les hommes de la Révolution.

3 Une thématique qui reflète les valeurs de la bourgeoisie

Bonheur, savoir, travail et progrès sont les valeurs fondamentales de la bourgeoisie, qui se trouvent illustrées surtout dans les essais.

Le projet de marier bonheur individuel et bien-être collectif stimule les esprits et laisse entrevoir la possibilité de sceller entre citoyens égaux un pacte social plus équitable. La problématique politique occupe donc une place prépondérante dans la pensée des Lumières. Ainsi, ce n'est pas tant à la religion que s'en prend Voltaire – qui demeure croyant –, mais bien plutôt à l'Église catholique qui, d'après lui, favorise l'ignorance des masses, ferme les yeux sur les exactions des milieux privilégiés. La foi, sans l'éclairage de la raison, pousse selon lui au fanatisme.

Par ailleurs, la promotion de la liberté de pensée et d'expression invite à suggérer plus fortement l'érotisme dans les relations amoureuses. On peut même s'aventurer du côté de la sexualité voire révéler la perversion. L'infidélité est d'ailleurs le fil conducteur choisi par Laclos dans le plus célèbre roman épistolaire de l'époque, *Les liaisons dan-*

Gabriel Lemonnier, *Une lecture chez Madame Geoffrin, 1812*.
Sur cette toile apparaissent, entre autres : d'Alembert, Montesquieu, Diderot, Malherbe, Turgot, Rameau, Réaumur, Vanloo, Vernet.

gereuses. Marivaux use, comme Laclos, d'une grande perspicacité dans l'analyse des mobiles psychologiques servant de ressorts à ses comédies sentimentales, qui sont toutefois orientées vers une galanterie plus décente.

4 Un style qui vise la logique

Toutes les idées sont passées au crible de la raison. Cela pourrait engendrer une littérature sèche et froide mais, au contraire, les artifices stylistiques favorisent la connivence avec le lecteur. Ainsi, Voltaire n'a pas son pareil pour vulgariser les doctrines philosophiques et discuter avec brio les dernières théories scientifiques. Dans les essais, les écrivains des Lumières emploient des phrases alertes, utilisent un vocabulaire familier pour convaincre avec des arguments solides tout en s'appuyant sur des exemples tirés de l'actualité. En fin de siècle, Rousseau introduit un nouveau genre, l'autobiographie, dans lequel il adopte le ton de la confidence pour inviter le lecteur à pénétrer son intimité.

Voltaire reste celui qui pratique l'ironie avec la plus grande virtuosité. Dans les combats d'idées, l'humour et les pointes satiriques s'avèrent des armes redoutables pour croiser le fer avec un rival, jusqu'au jour où celui-ci réagit au cynisme par la subtilité de la nuance. Avec Rousseau, le trait d'esprit cède la place au trait du cœur, qui rejoint le lecteur par la voie de la sensibilité.

5 Une prédilection pour les formes hybrides

Une littérature prisonnière de modèles établis n'aurait pu convenir à la mouvance du siècle. Pour réagir devant l'urgence des événements, l'écrivain doit parfois remodeler les genres littéraires. Ainsi, la tragédie est une forme littéraire plutôt faite pour refléter une société figée dans un protocole étouffant, laissant peu de place à la progression sociale. Elle ne permet pas de traduire l'ascension de la bourgeoisie, qui impose ses normes de réussite alors même que l'Ancien Régime tremble sur son socle. Diderot invite à remplacer la tragédie par une forme composite, le drame, qui mêle le comique au tragique, et qui devrait s'intéresser au quotidien de la famille bourgeoise. Beaumarchais se laisse influencer par les idées de Diderot : il inverse le rapport de forces sur scène en faisant du valet, et non du maître, l'instigateur de l'action. Marivaux, dans ses comédies sentimentales, bouleverse les hiérarchies puisque les domestiques se déguisent en maîtres et que ces derniers se retrouvent dans les habits de leurs serviteurs. Les contes philosophiques présentent aussi une forme hybride, puisque le conte, héritier de la tradition orale populaire, sert désormais les exigences de la satire politique et sociale. Enfin, l'autobiographie est un genre nouveau qui marie le récit de vie à la méditation sur la réalité.

Les caractéristiques de la littérature des Lumières

Littérature militante	• Les écrivains favorisent une écriture militante qui fait réfléchir sur les faits de l'actualité ; ils aiment illustrer les « jeux de l'amour et du hasard ». • L'humour et l'esprit critique sont au service de la polémique. • La problématique politique occupe une place prépondérante car il s'agit non pas de viser le paradis céleste, mais plutôt de rendre accessible aux hommes le bonheur terrestre. • Les intrigues reflètent les antagonismes sociaux, par ex. hommes/femmes, riches/pauvres, etc.
Œuvres au service d'une vision philosophique	• Les personnages sont les porte-parole de l'auteur dans l'affrontement des idées. • Les aventures des héros se juxtaposent librement les unes aux autres (les anecdotes au service des arguments). • De nombreux personnages venus de l'étranger observent avec étonnement les mœurs en France. • Au théâtre, le représentant du peuple est un valet débrouillard et revendicateur ; le maître, un profiteur libertin. • Les déguisements et les jeux de masques traduisent à la fois les inquiétudes individuelles et la fragilité de la structure sociale.
Thématique centrée sur les valeurs de la bourgeoisie et sur la quête du bonheur	• Au théâtre, l'intrigue illustre les conflits entre maîtres et valets, et la quête du bonheur et de la justice sociale. • Dans la prose, on assiste à une dénonciation des abus de pouvoir et des superstitions, si ce n'est de la religion elle-même. • L'amour se conjugue avec l'érotisme et les jeux de la séduction. • L'analyse psychologique se raffine, surtout au théâtre. • Travail, ambition, sens de l'épargne, goût du progrès sont valorisés.
Style où dominent esprit critique et humour	• La prose s'impose au détriment de la poésie ; la raison déclasse l'imagination. • Le dialogue sert fréquemment à structurer l'argumentation du texte au complet. • Le style est alerte, audacieux dans les raisonnements et dans les descriptions. • L'humour et les jeux de mots brillants abondent. • Emploi d'une grande variété de tonalités dans une atmosphère d'optimisme général.
Formes hybrides	**Les écrivains explorent les formes hybrides :** le drame (mélange de comique et de tragique) ; la comédie sentimentale (un comique subtil qui fait réfléchir plutôt que rire) ; le conte philosophique (à la frontière entre le récit et l'essai) ; l'autobiographie (entre récit de vie et méditation sur la réalité).

LA PROSE

Comment évoluent l'essai et le récit au XVIIIe siècle ?

L'*Encyclopédie* contribue à faire de la prose le véhicule privilégié du combat des idées, et l'essai se classe premier parmi les genres littéraires qui peuvent servir ce but. Le conte et le roman, détournés de leur vocation de divertissement, servent eux aussi des buts argumentatifs.

L'essai

L'essai remonte à Montaigne (voir cet auteur dans le chapitre 2 portant sur la Renaissance) : c'est lui qui, au XVIe siècle, donne le titre d'*Essais* à une œuvre dans laquelle il expose ses réflexions sur la vie, la mort, le monde, tout en se plaçant lui-même au centre de son analyse. Depuis, ce genre littéraire regroupe des textes très différents ayant un point commun : ils font tous référence à la réalité sans recourir à un intermédiaire fictif.

Confirmant la nature protéiforme de l'essai, l'écrivain des Lumières en explore les différentes facettes. Une première variante de l'essai vise à informer et tend à l'objectivité sans toutefois échapper totalement à la portée idéologique : les articles de l'*Encyclopédie* en sont des exemples.

Une deuxième variante se caractérise par une prise de position, souvent polémique, et la partialité des opinions de l'auteur : c'est notamment la voie adoptée par Voltaire. L'argumentation est généralement illustrée par des anecdotes variées. La structure d'ensemble peut être celle du dialogue, qui permet l'échange et la controverse. L'essai sert l'engagement de l'écrivain qui se porte à la défense des victimes de l'injustice ou attaque des rivaux (le clergé et, en particulier, les Jésuites) tout en faisant la promotion de réformes variées.

L'autobiographie

Dans l'autobiographie, l'auteur fait le récit de sa vie ou enrichit son propos d'anecdotes, s'adressant moins à la raison du lecteur qu'à sa sensibilité : c'est l'option choisie par Rousseau dans ses derniers textes, *Les confessions* et *Les rêveries du promeneur solitaire*. Classée dans la catégorie de l'essai, parce qu'il s'agit d'une histoire véridique, l'autobiographie se rapproche aussi du récit puisqu'elle raconte une vie.

Le roman

Le roman est encore un genre discrédité au XVIIIe siècle parce qu'il s'adresse surtout aux femmes. L'énorme succès de ce genre lui offre néanmoins des possibilités de développement qui ne se démentent pas au fil du siècle. L'inclusion de la sensualité, l'alternance de narration et de dissertation philosophique marquent toute la production romanesque de l'époque.

Le roman épistolaire

Genre dominant dans lequel la fiction se construit par le moyen d'une correspondance qu'entretiennent les personnages du récit (p. ex. : *La nouvelle Héloïse* de Jean-Jacques Rousseau et *Les liaisons dangereuses* de Pierre Choderlos de Laclos, *Les lettres persanes* de Charles de Montesquieu). Le roman épistolaire renvoie au goût du siècle pour l'art de la conversation et se caractérise par une grande variété de styles, celui de la jeune ingénue étant différent de celui du séducteur cynique.

Le roman-mémoire

Il présente un personnage qui raconte sa vie ou une partie de celle-ci (p. ex. : *La vie de Marianne* de Marivaux et *L'histoire du chevalier Des Grieux et de Manon Lescaut* de l'abbé Prévost). Ce type de récit permet souvent au héros ou à l'héroïne de faire de subtiles analyses psychologiques tout en tirant une leçon des événements de sa vie.

Le roman sentimental

Ce type de roman fait la description d'une relation amoureuse avec tous les déchirements moraux qui peuvent s'y rattacher (p. ex. : *Paul et Virginie* de Bernardin de Saint-Pierre). Il offre souvent l'occasion à son auteur de créer un cadre bucolique à l'histoire pour épancher son lyrisme.

Le roman noir

Précurseur du fantastique romantique, ce type de roman apparaît après la Révolution. Les récits sont empreints de morbidité et de perversité, ont pour cadre des châteaux hantés, racontent des combats avec les forces sataniques. Ils baignent dans une atmosphère trouble, comme si la société allait bientôt crouler dans la déchéance. Parmi les écrivains qui se démarquent dans ce style, on retient le nom de Restif de la Bretonne (1734-1806) qui présente, dans ses *Nuits de Paris*, une série de scènes hallucinantes empreintes de violence.

Le conte philosophique

C'est Voltaire qui invente cette forme qui se prête bien à ses intentions satiriques et à ses buts polémiques. Il emprunte au conte populaire son ton ludique et son décor merveilleux. En effet, le cadre fictif est souvent l'Orient, qui fascine par son pittoresque. Les actions des personnages comptent souvent moins que leurs paroles. Le dialogue, outil narratif par excellence, envahit souvent le texte au détriment des autres techniques de narration. Il rend compte des origines orales du conte ; il sert bien les discussions vives, les débats d'idées. Il illustre en outre la mentalité du XVIIIe siècle, qui raffole des conversations raffinées.

Les caractéristiques de l'autobiographie

Histoire	L'auteur est le sujet du récit, il en constitue le noyau tout en étant l'objet de la quête. Son dessein est de mieux se connaître lui-même tout en racontant aux autres sa propre vie.
Narration	**Qui raconte l'histoire ?** L'auteur est le narrateur. La narration ne peut se faire qu'à la première personne (focalisation interne). Le lecteur se transforme en confident. Comme c'est le cas dans tous les récits réels, l'auteur établit nettement un pacte de lecture en affirmant l'authenticité de tout ce qu'il raconte. L'auteur se sert donc de l'écriture à des fins : • thérapeutiques (soigner son ego) ; exprimer un point de vue introspectif. • mémorielles (ranimer les souvenirs), • ou justificatrices (s'innocenter vis-à-vis du lecteur).
Thématique	Violation des frontières de l'interdit, dévoilement de secrets intimes, ceux de la sexualité, par exemple. Enfance, relations aux parents, solitude, regard sur la société.
Style et procédés d'écriture	Le récit se détourne de la phrase rationnelle pour suivre les méandres de la sensibilité du protagoniste. Nombreuses marques du locuteur. Importance de la modalisation, c'est-à-dire d'un lexique exprimant l'affectif et l'émotion.

Les caractéristiques du conte philosophique

Histoire	**Personnages** Personnages sans profondeur psychologique ; ils ressemblent à des marionnettes aux mains d'un auteur qui se sert d'eux pour illustrer son propos. **Intrigue** Événements juxtaposés assez librement (on parle même d'organisation décousue ou de morcellement) selon les caprices de l'argumentation ou la fantaisie de l'auteur-conteur. Cadre spatio-temporel relevant souvent du merveilleux, l'action pouvant se situer en Orient ou dans des contrées éloignées.
Narration	**Qui raconte l'histoire ?** Dans le conte philosophique, la voix du conteur s'efface devant celle du narrateur à la troisième personne (non représenté) ; cependant, la leçon philosophique à la fin des épisodes laisse entrevoir la présence d'un auditeur auquel s'adresse le message. **De quel point de vue la scène est-elle observée ?** La focalisation est généralement externe. En effet, le narrateur observe le monde de l'extérieur, sans pénétrer les consciences, puisque le but n'est pas la vraisemblance psychologique mais plutôt la logique argumentative, par l'entremise des dialogues.
Thématique	L'injustice et l'arbitraire social ; le pouvoir politique, l'art de gouverner ; la condition humaine ; la religion et la réflexion métaphysique (la relation au Créateur) ; la tradition, les superstitions.
Style et procédés d'écriture	L'humour, l'ironie, la satire : tous les jeux de mots sont mis au service de la polémique.

L'opinion de Voltaire au sujet de l'existence de Dieu

Sur les pensées de M. Pascal

Ne parier point que Dieu est, c'est parier qu'il n'est pas. Lequel prendrez-vous donc ? Pesons le gain et la perte en prenant le parti de croire que Dieu est. Si vous gagnez, vous gagnez tout, si vous perdez, vous ne perdez rien. Pariez donc qu'il est sans hésiter. — Oui, il faut gager, mais je gage peut-être trop. — Voyons, puisqu'il y a pareil hasard de gain et de perte, quand vous n'auriez que deux vies à gagner pour une, vous pourriez encore gager.

Il est évidemment faux de dire : Ne point parier que Dieu est, c'est parier qu'il n'est pas ; car celui qui doute et demande à s'éclairer ne parie assurément ni pour ni contre.

D'ailleurs cet article paraît un peu indécent et puéril ; cette idée de jeu, de perte et de gain, ne convient point à la gravité du sujet.

De plus, l'intérêt que j'ai à croire une chose n'est pas une preuve de l'existence de cette chose. Je vous donnerai, me dites-vous, l'empire du monde, si je crois que vous avez raison. Je souhaite alors de tout mon cœur que vous ayez raison ; mais jusqu'à ce que vous me l'ayez prouvé, je ne peux vous croire.

Commencez, pourrait-on dire à M. Pascal, par convaincre ma raison ; j'ai intérêt, sans doute, qu'il y ait un Dieu ; mais si dans votre système Dieu n'est venu que pour si peu de personnes, si le petit nombre des élus est si effrayant, si je ne puis rien du tout par moi-même, dites-moi, je vous prie, quel intérêt j'ai à vous croire ? N'ai-je pas un intérêt visible à être persuadé du contraire ? De quel front osez-vous me montrer un bonheur infini auquel, d'un million d'hommes, à peine un seul a droit d'aspirer ? Si vous voulez me convaincre, prenez-vous-y d'une autre façon et n'allez pas tantôt me parler de jeu, de hasard, de pari, de croix et de pile, et tantôt m'effrayer par les épines que vous semez sur le chemin que je veux et que je dois suivre. Votre raisonnement ne servirait qu'à faire des athées, si la voix de toute la nature ne nous criait qu'il y a un Dieu, avec autant de force que ces subtilités ont de faiblesse.

François Marie Arouet, dit Voltaire, *Lettres philosophiques*, extrait de la XXVe lettre, 1734.

Voltaire, François Marie Arouet, dit (1694-1778)

Réflexion sur Dieu

Né dans un milieu bourgeois, Voltaire fréquente un collège dirigé par les Jésuites, où il côtoie des fils de la noblesse dont il cultive l'amitié. Comme il a un frère qui adhère au jansénisme, il connaît très bien les idées dont il va débattre en devenant adulte. Fin causeur, esprit satirique, il ne méprise ni la gloire ni les mondanités, mais il refuse de fermer les yeux sur les injustices. Exilé en Angleterre à la suite d'une altercation avec un grand seigneur, Voltaire va consacrer, durant son séjour, beaucoup de temps à l'étude tout en fréquentant des hommes de science. Convaincu des avantages du libéralisme britannique, il conteste, en contrepartie, l'arbitraire et l'obscurantisme du régime monarchiste français. De retour sur le sol natal, il reprend le combat contre ce qu'il nomme l'« Infâme », c'est-à-dire toute forme d'oppression religieuse ou politique.

Dans cet extrait des *Lettres philosophiques,* Voltaire rappelle d'abord le « pari de Pascal » au sujet de l'existence de Dieu. Il démontre ensuite comment la lecture, l'analyse et l'interprétation de ce pari fournissent les arguments pour en faire la critique. Le second extrait est de Pascal lui-même. Il se prononce en faveur de l'existence de Dieu.

L'opinion de Pascal au sujet de l'existence de Dieu

Le pari de Pascal

S'il y a un Dieu, il est infiniment incompréhensible, puisque, n'ayant ni parties ni bornes, il n'a nul rapport à nous. Nous sommes donc incapables de connaître ni ce qu'il est, ni s'il est. Cela étant, qui osera entreprendre de résoudre cette question ? Ce n'est pas nous, qui n'avons aucun rapport à lui.

Qui blâmera donc les chrétiens de ne pouvoir rendre raison de leur créance, eux qui professent une religion dont ils ne peuvent rendre raison ? Ils déclarent en l'exposant au monde, que c'est une sottise, *stultitiam*; et puis vous vous plaignez de ce qu'ils ne la prouvent pas ! S'ils la prouvaient, ils ne tiendraient pas parole; c'est en manquant de preuves qu'ils ne manquent pas de sens. — « Oui; mais encore que cela excuse ceux qui l'offrent telle, et que cela les ôte du blâme de la produire sans raison, cela n'excuse pas ceux qui la reçoivent ». — Examinons donc ce point, et disons : « Dieu est, ou il n'est pas ». Mais de quel côté pencherons-nous ? La raison n'y peut rien déterminer; il y a un chaos infini qui nous sépare. Il se joue un jeu, à l'extrémité de cette distance infinie, où il arrivera croix ou pile. Que gagerez-vous ? Par raison, vous ne pouvez faire ni l'un ni l'autre; par raison, vous ne pouvez défendre nul des deux. Ne blâmez donc pas de fausseté ceux qui ont pris un choix; car vous n'en savez rien. — « Non; mais je les blâmerai d'avoir fait, non ce choix, mais un choix; car, encore que celui qui prend croix et l'autre soient en pareille faute, ils sont tous deux en faute : le juste est de ne point parier ». — « Oui; mais il faut parier. Cela n'est pas volontaire : vous êtes embarqué. Lequel prendrez-vous donc ? Voyons. Puisqu'il faut choisir, voyons ce qui vous intéresse le moins. Vous avez deux choses à perdre : le vrai et le bien, et deux choses à engager : votre raison et votre volonté, votre connaissance et votre béatitude; et votre nature a deux choses à fuir : l'erreur et la misère. Votre raison n'est pas plus blessée, en choisissant l'un que l'autre, puisqu'il faut nécessairement choisir. Voilà un point vidé. Mais votre béatitude ? Pesons le gain et la perte, en prenant croix que Dieu est. Estimons ces deux cas : si vous gagnez, vous gagnez tout; si vous perdez, vous ne perdez rien. Gagez donc qu'il est sans hésiter. — « Cela est admirable. Oui, il faut gager; mais je gage peut-être trop ». — Voyons. Puisqu'il y a pareil hasard de gain et de perte, si vous n'aviez qu'à gagner deux vies pour une, vous pourriez encore gager; mais s'il y en avait trois à gagner, il faudrait jouer (puisque vous êtes dans la nécessité de jouer), et vous seriez imprudent, lorsque vous êtes forcé à jouer, de ne pas hasarder votre vie pour en gagner trois à un jeu où il y a pareil hasard de perte et de gain. Mais il y a une éternité de vie de bonheur. Et cela étant, quand il y aurait une infinité de hasards dont un seul serait pour vous, vous auriez encore raison de gager un pour avoir deux, et vous agiriez de mauvais sens, étant obligé à jouer, de refuser de jouer une vie contre trois à un jeu où d'une infinité de hasards il y en a un pour vous, s'il y avait une infinité de vie infiniment heureuse à gagner. Mais il y a ici une infinité de vie infiniment heureuse à gagner, un hasard de gain contre un nombre fini de hasards de perte, et ce que vous jouez est fini. Cela ôte tout parti partout où est l'infini, et où il n'y a pas infinité de hasards de perte contre celui de gain, il n'y a point à balancer, il faut tout donner. Et ainsi, quand on est forcé à jouer, il faut renoncer à la raison pour garder la vie, plutôt que de la hasarder pour le gain infini aussi prêt à arriver que la perte du néant.

Car il ne sert de rien de dire qu'il est incertain si on gagnera et qu'il est certain qu'on hasarde, et que l'infinie distance qui est entre la *certitude* de ce qu'on s'expose et l'*incertitude* de ce qu'on gagnera, égale le bien fini, qu'on expose certainement, à l'infini, qui est incertain. Cela n'est pas; aussi tout joueur hasarde avec certitude pour gagner avec incertitude; et néanmoins il hasarde certainement le fini pour gagner incertai-

nement le fini, sans pécher contre la raison. Il n'y a pas infinité de distance entre cette
50 certitude de ce qu'on s'expose et l'incertitude du gain ; cela est faux. Il y a, à la vérité,
infinité entre la certitude de gagner et la certitude de perdre. Mais l'incertitude de
gagner est proportionnée à la certitude de ce qu'on hasarde, selon la proportion des
hasards de gain et de perte. Et de là vient que, s'il y a autant de hasards d'un côté que
de l'autre, le parti est à jouer égal contre égal ; et alors la certitude de ce qu'on s'expose
55 est égale à l'incertitude du gain : tant s'en faut qu'elle en soit infiniment distante. Et
ainsi, notre proposition est dans une force infinie, quand il y a le fini à hasarder à un
jeu où il y a pareils hasards de gain que de perte, et l'infini à gagner.
[...]
— Or, quel mal vous arrivera-t-il en prenant ce parti ? Vous serez fidèle, honnête,
60 humble, reconnaissant, bienfaisant, ami sincère, véritable. À la vérité, vous ne serez
point dans les plaisirs empestés, dans la gloire, dans les délices ; mais n'en aurez-vous
point d'autres ? Je vous dis que vous y gagnerez en cette vie ; et qu'à chaque pas que
vous ferez dans ce chemin, vous verrez tant de certitude du gain, et tant de néant de
ce que vous hasardez, que vous connaîtrez à la fin que vous avez parié pour une chose
65 certaine, infinie, pour laquelle vous n'avez rien donné.

Blaise Pascal, *Pensées de M. Pascal sur la religion et sur quelques autres sujets,* 1670.

Atelier de comparaison

Exploration

Sur les pensées de M. Pascal

1. Pour bien comprendre les textes, cherchez la définition de mots comme « puéril » et « béatitude », ou d'autres termes dont la définition peut éclairer la signification du texte, par exemple « élus » et « athées ».

2. Le texte en italique a pour but de résumer l'argumentation de Pascal. Reformulez ce texte dans vos mots. Jugez-vous que le résumé de Voltaire rend justice au texte de Pascal ? Est-il complet, biaisé, etc. ?

3. Relevez un oxymore, trois antithèses et une énumération. Quelle tonalité du texte font-elles ressortir : dialectique, sarcastique, optimiste, tragique ?

4. Expliquez pourquoi on peut considérer la croyance, le doute, et la raison comme les trois thèmes-clés du texte.

5. Montrez que l'argumentation de Voltaire est détournée vers une remise en question du jansénisme, doctrine religieuse à laquelle adhérait Pascal.

6. Si vous participiez à la discussion, quelle serait votre position personnelle ? Le dernier argument de Voltaire fournit-il la preuve irréfutable de l'existence de Dieu ?

Le pari de Pascal

7. Selon vous, le texte de Pascal discute-t-il de l'existence de Dieu ou plutôt du bien-fondé de croire en Lui ? Justifiez votre point de vue.

8. Selon Pascal, la raison est-elle d'un certain secours pour faire la lumière sur l'existence de Dieu ? Justifiez votre réponse par des citations tirées du texte.

9. Aux yeux de Pascal, quels sont les avantages que peut retirer l'être humain à miser sur l'existence de Dieu ?

10. Montrez que « deux » semble le chiffre fétiche de Pascal lorsque vient le temps d'argumenter.

11. Relevez les antithèses, les énumérations et quelques répétitions qui sont mis au service de l'argumentation.

Comparaison

12. Dressez un tableau des similitudes et des différences dans les textes en tenant compte des thèmes abordés, des points de vue énoncés, de la façon de raisonner et des figures de style utilisées.

13. Montrez que ces textes répondent tous deux aux caractéristiques de l'essai.

14. Pascal aimait les mathématiques et Voltaire la spéculation. Montrez qu'un esprit calculateur influence les deux argumentations.

Rédaction

15. Comparez les deux textes par rapport au thème abordé : la croyance en Dieu.

Jean-Jacques Rousseau (1712-1778)

Réflexion sociopolitique et pédagogique

Né à Genève, Rousseau est orphelin de mère peu après sa naissance. Il grandit dans une solitude studieuse au côté de son père. Lors de la première d'une longue série de fugues, il quitte la pension où l'a placé son père puis abjure le protestantisme, la foi de son enfance, pour se faire catholique. Peu sociable de nature, extrêmement sensible, voire neurasthénique, il ne trouve nulle part un refuge où apaiser son anxiété. Philosophe rejeté par les autres philosophes, romancier malgré lui, mais génie avant tout, Rousseau expose deux grandes idées susceptibles de révolutionner le siècle : la liberté hors des contraintes de la civilisation et l'égalité entre citoyens liés par un pacte social. Avant-gardiste dans sa pensée, original dans son style, il est la preuve que l'on peut construire un système philosophique complexe tout en revendiquant à l'aide de mots pleins de sensibilité la subjectivité de son point de vue.

Dans cet extrait de *Émile ou de l'éducation*, Rousseau exprime sa conviction que les hommes sont nés égaux et qu'ils devraient par conséquent cultiver la solidarité entre eux.

Le respect du peuple

On ne plaint un malheureux qu'autant qu'on croit qu'il se trouve à plaindre. Le sentiment physique de nos maux est plus borné qu'il ne semble ; mais c'est par la mémoire qui nous en fait sentir la continuité, c'est par l'imagination qui les étend sur l'avenir, qu'ils nous rendent vraiment à plaindre. Voilà, je pense, une des causes qui 5 nous endurcissent plus aux maux des animaux qu'à ceux des hommes, quoique la sensibilité commune dût également nous identifier avec eux. On ne plaint guère un cheval de charretier dans son écurie, parce qu'on ne présume pas qu'en mangeant son foin il songe aux coups qu'il a reçus et aux fatigues qui l'attendent. On ne plaint pas non plus un mouton qu'on voit paître, quoiqu'on sache qu'il sera bientôt égorgé, 10 parce qu'on juge qu'il ne prévoit pas son sort. Par extension l'on s'endurcit ainsi sur le sort des hommes ; et les riches se consolent du mal qu'ils font aux pauvres, en les supposant assez stupides pour n'en rien sentir. En général je juge du prix que chacun met au bonheur de ses semblables par le cas qu'il paraît faire d'eux. Il est naturel qu'on fasse bon marché du bonheur des gens qu'on méprise. Ne vous étonnez donc 15 plus si les politiques parlent du peuple avec tant de dédain, ni si la plupart des philosophes affectent de faire l'homme si méchant.

C'est le peuple qui compose le genre humain ; ce qui n'est pas peuple est si peu de chose que ce n'est pas la peine de le compter. L'homme est le même dans tous les états : si cela est, les états les plus nombreux méritent le plus de respect. Devant celui 20 qui pense, toutes les distinctions civiles disparaissent : il voit les mêmes passions, les mêmes sentiments dans le goujat et dans l'homme illustre ; il n'y discerne que leur langage, qu'un coloris plus ou moins apprêté ; et si quelque différence essentielle les distingue, elle est au préjudice des plus dissimulés. Le peuple se montre tel qu'il est, et n'est pas aimable ; mais il faut bien que les gens du monde se déguisent ; s'ils se 25 montraient tels qu'ils sont, ils feraient horreur.

Il y a, disent encore nos sages, même dose de bonheur et de peine dans tous les états. Maxime aussi funeste qu'insoutenable : car, si tous sont également heureux, qu'ai-je besoin de m'incommoder pour personne ? Que chacun reste comme il est : que l'esclave soit maltraité, que l'infirme souffre, que le gueux périsse ; il n'y a rien à 30 gagner pour eux à changer d'état. Ils font l'énumération des peines du riche, et montrent l'inanité de ses vains plaisirs : quel grossier sophisme ! les peines du riche ne lui viennent point de son état, mais de lui seul, qui en abuse. Fût-il plus malheureux que le pauvre même, il n'est point à plaindre, parce que ses maux sont tous son ouvrage, et qu'il ne tient qu'à lui d'être heureux. Mais la peine du misérable lui vient 35 des choses, de la rigueur du sort qui s'appesantit sur lui. Il n'y a point d'habitude qui lui puisse ôter le sentiment physique de la fatigue, de l'épuisement, de la faim : le bon esprit ni la sagesse ne servent de rien pour l'exempter des maux de son état. Que gagne Épictète de prévoir que son maître va lui casser la jambe ? la lui casse-t-il moins pour cela ? il a par-dessus son mal le mal de la prévoyance. Quand le peuple serait 40 aussi sensé que nous le supposons stupide, que pourrait-il être autre que ce qu'il est ? que pourrait-il faire autre que ce qu'il fait ? Étudiez les gens de cet ordre, vous verrez que, sous un autre langage, ils ont autant d'esprit et plus de bon sens que vous. Respectez donc votre espèce ; songez qu'elle est composée essentiellement de la collection des peuples ; que, quand tous les rois et tous les philosophes en seraient ôtés, il 45 n'y paraîtrait guère, et que les choses n'en iraient pas plus mal. En un mot, apprenez à votre élève à aimer tous les hommes, et même ceux qui les déprisent ; faites en sorte qu'il ne se place dans aucune classe, mais qu'il se retrouve dans toutes ; parlez devant lui du genre humain avec attendrissement, avec pitié même, mais jamais avec mépris. Homme, ne déshonore point l'homme.

C'est par ces routes et d'autres semblables, bien contraires à celles qui sont frayées, qu'il convient de pénétrer dans le cœur d'un jeune adolescent pour y exciter les premiers mouvements de la nature, le développer et l'étendre sur ses semblables ; à quoi j'ajoute qu'il importe de mêler à ces mouvements le moins d'intérêt personnel qu'il est possible ; surtout point de vanité, point d'émulation, point de gloire, point de ces sentiments qui nous forcent de nous comparer aux autres ; car ces comparaisons ne se font jamais sans quelque impression de haine contre ceux qui nous disputent la préférence, ne fût-ce que dans notre propre estime. Alors il faut s'aveugler ou s'irriter, être un méchant ou un sot : tâchons d'éviter cette alternative. Ces passions si dangereuses naîtront tôt ou tard, me dit-on, malgré nous. Je ne le nie pas : chaque chose a son temps et son lieu ; je dis seulement qu'on ne doit pas leur aider à naître.

Jean-Jacques Rousseau, *Émile ou de l'éducation*, Livre IV, 1762.

Atelier d'analyse

Exploration

1. Dressez le plan du texte en suivant les étapes suivantes :
   a. dégagez les idées principales de chaque paragraphe de même que les arguments qui soutiennent ces idées.
   b. Pour chaque paragraphe, choisissez une citation qui illustre l'idée principale.

2. Quels aspects de la structure sociale de l'époque le texte révèle-t-il ?

3. Quelles sont les nouvelles valeurs prônées par Rousseau ? Relevez pour chacune d'elles une phrase qui les illustre.

4. Cet extrait s'adresse aux éducateurs. Énumérez les recommandations qui leur sont adressées pour réussir l'éducation d'un enfant.

5. En vous référant au tableau sur l'essai, montrez que l'extrait correspond aux caractéristiques de ce genre littéraire.

6. Donnez trois preuves montrant que Rousseau s'adresse autant au cœur et à la sensibilité du lecteur qu'à sa raison.

Rédaction

7. Montrez que le texte souligne l'opposition entre les riches privilégiés et le peuple pauvre.

8. Analysez le caractère révolutionnaire de ce texte en tenant compte de ce que vous savez du contexte social du XVIIIe siècle.

Germaine de Staël (1766-1817)

L'esprit des Lumières au féminin

Aristocrate, fille de Jacques Necker, ministre d'origine suisse influent sous Louis XVI, et pourtant partisane de la Révolution, Germaine de Staël est, parmi les écrivains du siècle des Lumières, celle qui montre le plus de goût pour la réflexion sur l'art et l'esthétique littéraires. Elle privilégie l'essai, le genre par excellence des encyclopédistes. Ses écrits préfigurent cependant le romantisme, s'attachant à l'analyse de l'expression de la sensibilité dans la littérature allemande. Madame de Staël entretient d'ailleurs une relation orageuse avec l'écrivain romantique Benjamin Constant, et on la reconnaîtra sous les traits de l'héroïne du roman *Adolphe*, qu'il publie en 1816.

L'extrait ci-contre est tiré de son œuvre intitulée *De l'Allemagne*, publiée en 1810, qui constitue en quelque sorte l'aboutissement d'une réflexion enclenchée au siècle précédent. En effet, la nature du genre romanesque, dont l'une des qualités est de provoquer l'émotion, est l'un des sujets de prédilection de cette femme d'esprit.

Entre la vie réelle et la vie imaginaire

De toutes les fictions les romans étant la plus facile, il n'est point de carrière dans laquelle les écrivains des nations modernes se soient plus essayés. Le roman fait pour ainsi dire la transition entre la vie réelle et la vie imaginaire. L'histoire de chacun est, à quelques modifications près, un roman assez semblable à ceux qu'on imprime, et les souvenirs personnels tiennent souvent à cet égard lieu d'invention. On a voulu donner plus d'importance à ce genre en y mêlant la poésie, l'histoire et la philosophie; il me semble que c'est le dénaturer. Les réflexions morales et l'éloquence passionnée peuvent trouver place dans les romans; mais l'intérêt des situations doit être toujours le premier mobile de cette sorte d'écrits, et jamais rien ne peut en tenir lieu. Si l'effet théâtral est la condition indispensable de toute pièce représentée, il est également vrai qu'un roman ne serait ni un bon ouvrage, ni une fiction heureuse, s'il n'inspirait pas une curiosité vive; c'est en vain que l'on voudrait y suppléer par des digressions spirituelles, l'attente de l'amusement trompée causerait une fatigue insurmontable.

La foule des romans d'amour publiés en Allemagne a fait tourner un peu en plaisanterie les clairs de lune, les harpes qui retentissent le soir dans la vallée, enfin tous les moyens connus de bercer doucement l'âme; mais néanmoins il y a dans nous une disposition naturelle qui se plaît à ces faciles lectures, c'est au génie à s'emparer de cette disposition qu'on voudrait en vain combattre. Il est si beau d'aimer et d'être aimé, que cet hymne de la vie peut se moduler à l'infini, sans que le cœur en éprouve de lassitude; ainsi l'on revient avec joie au motif d'un chant embelli par des notes brillantes. Je ne dissimulerai pas cependant que les romans, même les plus purs, font du mal; ils nous ont trop appris ce qu'il y a de plus secret dans les sentiments. On ne peut plus rien éprouver sans se souvenir presque de l'avoir lu, et tous les voiles du cœur ont été déchirés. Les Anciens n'auraient jamais fait ainsi de leur âme un sujet de fiction; il leur restait un sanctuaire où même leur propre regard aurait craint de pénétrer; mais enfin le genre des romans admis, il y faut de l'intérêt, et c'est, comme le disait Cicéron de l'action dans l'orateur, la condition trois fois nécessaire.

Les Allemands comme les Anglais sont très féconds en romans qui peignent la vie domestique. La peinture des mœurs est plus élégante dans les romans anglais; elle a plus de diversité dans les romans allemands. Il y a en Angleterre, malgré l'indépendance des caractères, une manière d'être générale donnée par la bonne compagnie; en Allemagne rien à cet égard n'est convenu. Plusieurs de ces romans fondés sur nos sentiments et nos mœurs, et qui tiennent parmi les livres le rang des drames au théâtre, méritent d'être cités, mais ce qui est sans égal et sans pareil, c'est *Werther*: on voit là tout ce que le génie de Goethe pouvait produire quand il était passionné. L'on dit qu'il attache maintenant peu de prix à cet ouvrage de sa jeunesse; l'effervescence d'imagination, qui lui inspira presque de l'enthousiasme pour le suicide, doit lui paraître maintenant blâmable. Quand on est très jeune, la dégradation de l'être n'ayant en rien commencé, le tombeau ne semble qu'une image poétique, qu'un sommeil environné de figures à genoux qui nous pleurent; il n'en est plus ainsi même dès le milieu de la vie, et l'on apprend alors pourquoi la religion, cette science de l'âme, a mêlé l'horreur du meurtre à l'attentat contre soi-même.

Goethe néanmoins aurait grand tort de dédaigner l'admirable talent qui se manifeste dans *Werther* ; ce ne sont pas seulement les souffrances de l'amour, mais les maladies de l'imagination dans notre siècle, dont il a su faire le tableau ; ces pensées qui se pressent dans l'esprit sans qu'on puisse les changer en actes de la volonté ; le contraste singulier d'une vie beaucoup plus monotone que celle des Anciens, et d'une existence intérieure beaucoup plus agitée, causent une sorte d'étourdissement semblable à celui qu'on prend sur le bord de l'abîme, et la fatigue même qu'on éprouve après l'avoir longtemps contemplé peut entraîner à s'y précipiter. Goethe a su joindre à cette peinture des inquiétudes de l'âme, si philosophique dans ses résultats, une fiction simple, mais d'un intérêt prodigieux. Si l'on a cru nécessaire dans toutes les sciences de frapper les yeux par les signes extérieurs, n'est-il pas naturel d'intéresser le cœur pour y graver de grandes pensées ?

Germaine de Staël, *De l'Allemagne*, « Des romans », 1810.

Atelier d'analyse

Exploration

1. Analysez le premier paragraphe en répondant aux questions suivantes :
   a. Comment Madame de Staël définit-elle le roman ?
   b. Quels reproches adresse-t-elle au roman tel qu'il était pratiqué au XVIIIe siècle ?

2. Montrez que Madame de Staël adopte un plan dialectique dans le deuxième paragraphe, en faisant ressortir les qualités des romans publiés en Allemagne mais aussi en montrant leurs faiblesses.

3. Dans les deux derniers paragraphes, Madame de Staël donne *Werther* en exemple de roman réussi. Énumérez les qualités de ce roman. Dégagez la seule restriction qu'elle émet à l'égard de cette œuvre.

4. Relevez les phrases qui rendent compte de l'importance que Madame de Staël accorde aux sentiments comme ressorts de l'intrigue romanesque.

Rédaction

5. **Sujet :** Analysez la vision du roman développée par Madame de Staël dans cet extrait.
   Consigne : Corrigez le paragraphe de développement ci-après en suivant ces étapes :
   • dressez d'abord la liste des erreurs de compréhension ;
   • reformulez le paragraphe dans le but de l'améliorer ;
   • poursuivez ensuite l'exercice par la rédaction d'un deuxième paragraphe en lien avec le sujet.

   Mme de Staël critique d'abord la façon qu'ont les écrivains des Lumières de dénaturer le roman en prenant trop facilement leur envol vers l'imaginaire plutôt que de s'appuyer sur des événements biographiques réels. C'est ce que veut dire la phrase suivante : « les souvenirs personnels tiennent souvent lieu à cet égard d'invention ». De son point de vue, les romanciers doivent avant tout se souvenir avant d'imaginer des événements invraisemblables. Elle reproche aussi aux écrivains philosophes de trop se servir de la religion et cela donne des romans ennuyants à cause des « digressions spirituelles » qui entraînent « une fatigue insurmontable ». En fait, son but est de faire lire les romans de ses compatriotes allemands.

Le marquis de Sade (1740-1814)

Le discours philosophique imbriqué dans le récit

Écrivain corrosif et provocateur, le marquis de Sade transpose les épisodes pervers de sa vie tourmentée dans ses romans, qui ont longtemps été interdits de publication. Emprisonné durant une grande partie de sa vie pour des raisons de débauche ou de provocation politique, le marquis de Sade refuse avec entêtement de renoncer à son amoralisme libertin. Il pousse à l'extrême les postulats des Lumières relatifs à la nature humaine, à la liberté et au plaisir. Il emprunte pour ce faire le même rigoureux cheminement logique que les philosophes, ses contemporains, avec comme résultat un univers hors norme qui donne le vertige.

L'extrait suivant permet d'apprécier ce que l'œuvre de Sade doit à la pensée des Lumières, soit son goût de la conceptualisation et de la déduction logique. Il illustre aussi l'originalité de sa prose, qui tient dans une sorte de satire enragée et extrémiste.

Les prospérités du vice

On appelle conscience, ma chère Juliette, cette espèce de voix intérieure qui s'élève en nous à l'infraction d'une chose défendue, de quelque nature qu'elle puisse être : définition bien simple, et qui fait voir du premier coup d'œil que cette conscience n'est l'ouvrage que du préjugé reçu par l'éducation, tellement que tout ce qu'on interdit à l'enfant lui cause des remords dès qu'il l'enfreint, et qu'il conserve ses remords jusqu'à ce que le préjugé vaincu lui ait démontré qu'il n'y avait aucun mal réel dans la chose défendue.

[...]

N'éprouvons-nous pas ce que je te dis dans tous les prétendus crimes où la volupté préside ? Pourquoi ne se repent-on jamais d'un crime de libertinage ? Parce que le libertinage devient très promptement une habitude. Il en pourrait être de même de tous les autres égarements ; tous peuvent, comme la lubricité, se changer aisément en coutume, et tous peuvent, comme la luxure, exciter dans le fluide nerval un chatouillement qui, ressemblant beaucoup à cette passion, peut devenir aussi délicieux qu'elle, et par conséquent, comme elle, se métamorphoser en besoin.

Ô Juliette, si tu veux, comme moi, vivre heureuse dans le crime... et j'en commets beaucoup, ma chère... si tu veux, dis-je, y trouver le même bonheur que moi, tâche de t'en faire, avec le temps, une si douce habitude, qu'il te devienne comme impossible de pouvoir exister sans le commettre ; et que toutes les convenances humaines te paraissent si ridicules, que ton âme flexible, et malgré cela nerveuse, se trouve imperceptiblement accoutumée à se faire des vices de toutes les vertus humaines et des vertus de tous les crimes : alors un nouvel univers semblera se créer à tes regards ; un feu dévorant et délicieux se glissera dans tes nerfs, il embrasera ce fluide électrique dans lequel réside le principe de la vie. Assez heureuse pour vivre dans un monde dont ma triste destinée m'exile, chaque jour tu formeras de nouveaux projets, et chaque jour leur exécution te comblera d'une volupté sensuelle qui ne sera connue que de toi. Tous les êtres qui t'entoureront te paraîtront autant de victimes dévouées par le sort à la perversité de ton cœur ; plus de liens, plus de chaînes, tout disparaîtra promptement sous le flambeau de tes désirs, aucune voix ne s'élèvera plus dans ton âme pour énerver l'organe de leur impétuosité, nuls préjugés ne militeront plus en leur faveur, tout sera dissipé par la sagesse, et tu arriveras insensiblement aux derniers excès de la perversité par un chemin couvert de fleurs. C'est alors que tu reconnaîtras la faiblesse de ce qu'on t'offrait autrefois comme des inspirations de la nature ; quand tu auras badiné quelques années avec ce que les sots appellent ses lois [...]

Prends garde surtout à la religion, rien ne te détournera du bon chemin comme ses inspirations dangereuses : semblable à l'hydre dont les têtes renaissent à mesure qu'on les coupe, elle te fatiguera sans cesse, si tu n'as le plus grand soin d'en anéantir perpétuellement les principes. Je crains que les idées bizarres de ce Dieu fantastique dont on empoisonna ton enfance ne reviennent troubler ton imagination au milieu de ses plus divins écarts : ô Juliette, oublie-la, méprise-la, l'idée de ce Dieu vain et ridicule ; son existence est une ombre que dissipe à l'instant le plus faible effort de l'esprit, et tu ne seras jamais tranquille tant que cette odieuse chimère n'aura pas perdu sur ton âme toutes les facultés que lui donna l'erreur.

Le marquis de Sade, *Histoire de Juliette ou les prospérités du vice*, première partie, 1797.

Atelier d'analyse

Exploration

1. Dégagez un mot clé pour chaque paragraphe. Justifiez votre choix en fournissant une explication et en relevant une citation.

2. Dans le premier paragraphe, dressez le champ lexical de l'interdit.

3. Relevez dans le texte les quatre phrases ou recommandations qui vous paraissent les plus subversives. Justifiez votre choix.

4. Relevez les quelques figures de style qui soutiennent l'argumentation du marquis de Sade.

5. Après en avoir éclairci le contexte d'énonciation, montrez que ce texte prend les allures d'un traité de pédagogie qu'un maître adresse à son élève.

6. D'un point de vue rationnel, comment réagissez-vous à la conception de l'individu et de la société proposée par Sade ainsi qu'à la morale qu'il en tire ? Selon vous, y a-t-il des failles dans son argumentation ?

Rédaction

7. Montrez que cette satire sociale tire son originalité de son extrémisme.

8. Comparez ce traité de pédagogie à celui de Rousseau (voir le texte de la page 164).

Anonyme, feuille allégorique avec portrait du marquis de Sade, gravure sur cuivre coloriée, vers 1830.

Jean-Jacques Rousseau (1712-1778)

L'autobiographie

Rousseau se fait connaître d'abord par des réflexions à caractère sociopolitique qui trouvent leur aboutissement dans le *Contrat social*, texte révolutionnaire pour l'époque puisqu'il pose comme principe que les hommes naissent égaux et qu'ils peuvent décider des conditions du pacte social qui les unit. Attaqué de toutes parts et accusé, à juste titre, d'avoir volontairement abandonné ses enfants, Rousseau sent le besoin, à la fin de sa vie, de justifier ses orientations. Il délaisse alors la réflexion philosophique pour l'autoportrait et fait basculer son époque du pôle de la raison à celui de la sensibilité. Il annonce ainsi le romantisme du siècle suivant. S'éloignant de Voltaire, il emprunte la voie de l'intériorité, en se montrant dans toute sa singularité, jusqu'à faire part de sa vulnérabilité. Il sonde ses émotions et ses fantasmes, acceptant dorénavant de donner forme à sa rêverie.

Cette première page des *Confessions* illustre le rôle unique de Rousseau dans ce siècle, celui de contestataire fondamental qui invente aussi une nouvelle image de l'écrivain, un être incompris de la société, condamné à l'exclusion.

Un homme dans toute sa vérité

Je forme une entreprise qui n'eut jamais d'exemple, et dont l'exécution n'aura point d'imitateur. Je veux montrer à mes semblables un homme dans toute la vérité de la nature ; et cet homme, ce sera moi.

Moi seul. Je sens mon cœur et je connais les hommes. Je ne suis fait comme aucun
5 de ceux que j'ai vus ; j'ose croire n'être fait comme aucun de ceux qui existent. Si je ne vaux pas mieux, au moins je suis autre. Si la nature a bien ou mal fait de briser le moule dans lequel elle m'a jeté, c'est ce dont on ne peut juger qu'après m'avoir lu.

Que la trompette du jugement dernier sonne quand elle voudra ; je viendrai ce livre à la main me présenter devant le souverain juge. Je dirai hautement : voilà ce
10 que j'ai fait, ce que j'ai pensé, ce que je fus. J'ai dit le bien et le mal avec la même franchise. Je n'ai rien tu de mauvais, rien ajouté de bon, et s'il m'est arrivé d'employer quelque ornement indifférent, ce n'a jamais été que pour remplir un vide occasionné par mon défaut de mémoire ; j'ai pu supposer vrai ce que je savais avoir pu l'être, jamais ce que je savais être faux. Je me suis montré tel que je fus, méprisable et vil
15 quand je l'ai été, bon, généreux, sublime, quand je l'ai été : j'ai dévoilé mon intérieur tel que tu l'as vu toi-même. Être éternel, rassemble autour de moi l'innombrable foule de mes semblables : qu'ils écoutent mes confessions, qu'ils gémissent de mes indignités, qu'ils rougissent de mes misères. Que chacun d'eux découvre à son tour son cœur aux pieds de ton trône avec la même sincérité ; et puis qu'un seul te dise, s'il l'ose : Je
20 fus meilleur que cet homme-là.

Jean-Jacques Rousseau, *Les confessions,* livre I, 1782.

Atelier d'analyse

Exploration

1. Assurez-vous de bien comprendre le texte. Pour ce faire :
   a. cherchez la définition des mots qui vous sont moins familiers, comme « vil ». Interrogez-vous également sur les mots dont la définition peut éclairer la signification du texte, par exemple « confession » ;
   b. faites un court résumé de l'extrait.

2. Éclairez le contexte d'énonciation du texte en précisant qui se trouve derrière les pronoms et expressions en rouge dans les passages suivants :
   a. « **Je** forme une entreprise… »
   b. « J'ai dévoilé mon intérieur tel que **tu** l'as vu **toi**-même »
   c. « …me présenter devant le **souverain juge** » ; « **Être éternel**, rassemble autour de moi… »

3. Relevez les phrases qui témoignent du fait que Rousseau ne doute pas de l'originalité de son projet et de sa personne.

4. Montrez que l'écriture de cette autobiographie répond à un besoin de justification.

5. Quelle est la position de Rousseau relativement à Dieu et à la religion ?

Alexandre Hyacinthe Dunouy, *Jean-Jacques Rousseau*, 1770.

6. Ce texte penche-t-il du côté de la raison ou de la sensibilité ? Justifiez votre réponse.

7. Quel portrait de Rousseau se dégage de cet extrait ?

8. Dans la pensée des Lumières, l'art doit être utilitaire (le lecteur s'instruit en lisant). En quoi une écriture autobiographique comme celle de Rousseau peut-elle répondre à ce critère ?

9. Dans une perspective critique, quelles affirmations de Rousseau vous paraissent les plus contestables ? Justifiez votre réponse.

Rédaction

10. Composez une introduction qui conviendrait à la consigne suivante : Démontrez que ce texte correspond aux caractéristiques de l'autobiographie.

11. En vous appuyant sur cet extrait et en utilisant vos connaissances générales sur Rousseau et le XVIIIe siècle, commentez la phrase suivante de Madame de Staël : « Rousseau vint ensuite. Il n'a rien découvert, mais il a tout enflammé. »

Charles de Montesquieu (1689-1755)

Le roman épistolaire au service de l'observation des mentalités

Issu d'une famille de la noblesse qui a manifesté son indépendance en refusant de s'installer à la cour de Versailles et fils de magistrat, Charles de Secondat, baron de Montesquieu, est lui-même membre du parlement de Bordeaux. Prolongeant partiellement au XVIIIe siècle l'esprit classique par son approche moraliste de la réalité, Montesquieu adhère aussi profondément à l'esprit rationaliste de son siècle. En fait, s'il fallait choisir un juge parmi les écrivains des Lumières, il serait le candidat parfait, car il est capable de considérer une situation sous différents angles. Cette capacité particulière est largement illustrée dans les *Lettres persanes* : deux Orientaux en visite à Paris s'étonnent des mœurs de la société française ; des eunuques font des confidences sur leur sexualité ; enfin, les femmes nous renseignent sur leurs conditions de vie dans le sérail du sultan.

La tactique du bon mot

Rica à Usbek

J'étais ce matin dans ma chambre, qui, comme tu sais, n'est séparée des autres que par une cloison fort mince et percée en plusieurs endroits ; de sorte qu'on entend tout ce qui se dit dans la chambre voisine. Un homme, qui se promenait à grands pas, disait à un autre : « Je ne sais ce que c'est, mais tout se tourne contre moi : il y a
5 plus de trois jours que je n'ai rien dit qui m'ait fait honneur, et je me suis trouvé confondu pêle-mêle dans toutes les conversations, sans qu'on ait fait la moindre attention à moi, et qu'on m'ait deux fois adressé la parole. J'avais préparé quelques saillies pour relever mon discours : jamais on n'a voulu souffrir que je les fisse venir. J'avais un conte fort joli à faire ; mais, à mesure que j'ai voulu l'approcher, on l'a es-
10 quivé comme si on l'avait fait exprès. J'ai quelques bons mots, qui, depuis quatre jours, vieillissent dans ma tête, sans que j'en aie pu faire le moindre usage. Si cela continue, je crois qu'à la fin je serai un sot : il semble que ce soit mon étoile, et que je ne puisse m'en dispenser. Hier, j'avais espéré de briller avec trois ou quatre vieilles femmes qui certainement ne m'en imposent point, et je devais dire les plus jolies
15 choses du Monde : je fus plus d'un quart d'heure à diriger ma conversation ; mais elles ne tinrent jamais un propos suivi, et elles coupèrent, comme des Parques[1] fatales, le fil de tous mes discours. Veux-tu que je te dise ? La réputation de bel esprit coûte bien à soutenir. Je ne sais comment tu as fait pour y parvenir. — Il me vient une pensée, reprit l'autre : travaillons de concert à nous donner de l'esprit ; associons-
20 nous pour cela. Chaque jour, nous nous dirons de quoi nous devons parler, et nous nous secourrons si bien que, si quelqu'un vient nous interrompre au milieu de nos idées, nous l'attirerons nous-mêmes, et, s'il ne veut pas venir de bon gré, nous lui ferons violence. Nous conviendrons des endroits où il faudra approuver, de ceux où il faudra sourire, des autres où il faudra rire tout à fait et à gorge déployée. Tu verras
25 que nous donnerons le ton à toutes les conversations, et qu'on admirera la vivacité de notre esprit et le bonheur de nos reparties. Nous nous protégerons par des signes de tête mutuels. Tu brilleras aujourd'hui ; demain tu seras mon second. J'entrerai avec toi dans une maison, et je m'écrierai en te montrant : « Il faut que je vous dise une réponse bien plaisante que Monsieur vient de faire à un homme que nous avons
30 trouvé dans la rue. » Et je me tournerai vers toi : « Il ne s'y attendait pas ; il a été bien étonné. » Je réciterai quelques-uns de mes vers, et tu diras : « J'y étais quand il les fit ; c'était dans un souper, et il ne rêva pas un moment. » Souvent même nous nous raillerons, toi et moi, et l'on dira : « Voyez comme ils s'attaquent, comme ils se défendent ! Ils ne s'épargnent pas. Voyons comment il sortira de là. À merveille !
35 quelle présence d'esprit ! Voilà une véritable bataille. » Mais on ne dira pas que nous nous étions escarmouchés la veille. Il faudra acheter de certains livres qui sont des recueils de bons mots composés à l'usage de ceux qui n'ont pas d'esprit, et qui en veulent contrefaire : tout dépend d'avoir des modèles. Je veux qu'avant six mois nous soyons en état de tenir une conversation d'une heure toute remplie de bons
40 mots. Mais il faudra avoir une attention : c'est de soutenir leur fortune. Ce n'est pas assez de dire un bon mot : il faut le publier ; il faut le répandre et le semer partout. Sans cela, autant de perdu ; et je t'avoue qu'il n'y a rien de si désolant que de voir une jolie chose qu'on a dite mourir dans l'oreille d'un sot qui l'entend. Il est vrai que souvent il y a une compensation, et que nous disons aussi bien des sottises qui
45 passent *incognito* ; et c'est la seule chose qui peut nous consoler dans cette occasion. Voilà, mon cher, le parti qu'il nous faut prendre. Fais ce que je te dirai, et je te promets

---
1. Divinités romaines représentant la destinée.

avant six mois une place à l'Académie. C'est pour te dire que le travail ne sera pas long : car pour lors tu pourras renoncer à ton art ; tu seras homme d'esprit malgré que tu en aies. On remarque en France que, dès qu'un homme entre dans une compagnie, il prend d'abord ce qu'on appelle *l'esprit du corps*. Tu seras de même, et je ne crains pour toi que l'embarras des applaudissements. »

De Paris, le 6 de la lune de Zilcadé, 1714.

Charles de Montesquieu, *Lettres persanes,* lettre 54, 1721.

Charles de Montesquieu (*suite*)

Les observations de Montesquieu sont empreintes d'une grande perspicacité et teintées d'un esprit satirique tout à fait réjouissant. Elles visent à combattre les interdits, les injustices et les inégalités. Sa réflexion prendra de l'ampleur dans un ouvrage beaucoup plus ambitieux intitulé *De l'esprit des lois*, qui le fait considérer comme un des ancêtres de la sociologie puisqu'il commente le rôle du milieu (en particulier celui du climat) dans la constitution d'une nation.

Par l'entremise de Rica qui écrit à son ami Usbek (deux Perses en voyage en France), Montesquieu révèle, dans cette lettre, un trait caractéristique de la société parisienne du XVIIIe siècle : briller par l'esprit peut contribuer à faire ou à défaire une réputation.

Atelier d'analyse

Exploration

1. Éclairez le contexte d'énonciation du texte en précisant qui se trouve derrière les pronoms personnels en rouge dans les phrases suivantes.
    a. « **J**'étais ce matin dans ma chambre, qui, comme **tu** sais, n'est séparée des autres… »
    b. « **Je** ne sais ce que c'est, mais tout se tourne contre moi… »
    c. « Veux-**tu** que **je** te dise ? La réputation de bel esprit coûte bien à soutenir. »
    d. « Travaillons de concert à **nous** donner de l'esprit ; associons-**nous** pour cela. »
    e. « **Tu** brilleras aujourd'hui ; demain **tu** seras mon second. **J**'entrerai avec toi dans une maison et **je** m'écrierai… »

2. En quoi les détails « une cloison fort mince et percée en plusieurs endroits » et « chambre voisine » sont-ils importants dans le contexte de ce récit ?

3. Analysez la conception des personnages en répondant aux questions suivantes.
    a. Quel est le procédé narratif utilisé pour faire connaître les personnages (description, discours direct, discours indirect, monologue intérieur) ?
    b. Quelle est la grande préoccupation des deux personnages ? Justifiez votre réponse.
    c. Montesquieu semble-t-il se servir de ses personnages pour véhiculer un message idéologique, illustrer un trait de mentalité, animer une scène d'action ou montrer un conflit intérieur ? Justifiez votre réponse.

4. Dans la première intervention, relevez trois passages qui se rapportent à l'importance de la conversation pour qui veut se distinguer dans la société parisienne.

5. Dans la deuxième intervention, énumérez les stratégies mises de l'avant par l'interlocuteur.

6. Quelle est la tonalité générale du récit ? Justifiez votre point de vue.

Rédaction

7. Après avoir noté les défauts de l'introduction ci-après, reformulez-la en tenant compte de la consigne suivante : Est-il vrai que cet extrait présente une image mondaine et artificielle de la société parisienne de l'époque ? Justifiez votre réponse.

    Introduction : *Je veux traiter dans cette dissertation du XVIIIe siècle et montrer comment le texte de Montesquieu donne une fausse perception de la société des Lumières. Je veux montrer que les deux personnages sont des étrangers, qu'ils ridiculisent un trait de la société parisienne, soit l'art de la conversation, et qu'ils sont malheureux de ne pouvoir se faire une bonne réputation qui les aiderait à réussir dans leur nouveau pays.*

8. Comparez cet idéal d'homme d'esprit à celui de l'honnête homme du XVIIe siècle. Dans le premier paragraphe de votre texte, décrivez l'homme d'esprit, dans le second, l'honnête homme, et réservez le troisième paragraphe pour la comparaison elle-même.

Voltaire, François Marie Arouet, dit (1694-1778)

Le conte philosophique

Grand érudit, Voltaire amasse les connaissances, crée des liens entre elles, s'amuse à imaginer des anecdotes pour illustrer ses points de vue, ce qui fait de lui un vulgarisateur naturel. Il y prend un tel plaisir qu'il donne l'impression de converser, alors même qu'il expose une théorie profonde ou complexe. En outre, Voltaire n'a pas son pareil en matière d'ironie : il vendrait son âme pour un brillant jeu de mots ! Écrivain militant, il intervient dans les grandes causes de son siècle, entre autres pour réhabiliter des victimes de procès arbitraires. Enfin, polémiste génial, il utilise le conte pour la première fois à l'âge de 52 ans, alors qu'il est en pleine possession de son talent.

L'extrait choisi donne un bon aperçu de la manière d'utiliser un récit pour dégager un message à caractère moral : le personnage de l'Envieux est une caricature personnifiée de l'envie. Zadig, lui, représente l'intellectuel du XVIIIe siècle qui entretient des rapports complexes avec le pouvoir. Ces deux personnages sont sans profondeur psychologique : ils sont d'abord conçus pour s'inscrire dans un débat d'idées.

Les conséquences du hasard

L'Envieux alla chez Zadig, qui se promenait dans ses jardins avec deux amis et une dame, à laquelle il disait souvent des choses galantes, sans autre intention que celle de les dire. La conversation roulait sur une guerre que le roi venait de terminer heureusement contre le prince d'Hyrcanie, son vassal. Zadig, qui avait signalé le courage
5 dans cette courte guerre, louait beaucoup le roi, et encore plus la dame. Il prit ses tablettes, et écrivit quatre vers qu'il fit sur-le-champ et qu'il donna à lire à cette belle personne. Ses amis le prièrent de leur en faire part ; la modestie, ou plutôt un amour-propre bien entendu, l'en empêcha. Il savait que des vers impromptus ne sont jamais bons que pour celle en l'honneur de qui ils sont faits : il brisa en deux la feuille des
10 tablettes sur laquelle il venait d'écrire, et jeta les deux moitiés dans un buisson de roses où on les chercha inutilement. Une petite pluie survint ; on regagna la maison. L'Envieux, qui resta dans le jardin, chercha tant qu'il trouva un morceau de la feuille. Elle avait été tellement rompue que chaque moitié de vers qui remplissait la ligne faisait un sens, et même un vers d'une plus petite mesure ; mais, par un hasard encore
15 plus étrange, ces petits vers se trouvaient former un sens qui contenait les injures les plus horribles contre le roi. On y lisait :

Par les plus grands forfaits
Sur le trône affermi
Dans la publique paix
20 *C'est le seul ennemi.*

L'Envieux fut heureux pour la première fois de sa vie. Il avait entre les mains de quoi perdre un homme vertueux et aimable. Plein de cette cruelle joie, il fit parvenir jusqu'au roi cette satire écrite de la main de Zadig : on le fit mettre en prison, lui, ses deux amis et la dame. Son procès lui fut bientôt fait, sans qu'on daignât l'entendre.
25 Lorsqu'il vint recevoir sa sentence, l'Envieux se trouva sur son passage, et lui dit tout haut que ses vers ne valaient rien. Zadig ne se piquait pas d'être un bon poète ; mais il était au désespoir d'être condamné comme criminel de lèse-majesté et de voir qu'on retînt en prison une belle dame et deux amis pour un crime qu'il n'avait pas fait. On ne lui permit pas de parler, parce que ses tablettes parlaient. Telle était la loi de Baby-
30 lone. On le fit donc aller au supplice à travers une foule de curieux, dont aucun n'osait le plaindre, et qui se précipitaient pour examiner son visage et pour voir s'il mourrait avec bonne grâce. Ses parents seulement étaient affligés, car ils n'héritaient pas. Les trois quarts de son bien étaient confisqués au profit du roi, et l'autre quart au profit de l'Envieux.
35 Dans le temps qu'il se préparait à la mort, le perroquet du roi s'envola de son balcon, et s'abattit dans le jardin de Zadig sur un buisson de roses. Une pêche y avait été portée d'un arbre voisin par le vent : elle était tombée sur un morceau de tablette à écrire auquel elle s'était collée. L'oiseau enleva la pêche et la tablette, et les porta sur les genoux du monarque. Le prince, curieux, y lut des mots qui ne formaient aucun
40 sens, et qui paraissaient des fins de vers. Il aimait la poésie, et il y a toujours de la ressource avec les princes qui aiment les vers : l'aventure de son perroquet le fit rêver. La reine, qui se souvenait de ce qui avait été écrit sur une pièce de la tablette de Zadig, se la fit apporter. On confronta les deux morceaux, qui s'ajustaient ensemble parfaitement ; on lut alors les vers tels que Zadig les avait faits :

45 *Par les plus grands forfaits j'ai vu troubler la terre.*
Sur le trône affermi, le roi sait tout dompter.
Dans la publique paix l'amour seul fait la guerre :
C'est le seul ennemi qui soit à redouter.

Le roi ordonna aussitôt qu'on fît venir Zadig devant lui, et qu'on fît sortir de prison ses deux amis et la belle dame. Zadig se jeta le visage contre terre aux pieds du roi et de la reine : il leur demanda très humblement pardon d'avoir fait de mauvais vers ; il parla avec tant de grâce, d'esprit et de raison que le roi et la reine voulurent le revoir. Il revint et plut encore davantage. On lui donna tous les biens de l'Envieux qui l'avait injustement accusé ; mais Zadig les rendit tous, et l'Envieux ne fut touché que du plaisir de ne pas perdre son bien. L'estime du roi s'accrût de jour en jour pour Zadig. Il le mettait de tous ses plaisirs et le consultait dans toutes ses affaires. La reine le regarda dès lors avec une complaisance qui pouvait devenir dangereuse pour elle, pour le roi son auguste époux, pour Zadig et pour le royaume. Zadig commençait à croire qu'il n'est pas difficile d'être heureux.

François Marie Arouet, dit Voltaire, *Zadig*, « L'Envieux », 1747.

Atelier d'analyse

Exploration

1. Précisez les composantes de l'intrigue en répondant aux questions suivantes.
   a. Quel est le héros ou le protagoniste au centre de l'intrigue ?
   b. Quels personnages l'accompagnent ?
   c. Quel personnage se présente comme l'opposant principal ?
   d. Quel premier événement apparaît comme un obstacle sur le chemin de Zadig ?
   e. Quel est le rôle du hasard dans la construction de cette intrigue ?
   f. Quel est le rôle attribué au roi ?
   g. Que laissent entrevoir les dernières phrases de l'extrait ?

2. Analysez la conception du personnage de Zadig en répondant aux questions suivantes.
   a. Décrivez Zadig.
   b. Pourquoi le portrait qui est fait de Zadig contribue-t-il à nous éclairer sur le philosophe des Lumières, son rôle, ses aptitudes et les dangers qui le guettent ?

3. Expliquez en quoi le fait de laisser certains personnages dans l'anonymat ou de leur attribuer un défaut pour les nommer éclaire la conception que se fait Voltaire du rôle du personnage dans un conte philosophique.

4. Relevez une citation à l'appui des thèmes suivants :
   a. La galanterie
   b. La justice
   c. Le pouvoir
   d. L'argent
   e. Le bonheur

5. Relevez des exemples de métaphore, d'énumération, de personnification, de parallélisme (propositions en symétrie).

Rédaction

6. Qu'apprend le lecteur sur la société du XVIIIe siècle, à laquelle Voltaire se réfère indirectement ? Répondez en deux paragraphes de développement bien structurés, avec exemples et citations à l'appui, en tenant compte des éléments suivants :
   a. la représentation de l'homme d'esprit ou du philosophe ;
   b. la relation aux femmes, au prestige, à l'argent ;
   c. le thème de la justice ;
   d. la représentation de la monarchie et la façon d'exercer le pouvoir.

7. Montrez que ce texte correspond aux caractéristiques du conte philosophique. Inspirez-vous du plan suivant.
   a. Le récit met en scène des personnages sans profondeur psychologique qui répondent à des buts argumentatifs.
   b. La thématique est à caractère politique.
   c. L'intrigue est conçue pour éclairer le rôle du philosophe.

Denis Diderot (1713-1784)

L'exploration formelle

Extrêmement polyvalent, cet écrivain prolifique concilie ses valeurs de travailleur épargnant avec un comportement libertin. Il apprécie la présence des femmes, élisant comme maîtresses des intellectuelles qui partagent son goût de la polémique. Toute son œuvre traduit d'ailleurs cet art de la discussion, qui est un trait typique de l'époque. À la fois essayiste, romancier et dramaturge, il est l'exemple même de l'explorateur avide d'élargir les horizons de la connaissance et d'inventer de nouvelles formes littéraires pour servir sa profonde originalité.

Le roman *Jacques le fataliste et son maître* se présente aussi comme le résultat d'une expérimentation sur le récit. Le narrateur ne se limite pas à raconter une histoire ; il émaille le récit d'interventions qui permettent au lecteur de prendre conscience du processus de la création littéraire. André Gide s'inspirera de ce récit hybride pour composer au XXe siècle *Les faux-monnayeurs*, qui exercera une grande influence sur les nouveaux romanciers.

L'extrait ci-contre met en scène non seulement le narrateur et le lecteur, mais également l'éditeur lui-même.

L'illusion du réel

Le maître de Jacques est déjà si loin qu'on l'a perdu de vue. Jacques, en allant de la maison du juge à la prison, disait : « Il fallait que cela fût, cela était écrit là-haut... »

Et moi, je m'arrête, parce que je vous ai dit de ces deux personnages tout ce que j'en sais. — Et les amours de Jacques ? Jacques a dit cent fois qu'il était écrit là-haut qu'il
5 n'en finirait pas l'histoire, et je vois que Jacques avait raison. Je vois, lecteur, que cela vous fâche ; eh bien, reprenez son récit où il l'a laissé, et continuez-le à votre fantaisie, ou bien faites une visite à Mlle Agathe, sachez le nom du village où Jacques est emprisonné ; voyez Jacques, questionnez-le : il ne se fera pas tirer l'oreille pour vous satisfaire ; cela le désennuiera. D'après des mémoires que j'ai de bonnes raisons de tenir
10 pour suspects, je pourrais peut-être suppléer ce qui manque ici ; mais à quoi bon ? on ne peut s'intéresser qu'à ce qu'on croit vrai. Cependant comme il y aurait de la témérité à prononcer sans un mûr examen sur les entretiens de Jacques le Fataliste et de son maître, ouvrage le plus important qui ait paru depuis le Pantagruel de maître François Rabelais, et la vie et les aventures du Compère Mathieu, je relirai ces mé-
15 moires avec toute la contention d'esprit et toute l'impartialité dont je suis capable ; et sous huitaine je vous en dirai mon jugement définitif, sauf à me rétracter lorsqu'un plus intelligent que moi me démontrera que je me suis trompé.

***

L'éditeur ajoute : La huitaine est passée. J'ai lu les mémoires en question ; des trois paragraphes que j'y trouve de plus que dans le manuscrit dont je suis le possesseur, le
20 premier et le dernier me paraissent originaux, et celui du milieu évidemment interpolé. Voici le premier, qui suppose une seconde lacune dans l'entretien de Jacques et son maître.

Denis Diderot, *Jacques le fataliste et son maître*, 1773.

Atelier d'analyse

Exploration

1. Montrez que, dans ce passage, Diderot ironise sur le travail du romancier. Donnez des preuves à l'appui des faits suivants :
   a. Il se moque du narrateur omniscient qui prétend, comme Dieu, tout savoir de ses personnages.
   b. Pour se moquer du lecteur, il l'invite à se substituer au romancier pour poursuivre l'histoire.
   c. Il se moque du critère de vraisemblance par une phrase qui y fait directement référence.
   d. Il ironise sur l'originalité ou l'importance de son roman.
   e. Il éclaire le lecteur sur le rôle de l'éditeur dans le processus de création.

2. Donnez quelques preuves à l'appui du fait que Diderot fait tout pour briser l'illusion de réalité.

3. Montrez que, en fait, Diderot évacue la fiction.

Rédaction

4. Montrez que ce texte fait basculer le récit du côté de la réflexion sur le processus de création.

5. Démontrez que cet extrait annonce le caractère hybride de l'œuvre dont il est tiré.

La disgrâce

Je fus surpris, en entrant dans ce bourg, d'y voir tous les habitants en alarme. Ils se précipitaient de leurs maisons, pour courir en foule à la porte d'une mauvaise hôtellerie, devant laquelle étaient deux chariots couverts. Les chevaux, qui étaient encore attelés, et qui paraissaient fumants de fatigue et de chaleur, marquaient que ces deux voitures ne faisaient qu'arriver. Je m'arrêtai un moment, pour m'informer d'où venait le tumulte ; mais je tirai peu d'éclaircissement d'une populace curieuse, qui ne faisait nulle attention à mes demandes, et qui s'avançait toujours vers l'hôtellerie, en se poussant avec beaucoup de confusion. Enfin, un archer, revêtu d'une bandoulière et le mousquet sur l'épaule, ayant paru à la porte, je lui fis signe de la main de venir à moi. Je le priai de m'apprendre le sujet de ce désordre.

« Ce n'est rien, Monsieur, me dit-il ; c'est une douzaine de filles de joie, que je conduis avec mes compagnons, jusqu'au Havre-de-Grâce, où nous les ferons embarquer pour l'Amérique. Il y en a quelques-unes de jolies, et c'est apparemment ce qui excite la curiosité de ces bons paysans. »

J'aurais passé, après cette explication, si je n'eusse été arrêté par les exclamations d'une vieille femme, qui sortait de l'hôtellerie en joignant les mains, et criant que c'était une chose barbare, une chose qui faisait horreur et compassion.

« De quoi s'agit-il donc ? lui dis-je.
— Ah ! Monsieur, entrez, répondit-elle, et voyez si ce spectacle n'est pas capable de fendre le cœur ! »

La curiosité me fit descendre de mon cheval, que je laissai à mon palefrenier. J'entrai avec peine, en perçant la foule, et je vis en effet quelque chose d'assez touchant. Parmi les douze filles, qui étaient enchaînées six à six par le milieu du corps, il y en avait une dont l'air et la figure étaient si peu conformes à sa condition, qu'en tout autre état je l'eusse prise pour une personne du premier rang. Sa tristesse et la saleté de son linge et de ses habits l'enlaidissaient si peu, que sa vue m'inspira du respect et de la pitié. Elle tâchait néanmoins de se tourner, autant que sa chaîne pouvait le permettre, pour dérober son visage aux yeux des spectateurs. L'effort qu'elle faisait pour se cacher était si naturel, qu'il paraissait venir d'un sentiment de modestie. Comme les six gardes qui accompagnaient cette malheureuse bande étaient aussi dans la chambre, je pris le chef en particulier, et je lui demandai quelques lumières sur le sort de cette belle fille. Il ne put m'en donner que de fort générales.

« Nous l'avons tirée de l'Hôpital, me dit-il, par ordre de M. le Lieutenant général de Police. Il n'y a pas d'apparence qu'elle y eût été renfermée pour ses bonnes actions. Je l'ai interrogée plusieurs fois sur la route ; elle s'obstine à ne me rien répondre. Mais quoique je n'aie pas reçu ordre de la ménager plus que les autres, je ne laisse pas d'avoir quelques égards pour elle, parce qu'il me semble qu'elle vaut un peu mieux que ses compagnes. Voilà un jeune homme, ajouta l'archer, qui pourrait vous instruire mieux que moi sur la cause de sa disgrâce ; il l'a suivie depuis Paris, sans cesser presque un moment de pleurer. Il faut que ce soit son frère ou son amant. »

Je me tournai vers le coin de la chambre où ce jeune homme était assis. Il paraissait enseveli dans une rêverie profonde. Je n'ai jamais vu de plus vive image de la douleur. Il était mis fort simplement ; mais on distingue, au premier coup d'œil, un homme qui a de la naissance et de l'éducation. Je m'approchai de lui. Il se leva ; et je découvris dans ses yeux, dans sa figure et dans tous ses mouvements, un air si fin et si noble que je me sentis porté naturellement à lui vouloir du bien.

L'abbé Prévost, *Manon Lescaut,* extrait de la première partie, 1731.

L'abbé Prévost (1697-1763)

Le roman sentimental

On sait fort peu de choses sur Antoine François Prévost d'Exiles, sauf peut-être qu'il fut un peu bénédictin et beaucoup écrivain, souvent tenté par l'aventure. La vie de cet abbé défroqué s'efface en fait derrière le seul roman, *Manon Lescaut,* qu'on lit encore de lui. Témoignant de l'influence du courant baroque jusqu'au XVIIIe siècle, cette œuvre est le récit pathétique de l'amour que le jeune chevalier Des Grieux porte à Manon Lescaut, une femme dont il est éloigné à la fois par la condition sociale et par les valeurs. Elle veut échapper à la pauvreté par tous les moyens, lui croit à l'amour loyal. Parfois rocambolesques, leurs multiples péripéties mènent implacablement à l'issue fatale, la mort de l'héroïne, qui vient illustrer la finalité morale du texte.

Cet extrait permet d'apprécier l'imagination de Prévost qui éclate dès les premières pages du roman. Ses personnages, dont le destin paraît, dès le départ, hors du commun, éveillent immédiatement l'intérêt du lecteur.

Atelier d'analyse

Exploration

1. Dressez une liste des déplacements ou mouvements significatifs du narrateur (huit au total) en précisant les renseignements rattachés à chaque déplacement.
2. Dans le premier paragraphe, dressez le champ lexical du mouvement.
3. Quelles caractéristiques s'attachent à la populace, à la jeune fille et au jeune homme qui l'accompagne ?
4. Donnez cinq preuves, avec exemples ou citations à l'appui, à l'effet que tout le récit semble construit pour émouvoir le lecteur.
5. Montrez que la beauté et l'apparence jouent un grand rôle pour infléchir le jugement des personnages dans ce récit.

Rédaction

6. Évaluez l'efficacité de la narration dans ce début de roman. Complétez le plan suivant, que vous pouvez modifier pour rédiger votre analyse.
    a. Les déplacements du narrateur permettent au lecteur d'avoir une vue en éventail de la scène.
    b. Le narrateur fait en sorte que les personnages secondaires contribuent au sens du récit.
    c. Il suscite la curiosité par rapport à la jeune fille et au jeune homme qui l'accompagne.
7. Montrez que le récit est construit de telle sorte qu'il suscite la pitié chez le lecteur. Inspirez-vous du plan précédent ; modifiez-le pour mieux l'adapter à ce sujet et complétez-le.

Étienne Jeaurat, *La conduite des filles de joie à la Salpêtrière*, 1757.

Le combat des femmes

La marquise de Merteuil au vicomte de Valmont

Croyez-moi, Vicomte, on acquiert rarement les qualités dont on peut se passer. Combattant sans risque, vous devez agir sans précaution. Pour vous autres hommes, les défaites ne sont que des succès de moins. Dans cette partie si inégale, notre fortune est de ne pas perdre, et votre malheur de ne pas gagner. Quand je vous accorderais autant de talents qu'à nous, de combien encore ne devrions-nous pas vous surpasser, par la nécessité où nous sommes d'en faire un continuel usage !

Supposons, j'y consens, que vous mettiez autant d'adresse à nous vaincre, que nous à nous défendre ou à céder, vous conviendrez au moins qu'elle vous devient inutile après le succès. Uniquement occupé de votre nouveau goût, vous vous y livrez sans crainte, sans réserve : ce n'est pas à vous que sa durée importe.

En effet, ces liens réciproquement donnés et reçus, pour parler le jargon de l'amour, vous seul pouvez, à votre choix, les resserrer ou les rompre : heureuses encore, si dans votre légèreté, préférant le mystère à l'éclat, vous vous contentez d'un abandon humiliant, et ne faites pas de l'idole de la veille la victime du lendemain.

Mais qu'une femme infortunée sente la première le poids de sa chaîne, quels risques n'a-t-elle pas à courir, si elle tente de s'y soustraire, si elle ose seulement la soulever ? Ce n'est qu'en tremblant qu'elle essaie d'éloigner d'elle l'homme que son cœur repousse avec effort. S'obstine-t-il à rester, ce qu'elle accordait à l'amour, il faut le livrer à la crainte :

Ses bras s'ouvrent encore, quand son cœur est fermé.

Sa prudence doit dénouer avec adresse ces mêmes liens que vous auriez rompus. À la merci de son ennemi, elle est sans ressource, s'il est sans générosité : et comment en espérer de lui, lorsque, si quelquefois on le loue d'en avoir, jamais pourtant on ne le blâme d'en manquer ?

Sans doute, vous ne nierez pas ces vérités que leur évidence a rendues triviales. Si cependant vous m'avez vue, disposant des événements et des opinions, faire de ces hommes si redoutables le jouet de mes caprices ou de mes fantaisies ; ôter aux uns la volonté, aux autres la puissance de me nuire ; si j'ai su tour à tour, en suivant mes goûts mobiles, attacher à ma suite ou rejeter loin de moi

Ces Tyrans détrônés devenus mes esclaves ;

si, au milieu de ces révolutions fréquentes, ma réputation s'est pourtant conservée pure ; n'avez-vous pas dû en conclure que, née pour venger mon sexe et maîtriser le vôtre, j'avais su me créer des moyens inconnus jusqu'à moi ?

Ah ! gardez vos conseils et vos craintes pour ces femmes à délire, et qui se disent à sentiment ; dont l'imagination exaltée ferait croire que la nature a placé leurs sens dans leur tête ; qui, n'ayant jamais réfléchi, confondent sans cesse l'amour et l'Amant ; qui, dans leur folle illusion, croient que celui-là seul avec qui elles ont cherché le plaisir en est l'unique dépositaire ; et vraies superstitieuses, ont pour le Prêtre le respect et la foi qui n'est dû qu'à la Divinité.

Craignez encore pour celles qui, plus vaines que prudentes, ne savent pas au besoin consentir à se faire quitter.

Tremblez surtout pour ces femmes actives dans leur oisiveté, que vous nommez sensibles, et dont l'amour s'empare si facilement et avec tant de puissance ; qui sentent le besoin de s'en occuper encore, même lorsqu'elles n'en jouissent pas ; et s'abandonnant sans réserve à la fermentation de leurs idées, enfantent par elles ces Lettres si douces, mais si dangereuses à écrire ; et ne craignent pas de confier ces preuves de leur faiblesse à l'objet qui les cause : imprudentes qui, dans leur Amant actuel, ne savent pas voir leur ennemi futur.

Pierre Choderlos de Laclos, *Les liaisons dangereuses*, extrait de la Lettre LXXXI, 1782.

Pierre Choderlos de Laclos (1741-1803)

Le roman épistolaire

Après avoir eu du succès comme capitaine d'artillerie, Choderlos de Laclos, dans son unique roman intitulé *Les liaisons dangereuses*, décide de transposer dans le domaine de la séduction les stratégies militaires qu'il n'a pas pu appliquer dans sa carrière de soldat de garnison. Ce roman épistolaire à voix multiples présente une juxtaposition de lettres qui sont autant de stratégies dans le combat que se livrent deux libertins, la marquise de Merteuil et le vicomte de Valmont, se jouant de l'innocence des autres personnages. Les lettres n'expriment ni sincérité ni connivence ; elles montrent surtout un cruel jeu de cache-cache, où le gagnant semble celui qui réussit le mieux à duper l'autre.

Dans cet extrait, la marquise de Merteuil dresse un portrait de la condition des femmes de l'époque, et ses observations annoncent la pensée féministe actuelle. Pourtant, dans la suite de l'intrigue, elle se montrera peu soucieuse du sort des victimes de ses complots.

Atelier d'analyse

Exploration

1. Montrez que la séduction est comparée ici à une stratégie militaire en dressant le champ lexical du thème du combat.

2. Dans la guerre que se livrent les sexes, énumérez les avantages dont jouissent les hommes au départ.

3. Expliquez les raisons pour lesquelles les femmes doivent jouer d'adresse et de prudence.

4. Quel est le rôle que s'attribue la marquise de Merteuil ? À quel type de femme refuse-t-elle de s'identifier ? Comment peut-on la décrire ? Quels traits de caractère se dégagent de ses propos ?

5. La marquise de Merteuil a recours essentiellement à deux procédés stylistiques, soit l'antithèse et le parallélisme (deux termes disposés en symétrie). Relevez plusieurs de ces emplois et expliquez-en l'efficacité dans le contexte.

Rédaction

6. Peut-on dire qu'une certaine part de féminisme transpire des propos de la marquise de Merteuil (personnage pourtant conçu par un homme) ?

7. En quoi cet extrait permet-il de comprendre la réputation scandaleuse qui a été faite au roman et à son personnage principal, la marquise de Merteuil ?

Jean-Honoré Fragonard, *Le baiser à la dérobée,* **v. 1788.**

LE THÉÂTRE

Comment évolue ce genre au siècle des Lumières ?

Tout comme le théâtre classique, le théâtre des Lumières cherche à reproduire la réalité, du moins la réalité telle qu'on la concevait à l'époque. Or, force est de constater que celle-ci a bien changé depuis le XVIIe siècle : les valeurs, les mentalités ainsi que les rapports entre les classes sociales ne sont plus les mêmes. Reflétant cette nouvelle dynamique, le personnage du bourgeois est désormais valorisé sur scène. Et pour bien représenter un idéal de vie transformé, le dramaturge des Lumières ressent l'urgence de remanier les anciennes formes théâtrales, et même d'en inventer.

La tragédie

On assiste au déclin de ce genre, bien que Voltaire persiste à écrire des tragédies, qui ne sont d'ailleurs plus jouées aujourd'hui. Dieu et le roi ne font plus trembler le spectateur du XVIIIe siècle, et la fatalité n'est plus perçue comme un ressort de l'action. Les héros de la tragédie sont en outre de noble extraction, alors qu'au XVIIIe siècle, ce sont les bourgeois qui prennent les devants de la scène. La tragédie tombe en désuétude parce qu'elle est inapte à rendre compte de la dynamique sociale du siècle des Lumières.

La comédie

Au siècle des Lumières, deux dramaturges, Marivaux et Beaumarchais, apportent un souffle nouveau à la comédie sans toutefois renier totalement l'héritage de leur illustre prédécesseur, Molière.

Marivaux oriente la comédie vers l'intrigue sentimentale en traitant sur un mode plaisant des tourments de l'amour et de l'orgueil. L'obstacle au bonheur, autrefois représenté par l'autorité paternelle ou religieuse, n'est plus extérieur au personnage ; il vient de celui-ci. En effet, le personnage combat désormais sa propre peur de n'être pas à la hauteur de l'image qu'il s'est construite de lui-même. Marivaux perpétue la tradition française en confirmant l'importance du langage dans les joutes amoureuses, mais il emprunte également à la tradition italienne en s'inspirant de la commedia dell'arte. L'intrigue repose sur un jeu certes plus raffiné, fait de feintes et d'esquives, mais comme dans la comédie italienne, les personnages se déguisent et portent des masques alors même qu'ils sont en quête de vérité et d'authenticité. Les comédies sentimentales de Marivaux font sourire ; elles charment plus qu'elles ne divertissent.

Beaumarchais emprunte à Molière le scénario de base de ses comédies qui repose sur le contraste du valet avec son maître. Il fait toutefois basculer la relation, et c'est le valet qui devient le noyau de l'intrigue. Il fait de Figaro le porte-parole des revendications du peuple contre les puissants de ce monde (à la fin, d'ailleurs, le valet triomphe sur son seigneur et maître, préfigurant ce qui se passera pendant la Révolution). Contrairement aux valets stéréotypés de Molière, celui de Beaumarchais possède une personnalité autonome et distincte. L'intrigue, très structurée et souvent complexe, est rythmée par de multiples rebondissements : elle montre les subterfuges du valet pour augmenter sa fortune sans toutefois sacrifier ses amours. Transposant sur la scène cet art de la conversation au XVIIIe siècle, Beaumarchais aligne des répliques d'une vive insolence qui dénoncent les abus dont le peuple est victime. Il entremêle les deux genres pratiqués par Molière, la comédie d'intrigue et la comédie de mœurs, pour servir les buts qu'il s'est fixés : divertir, tout en participant à la critique de la société.

Ces deux dramaturges pratiquent donc, par la voie du divertissement, une forme de vulgarisation des idées des philosophes.

Le drame

C'est Diderot qui, dans le *Troisième entretien*, jette les bases théoriques de ce nouveau genre, mais il parvient difficilement à l'illustrer dans ses œuvres. Les romantiques le feront avec plus de bonheur au siècle suivant. Diderot propose qu'en mélangeant le comique et le tragique, le théâtre s'attache non plus à la dimension psychologique du personnage mais à sa condition sociale. Le drame devrait donc présenter, selon lui, les caractéristiques suivantes :

- privilégier des protagonistes de la classe montante, soit la bourgeoisie, tout en mettant l'accent sur leur contribution sociale ;
- faire en sorte que la représentation théâtrale gagne en crédibilité en étant plus réaliste : les comédiens sont invités, d'une part, à interagir entre eux plutôt qu'à venir déclamer seuls devant le public et, d'autre part, à adopter une élocution naturelle, comme dans les conversations courantes.

Diderot souligne aussi l'importance de l'expression gestuelle chez le comédien. Il parsème ses textes de didascalies, ces indications scéniques qui décrivent avec précision les costumes, les décors et les déplacements des comédiens. Cela témoigne d'ailleurs de l'importance qu'acquiert l'espace scénique pour les dramaturges de cette époque.

> **Commedia dell'arte :** comédie italienne fondée sur un scénario de base et des personnages typés, et dont le jeu repose sur l'improvisation et la prouesse physique des acteurs.

Pierre Carlet de Chamblain de Marivaux (1688-1763)

Feinte et quiproquo au théâtre

Assidu des salons littéraires, écrivain à la fois discret et prolifique, Marivaux est l'inventeur d'un nouveau type de comédie, il est en fait un maître dans l'art de l'implicite : ses personnages n'expriment pas clairement leurs désirs, les donnant plutôt à deviner. Les critiques ont même créé le néologisme « marivaudage » pour nommer la sorte de conversation typique de son théâtre ; elles sont faites de phrases qui expriment une élégante galanterie ou traduisent en arabesques linguistiques une psychologie tout en demi-teintes. Sous des apparences de légèreté, les personnages, jeunes timorés qui appréhendent la désillusion amoureuse, multiplient les stratagèmes pour mettre leur partenaire à l'épreuve.

Dans *Le jeu de l'amour et du hasard*, Silvia et Dorante sont promis l'un à l'autre par leur père alors qu'ils ne se sont jamais rencontrés. Chacun décide donc de se substituer à son domestique – Silvia prend la place de sa servante Lisette et Dorante devient Arlequin – pour approcher l'autre sans se dévoiler. Les deux domestiques, sous leur déguisement, vivent d'ailleurs en parallèle une histoire amoureuse. Dans la scène qui précède cet extrait, Dorante a révélé son identité, mais Silvia la dissimule encore.

L'aveu

SILVIA. Laissez-moi. Tenez, si vous m'aimez, ne m'interrogez point. Vous ne craignez que mon indifférence et vous êtes trop heureux que je me taise. Que vous importent mes sentiments ?

DORANTE. Ce qu'ils m'importent, Lisette[1] ! peux-tu douter encore que je ne t'adore ?

5 SILVIA. Non, et vous me le répétez si souvent que je vous crois ; mais pourquoi m'en persuadez-vous ? que voulez-vous que je fasse de cette pensée-là, monsieur ? Je vais vous parler à cœur ouvert. Vous m'aimez ; mais votre amour n'est pas une chose bien sérieuse pour vous. Que de ressources n'avez-vous pas pour vous en défaire ? La distance qu'il y a de vous à moi, mille objets que vous allez trouver sur votre chemin, 10 l'envie qu'on aura de vous rendre sensible, les amusements d'un homme de votre condition, tout va vous ôter cet amour dont vous m'entretenez impitoyablement. Vous en rirez peut-être au sortir d'ici, et vous aurez raison. Mais moi, monsieur, si je m'en ressouviens, comme j'en ai peur, s'il m'a frappée, quel secours aurai-je contre l'impression qu'il m'aura faite ? Qui est-ce qui me dédommagera de votre perte ? Qui 15 voulez-vous que mon cœur mette à votre place ? Savez-vous bien que, si je vous aimais, tout ce qu'il y a de plus grand dans le monde ne me toucherait plus ? Jugez donc de l'état où je resterais. Ayez la générosité de me cacher votre amour. Moi qui vous parle, je me ferais un scrupule de vous dire que je vous aime, dans les dispositions où vous êtes. L'aveu de mes sentiments pourrait exposer votre raison, et vous voyez bien 20 aussi que je vous les cache.

DORANTE. Ah ! ma chère Lisette, que viens-je d'entendre ? tes paroles ont un feu qui me pénètre. Je t'adore, je te respecte. Il n'est ni rang, ni naissance, ni fortune, qui ne disparaisse devant une âme comme la tienne. J'aurais honte que mon orgueil tînt encore contre toi, et mon cœur et ma main t'appartiennent.

25 SILVIA. En vérité, ne mériteriez-vous pas que je les prisse ? ne faut-il pas être bien généreuse pour vous dissimuler le plaisir qu'ils me font ? et croyez-vous que cela puisse durer ?

DORANTE. Vous m'aimez donc ?

SILVIA. Non, non ; mais si vous me le demandez encore, tant pis pour vous.

30 DORANTE. Vos menaces ne me font point de peur.

SILVIA. Et Mario, vous n'y songez donc plus ?

DORANTE. Non, Lisette, Mario ne m'alarme plus ; vous ne l'aimez point ; vous ne pouvez plus me tromper ; vous avez le cœur vrai ; vous êtes sensible à ma tendresse. Je ne saurais en douter au transport qui m'a pris, j'en suis sûr ; et vous ne sauriez plus m'ôter 35 cette certitude-là.

SILVIA. Oh ! je n'y tâcherai point, gardez-la ; nous verrons ce que vous en ferez.

DORANTE. Ne consentez-vous pas d'être à moi ?

SILVIA. Quoi ! vous m'épouseriez malgré ce que vous êtes, malgré la colère d'un père, malgré votre fortune ?

40 DORANTE. Mon père me pardonnera dès qu'il vous aura vue ; ma fortune nous suffit à tous deux, et le mérite vaut bien la naissance. Ne disputons point, car je ne changerai jamais.

---

[1]. Dorante appelle Silvia du nom de sa servante, Lisette, puisqu'il ne connaît pas encore sa véritable identité.

SILVIA. Il ne changera jamais ! Savez-vous bien que vous me charmez, Dorante ?

DORANTE. Ne gênez donc plus votre tendresse, et laissez-la répondre...

45 SILVIA. Enfin, j'en suis venue à bout. Vous... vous ne changerez jamais ?

DORANTE. Non, ma chère Lisette.

SILVIA. Que d'amour !

Pierre Carlet de Chamblain de Marivaux, *Le jeu de l'amour et du hasard*, Acte III, scène VIII, 1730.

Atelier d'analyse

Exploration

1. Reformulez dans vos mots les répliques suivantes.
   a. « Il n'est ni rang, ni naissance, ni fortune, qui ne disparaisse devant une âme comme la tienne. »
   b. « Et le mérite vaut bien la naissance. »
   c. « Ne gênez donc plus votre tendresse. »

2. Relevez les phrases qui montrent dès le début que les deux personnages se savent aimés de leurs partenaires.

3. Montrez que Silvia exprime manifestement le contraire de ce qu'elle pense.

4. Le spectateur en sait plus que les deux personnages, notamment en ce qui a trait à la situation fausse dans laquelle ils se trouvent en étant déguisés. Dans ce contexte, expliquez pourquoi certaines paroles de Dorante ne peuvent que faire sourire le spectateur.

5. Quelles répliques tendent à minimiser l'importance des différences de classes sociales ? En quoi ces répliques pouvaient-elles avoir, à l'époque, un caractère provocateur ?

6. Analysez la tonalité générale de cette scène en répondant aux questions suivantes.
   a. Cette scène porte-t-elle à rire, à sourire, à s'inquiéter, à pleurer, etc. ? Expliquez votre réponse.
   b. Comment peut-on qualifier la tonalité générale de cette scène ? Ludique, comique, logique, passionnée, etc. ? Justifiez votre choix.
   c. Le dénouement vous paraît-il optimiste ? Expliquez votre impression.

7. Quels traits de la mentalité de l'époque cette scène illustre-t-elle ?

Rédaction

8. Analysez la représentation de l'amour dans ce texte en choisissant, parmi les suivantes, les principales articulations de votre développement. Modifiez-les au besoin.
   a. Le déguisement crée de faux obstacles qui servent pourtant à dévoiler l'authenticité de l'amour.
   b. Les femmes sont plus vulnérables en amour.
   c. Le marivaudage est une façon de feindre pour mieux se révéler.
   d. L'autorité paternelle doit être contournée pour favoriser l'aveu amoureux.
   e. L'amour véritable devrait pouvoir échapper aux contraintes sociales.
   f. La morale joue un grand rôle dans l'expression de l'amour.
   g. Il est difficile pour un maître d'aimer sa servante.
   h. Les mots comptent plus que les gestes quand vient le temps de l'aveu du sentiment amoureux.

Pierre Augustin Caron de Beaumarchais (1732-1799)

La satire sociale au théâtre

Beaumarchais est aussi exubérant et imprévisible dans la vie que son célèbre personnage de Figaro, le valet, l'est sur scène. Il lui prête d'ailleurs avec complaisance ses propres traits de caractère, faisant de lui son alter ego. Figaro ne pratique-t-il pas mille métiers comme Beaumarchais qui fut horloger, professeur de musique, financier et même espion pour le compte du roi ? Débrouillard et impertinent, Figaro est, sur scène, le premier fils du peuple qui éclipse le noble hautain, son adversaire. Il préfigure ainsi le bouleversement social que provoquera la Révolution. Cette comédie au succès considérable va d'ailleurs inspirer Mozart pour son opéra tout aussi connu *Les noces de Figaro* (1786).
Cet extrait montre avec quel art Beaumarchais réussit à concilier comédie d'intrigue et satire de la société. Figaro brave le comte Almaviva qui veut profiter d'un séjour que tous trois feraient à Londres pour lui ravir sa fiancée, Suzanne.

La fausse indulgence

Le Comte. Pourquoi faut-il qu'il y ait toujours du louche en ce que tu fais ?

Figaro. C'est qu'on en voit partout quand on cherche des torts.

Le Comte. Une réputation détestable !

Figaro. Et si je vaux mieux qu'elle ? Y a-t-il beaucoup de seigneurs qui puissent en dire
5 autant ?

Le Comte. Cent fois je t'ai vu marcher à la fortune, et jamais aller droit.

Figaro. Comment voulez-vous ? la foule est là : chacun veut courir, on se presse, on pousse, on coudoie, on renverse, arrive qui peut ; le reste est écrasé. Aussi c'est fait ; pour moi, j'y renonce.

10 Le Comte. À la fortune ? (*À part.*) Voici du neuf.

Figaro, *à part*. À mon tour maintenant. (*Haut.*) Votre Excellence m'a gratifié de la conciergerie du château ; c'est un fort joli sort : à la vérité, je ne serai pas le courrier étrenné des nouvelles intéressantes ; mais en revanche, heureux avec ma femme au fond de l'Andalousie...

15 Le Comte. Qui t'empêcherait de l'emmener à Londres ?

Figaro. Il faudrait la quitter si souvent, que j'aurais bientôt du mariage pardessus la tête.

Le Comte. Avec du caractère et de l'esprit, tu pourrais un jour t'avancer dans les bureaux.

20 Figaro. De l'esprit pour s'avancer ? Monseigneur se rit du mien. Médiocre et rampant, et l'on arrive à tout.

Le Comte. ... Il ne faudrait qu'étudier un peu sous moi la politique.

Figaro. Je la sais.

Le Comte. Comme l'anglais, le fond de la langue !

25 Figaro. Oui, s'il y avait ici de quoi se vanter. Mais feindre d'ignorer ce qu'on sait, de savoir tout ce qu'on ignore ; d'entendre ce qu'on ne comprend pas, de ne point ouïr ce qu'on entend ; surtout de pouvoir au-delà de ses forces ; avoir souvent pour grand secret de cacher qu'il n'y en a point ; s'enfermer pour tailler des plumes, et paraître profond quand on n'est, comme on dit, que vide et creux ; jouer bien ou mal un per-
30 sonnage, répandre des espions et pensionner des traîtres ; amollir des cachets, intercepter des lettres, et tâcher d'ennoblir la pauvreté des moyens par l'importance des objets : voilà toute la politique, ou je meure.

Le Comte. Eh ! c'est l'intrigue que tu définis !

Figaro. La politique, l'intrigue, volontiers ; mais, comme je les crois un peu ger-
35 maines, en fasse qui voudra ! J'aime mieux ma mie, ô gué ! comme dit la chanson du bon Roi.

Le Comte, *à part*. Il veut rester. J'entends... Suzanne m'a trahi.

Figaro, *à part*. Je l'enfile, et le paye en sa monnaie.

Le Comte. Ainsi tu espères gagner ton procès contre Marceline ?

40 FIGARO. Me feriez-vous un crime de refuser une vieille fille, quand Votre Excellence se permet de nous souffler toutes les jeunes!

LE COMTE, *raillant*. Au tribunal le magistrat s'oublie, et ne voit plus que l'ordonnance.

FIGARO. Indulgente aux grands, dure aux petits...

LE COMTE. Crois-tu donc que je plaisante?

45 FIGARO. Eh! qui le sait, Monseigneur? *Tempo è galant' uomo*, dit l'Italien; il dit toujours la vérité: c'est lui qui m'apprendra qui me veut du mal, ou du bien.

LE COMTE, *à part*. Je vois qu'on lui a tout dit; il épousera la duègne.

FIGARO, *à part*. Il a joué au fin avec moi, qu'a-t-il appris?

Pierre Augustin Caron de Beaumarchais, *Le mariage de Figaro,* Acte III, scène VIII, 1784.

Atelier d'analyse

Exploration

1. Analysez la dynamique des relations entre le comte et Figaro au début de la scène en répondant aux questions suivantes.
   a. Quels mots traduisent la mauvaise opinion du comte sur son valet?
   b. Quelle est la première réplique qui indique que Figaro ne s'en laisse pas imposer?

2. Aux yeux de Figaro, politique est synonyme d'«intrigue». Dans quel sens utilise-t-il ce dernier terme?

3. Dressez le répertoire des procédés linguistiques que Figaro utilise dans sa tirade (lignes 25 à 32) et expliquez l'effet visé par Beaumarchais, l'auteur, sur le spectateur.

4. Expliquez en quoi les didascalies contribuent non seulement à la signification de la scène, mais aussi à établir une complicité avec le spectateur (en imaginant notamment le jeu des comédiens en représentation).

5. Montrez que, tout au long de la scène, les deux personnages, qui se méfient l'un de l'autre, jouent au chat et à la souris.

Rédaction

6. En deux paragraphes de développement, expliquez comment Beaumarchais insuffle un tempo rapide à cette scène. Tenez compte des aspects suivants:
   a. l'antagonisme des personnages, tel qu'il peut se traduire sur scène;
   b. la nature et la longueur des répliques, et le type de phrases employé;
   c. l'usage des didascalies (et la connivence avec le spectateur);
   d. le mouvement des idées, le jeu de contrastes;
   e. les procédés stylistiques.

Denis Diderot (1713-1784)

Un nouveau genre au théâtre : le drame

Diderot retient de son milieu d'origine bourgeoise des principes de droiture, des habitudes de persistance dans le travail ainsi qu'un sens de l'épargne qui assure l'aisance à sa famille. Comparativement à Voltaire, passé maître dans le sarcasme, ou à Rousseau, qui fait figure d'excentrique, Diderot semble à première vue plus tempéré avec sa physionomie ronde et avenante. Pourtant, sur le plan religieux, il est le plus radical des trois.

Tout au long de sa prolifique carrière, il développe une conception du théâtre qui reflète bien son époque, car elle accorde beaucoup d'importance aux conditions sociales de l'homme. Il annonce également le romantisme, car il cherche à mélanger deux genres, la comédie et la tragédie, pour en créer un nouveau, le drame.

Dans cet extrait, constitué d'un dialogue entre Dorval qui, bizarrement, représente la pensée de l'auteur, et un « Moi » qui devient ici l'interlocuteur que l'on cherche à convaincre, Diderot expose sa vision : à un théâtre de « caractère » (fondé sur l'aspect psychologique) Diderot oppose un théâtre de « condition » (fondé sur l'aspect social).

Dialogue entre moi et Dorval

Moi. Les petites différences qui se remarquent dans les caractères des hommes ne peuvent être maniées aussi heureusement que les caractères tranchés.

Dorval. Je le pense. Mais savez-vous ce qui s'ensuit de là ?... Que ce ne sont plus, à proprement parler, les caractères qu'il faut mettre sur la scène, mais les conditions. Jusqu'à présent, dans la comédie, le caractère a été l'objet principal, et la condition n'a été que l'accessoire ; il faut que la condition devienne aujourd'hui l'objet principal, et que le caractère ne soit que l'accessoire. C'est du caractère qu'on tirait toute l'intrigue. On cherchait en général les circonstances qui le faisaient sortir, et l'on enchaînait ces circonstances. C'est la condition, ses devoirs, ses avantages, ses embarras, qui doivent servir de base à l'ouvrage. Il me semble que cette source est plus féconde, plus étendue et plus utile que celle des caractères. Pour peu que le caractère fût chargé, un spectateur pouvait se dire à lui-même, ce n'est pas moi. Mais il ne peut se cacher que l'état qu'on joue devant lui, ne soit le sien ; il ne peut méconnaître ses devoirs. Il faut absolument qu'il s'applique ce qu'il entend.

[...]

Moi. Ainsi, vous voudriez qu'on jouât l'homme de lettres, le philosophe, le commerçant, le juge, l'avocat, le politique, le citoyen, le magistrat, le financier, le grand seigneur, l'intendant.

Dorval. Ajoutez à cela toutes les relations : le père de famille, l'époux, la sœur, les frères. Le père de famille ! Quel sujet, dans un siècle tel que le nôtre, où il ne paraît pas qu'on ait la moindre idée de ce que c'est qu'un père de famille ! Songez qu'il se forme tous les jours des conditions nouvelles. Songez que rien, peut-être, ne nous est moins connu que les conditions, et ne doit nous intéresser davantage. Nous avons chacun notre état dans la société ; mais nous avons affaire à des hommes de tous les états. Les conditions ! Combien de détails importants ! d'actions publiques et domestiques ! de vérités inconnues ! de situations nouvelles à tirer de ce fonds ! Et les conditions n'ont-elles pas entre elles les mêmes contrastes que les caractères ? et le poète ne pourra-t-il pas les opposer ? Mais ces sujets n'appartiennent pas seulement au genre sérieux. Ils deviendront comiques ou tragiques, selon le génie de l'homme qui s'en saisira. Telle est encore la vicissitude des ridicules et des vices, que je crois qu'on pourrait faire un Misanthrope nouveau tous les cinquante ans. Et n'en est-il pas ainsi de beaucoup d'autres caractères ?

Moi. Ces idées ne me déplaisent pas. Me voilà tout disposé à entendre la première comédie dans le genre sérieux, ou la première tragédie bourgeoise qu'on représentera. J'aime qu'on étende la sphère de nos plaisirs.

Denis Diderot, *Entretiens sur le fils naturel*, 1778.

**Jean-Baptiste Greuze,
Le retour de l'ivrogne, 1780.**
Touché par la peinture morale de Greuze, Diderot en a souvent fait l'éloge. Il y percevait une volonté non pas de figurer avec style « la débauche et le vice » mais plutôt de toucher, d'instruire, de corriger et surtout d'inviter à la vertu.

Atelier d'analyse

Exploration

1. Expliquez ce qui, selon Diderot, fait la différence entre les « caractères » et les « conditions ».

2. Quels sont les arguments qui jouent en faveur d'un théâtre de « conditions » ?

3. Dans cet extrait, Diderot utilise le dialogue pour exprimer son propre point de vue. Quels sont les avantages d'un tel procédé ?

4. Comment la ponctuation traduit-elle la présence de l'émotion dans l'argumentation ? Selon vous, pourquoi Diderot y a-t-il recours ?

5. Cette argumentation donne-t-elle de bons résultats ?

Rédaction

6. En vous appuyant sur la théorie et sur vos connaissances, montrez que cet extrait traduit une échelle de valeurs qui est celle de Diderot lui-même, mais aussi de plusieurs écrivains philosophes.

Le théâtre

LA POÉSIE

M p. 250 — Quelle est l'importance de ce genre au siècle des Lumières ?

Le vers est utilisé au XVIIIe siècle comme un ornement du langage, pour briller dans les conversations en ajoutant la rime aux mots d'esprit. Dans les salons, c'est à qui fera preuve de la plus grande virtuosité pour concilier la métrique avec l'humour caustique.

Il s'est aussi écrit beaucoup de poésie au siècle des Lumières, souvent à des fins galantes, mais la postérité n'a pratiquement rien retenu de cette production. Il est par ailleurs fréquent que des passages versifiés soient insérés dans des textes en prose, comme en témoignent d'ailleurs dans ce chapitre les extraits tirés de *Zadig* et des *Liaisons dangereuses*. Dans le premier cas, les vers font partie de l'intrigue, mais dans la plupart des cas, leur emploi témoigne de l'envie d'étaler sa culture.

Les poèmes d'André Chénier font exception car ils répondent à un véritable besoin d'épanchement. Le lyrisme y est tragique ; il renvoie à la situation d'un homme qui meurt guillotiné pour avoir dénoncé les excès de la Terreur. Cependant, l'œuvre de Chénier ne sera vraiment connue qu'au XIXe siècle, grâce à l'éloge qu'en feront les poètes romantiques.

Au XVIIIe siècle, la poésie est donc perçue comme un art d'agrément au service de la mondanité ; elle répond mal à la vision que l'on se fait actuellement de ce genre. À preuve, même les encyclopédistes, prisonniers de leur esprit utilitariste, s'en méfient, car ils valorisent une littérature sérieuse fondée sur une argumentation avant tout logique.

Reflétant l'opinion générale, Montesquieu lui reproche « de mettre des entraves au bon sens et d'accabler la raison sous les agréments, comme on ensevelissait autrefois les femmes sous leurs parures et leurs ornements ». Tous ces facteurs font de la poésie le genre incompris des Lumières. Il faudra attendre le siècle suivant pour qu'elle retrouve son souffle et tout son prestige grâce aux écrivains romantiques qui, bien que pratiquant tous les genres littéraires, se déclarent, à l'unanimité, avant tout poètes.

Jean-Baptiste Greuze, *Jeune fille à la lettre*, 1780.

La jeune captive

Est-ce à moi de mourir ! Tranquille je m'endors,
Et tranquille je veille ; et ma veille aux remords
    Ni mon sommeil ne sont en proie.
Ma bien-venue au jour me rit dans tous les yeux ;
5 Sur des fronts abattus, mon aspect dans ces lieux
    Ranime presque de la joie.

Mon beau voyage encore est si loin de sa fin !
Je pars, et des ormeaux qui bordent le chemin
    J'ai passé les premiers à peine,
10 Au banquet de la vie à peine commencé,
Un instant seulement mes lèvres ont pressé
    La coupe en mes mains encor pleine.

Je ne suis qu'au printemps, je veux voir la moisson ;
Et comme le soleil, de saison en saison,
15   Je veux achever mon année.
Brillante sur ma tige et l'honneur du jardin,
Je n'ai vu luire encor que les feux du matin,
    Je veux achever ma journée.

Ô mort ! tu peux attendre ; éloigne, éloigne-toi ;
20 Va consoler les cœurs que la honte, l'effroi,
    Le pâle désespoir dévore.
Pour moi Palès[1] encore a des asiles verts,
Les amours des baisers, les Muses des concerts ;
    Je ne veux pas mourir encore.

André Chénier, *La jeune captive*, 1819.

---

1. Palès est une déesse romaine.

André Chénier (1762-1794)

La poésie élégiaque

Poète lyrique avant tout, Chénier jette un pont entre la vision classique de la poésie, fondée sur l'imitation des Anciens, c'est-à-dire les auteurs de l'Antiquité, et une approche plus romantique, orientée vers l'inspiration et la sensibilité. Sa conception poétique est résumée dans le vers suivant : « Sur des pensers nouveaux faisons des vers antiques ». D'abord sympathique à la cause révolutionnaire, le poète se rétracte ensuite, sous la pression des événements, et en vient à dénoncer les excès de la Terreur qui s'instaure en 1793. Condamné à la guillotine, Chénier est l'objet d'un véritable culte de la part des romantiques séduits par sa fin tragique.

Le célèbre poème *La jeune captive* est dédié à une jeune prisonnière dont il s'éprend pendant son emprisonnement en 1794. Dans cet extrait, la jeune femme livre son désespoir devant la mort imminente et exprime son désir de vivre.

Atelier d'analyse

Exploration

1. Quels vers permettent de saisir la jeunesse de celle qui s'exprime dans le poème ?
2. Comment les verbes traduisent-ils la volonté de vivre ?
3. Quel est le thème au centre de ce poème ? Justifiez votre choix.
4. Comment le réseau de l'image, qui s'appuie sur l'évocation de la nature, contribue-t-il à souligner la tonalité tragique du poème ?
5. Relevez quelques passages métaphoriques qui renvoient à l'idée d'une vie trop vite interrompue.
6. Relevez tous les mots liés au temps.
7. Montrez que les vers plus courts créent un effet de rupture et de gradation dans l'émotion.
8. Expliquez comment le procédé de répétition contribue au rythme du poème tout en soulignant la gravité des propos.

Rédaction

9. Expliquez comment l'expression du désir de vivre prend, dans ce poème, un caractère tragique.

Constance-Marie Charpentier, *La mélancolie*, 1801.

CHAPITRE 5 — Le romantisme
Le triomphe de la subjectivité

PRÉSENTATION DE L'ÉPOQUE	193
LE COURANT ROMANTIQUE	199
LA POÉSIE	202
Alphonse de Lamartine	
Le lac	204
Victor Hugo	
Les Djinns	206
Alfred de Musset	
Le poète	208
Alfred de Vigny	
La maison du berger	210
LE THÉÂTRE	211
Victor Hugo	
Ruy Blas	213
Alfred de Musset	
Lorenzaccio	215
Edmond Rostand	
Cyrano de Bergerac	217
LA PROSE	220
François-René de Chateaubriand	
René	223
Benjamin Constant	
Adolphe	226
Alfred de Musset	
La confession d'un enfant du siècle	227
Gérard de Nerval	
Aurélia	228
George Sand	
Indiana	230
Alexandre Dumas	
Les trois mousquetaires	231
Alexandre Dumas, fils	
La dame aux camélias	234
Victor Hugo	
Notre-Dame de Paris	235
Les misérables	236
Prosper Mérimée	
Carmen	238
Charles Nodier	
Fantaisies et légendes	240
Théophile Gautier	
Onuphrius	241
François-René de Chateaubriand	
Mémoires d'outre-tombe	242

Repères chronologiques

	Événements politiques	Art, littérature et sciences
1800		Développement de l'électricité avec Volta et Ohm
1802	Napoléon, nommé consul à vie	Chateaubriand, *René*
1804	Sacre de Napoléon Ier	
1807		Premier bateau à vapeur
1812	Campagne de Russie	Grimm, *Contes d'enfants et du foyer*
1813		Austen, *Orgueil et préjugés*
1814	Déchéance de Napoléon Ier ; restauration de la monarchie ; début du règne de Louis XVIII	Première locomotive à vapeur
1815	Retour de Napoléon qui tente de reprendre le pouvoir : abdication de l'Empereur après la défaite de Waterloo (les Cent-Jours, mars à juin)	
1815-1830	Seconde Restauration	
1815-1824	Règne de Louis XVIII	
1816		Constant, *Adolphe*
1818		Shelley, *Frankenstein*
1820		Lamartine, *Méditations poétiques*
1821	Mort de Napoléon	
1824-1830	Règne de Charles X	
1829		Hugo, *Les Orientales* Éclairage au gaz dans les rues de Paris
1830	Révolution de Juillet (les « Trois Glorieuses ») Chute de Charles X et avènement de Louis-Philippe	Berlioz, *Symphonie fantastique* ; Stendhal, *Le rouge et le noir*
1831		Delacroix, *La Liberté guidant le peuple* Hugo, *Notre-Dame de Paris*
1832		Sand, *Indiana* Morse invente le télégraphe
1834		Musset, *Lorenzaccio*
1835		De Tocqueville, *De la démocratie en Amérique*
1836		Musset, *La confession d'un enfant du siècle*
1837	Règne de la reine Victoria en Angleterre	
1838		Daguerre, premier daguerréotype (procédé photographique) Hugo, *Ruy Blas*
1839		Poe, *Histoires extraordinaires*
1844		Vigny, *Les destinées* Dumas, *Les trois mousquetaires*
1848	Deuxième République ; abolition des titres de noblesse et proclamation du suffrage universel	Dumas, fils, *La dame aux camélias* Marx, *Manifeste du parti communiste*
1850		Chateaubriand, *Mémoires d'outre-tombe*
1851	Coup d'État de Louis-Napoléon Bonaparte	
1852	Proclamation du Second Empire Accroissement rapide de l'industrialisation	
1853		Début des grands travaux d'urbanisation à Paris, sous la direction de Haussman
1859		Darwin, *L'origine des espèces*
1861-1865	Guerre de Sécession aux États-Unis	
1862		Hugo, *Les misérables*
1867	Fédération canadienne	
1870	Proclamation de la Troisième République	

PRÉSENTATION DE L'ÉPOQUE

UNE NOUVELLE FAÇON DE VOIR LE MONDE : Dans quel contexte le romantisme émerge-t-il ? Comment le définir ?

Le romantisme se répand en Europe au début du XIXe siècle ; il touche tous les arts. C'est par la poésie que le courant s'impose, d'abord en Grande-Bretagne, notamment avec Byron (1788-1824), le poète de la mélancolie. Le roman gothique anglais, avec son côté macabre, serait aussi à l'origine du romantisme noir, qui se nourrit de mystères et de fantasmes. En Allemagne, Goethe (1749-1832) popularise dans son roman *Les souffrances du jeune Werther* (publié en 1774) le type même du héros romantique, contrarié dans ses amours et suicidaire. Germaine de Staël vante le mérite de ces œuvres dont la lecture se répand en France. C'est toutefois Victor Hugo, chef de file du mouvement en France, qui infléchit la thématique romantique dans le sens des valeurs révolutionnaires : la liberté, l'égalité et la fraternité. En peinture, Eugène Delacroix (1798-1863) fait rougeoyer sur ses toiles toute l'effervescence d'une période historique mouvementée. Plusieurs illustres compositeurs fréquentent aussi les cercles romantiques parisiens : Frédéric Chopin (1810-1849) a fui sa Pologne natale pour s'installer en France ; Frantz Liszt, compositeur hongrois, y a parachevé son éducation musicale. Hector Berlioz (1803-1869), qui se distingue par sa virtuosité innovatrice, tardera de son côté à voir son talent reconnu.

Le romantisme se caractérise donc par sa double expansion : il se répand partout en Occident et gagne toutes les formes d'expression artistique. Dans le domaine de la littérature, il se définit en quelque sorte par trois champs lexicaux. Le concept noyau du premier champ lexical est l'individu, auquel on peut joindre les termes liés à la notion du moi, de la subjectivité et de la solitude. L'écrivain se sent seul au monde, comme un orphelin privé de famille et de racines, et il cherche une illusoire rédemption dans l'amour. Le deuxième champ lexical est celui de la sensibilité, opposé à la raison morale des classiques et à la raison philosophique des Lumières, auquel se rattachent les mots clés « émotion », « sentiment » et « passion », tout aussi bien que celui d'« imagination », faculté qui porte à rêver plutôt qu'à argumenter. Le troisième champ lexical est celui des extrêmes, car l'écrivain romantique rejette tout ce qui est associé à l'ordinaire. Il préfère les contrastes marqués entre le grotesque et le sublime ; son goût le porte vers tout ce qui est pittoresque ou exotique. De plus, il aime les événements inexplicables qui sont de l'ordre du fantastique ainsi que les héros plus grands que nature en quête d'idéal.

Théodore Géricault, *Portrait d'un jeune homme dans son atelier*, 1815.

En France, les tourments révolutionnaires tout autant que la grande épopée napoléonienne contribuent à façonner certaines modalités du romantisme hexagonal. Les rois, qui prennent ensuite la relève, sont tentés par un retour à l'absolutisme, ce qui exacerbe l'opposition qui se réclame de la démocratie. Ce mouvement vers la **république** sera freiné par le coup d'État de Napoléon III, qui tire profit du prestige de son oncle pour imposer de nouveau le régime de l'**empire** à la France.

LA RÉVOLUTION : Quelle est son influence sur le romantisme ?

Le romantisme reflète ces décennies du début du siècle, fortement perturbées par la Révolution française qui renverse le cours de l'histoire et met fin à l'Ancien Régime et à sa division sociale fondée sur l'inégalité. Les privilèges sont abolis : tous les hommes jouissent des mêmes droits et sont considérés

République : en France, régime présidentiel, démocratique, instauré en remplacement de la monarchie et de l'empire.

Empire : régime politique de la France établi par Napoléon Ier.

Eugène Delacroix, *La Liberté guidant le peuple,* **1830.**
Cette toile, exécutée au lendemain des Trois Glorieuses, est devenue non seulement le symbole de la République française, mais aussi celui de la démocratie.

comme égaux. Désormais, les aristocrates et les hauts dignitaires du clergé doivent, comme leurs compatriotes, payer des impôts à l'État. La Révolution met un terme à l'absolutisme royal ; non seulement le roi mais aussi plusieurs membres de son entourage sont guillotinés. Cependant, elle marque irrémédiablement les imaginations par le déferlement de violence associé à la Terreur. Dans certaines régions de la France restées loyales au roi, des populations entières sont massacrées au nom de l'idéologie révolutionnaire : on avance le chiffre de 40 000 victimes. À Paris même, les différentes factions révolutionnaires s'entredéchirent : la guillotine est dressée en permanence sur la place de la Révolution à Paris et coupe jusqu'à 2 600 têtes, dont celles des principaux meneurs révolutionnaires, Danton, Desmoulins, Robespierre et Saint-Just. La Révolution prend fin en 1799 par un coup d'État, mené par Napoléon Bonaparte qui prend le pouvoir.

Au début du XIXe siècle, l'évocation de ce revirement crucial suscite des réactions confuses dans tous les milieux. La **plèbe**, toujours majoritairement paysanne, est libérée des servitudes liées au féodalisme et n'est plus seule à assumer les impôts. Pourtant, même si le peuple a pris conscience de sa force politique, il doit pour le moment patienter avant que son désir de justice sociale ne soit satisfait.

> **Plèbe :** les classes populaires inférieures.
>
> **Bourgeois :** personnes composant la classe de négociants, de chefs d'entreprise et de représentants des professions libérales.
>
> **Nobles :** personnes appartenant à la classe jouissant des privilèges et des titres légués de père en fils. Synonyme : aristocrates.

Les **bourgeois**, de leur côté, ont largement tiré profit de la Révolution. Ils assurent dorénavant la gestion des affaires de l'État et accaparent les postes de pouvoir. Ils ont pris en main l'économie tout en s'enrichissant par la spéculation. Cependant, la bourgeoisie a aussi des inquiétudes. Les masses ont servi ses intérêts au moment de la Révolution, mais elle craint maintenant que le peuple ne se soulève de nouveau pour réclamer une véritable reconnaissance de ses droits civiques, de meilleures conditions de vie ou l'accès à l'instruction. Par ailleurs, le retour à la monarchie va bientôt fragiliser les acquis des bourgeois en ramenant en France les **nobles** exilés, qui vont imposer une fois de plus avec morgue leur style de vie, prétendant avoir l'exclusivité des bonnes manières et de l'élégance.

Dans les milieux lettrés, la tendance est d'abord à discréditer l'héritage de la Révolution. À quels sanglants excès la froide raison n'a-t-elle pas mené les dirigeants de cette rébellion ? Ainsi, plusieurs artistes idéalisent la monarchie, dont ils ne retiennent que le raffinement en oubliant les outrances d'un régime guerrier et dépensier. C'est le cas par exemple d'Alfred de Vigny, de naissance noble, et même de Victor Hugo, monarchiste au début de sa carrière littéraire. Ce dernier changera toutefois d'avis, et c'est sous son égide que les valeurs de la Révolution deviendront les grands thèmes de la littérature romantique. Par ailleurs, le régicide marque les consciences ; les souvenirs horribles de la Terreur ne s'effacent pas facilement de la mémoire collective, entraînant l'éclosion du romantisme noir au tournant du siècle.

Appréhendant la fin d'une civilisation, toute une jeunesse se sent désorientée devant les défis de l'avenir et prétend même être atteinte du « mal du siècle », sorte de malaise existentiel qui la prive d'énergie vitale. Méfiants envers la raison, autrefois l'apanage des écrivains des Lumières, les romantiques se retrouvent dans une société à réinventer, qui ne peut plus fonctionner selon les règles de l'Ancien Régime. La foi en Dieu ne semble plus suffire à apaiser les angoisses ; son corollaire, la peur du diable, pousse à incarner par les voies de l'imagination les plus horribles cauchemars.

UNE SUCCESSION DE RÉGIMES POLITIQUES :
De Napoléon Ier à Napoléon III, est-ce toujours du pareil au même ?

Les dernières années de la Révolution ont été désastreuses pour l'économie ; le prix du pain, l'aliment de base des classes laborieuses, a perpétuellement fluctué. La misère pousse vers les villes une population de plus en plus

Dominique Ingres, *Napoléon Ier sur le trône impérial en costume de sacre*, 1806.

démunie et affamée. Toutes les couches de la société aspirent à la paix, qui amène généralement la prospérité. Dans ce contexte, la tentation est forte de s'en remettre à un héros pour mettre fin au tumulte et réorganiser le pays.

Napoléon Ier : le Premier Empire, de 1804 à 1815

Napoléon Bonaparte, « ce prodigieux phénomène de volonté », comme le désigne Balzac, doit à son seul mérite sa rapide ascension vers le pouvoir. En effet, ses origines desservent ses ambitions : sa famille, d'origine corse et de petite noblesse, s'est établie tout récemment sur le continent. Toutefois, il fait rapidement ses preuves comme militaire. Ses victoires, d'abord contre les factions royalistes et ensuite contre les armées européennes, lui permettent de gravir les échelons jusqu'au rang de général et lui gagnent la faveur du peuple français. Après le coup d'État qu'il a orchestré en 1799, Bonaparte se fait nommer Premier consul à vie en 1802 et, en 1804, au cours d'une cérémonie fastueuse, il est proclamé empereur des Français. Sa gestion des affaires de l'État répond aux espoirs qu'on a fondés sur lui : il met fin à l'instabilité des gouvernements révolutionnaires, réorganise les finances et la justice, promulgue un Code civil, crée la Légion d'honneur, octroie des titres de noblesse au mérite, reconnaît le droit de pratiquer la religion de son choix et restructure le secteur de l'éducation. Ces réformes font taire l'opposition. Il n'en reste pas moins que ce retour à un régime absolutiste et héréditaire largement inspiré de la monarchie semble trahir les idéaux révolutionnaires.

Avec les années, l'appareil de l'État se fait plus coercitif ; la police exerce un contrôle très serré sur les citoyens, l'opposition est muselée. L'empereur ne recule ni devant l'assassinat politique ni devant les répressions sanglantes (par exemple en Espagne, quand la population se soulève contre l'occupation française). Pour servir sa gloire et étendre l'Empire, Napoléon mène des guerres qui déciment sa Grande Armée. Les défaites, dont celles de Waterloo en 1815, entraînent finalement sa chute et son abdication. Sa progression fulgurante comme sa fin pathétique, alors qu'il est déchu et exilé sur l'île de Sainte-Hélène, en font l'incarnation même des personnages de contes : à la fois magicien et sorcier, sauveur et paria, bourreau et victime, ogre et Petit Poucet.

Restauration, de 1815 à 1830 : les frères de Louis XVI règnent sur la France

La singulière destinée de Napoléon marque d'autant plus l'imaginaire collectif que ses successeurs sont loin d'être à sa hauteur. La Restauration semble marquer un recul dans le temps, puisque des rois viennent de nouveau gouverner la France. C'est en fait une solution de compromis, car la monarchie est désormais constitutionnelle ; le roi doit partager le pouvoir avec d'autres instances, dont une chambre des députés élus au suffrage censitaire qui favorise les citoyens riches. Louis XVIII (1814-1824), frère de

---

Code civil : ensemble de lois concernant l'individu, le couple et la famille rédigé sous Napoléon, puis modifié en tenant compte de l'évolution de la société française.

Légion d'honneur : institution fondée par Napoléon qui attribue le titre de chevalier aux militaires et civils qui se distinguent par leur mérite. À distinguer de la noblesse impériale qui se constitue sous le Premier Empire, à l'instigation de Napoléon qui octroie des titres copiés sur ceux de l'Ancien Régime.

Restauration : rétablissement au pouvoir de la monarchie.

Monarchie constitutionnelle : régime où l'autorité du roi s'exerce dans un cadre défini par des lois.

Suffrage censitaire : droit de vote qui n'est accordé qu'aux citoyens fortunés.

Louis XVI (exécuté au moment de la Révolution) doit aussi composer avec l'héritage de la Révolution et de l'Empire : l'égalité des droits n'est pas remise en question, et plusieurs réformes de Napoléon sont sauvegardées. Ces choix contreviennent aux vœux des ultra-conservateurs, ses alliés naturels, qui sont favorables au rétablissement de l'Ancien Régime. Le souverain n'arrive pas non plus à satisfaire les attentes des ultra-libéraux qui militent en faveur du régime républicain.

Au décès de Louis XVIII, c'est son frère, Charles X, qui lui succède. Il veut rétablir à la fois l'absolutisme royal, l'ordre social ancien et la suprématie de l'Église catholique. La population parisienne, prompte à monter aux barricades, se révolte durant les trois derniers jours de juillet 1830 (appelés les Trois Glorieuses) et réclame le rétablissement du régime républicain. Or, les classes politiques souhaitent avant tout maintenir l'ordre social. Elles récupèrent l'insurrection à leur profit en portant au pouvoir le roi Louis-Philippe. Il est de descendance royale, mais peut aussi se réclamer des idéaux révolutionnaires, car son père, Philippe-Égalité, a voté pour l'exécution du roi Louis XVI.

La monarchie de Juillet, de 1830 à 1848 : Louis Philippe Ier au pouvoir

La monarchie de Juillet, qui s'étend de 1830 à 1848, va résolument orienter le pays vers le capitalisme. Elle favorise les investissements dans l'industrie et le développement du réseau ferroviaire, qui sert le commerce. Voulant à tout prix maintenir l'ordre social, elle fait taire l'opposition en frappant d'interdit plusieurs journaux. La bourgeoisie, qui tire les ficelles en coulisse, ne pense qu'à servir ses propres intérêts sans se préoccuper de la répartition des richesses. Les soulèvements ouvriers sont vite réprimés, jusqu'à ce que le ressentiment devienne incontrôlable et accule le roi à l'abdication en 1848.

L'Empire sous Napoléon III, de 1852 à 1870 (entre deux retours à la République)

La France connaît à cette époque un court intermède républicain, mais un autre héritier politique, cette fois de la lignée bonapartiste, accapare le pouvoir. Il impose une nouvelle fois le régime impérial autocratique et héréditaire, effectuant ainsi un deuxième retour dans le passé. Ce Second Empire se soldera par la déchéance de l'empereur, devenu impopulaire après sa défaite aux mains des Prussiens en 1870. Cette date marque le retour à la République, avec un gouvernement et un chef d'État désormais élus au **suffrage universel** masculin.

LE CONTEXTE POLITIQUE : Qu'importe-t-il de retenir ?

Il importe de retenir que la France vit une succession de régimes qui sont à la fois des retours sur son histoire récente et des étapes dans sa progression vers la démocratie. Tout au long de ces années troubles, le peuple de Paris manifeste fréquemment son mécontentement et arrive par deux fois à provoquer un renversement de gouvernement, soit au moment des Trois Glorieuses en 1830 (abdication de Charles X) et au moment de la Commune en 1871 (fin du Second Empire).

Depuis la Révolution, les Français sont protégés par la *Déclaration des droits de l'homme et du citoyen*. On leur reconnaît une égalité de droits à la naissance, une égalité devant la loi et devant l'impôt (c'est la fin des privilèges), et une liberté de presse, de conscience (ils peuvent pratiquer la religion de leur choix) et de travail. Les représentants à l'assemblée ont d'abord été élus au suffrage censitaire (lié à la fortune), puis au suffrage universel masculin (les Françaises n'obtiendront le droit de vote qu'en 1944).

LES DÉCOUVERTES SCIENTIFIQUES : En quoi influencent-elles l'économie ?

La France emboîte le pas à l'Angleterre (qui vit sous la férule de la très puritaine reine Victoria de 1837 à 1901) et s'industrialise progressivement. L'éclairage au gaz installé dans les rues de Paris aux alentours de 1830 permet de prolonger la veillée au-delà de la brunante ; c'est un peu comme si la raison se fondait dans l'imaginaire, que la lucidité se diluait dans le rêve. On peut désormais pénétrer un peu plus ce royaume des ombres crépusculaires, ce qui change à coup sûr les mentalités.

Plusieurs découvertes scientifiques auront des répercussions à long terme : l'invention du stéthoscope permet des diagnostics médicaux plus précis ; la mise au point du daguerréotype annonce le développement de la photographie ; le télégraphe rendra bientôt possibles les communications à distance.

Ainsi, en l'espace d'un siècle, on verra la civilisation industrielle, portée par l'invention de techniques comme la machine à vapeur et par le développement du rail, se substituer à la civilisation agraire, entraînant un lot de transformations profondes qui rapprochent la France postrévolutionnaire de celle d'aujourd'hui.

> **Suffrage universel :** droit des électeurs de choisir leur gouvernement par scrutin secret. Il est à noter que le mot « universel » prête à confusion puisque, dans certains pays, une partie de la population est privée du droit de vote. C'est le cas notamment des femmes en France, qui n'obtiennent le droit de vote qu'en 1944. Dans certains pays, les minorités ethniques, les immigrants et les prisonniers peuvent aussi en être privés.

LES CLASSES SOCIALES : Comment évoluent-elles au XIXe siècle ?

La France voit son ordre social se transformer, conséquence non seulement de l'industrialisation, mais aussi de l'avènement d'une économie libérale. On observe des mouvements de populations de la campagne à la ville, où l'on espère trouver de l'emploi. Un clivage se creuse d'ailleurs entre les paysans, souvent plus conservateurs au point de vue politique, et les citadins, plus revendicateurs.

On assiste ainsi à l'apparition d'une nouvelle classe sociale, le prolétariat. Soumis à la règle du profit avant tout, les ouvriers travaillent dans des conditions difficiles, jusqu'à 13 heures par jour, et les enfants sont aussi mis à contribution, souvent dès l'âge de 6 ans. Alors que s'installe une ségrégation dans l'habitat qui isole les plus démunis dans des quartiers mal desservis, les épidémies dévastatrices – contre lesquelles il existe peu de remèdes – se multiplient. Dans cette première moitié du siècle, les soulèvements dans les mines et les manufactures sont souvent spontanés, mal encadrés et fermement écrasés. De là naîtra plus tard le besoin de se regrouper en syndicats pour négocier de meilleurs salaires et forcer le gouvernement à adopter des mesures pour protéger les femmes et les enfants de la misère.

LE ROMANTISME OUTRE-MER : Quelle forme prend le romantisme au Québec ?

L'essor de la littérature canadienne-française coïncide avec le déclin du mouvement romantique français. C'est *L'histoire du Canada*, publiée de 1845 à 1852, qui lui donne l'élan nécessaire. Rappelant l'histoire de la Conquête, son auteur, François-Xavier Garneau, réfute le mépris professé dans le rapport Durham de 1839 envers « un peuple sans histoire et sans littérature » et redonne à ses compatriotes la fierté de leur passé.

Les idées romantiques commencent à pénétrer au Québec à la faveur des relations qui se nouent avec la France à partir de la visite de *La capricieuse*, dépêchée à Québec en 1855 par l'empereur Napoléon III. L'élite intellectuelle, qui en était restée aux tragédies classiques de Racine et de Corneille, découvre les grands auteurs romantiques. Le poète et libraire Octave Crémazie (1822-1879), fervent admirateur de Victor Hugo, est à l'origine de cette première phase du romantisme canadien. Dans son arrière-boutique se réunit un groupe d'écrivains que l'on a rangés sous la bannière de l'École patriotique de Québec : Étienne Parent, François-Xavier Garneau et l'abbé Ferland, auxquels viennent s'ajouter Antoine Gérin-Lajoie, P. J. Olivier Chauveau, Louis Fréchette et l'abbé Casgrain, qui deviendra l'âme de ce petit cénacle.

Philippe-Auguste Jeanron, *Scène de Paris,* 1833.

L'École patriotique de Québec connaît trois grands « maîtres » : Octave Crémazie chante le temps des aïeux et de la France, « mère des arts » et « lumière du monde », dans des poèmes qui reflètent l'esprit patriotique et le style des tout premiers romantiques ; William Chapman (1850-1917) met son style oratoire, chargé de poncifs, au service des nobles aspirations de la race ; Louis Fréchette (1839-1908), le plus hugolien des trois, traite de sujets canadiens avec un lyrisme puissant. Son morceau le plus applaudi, *La légende d'un peuple*, se voulait une imitation de *La légende des siècles* de Hugo.

L'ÉCRIVAIN ROMANTIQUE : Quelles sont ses particularités ?

Le mythe de l'écrivain romantique replié sur lui-même

Il existe un mythe de l'écrivain romantique, soit celui d'un individu solitaire et narcissique, qui se sert de l'écriture à des fins thérapeutiques. Jean-Jacques Rousseau, considéré comme un prédécesseur du romantisme, est à l'origine de cette conception, notamment parce qu'il met en vogue l'écriture autobiographique. Chateaubriand et Alfred de Musset confirment cette vision, puisqu'ils poursuivent dans cette même veine tout en correspondant, par leur caractère mélancolique, aux traits généralement attribués à l'écrivain romantique. De façon générale, il est juste d'affirmer que les romantiques sont des adeptes du lyrisme et qu'ils aiment faire part au lecteur de leur drame personnel. Ils s'attachent à dépeindre leurs amours, à confier leurs émotions ; ils nous entraînent même dans leur intimité en décrivant des scènes de leur vie de couple ou de leur vie de famille.

Prolétariat : synonyme de classe ouvrière. (Ne pas confondre avec les paysans, qui sont les habitants de la campagne qui tirent leurs revenus de l'agriculture).

Josef Danhauser, *Liszt au piano*, 1840.
On reconnaît, de gauche à droite, Musset, Hugo, Sand, Paganini, Rossini, Liszt, Marie d'Agoult et un buste de Beethoven.

Le militantisme romantique

Cette représentation est toutefois incomplète. Nombreux sont les écrivains romantiques qui ont milité pour leurs idées, allant même jusqu'à s'engager très activement en politique. Le poète Lamartine, par exemple, dirige le gouvernement provisoire de 1848 ; Victor Hugo est condamné à l'exil en raison de ses prises de position, notamment contre Napoléon III. Hugo considère le rôle de l'écrivain comme celui d'un prophète ayant reçu de Dieu la mission d'éduquer le peuple. Les écrivains romantiques, en effet, renouent avec la religion, de nouveau perçue comme un baume pouvant soulager la misère humaine. Ainsi, ils prennent leurs distances par rapport au rationalisme du siècle des Lumières et remettent en cause le scepticisme des philosophes, en discréditant Voltaire en particulier. Dans leur vision sociale, ils idéalisent le peuple avec des personnages qui servent à illustrer un discours politique empreint de valeurs moralisatrices : le paria devient un saint ; la femme de mauvaise vie révèle des vertus cachées. Les écrivains ne s'adressent plus à un cercle restreint de lecteurs comme aux siècles précédents, puisque l'alphabétisation progresse à grands pas. Depuis la Révolution, les très nombreux journaux contribuent à l'éveil des masses populaires qui se sentent désormais concernées par la vie politique.

L'innovation des écrivains romantiques

Les écrivains romantiques ont aussi ouvert la littérature à la modernité et ont innové dans tous les genres. En poésie, ils ont assoupli le vers pour le mettre au service d'une expression personnelle. Convertis au roman, en particulier sous l'impulsion de leur contemporain Balzac, qui participe aux cercles romantiques, ils ont contribué à la popularité du genre en composant des romans feuilletons. Les écrivains romantiques ont aussi révélé toutes les possibilités du récit, du roman confidentiel au roman historique, de la nouvelle poétique au conte fantastique. Au théâtre, ils ont façonné à leur manière le drame, une forme littéraire déjà introduite par Diderot : sur scène, ils exploitent toutes les tonalités, jouent de tous les contrastes. En somme, les romantiques ont apporté une nouvelle façon de voir le monde, de rêver et d'aimer.

LE COURANT ROMANTIQUE

Quelles caractéristiques lui attribuer qui puissent aider à l'analyse des œuvres ?

Un courant littéraire se distingue d'un autre par les réponses qu'il apporte aux questions d'ordre esthétique. Les écrivains romantiques réagissent contre la rigueur classique tout en rejetant le rationalisme des Lumières. Par ailleurs, ils revendiquent une parenté d'esprit avec certains écrivains, en particulier Jean-Jacques Rousseau, qui faisait d'ailleurs figure de marginal au siècle précédent. Il reste néanmoins que leur conception de l'art est empreinte d'une grande originalité, esquissée dans les quelques caractéristiques suivantes.

Les traits distinctifs

1 L'expression de la subjectivité : le moi, l'individu placé au centre du texte

Poètes ou romanciers, les écrivains romantiques privilégient le lyrisme et l'épanchement du « moi ». Poursuivant dans la veine de l'écriture autobiographique initiée par Jean-Jacques Rousseau, ils emploient le ton de la confidence pour gagner la sympathie du lecteur. Se servant de la nature comme d'un exutoire à leurs états d'âme, ils tentent de fuir le tumulte des villes pour aller à la rencontre de Dieu. Leur prédilection va à des paysages de ruines, baignés de brume plutôt qu'irradiés de soleil, car ils sont portés à la nostalgie. Souvent dépressifs, voire suicidaires, ils rendent la société responsable du malaise existentiel qu'ils ressentent. On nomme d'ailleurs communément le « mal du siècle » cette angoisse métaphysique que Benjamin Constant évoque en ces termes : « Je découvrais en moi une telle absence d'énergie et je concevais un tel mépris de moi-même, que ce jour-là, très sérieusement, je désespérai de ma vie. » Nombreux sont les écrivains qui se sentent orphelins dans le monde, impuissants à changer le cours des choses, comme si le temps de la vaillance était irrémédiablement révolu et que le siècle n'offrait plus d'occasion, comme à l'époque de Napoléon, de se distinguer et de devenir héros.

2 Une thématique du cœur, de la sensibilité

Thème d'inspiration fondamental, l'amour est présent partout dans la littérature romantique. Dans les poèmes, la bien-aimée est généralement perçue comme une muse qui porte le poète à s'élever vers l'idéal. Dans les romans et au théâtre, l'amour n'arrive généralement pas à surmonter les nombreux obstacles qui entravent le bonheur des amants, qui peuvent être séparés par l'origine sociale (le laquais aime une reine dans *Ruy Blas* et un noble éprouve une passion destructrice pour une bohémienne dans *Carmen*), par l'aspect physique (un être monstrueux se languit pour une jolie femme dans *Notre-Dame de Paris*) ou par d'autres critères insurmontables. Des principes moraux semblent orienter la conception des personnages. Les femmes virginales, celles que les hommes souhaitent épouser, sont angéliques et lumineuses, avec des yeux qui reflètent l'innocence. Elles évoquent la pureté jusque dans la maternité alors que les femmes vénales, celles que les hommes prennent comme maîtresses, sont brunes et exercent souvent les métiers de danseuse ou de comédienne, considérés comme peu dignes de confiance à l'époque. Les héroïnes qui toussent parce qu'elles sont atteintes de tuberculose, maladie incurable, sont aussi présentes et leur destinée tragique tire les larmes du lecteur ou du spectateur. D'ailleurs, la pitié fait sombrer plusieurs intrigues dans le mélodrame.

Fréquemment poètes ou artistes comme leur créateur, les héros masculins, jeunes et impétueux, sont des êtres complexes, à la personnalité souvent dédoublée, à la fois portés vers la violence et la tendresse. Leur idéal peut les mener au suicide (*Ruy Blas*) ou à l'assassinat (*Lorenzaccio*) ou les placer devant l'échec. Ils sont prêts à tout sacrifier pour leur amour, jusqu'à renier leur milieu d'origine ou fuir en Amérique ou ailleurs (*Carmen*). Habituellement possessifs et jaloux, ils n'hésitent pas à tuer leur amante si elle leur est infidèle.

3 Le refus du quotidien, de l'ordinaire ; le goût de l'évasion et des extrêmes

Repoussant le concept d'une beauté immuable, reproductible et universelle, les romantiques jettent les bases d'une littérature qui exprime l'âme de la nation tout en restant ouverte aux influences étrangères : ils vouent une immense admiration à Shakespeare (1564-1616), mais aussi à Gœthe (1749-1832) et à Byron (1788-1824), qui ont respectivement marqué le romantisme allemand et anglais.

Les romantiques éprouvent aussi le désir de s'évader, en voyageant dans l'espace, vers l'Italie, l'Espagne, l'Amérique ou les pays orientaux ; dans le temps, vers le Moyen Âge ; dans leur univers intérieur, par le rêve. Appréciant le folklore et les traditions locales, ils excellent aussi à évoquer les parfums et les couleurs qui font le charme des pays visités, tout en émaillant leurs récits d'expressions dialectales. Sensibles au mythe de la pureté originelle, comme l'avait été avant eux Jean-Jacques Rousseau (1712-1778), ils poussent toujours plus loin vers les contrées exotiques afin d'échapper à la corruption qui ronge, selon eux, la civilisation européenne. Dans la foulée de Jules Michelet, un grand historien de l'époque, on constate par ailleurs une forte prédilection pour l'approche historique jusque dans la fiction.

Eugène Delacroix, *La mort d'Ophélie*, 1844.
Delacroix représente ici la mort d'Ophélie dans *Hamlet*, l'une des plus célèbres pièces de Shakespeare. L'œuvre du dramaturge fut une source importante d'inspiration pour les romantiques.

La littérature fantastique, que l'on appelle « romantisme noir » à cause de l'attraction que ressentent les personnages pour la perversité et les atmosphères morbides, s'inscrit aussi dans ce désir d'évasion. Les romantiques aiment en effet tout ce qui est excessif, tout ce qui leur permet d'échapper à l'ennui de vivre. Les contrastes les attirent – comme le contraste entre le noir et le rouge – et non pas les nuances ou les demi-teintes. La prostituée purifiée, le criminel béatifié, le voyou magnifié en héros, en fait, pour résumer en une antithèse si chère à Hugo, tout le grotesque qui aspire au sublime, tout ce qui se refuse à l'ordinaire plaît aux romantiques.

4 L'aspiration vers l'idéal : la quête de Dieu et de la justice sociale

La littérature romantique tente de concilier les idéaux de la religion catholique avec ceux de la Révolution. La littérature ne tient plus désormais le peuple à l'écart, et les écrivains s'inspirent de la religion pour proposer des solutions à sa misère. Cependant, le Dieu qu'ils présentent dans leurs œuvres ne correspond pas tout à fait à celui du dogme chrétien : il est en quelque sorte « repensé » et se montre plus compatissant, plus sensible aux malheurs de l'humanité. Enfin, même si l'injustice et la misère des indigents le révoltent, le héros romantique demeure individualiste dans ses tentatives pour échapper à sa condition. Les concepts de bonté ou d'humanisme sont ici plus forts que celui de la solidarité de classe que l'on retrouvera plus volontiers dans les romans réalistes de l'époque suivante.

Les écrivains romantiques n'hésitent donc pas à mettre leur plume au service de causes qui leur tiennent à cœur comme l'abolition de la peine de mort ou l'amnistie des communards, mais ils font alors surtout appel aux sentiments plutôt qu'à la raison pour convaincre.

5 L'imagination plutôt que la raison ; la liberté plutôt que les contraintes

Les écrivains romantiques préfèrent la liberté aux règles rigides du siècle classique ; plutôt que de s'inspirer des grands auteurs de l'Antiquité, ils sont en quête d'originalité et puisent la substance de leurs textes dans leur histoire personnelle ou dans leur imagination débordante, ce qui ne les empêche pas d'atteindre à l'universalité, bien au contraire. Ce sont d'ailleurs d'admirables conteurs, qui créent des personnages inoubliables, plus grands que nature, sublimes et comiques à la fois comme les mousquetaires d'Alexandre Dumas, ou grotesques et héroïques comme le Quasimodo de Victor Hugo. Ils inventent des intrigues à multiples rebondissements, ne reculant ni devant le merveilleux ni devant le fantastique pour maintenir l'intérêt du lecteur. Enfin, ils savent traduire une époque imprégnée des idéaux de la Révolution, embrasée par les grandes conquêtes de Napoléon. Aussi la poursuite de la liberté, le désir d'échapper à la médiocrité en devenant héros, la purification par l'amour sont-ils tous des thèmes récurrents de la littérature romantique.

Dans leur exploration, les romantiques retiennent surtout les éléments susceptibles de renouveler l'écriture. De là leur intérêt pour le drame et pour le roman, qui sont des genres relativement nouveaux. Quant à la poésie, qui était un genre déclassé au siècle précédent, les romantiques l'associent à l'émotion qui fait vibrer le vers, qui lui donne sa musicalité. La figure de style est là pour rendre cette émotion concrète aux yeux du lecteur ; elle n'est plus perçue uniquement comme un agrément du vers, comme un élément décoratif un peu superflu. Ce désir d'évocation est si prégnant que certaines scènes écrites en vers se transposent très facilement en petits tableaux dans l'esprit du lecteur.

Les caractéristiques de la littérature romantique

Littérature du « moi » Peindre la réalité d'un point de vue subjectif.	• Poésie lyrique. • Récits confidentiels et autobiographies déguisées. • Personnages au comportement individualiste.
Littérature du cœur Exprimer ses émotions et en susciter chez le lecteur.	• Thèmes de l'amour, de la passion et de l'ennui de vivre. • Obsession de la mort et du temps qui passe. • Personnages masculins excessifs (artistes rêveurs, héros désillusionnés, amants ténébreux) ; personnages en contraste, monstrueux. • Personnages féminins idéalisés (jeunes vierges, mères admirables, femmes fatales).

Littérature de l'évasion
Exprimer la communion avec la nature ou créer un effet de pittoresque.
	• Évasion dans la nature, qui se voit attribuer les rôles suivants :
	  – refuge pour fuir la civilisation ;
	  – incarnation de la grandeur divine ;
	  – miroir de la sensibilité du poète.
	• Évasion vers des pays étrangers : description des mœurs et des traditions locales (couleur locale).
	• Évasion dans le passé : goût manifeste pour l'histoire (romans et drames historiques du Moyen Âge au XVIIIe siècle).
	• Évasion dans le rêve et l'univers intérieur (personnages artistes, romans confidentiels).
	• Description de ruines et de lieux isolés.
	• Tonalité sombre et jeu de contraste noir/rouge.
	• Style imagé.

Littérature de l'idéal	• Rôle de l'écrivain-prophète. • Importance de la Révolution et de Napoléon comme sources d'inspiration. • Idéalisation des personnages (même les personnages grotesques). • Traitement moralisateur des thèmes à caractère social.
Littérature de la libération Assurer la primauté de l'inspiration sur l'imitation et le respect des règles.	• Importance de tous les thèmes hérités de la Révolution. • Assouplissement du vers, dans la poésie comme au théâtre. • Invention de genres nouveaux, comme le drame romantique. • Recours à divers types de narration. • Ouverture du lexique à tous les registres, du terme familier au terme littéraire.

Le courant romantique

LA POÉSIE

Quelles orientations les romantiques donnent-ils à ce genre de prédilection ?

Dans l'esprit des romantiques, il ne fait aucun doute que la poésie est le genre littéraire par excellence, capable d'exprimer toutes les émotions et de faciliter la compréhension du monde. Plusieurs d'entre eux ne se définissent jamais autrement que comme poètes. Impliqué en politique comme plusieurs de ses collègues écrivains, Victor Hugo met de l'avant le rôle social du poète, qui se trouve assimilé au prophète :

> *Le poète en des jours impies*
> *Vient préparer des jours meilleurs*
> *Il est l'homme des utopies ;*
> *Les pieds ici, les yeux ailleurs.*
> *C'est lui qui sur toutes les têtes,*
> *En tout temps, pareil aux prophètes,*
> *Dans sa main, où tout peut tenir,*
> *Doit, qu'on l'insulte ou qu'on le loue,*
> *Comme une torche qu'il secoue,*
> *Faire flamboyer l'avenir !*
> (« Fonction du poète »)

De caractère individualiste, Musset, pour sa part, est toujours porté dans ses poèmes à se confier, à s'adonner à la méditation nostalgique ; aussi met-il l'accent sur la gratuité de l'écriture poétique :

> *Chanter, rire, pleurer, seul, sans but, au hasard ;*
> *D'un sourire, d'un mot, d'un soupir, d'un regard*
> *Faire un travail exquis, plein de crainte et de charme*
> *Faire une perle d'une larme :*
> *Du poète ici-bas voilà la passion,*
> *Voilà son bien, sa vie et son ambition.*
> (« L'impromptu »)

Plusieurs poètes romantiques perçoivent ces deux buts comme complémentaires et pratiquent, au gré de leur inspiration, la poésie engagée et la poésie lyrique.

Les romantiques cherchent en outre à rompre avec les sévères règles de la métrique classique. Bien qu'à leur époque ils aient davantage mis l'accent sur le renouveau par rapport à leurs prédécesseurs, il est certain que leurs innovations paraissent aujourd'hui bien sages du fait qu'on soit allé jusqu'à faire table rase de la versification, notamment avec le poème en prose. Les poètes romantiques conservent en effet le vers et la rime, mais l'inspiration du poème tend à se déplacer du pôle de l'événement vers celui de l'émotion. Les poètes considèrent toutefois que la régularité figée de l'alexandrin classique, avec sa césure automatique à la sixième syllabe, ne permet pas de faire fluctuer le rythme au gré du changement d'émotion. Ils vont jouer du rejet et de l'enjambement tout en modifiant la coupe du vers pour mieux traduire cette fluctuation.

L'exemple suivant, tiré d'un texte de Boileau, illustre la coupe régulière d'alexandrins classiques en deux hémistiches, avec césure (//) au centre :

> *Vingt fois sur le métier // remettez votre ouvrage ;*
> *Polissez-le sans cesse // et le repolissez*
> *Ajoutez quelquefois, // et souvent effacez.*
> (*L'art poétique*)

L'exemple suivant, tiré de la poésie de Victor Hugo, illustre les coupes multiples d'alexandrins romantiques avec rejet (souligné dans le texte) et enjambements (la première phrase court sur trois vers ; le dernier vers complète, sur le plan de la syntaxe, le vers précédent) :

> *On voyait des clairons à leur poste gelés*
> *Restés debout, en selle et muets, blancs de givre,*
> *Collant leur bouche en pierre aux trompettes de cuivre.*
> *Boulets, mitrailles, obus, mêlés aux flocons blancs,*
> <u>*Pleuvaient*</u> *; les grenadiers, surpris d'être tremblants,*
> *Marchaient pensifs, la glace à leur moustache grise.*
> (*Les châtiments*)

Contrairement aux écrivains classiques, les écrivains romantiques considèrent que la beauté doit être accessible à tous. Ils puisent des mots en toute liberté dans le lexique familier, alors que les classiques favorisaient un registre recherché. Par exemple, les classiques nommaient « trépas » ce que les romantiques appelleront plus familièrement la « mort » ; l'« hymen » des classiques deviendra le « mariage » dans la poésie romantique. Chez les classiques, la figure de style servait à agrémenter le message, et le vers à enjoliver le discours. Chez les romantiques, elle doit traduire l'émotion de façon très juste : dans un poème portant sur la guerre par exemple, il faut désormais faire sentir, voir et entendre les obus qui éclatent, les armes qui s'entrechoquent et les corps qui tombent.

Les poètes romantiques explorent une grande variété de tonalités.

La tonalité lyrique

L'amour, la solitude sont des thèmes privilégiés ; la méditation prend des accents mélancoliques qui se projettent dans la description d'une nature aux teintes souvent crépusculaires ou encore dans un décor de ruines antiques, puisqu'il s'agit aussi de traduire l'anxiété devant le temps qui passe.

La tonalité ludique

Les poètes romantiques déploient aussi des trésors de virtuosité pour insuffler un caractère ludique à leur poésie, tel qu'en témoigne un poème comme «Les Djinns» de Victor Hugo.

La tonalité épique

Puisque le Moyen Âge les inspire particulièrement, les romantiques aiment célébrer les grands exploits d'un personnage, en particulier ceux de Napoléon qui, à leurs yeux, incarne le grandiose. Ces poèmes servent souvent de véhicule à leurs aspirations sociales et prennent pour cela des accents polémiques. Inspiré par la Révolution, Hugo aura aussi voulu, en quelque sorte, «démocratiser» la poésie, c'est-à-dire la rendre accessible à tous, comme en témoigne l'extrait suivant, et cette option sera généralement entérinée par les autres romantiques:

> J'ai pris et démoli la bastille des rimes.
> J'ai fait plus: j'ai brisé tous les carcans de fer
> Qui liaient le mot peuple, et tiré de l'enfer
> Tous les vieux mots damnés, légions sépulcrales;
> J'ai de la périphrase écrasé les spirales,
> Et mêlé, confondu, nivelé sous le ciel
> L'alphabet, sombre tour qui naquit de Babel;
> Et je n'ignorais pas que la main courroucée
> Qui délivre le mot, délivre la pensée.
> [...]
> J'ai dit aux mots: Soyez république! soyez
> La fourmilière immense, et travaillez! croyez,
> Aimez, vivez! — J'ai mis tout en branle, et, morose,
> J'ai jeté le vers noble aux chiens noirs de la prose.
> [...]
> Le mouvement complète ainsi son action.
> Grâce à toi, progrès saint, la Révolution
> Vibre aujourd'hui dans l'air, dans la voix, dans le livre.
> Dans le mot palpitant le lecteur la sent vivre.
> Elle crie, elle chante, elle enseigne, elle rit.
> Sa langue est déliée ainsi que son esprit.
> Elle est dans le roman, parlant tout bas aux femmes.
> Elle ouvre maintenant deux yeux où sont deux flammes,
> L'un sur le citoyen, l'autre sur le penseur.

Victor Hugo (*Les contemplations*, Livre premier, VII, extrait de «Réponse à un acte d'accusation», 1856)

Victor Hugo, *Le bourg dans l'orage,* dessin, 1857.

Alphonse de Lamartine (1790-1869)

La poésie lyrique et l'importance de la nature

Né au lendemain de la Révolution, Lamartine appartient à la première génération d'écrivains romantiques. Son premier recueil, *Les méditations poétiques,* au titre évocateur, instaure une nouvelle manière de se confier et de regarder le monde : les références au paysage sont un moyen pour lui de traduire le malaise et l'amertume. Sa poésie inspire toute une génération de lecteurs qui reprend goût à un genre mis de côté par les philosophes du siècle des Lumières. Il ouvre la voie au romantisme en France. Comme plusieurs de ses contemporains, Lamartine partage sa vie entre ses activités littéraires et politiques : en 1848, il dirige le gouvernement provisoire avant de se présenter aux élections présidentielles la même année.

Tiré des *Méditations poétiques,* le poème ci-contre est l'un des plus connus de l'œuvre de Lamartine. Il a été écrit en souvenir d'une jeune femme que l'auteur a tendrement aimée. Cette méditation sur la vie illustre aussi le rôle que joue la nature dans la poésie romantique, soit celui de miroir de la sensibilité.

Le lac

Ainsi, toujours poussés vers de nouveaux rivages,
Dans la nuit éternelle emportés sans retour,
Ne pourrons-nous jamais sur l'océan des âges
    Jeter l'ancre un seul jour ?

5 Ô lac ! l'année à peine a fini sa carrière,
Et près des flots chéris qu'elle devait revoir,
Regarde ! je viens seul m'asseoir sur cette pierre
    Où tu la vis s'asseoir !

Tu mugissais ainsi sous ces roches profondes,
10 Ainsi tu te brisais sur leurs flancs déchirés,
Ainsi le vent jetait l'écume de tes ondes
    Sur ses pieds adorés.

Un soir, t'en souvient-il ? nous voguions en silence ;
On n'entendait au loin, sur l'onde et sous les cieux,
15 Que le bruit des rameurs qui frappaient en cadence
    Tes flots harmonieux.

Tout à coup des accents inconnus à la terre
Du rivage charmé frappèrent les échos :
Le flot fut attentif, et la voix qui m'est chère
20   Laissa tomber ces mots :

« Ô temps ! suspends ton vol, et vous, heures propices !
Suspendez votre cours :
Laissez-nous savourer les rapides délices
    Des plus beaux de nos jours !

25 « Assez de malheureux ici-bas vous implorent,
Coulez, coulez pour eux ;
Prenez avec leurs jours les soins qui les dévorent,
    Oubliez les heureux.

« Mais je demande en vain quelques moments encore,
30 Le temps m'échappe et fuit ;
Je dis à cette nuit : Sois plus lente ; et l'aurore
    Va dissiper la nuit.

« Aimons donc, aimons donc ! de l'heure fugitive,
Hâtons-nous, jouissons !
35 L'homme n'a point de port, le temps n'a point de rive ;
    Il coule, et nous passons ! »

Temps jaloux, se peut-il que ces moments d'ivresse,
Où l'amour à longs flots nous verse le bonheur,
S'envolent loin de nous de la même vitesse
40   Que les jours de malheur ?

Eh quoi ! n'en pourrons-nous fixer au moins la trace ?
Quoi ! passés pour jamais ! quoi ! tout entiers perdus !
Ce temps qui les donna, ce temps qui les efface,
    Ne nous les rendra plus !

45 Éternité, néant, passé, sombres abîmes,
Que faites-vous des jours que vous engloutissez ?

Parlez : nous rendrez-vous ces extases sublimes
　　　　Que vous nous ravissez ?

Ô lac ! rochers muets ! grottes ! forêt obscure !
50 Vous que le temps épargne ou qu'il peut rajeunir,
Gardez de cette nuit, gardez, belle nature,
　　　　Au moins le souvenir !

Qu'il soit dans ton repos, qu'il soit dans tes orages,
Beau lac, et dans l'aspect de tes riants coteaux,
55 Et dans ces noirs sapins, et dans ces rocs sauvages
　　　　Qui pendent sur tes eaux !

Qu'il soit dans le zéphyr qui frémit et qui passe,
Dans les bruits de tes bords par tes bords répétés,
Dans l'astre au front d'argent qui blanchit ta surface
60　　　　De ses molles clartés !

Que le vent qui gémit, le roseau qui soupire,
Que les parfums légers de ton air embaumé,
Que tout ce qu'on entend, l'on voit ou l'on respire,
　　　　Tout dise : Ils ont aimé !

Alphonse de Lamartine, *Les méditations poétiques*, 1820.

Atelier d'analyse

Exploration

1. Éclairez le contexte d'énonciation de ce poème en précisant qui se trouve derrière les pronoms en rouge dans les vers suivants.
    a. « Ne pourrons-**nous** jamais sur l'océan des âges »
    b. « Près des flots chéris qu'**elle** devait revoir »
    c. « Regarde ! **je** viens seul m'asseoir sur cette pierre »
    d. « **Tu** mugissais ainsi sous ces roches profondes »

2. Analysez la première strophe.
    a. Quel est le thème qui se dégage déjà de ces vers ?
    b. Quelles sont les figures de style qui viennent l'illustrer ?
    c. Quel aspect ont-elles en commun ?
    d. En quoi cette strophe fait-elle, en quelque sorte, figure d'introduction ?

3. Le lac fait l'objet d'une personnification (attribution de traits humains à ce qui n'est pas humain) qui se poursuit sur plusieurs vers. Relevez des passages qui illustrent ce procédé stylistique. Quel est, selon vous, l'effet recherché par Lamartine ?

4. Une deuxième personnification intervient de la sixième à la neuvième strophe.
    a. À quel élément s'applique-t-elle ?
    b. Dans quel vers les deux personnifications finissent-elles par se confondre ?
    c. Résumez en vos mots le type d'imploration que Lamartine adresse au temps.

5. Quelle est la tonalité dominante des vers 35 à 48 (tonalité ludique, lyrique, épique, dramatique, nostalgique, etc.) ? Justifiez votre point de vue.

6. Comment Lamartine s'y prend-il pour faire en sorte que, dans le texte, ce soit plutôt l'émotion qui l'emporte sur les événements ? Étudiez notamment la ponctuation et le lexique à partir du vers 40.

7. Analysez ces dernières strophes pour montrer que plusieurs éléments contribuent au caractère sensoriel du poème, notamment :
    a. Le choix des mots qui sont associés à des sonorités ;
    b. Le choix des mots qui sont associés à la luminosité et aux parfums.

8. Montrez comment la versification contribue, ici comme dans tout le poème, à traduire le rythme du temps qui fuit.

Rédaction

9. En vous rapportant aux caractéristiques du romantisme, expliquez en quoi le poème de Lamartine est représentatif de ce courant. Présentez votre réponse sous forme de plan détaillé.

10. **Sujet :** Montrez que, dans ce poème, la nature contribue à la célébration de l'amour.

    Consignes : Replacez en ordre les différentes parties de l'introduction ci-dessous. Complétez-la et modifiez-la si nécessaire. Composez le premier paragraphe du développement en tenant compte du remaniement effectué.

    Dans ce poème de Lamartine, je vais montrer d'abord comment est représenté le thème de l'amour. Dans ce poème intitulé « Le lac », tiré de ses Méditations poétiques, *je vais montrer que Lamartine interpelle la nature comme si c'était une personne tout en révélant ses attributs sensoriels. Le poème évoque le souvenir d'une jeune femme associée à un lieu, ce lac où le poète revient méditer. Le recueil, publié au début du XIX*e *siècle, a exercé une grande influence sur le romantisme.*

Victor Hugo (1802-1885)

La poésie

Né en 1802, Victor Hugo a 12 ans au moment de l'abdication de Napoléon Ier. Il a grandi au rythme des victoires de l'empereur, et cela, d'autant plus que son père est général dans la Grande Armée. En 1822, il épouse son amour de jeunesse, Adèle Foucher, avec qui il aura cinq enfants, dont une fille, Léopoldine, qui se noie dans les eaux de la Seine alors que l'autre, Adèle, suit un soldat en Amérique et devient folle. Plus tard, il s'attache à Juliette Drouet, sa maîtresse jusqu'à la fin de ses jours, sans cesser toutefois d'avoir de nombreuses aventures.

À 20 ans, il publie son premier recueil, *Odes,* et place son ambition littéraire très haut, puisqu'il veut devenir l'égal de Chateaubriand, écrivain alors très prestigieux. Il va le surpasser en excellant dans tous les genres (poésie, roman, théâtre et essai) et devenir ainsi le chef de file admiré de l'école romantique. À sa mort, à l'âge de 84 ans, il aura droit à des funérailles nationales grandioses. Grâce à une production d'une richesse et d'une variété inouïes, il a ouvert au lecteur de multiples horizons, lui faisant faire un retour en arrière au temps du Moyen Âge ou l'emmenant sur les routes de l'Orient, ou encore à la découverte de paysages intérieurs ou

Les Djinns

Murs, ville,
Et port,
Asile
De mort,
5 Mer grise
Où brise
La brise,
Tout dort.

Dans la plaine
10 Naît un bruit.
C'est l'haleine
De la nuit.
Elle brame
Comme une âme
15 Qu'une flamme
Toujours suit !

La voix plus haute
Semble un grelot. –
D'un nain qui saute
20 C'est le galop.
Il fuit, s'élance,
Puis en cadence
Sur un pied danse
Au bout d'un flot.

25 La rumeur approche
L'écho la redit.
C'est comme la cloche
D'un couvent maudit ; –
Comme un bruit de foule,
30 Qui tonne et qui roule,
Et tantôt s'écroule,
Et tantôt grandit.

Dieu ! la voix sépulcrale
Des Djinns !... Quel bruit ils font !
35 Fuyons sous la spirale
De l'escalier profond.
Déjà s'éteint ma lampe,
Et l'ombre de la rampe,
Qui le long du mur rampe,
40 Monte jusqu'au plafond.

C'est l'essaim des Djinns qui passe,
Et tourbillonne en sifflant !
Les ifs, que leur vol fracasse,
Craquent comme un pin brûlant.
45 Leur troupeau, lourd et rapide,
Volant dans l'espace vide,
Semble un nuage livide
Qui porte un éclair au flanc.

Ils sont tout près ! – Tenons fermée
50 Cette salle, où nous les narguons.
Quel bruit dehors ! Hideuse armée
De vampires et de dragons !
La poutre du toit descellée
Ploie ainsi qu'une herbe mouillée,
55 Et la vieille porte rouillée
Tremble, à déraciner ses gonds !

Cris de l'enfer ! voix qui hurle et qui pleure !
L'horrible essaim, poussé par l'aquilon,
Sans doute, ô ciel ! s'abat sur ma demeure.
60 Le mur fléchit sous le noir bataillon.
La maison crie et chancelle penchée,
Et l'on dirait que, du sol arrachée,
Ainsi qu'il chasse une feuille séchée,
Le vent la roule avec leur tourbillon !

65 Prophète ! si ta main me sauve
De ces impurs démons des soirs,
J'irai prosterner mon front chauve
Devant tes sacrés encensoirs !
Fais que sur ces portes fidèles
70 Meure leur souffle d'étincelles,
Et qu'en vain l'ongle de leurs ailes
Grince et crie à ces vitraux noirs !

Ils sont passés ! – Leur cohorte
S'envole, et fuit, et leurs pieds
75 Cessent de battre ma porte
De leurs coups multipliés.
L'air est plein d'un bruit de chaînes,
Et dans les forêts prochaines
Frissonnent tous les grands chênes,
80 Sous leur vol de feu pliés !

De leurs ailes lointaines
Le battement décroît,
Si confus dans les plaines,
Si faible, que l'on croit
85 Ouïr la sauterelle
Crier d'une voix grêle,
Ou pétiller la grêle
Sur le plomb d'un vieux toit.

D'étranges syllabes
90 Nous viennent encor ; –
Ainsi, des Arabes
Quand sonne le cor,
Un chant sur la grève
Par instants s'élève,
95 Et l'enfant qui rêve
Fait des rêves d'or.

Victor Hugo (*suite*)

Les Djinns funèbres,
Fils du trépas,
Dans les ténèbres
100 Pressent leurs pas ;
Leur essaim gronde :
Ainsi, profonde,
Murmure une onde
Qu'on ne voit pas.

105 Ce bruit vague
Qui s'endort,
C'est la vague
Sur le bord ;

C'est la plainte,
110 Presque éteinte,
D'une sainte
Pour un mort.

On doute
La nuit...
115 J'écoute : —
Tout fuit,
Tout passe ;
L'espace
Efface
120 Le bruit.

Victor Hugo, *Les Orientales*, XXVIII, 1829.

des joies de l'enfance, notamment en vantant l'art d'être grand-père. Pour Hugo, tout est source d'inspiration et il s'est fait une joie de jongler avec les mots et les émotions.

Dans son œuvre, Hugo manifeste la volonté de se libérer de toute règle contraignante. Authenticité, rêve, liberté : ces trois mots résument bien son travail. Non seulement celui de l'écrivain, mais aussi celui du dessinateur qu'il a été, illustrant, d'une main innovatrice, plusieurs de ses œuvres.

Tiré des *Orientales*, le poème « Les Djinns » évoque l'atmosphère exotique du conte *Les mille et une nuits*. Petits génies arabes, les djinns servent de prétexte au poète pour se prêter à une versification que l'on pourrait qualifier d'acrobatique. Cette évasion hors des normes traditionnelles de la poésie est aussi une échappée dans l'imaginaire enfantin.

Atelier d'analyse

Exploration

1. Analysez le début du poème, des vers 9 à 48.
   a. Relevez tous les termes qui réfèrent au bruit que font les djinns en arrivant.
   b. Relevez les passages qui évoquent la danse et le mouvement.
   c. Comment Hugo suggère-t-il que les djinns sont de petits êtres maléfiques ?
   d. En quoi la versification suscite-t-elle l'idée du rapprochement progressif des djinns ?

2. Dans les vers 49 à 64, montrez que la maison semble céder sous les coups des djinns.

3. Résumez le sens de la prière qu'adresse le poète au prophète (vers 65 à 72). Cette prière est-elle exaucée ?

4. Montrez que, dans la suite du poème, les thèmes du rêve, de l'exotisme et de l'enfance s'entremêlent.

5. Tout en faisant des liens avec l'ensemble du poème, expliquez comment cette finale :
   a. confirme la virtuosité de la versification ;
   b. montre que le rythme d'un poème contribue à sa signification.

6. Montrez que la richesse des figures de style témoigne aussi de la virtuosité du poète en relevant trois exemples des figures de style suivantes : comparaison, métaphore, métonymie, personnification.

Rédaction

7. Analysez la virtuosité de Victor Hugo dans le poème « Les Djinns » en vous attachant aux réseaux du sens, des images et du rythme.

Alfred de Musset (1810-1857)

La poésie lyrique et le dualisme

Dans sa vie et dans son œuvre, Musset est l'incarnation même du poète lyrique tel que le conçoivent les romantiques. Poète précoce qui publie son premier recueil à 18 ans, c'est un bel homme à l'œil triste, à la bouche sensuelle et à la chevelure ondulée. Il mène une existence qui ressemble à celle de ses personnages : amours tumultueuses, humeurs nostalgiques, excès de toutes sortes.

Sa liaison malheureuse avec George Sand, transposée dans *La confession d'un enfant du siècle*, teinte également le lyrisme du recueil poétique *Les nuits*, dont est tiré l'extrait ci-contre. Musset y fait son autoportrait et révèle le dualisme profond de sa personnalité, portée à la fois vers l'idéalisme et vers l'esprit de débauche. Cette tendance à l'écriture autobiographique est une caractéristique essentielle du romantisme.

Le poète

Du temps que j'étais écolier,
Je restais un soir à veiller
Dans notre salle solitaire.
Devant ma table vint s'asseoir
5 Un pauvre enfant vêtu de noir,
Qui me ressemblait comme un frère.

Son visage était triste et beau ;
À la lueur de mon flambeau,
Dans mon livre ouvert il vint lire.
10 Il pencha son front sur ma main
Et resta jusqu'au lendemain,
Pensif, avec un doux sourire.

Comme j'allais avoir quinze ans,
Je marchais un jour, à pas lents,
15 Dans un bois, sur une bruyère.
Au pied d'un arbre vint s'asseoir
Un jeune homme vêtu de noir,
Qui me ressemblait comme un frère.

Je lui demandai mon chemin ;
20 Il tenait un luth d'une main,
De l'autre un bouquet d'églantine.
Il me fit un salut d'ami
Et, se détournant à demi,
Me montra du doigt la colline.

25 À l'âge où l'on croit à l'amour,
J'étais seul dans ma chambre un jour,
Pleurant ma première misère.
Au coin de mon feu vint s'asseoir
Un étranger vêtu de noir,
30 Qui me ressemblait comme un frère.

Il était morne et soucieux ;
D'une main il montrait les cieux
Et de l'autre il tenait un glaive.
De ma peine il semblait souffrir,
35 Mais il ne poussa qu'un soupir
Et s'évanouit comme un rêve.

À l'âge où l'on est libertin,
Pour boire un toast en un festin,
Un jour je soulevai mon verre.
40 En face de moi vint s'asseoir
Un convive vêtu de noir,
Qui me ressemblait comme un frère.

Il secouait sous son manteau
Un haillon de pourpre en lambeau,
45 Sur sa tête un myrte stérile.
Son bras maigre cherchait le mien,
Et mon verre, en touchant le sien,
Se brisa dans ma main débile.

Un an après, il était nuit ;
50 J'étais à genoux près du lit
Où venait de mourir mon père.
Au chevet du lit vint s'asseoir
Un orphelin vêtu de noir,
Qui me ressemblait comme un frère.

55 Ses yeux étaient noyés de pleurs ;
Comme les anges de douleurs,
Il était couronné d'épine ;
Son luth à terre était gisant,
Sa pourpre de couleur de sang,
60 Et son glaive dans sa poitrine.

Je m'en suis si bien souvenu
Que je t'ai toujours reconnu
À tous les instants de ma vie.
C'est une étrange vision ;
65 Et cependant, ange ou démon,
J'ai vu partout cette ombre amie.

Alfred de Musset, *Les nuits,* extrait de la « Nuit de décembre », 1835.

Atelier d'analyse

Exploration

1. Dégagez les cinq vers qui divisent le poème en autant d'étapes dans la vie de Musset. Relevez ensuite dans la dernière strophe le vers qui se rapporte à ce mode d'organisation du texte.

2. Quels vers traduisent la présence du double du poète ? Comment ces vers expriment-ils à la fois la continuité et le changement ?

3. Comment le poète projette-t-il sur son double sa propre déchéance ?

4. Quel est le procédé stylistique employé dans les vers suivants ?
   « Un jour je soulevai mon verre
   […]
   Et mon verre, en touchant le sien,
   Se brisa dans ma main débile. »

5. Tel un peintre, Musset fait ressortir certaines teintes dans son poème. Lesquelles ? En quoi contribuent-elles à accroître la tristesse de l'atmosphère ?

6. Montrez que plusieurs procédés contribuent à la scansion du poème.

Rédaction

7. Expliquez en quoi les deux derniers vers semblent résumer le portrait que Musset dresse de lui-même dans ce poème. Formulez votre réponse en un ou deux paragraphes bien structurés.

8. **Sujet :** Montrez que ce poème illustre trois grandes caractéristiques du romantisme.

   Consigne : En vous inspirant du tableau synoptique sur les caractéristiques du romantisme, dressez un plan très détaillé avec idées principales et secondaires, citations et exemples.

Alfred de Vigny (1797-1863)

La poésie lyrique et le mal du siècle

Fils de nobles appauvris par la Révolution, malheureux en amour et déçu par la vie militaire, Alfred de Vigny se sent également incompris comme écrivain. Tous ces éléments expliquent son désenchantement, sentiment qui est l'un des traits communs aux écrivains de sa génération. Profondément pessimiste, il se méfie des progrès de la science, car ils contribuent, selon lui, à la dégradation de l'individu et de son milieu.

Les 11 poèmes des *Destinées* évoquent le côté tragique du destin humain. Dans *La maison du berger*, Vigny s'adresse à Éva, symbole de l'amour et de la solitude, qu'il invite à fuir la ville pour trouver refuge à la campagne. Plusieurs des grands thèmes romantiques sont présents dans ce poème : le caractère « fatal, écrasant et glacé » du monde, l'amour déçu, la nature salvatrice.

La maison du berger

Lettre à Éva

Si ton cœur gémissant du poids de notre vie
Se traîne et se débat comme un aigle blessé,
Portant comme le mien, sur son aile asservie,
5 Tout un monde fatal, écrasant et glacé ;
S'il ne bat qu'en saignant par sa plaie immortelle,
S'il ne voit plus l'amour, son étoile fidèle,
Éclairer pour lui seul l'horizon effacé ;

Si ton âme enchaînée, ainsi que l'est mon âme,
10 Lasse de son boulet et de son pain amer,
Sur sa galère en deuil laisse tomber la rame,
Penche sa tête pâle et pleure sur la mer,
Et, cherchant dans les flots une route inconnue,
Y voit, en frissonnant, sur son épaule nue
15 La lettre sociale[1] écrite avec le fer ;

Si ton corps frémissant des passions secrètes
S'indigne des regards, timide et palpitant,
S'il cherche à sa beauté de profondes retraites
Pour la mieux dérober au profane insultant ;
20 Si ta lèvre se sèche au poison des mensonges,
Si ton beau front rougit de passer dans les songes
D'un impur inconnu qui te voit et t'entend,

Pars courageusement, laisse toutes les villes,
Ne ternis plus tes pieds aux poudres du chemin,
25 Du haut de nos pensers vois les cités serviles
Comme les rocs fatals de l'esclavage humain.
Les grands bois et les champs sont de vastes asiles,
Libres comme la mer autour des sombres îles.
Marche à travers les champs une fleur à la main.

Alfred de Vigny, *Les destinées,* extrait de « La maison du berger », 1844.

---

1. Allusion à la lettre « A » marquée sur l'épaule de quiconque était jugé coupable d'adultère.

Atelier d'analyse

Exploration

1. Analysez comment se développe le thème du mal du siècle dans les deux premières strophes.
    a. Quels sont les termes associés à la lourdeur de l'existence ?
    b. Quelles sont les figures de style qui illustrent les blessures de la vie ?
    c. Comment le lexique contribue-t-il à un effet de désolation ?

2. Montrez le pessimisme du regard que porte Vigny sur la société dans la troisième strophe.

3. Donnez une ou deux preuves à l'appui des interprétations suivantes de la dernière strophe.
    a. Le poète oppose la vie citadine à la vie campagnarde.
    b. Le poète fait l'éloge de la liberté.
    c. Le poète fait l'éloge de la fuite.

Rédaction

4. Montrez que ce poème traduit un malaise existentiel qu'on peut assimiler au « mal du siècle ».

LE THÉÂTRE

Quelle forme prend-il sous la plume des romantiques ?

Au théâtre, les écrivains romantiques privilégient une forme, celle du drame, qui s'éloigne toutefois de la conception qu'on en avait au siècle des Lumières, alors que ce type de pièce devait servir expressément la représentation du milieu bourgeois. En fait, comme le définit Hugo, le drame doit plaire à tous les publics ; il doit émouvoir le spectateur, l'instruire et le divertir. Toutes les tonalités sont conviées sur scène pour se faire concurrence, comme dans la vie. Prenant appui sur le théâtre de Shakespeare, Victor Hugo suggère que les scènes comiques allègent les moments tragiques, que des personnages de bas étage se mêlent à des personnages nobles. Il s'en explique en ces termes :

> *Les femmes ont raison de vouloir être émues, les penseurs ont raison de vouloir être enseignés, la foule n'a pas tort de vouloir être amusée. De cette évidence se déduit la loi du drame. En effet, au-delà de cette barrière de feu qu'on appelle la rampe du théâtre, et qui sépare le monde réel du monde idéal, créer et faire vivre, dans les conditions combinées de l'art et de la nature, des caractères, c'est-à-dire, et nous le répétons, des hommes ; dans ces hommes, dans ces caractères, jeter des passions qui développent ceux-ci et modifient ceux-là ; et enfin, du choc de ces caractères et de ces passions avec les grandes lois providentielles, faire sortir de la vie humaine, c'est-à-dire des événements grands, petits, douloureux, comiques, terribles, qui contiennent pour le cœur ce plaisir qu'on appelle l'intérêt, et pour l'esprit cette leçon qu'on appelle la morale : tel est le but du drame. On le voit, le drame tient de la tragédie par la peinture des passions, et de la comédie par la peinture des caractères.* (Ruy Blas, extrait de la préface, 1838)

Le drame romantique renoue donc avec certaines caractéristiques du courant baroque, favorisant le mélange des genres tout autant que l'alliance des groupes sociaux et encourageant la fusion du grotesque et du sublime. Contre la sobriété de la mise en scène classique, il affirme son sens du spectacle en recourant aux costumes fastueux, aux décors éblouissants. Les scènes de groupe sont nombreuses ; les comédiens ne ménagent pas leurs déplacements ni leur expressivité. Ne se voulant surtout pas élitistes, les romantiques font le pari d'un théâtre de qualité, mais accessible au peuple, c'est-à-dire à la fois littéraire et populaire.

Les caractéristiques du drame

L'histoire

Les drames romantiques français sont historiques : ils se situent donc dans une période antérieure au XIXe siècle. Ils répondent aussi à des préoccupations politiques, puisque le passé sert à interroger le présent : les ressemblances sont fréquentes entre la situation historique choisie et ce qui se passe en France au XIXe siècle. Les drames illustrent généralement le goût du pittoresque, étant donné qu'ils se situent aussi en un autre pays que la France. Ils illustrent donc les manières de vivre et de penser de pays étrangers ou d'époques révolues (par exemple *Hernani*, de Hugo se passe en 1519 en Espagne ; *Lorenzaccio*, de Musset, à Florence, en Italie au XVIe siècle).

Les héros, généralement jeunes, sont des êtres ambigus, en quête d'idéal, mais souvent portés vers les machinations peu honnêtes, comme Ruy Blas ou Lorenzaccio (on parlera dans ce cas du dualisme de leur personnalité). Les personnages féminins sont le plus souvent idéalisés. La quête du sublime, le désir d'élévation pour échapper à une condition sociale inférieure ou à un mal de vivre sont des thèmes récurrents.

La structure

Séparés en actes et en scènes, les drames romantiques ne respectent pas la règle des unités de temps et de lieu ; ils sont susceptibles de se charger d'anecdotes secondaires qui brisent l'unité d'action. Les didascalies laissent entrevoir des mises en scène fastueuses, à la fois par les costumes et les décors. Pour soutenir l'intérêt du spectateur, on a recours aux bruits, à la musique et aux coups de théâtre, toujours dans une perspective de « spectacle total ».

Au contraire des classiques, les romantiques ne renoncent pas à représenter la violence sur scène, car on se suicide et on assassine beaucoup dans le drame romantique, tout cela dans le but de toucher le spectateur, même de le faire pleurer, sans toutefois renoncer à le faire réfléchir. Les pièces de Hugo illustrent cette conception. D'autres insisteront sur le caractère pathétique, pouvant même aller jusqu'au mélodrame.

La thématique

Les pièces servent une finalité morale, mais sans renier la complexité de la vie : les héros sont des êtres paradoxaux, déchirés entre leur cynisme ou leur lâcheté et leur soif de pureté.

Le style

Victor Hugo favorise l'écriture versifiée pour ses propres pièces. Chez les autres écrivains comme Alfred de Musset, Alexandre Dumas ou Alfred de Vigny, le drame sera indifféremment composé en vers ou en prose.

Les caractéristiques du drame romantique

Histoire	**Personnages** • Héros jeunes, souvent prisonniers d'un dualisme inscrit dans leur personnalité : en quête de sublime ou voulant se distinguer par leur héroïsme, ils sont acculés à la trahison ou à la bassesse. • Personnages secondaires nombreux et scènes de groupes fréquentes, ce qui contribue à la théâtralité (effet spectaculaire). • Les personnages féminins représentent généralement un idéal de pureté. **Intrigue** • Contextes historiques, où l'action, située dans le passé, fournit des explications sur ce qui se passe en France à l'époque romantique. • Espace et temps fictifs : pour illustrer le goût du pittoresque, le cadre fictif sera souvent celui de pays étrangers ou d'une époque révolue. Par exemple, *Hernani*, la pièce de Victor Hugo, est située en Espagne, en 1519 ; celle de Musset, *Lorenzaccio*, à Florence, également au XVIe siècle.
Structure	• Pièce séparée en actes et en scènes, mais qui ne respecte plus la règle classique des trois unités. L'intrigue se charge d'anecdotes secondaires et on met en scène les suicides, les meurtres, les longues agonies (on ne se contente pas de les rapporter comme dans la tragédie). • Les didascalies laissent entrevoir des mises en scène fastueuses, loin de la sobriété et du statisme des tragédies classiques, avec bruits, musique, décor et accessoires. • Mélange de comique et de tragique.
Thématique	• Centrée davantage sur les émotions que sur les idées et la raison. • Quête de l'idéal et désir d'élévation ; malaise existentiel (« le mal du siècle »).
Style et procédés d'écriture	• Composé en vers ou en prose. • Accent mis sur le caractère émouvant de la représentation. • Effets de contraste marqués. • Goût pour les rapprochements antithétiques (procédés d'antithèse et d'oxymore). • Tonalités souvent pathétiques, dénouements pessimistes.

Le tigre et le lion

Même chambre. C'est la nuit. Une lampe est posée sur la table. Au lever du rideau, Ruy Blas est seul. Une sorte de longue robe noire cache ses vêtements.

SCÈNE PREMIÈRE. Ruy Blas, *seul.*

C'est fini. Rêve éteint! Visions disparues!
5 Jusqu'au soir au hasard j'ai marché dans les rues.
J'espère en ce moment. Je suis calme. La nuit,
On pense mieux. La tête est moins pleine de bruit.
Rien de trop effrayant sur ces murailles noires;
Les meubles sont rangés, les clefs sont aux armoires.
10 Les muets sont là-haut qui dorment. La maison
Est vraiment bien tranquille. Oh! oui, pas de raison
D'alarme. Tout va bien. Mon page est très fidèle.
Don Guritan est sûr alors qu'il s'agit d'elle.
Ô mon Dieu! n'est-ce pas que je puis vous bénir,
15 Que vous avez laissé l'avis lui parvenir.
Que vous m'avez aidé, vous, Dieu bon, vous, Dieu juste,
À protéger cet ange, à déjouer Salluste,
Qu'elle n'a rien à craindre, hélas! rien à souffrir,
Et qu'elle est bien sauvée, – et que je puis mourir?

20 *Il tire de sa poitrine une petite fiole qu'il pose sur la table.*

Oui, meurs maintenant, lâche! et tombe dans l'abîme!
Meurs comme on doit mourir quand on expie un crime!
Meurs dans cette maison, vil, misérable et seul!

Il écarte sa robe noire sous laquelle on entrevoit la livrée qu'il portait au premier acte.

25 – Meurs avec ta livrée enfin sous ton linceul!
– Dieu! si ce démon vient voir sa victime morte,

Il pousse un meuble de façon à barricader la porte secrète.

Qu'il n'entre pas du moins par cette horrible porte!

Il revient vers la table.

30 – Oh! Le page a trouvé Guritan, c'est certain,
Il n'était pas encor huit heures du matin.

Il fixe son regard sur la fiole.

– Pour moi, j'ai prononcé mon arrêt, et j'apprête
Mon supplice, et je vais moi-même sur ma tête
35 Faire choir du tombeau le couvercle pesant.
J'ai du moins le plaisir de penser qu'à présent
Personne n'y peut rien. Ma chute est sans remède!

S'asseyant sur le fauteuil.

Elle m'aimait pourtant! – Que Dieu me soit en aide!
40 Je n'ai pas de courage!

Il pleure.

Oh! l'on aurait bien dû
Nous laisser en paix!

Victor Hugo (1802-1885)

Le héros romantique

Théoricien du romantisme, Hugo invite à considérer le grotesque, entendu ici dans le sens d'une représentation de la culture populaire, comme un complément du sublime que les écrivains classiques associaient jusque-là aux personnages princiers uniquement. Le drame doit dépeindre l'homme dans sa totalité, et prendre en compte sa raison, ses émotions et sa morale. Pour mieux affronter les tenants du classicisme, Hugo organise, au moment de la présentation d'*Hernani,* une première retentissante en convoquant tous ses amis, qui forment un attroupement à la fois excentrique et exubérant. Cet événement, par son éclat, contribue à la reconnaissance du romantisme en France, tout en confirmant l'autorité de Hugo sur le groupe.

Dans *Ruy Blas,* Hugo crée un héros tourmenté. Dans la scène I de l'acte V, celui-ci est acculé au suicide après avoir été manipulé et trahi par Don Salluste, son rival fourbe et tyrannique. La reine sait désormais que Ruy Blas a usurpé une identité, qu'il s'est fait passer pour noble afin de se rapprocher d'elle, alors qu'il n'est que laquais (c'est-à-dire un simple domestique).

Il cache sa tête dans ses mains et pleure à sanglots.

45 Dieu !

Relevant la tête comme égaré, regardant la fiole.

L'homme, qui m'a vendu
Ceci me demandait quel jour du mois nous sommes.
Je ne sais pas. J'ai mal dans la tête. Les hommes
50 Sont méchants. Vous mourez, personne ne s'émeut.
Je souffre ! – Elle m'aimait ! – Et dire qu'on ne peut
Jamais rien ressaisir d'une chose passée ! –
Je ne la verrai plus ! – Sa main que j'ai pressée,
Sa bouche qui toucha mon front... – Ange adoré !
55 Pauvre ange ! – Il faut mourir, mourir désespéré !
Sa robe où tous les plis contenaient de la grâce,
Son pied qui fait trembler mon âme quand il passe,
Son œil où s'enivraient mes yeux irrésolus,
Son sourire, sa voix... – Je ne la verrai plus !
60 Je ne l'entendrai plus ! – Enfin c'est donc possible ?
Jamais !

Il avance avec angoisse sa main vers la fiole ; au moment où il la saisit convulsivement, la porte du fond s'ouvre. La reine paraît, vêtue de blanc, avec une mante de couleur sombre, dont le capuchon, rejeté sur ses épaules, laisse voir sa tête pâle. Elle tient une lanterne sourde à la
65 *main, elle la pose à terre, et marche rapidement vers Ruy Blas.*

Victor Hugo, *Ruy Blas,* Acte V, scène I, 1838.

Atelier d'analyse

Exploration

1. Montrez qu'il se trouve, dans la didascalie de départ ainsi que dans le premier vers de l'extrait, des éléments qui permettent d'appréhender la suite des événements.

2. Expliquez en quoi l'atmosphère installée dans les 15 premiers vers contraste avec l'état émotif de Ruy Blas.

3. Comment cet extrait nous renseigne-t-il sur les aspects suivants ?
   a. La relation de Ruy Blas avec la reine.
   b. La situation sociale de Ruy Blas, son caractère, ses croyances.

4. Quels procédés stylistiques Victor Hugo emploie-t-il pour faire ressentir au spectateur que la mort menace le héros ?

5. Pourquoi peut-on dire que l'intrigue tourne au mélodrame ?

6. Expliquez comment le trouble émotif de Ruy Blas transparaît dans le texte. Considérez à la fois la ponctuation et la versification (coupes, rejets, enjambements et autres procédés).

7. Pourquoi peut-on dire que cette intrigue, qui tourne autour d'un laquais aspirant à la grandeur, a des liens avec le contexte sociohistorique de l'époque ?

Rédaction

8. Analysez le caractère romantique des personnages, de l'intrigue et de la thématique dans cet extrait.

9. Expliquez en deux paragraphes bien structurés, avec exemples et citations à l'appui, comment se conjuguent amour et mort dans cet extrait.

Suis-je un Satan ?

PHILIPPE. Ta tristesse me fend le cœur.

LORENZO. C'est parce que je vous vois tel que j'ai été, et sur le point de faire ce que j'ai fait, que je vous parle ainsi. Je ne méprise point les hommes ; le tort des livres et des historiens est de nous les montrer différents de ce qu'ils sont. La vie est comme une cité ; on peut y rester cinquante ou soixante ans sans voir autre chose que des promenades et des palais ; mais il ne faut pas entrer dans les tripots, ni s'arrêter, en rentrant chez soi, aux fenêtres des mauvais quartiers. Voilà mon avis, Philippe ; s'il s'agit de sauver tes enfants, je te dis de rester tranquille ; c'est le meilleur moyen pour qu'on te les renvoie après une petite semonce. S'il s'agit de tenter quelque chose pour les hommes, je te conseille de te couper les bras, car tu ne seras pas longtemps à t'apercevoir qu'il n'y a que toi qui en aies.

PHILIPPE. Je conçois que le rôle que tu joues t'ait donné de pareilles idées. Si je te comprends bien, tu as pris, dans un but sublime, une route hideuse, et tu crois que tout ressemble à ce que tu as vu.

LORENZO. Je me suis réveillé de mes rêves, rien de plus. Je te dis le danger d'en faire. Je connais la vie, et c'est une vilaine cuisine, sois-en persuadé. Ne mets pas la main là-dedans, si tu respectes quelque chose.

PHILIPPE. Arrête ; ne brise pas comme un roseau mon bâton de vieillesse. Je crois à tout ce que tu appelles des rêves ; je crois à la vertu, à la pudeur et à la liberté.

LORENZO. Et me voilà dans la rue, moi, Lorenzaccio ? et les enfants ne me jettent pas de la boue ? Les lits des filles sont encore chauds de ma sueur, et les pères ne prennent pas, quand je passe, leurs couteaux et leurs balais pour m'assommer ! Au fond de ces dix mille maisons que voilà, la septième génération parlera encore de la nuit où j'y suis entré, et pas une ne vomit à ma vue un valet de charrue qui me fende en deux comme une bûche pourrie ? L'air que vous respirez, Philippe, je le respire ; mon manteau de soie bariolé traîne paresseusement sur le sable fin des promenades ; pas une goutte de poison ne tombe dans mon chocolat ; que dis-je ? ô Philippe ! les mères pauvres soulèvent honteusement le voile de leurs filles quand je m'arrête au seuil de leurs portes ; elles me laissent voir leur beauté avec un sourire plus vil que le baiser de Judas, tandis que moi, pinçant le menton de la petite, je serre les poings de rage en remuant dans ma poche quatre ou cinq méchantes pièces d'or.

PHILIPPE. Que le tentateur ne méprise pas le faible ; pourquoi tenter, lorsque l'on doute ?

LORENZO. Suis-je un Satan ? Lumière du ciel ! je m'en souviens encore ; j'aurais pleuré avec la première fille que j'ai séduite, si elle ne s'était mise à rire. Quand j'ai commencé à jouer mon rôle de Brutus moderne, je marchais dans mes habits neufs de la grande confrérie du vice comme un enfant de dix ans dans l'armure d'un géant de la fable. Je croyais que la corruption était un stigmate, et que les monstres seuls le portaient au front. J'avais commencé à dire tout haut que mes vingt années de vertu étaient un masque étouffant ; ô Philippe ! j'entrai alors dans la vie, et je vis qu'à mon approche tout le monde en faisait autant que moi ; tous les masques tombaient devant mon regard ; l'humanité souleva sa robe et me montra, comme à un adepte digne d'elle, sa monstrueuse nudité. J'ai vu les hommes tels qu'ils sont, et je me suis dit : Pour qui est-ce donc que je travaille ? Lorsque je parcourais les rues de Florence, avec mon fantôme à mes côtés, je regardais autour de moi, je cherchais les visages qui me donnaient du cœur, et me demandais : Quand j'aurai fait mon coup, celui-là en profitera-t-il ? J'ai vu les républicains dans leurs cabinets ; je suis entré dans les

Alfred de Musset (1810-1857)

La thématique du désenchantement

L'œuvre de Musset s'inscrit pleinement dans le mouvement romantique. À caractère autobiographique, elle traduit parfaitement le malaise existentiel de toute une génération. Les personnages de Musset reflètent au théâtre l'ambivalence du caractère de l'écrivain : brillants, mais émotivement instables, ils sont freinés dans leur quête de pureté par leur nonchalance ou par leur profond cynisme.

Lorenzaccio, long drame historique, puise son inspiration dans l'histoire de Florence, la ville italienne. L'action se situe en 1537, donc au moment de la Renaissance. Le héros, Lorenzo de Médicis, veut libérer sa patrie du joug de son oncle, Alexandre de Médicis. Il conçoit de le tuer. Cherchant d'abord à gagner sa confiance pour mieux réaliser son dessein, Lorenzo se laisse entraîner dans la débauche par cet oncle. Cependant, pris à son propre jeu, il est gagné par la désillusion. Dans cet extrait, il se confie à Philippe Strozzi qui, lui, a gardé ses idéaux intacts.

boutiques, j'ai écouté et j'ai guetté. J'ai recueilli les discours des gens du peuple ; j'ai vu l'effet que produisait sur eux la tyrannie ; j'ai bu dans les banquets patriotiques le
50 vin qui engendre la métaphore et la prosopopée ; j'ai avalé entre deux baisers les larmes les plus vertueuses ; j'attendais toujours que l'humanité me laissât voir sur sa face quelque chose d'honnête. J'observais comme un amant observe sa fiancée en attendant le jour des noces.

PHILIPPE. Si tu n'as vu que le mal, je te plains, mais je ne puis te croire. Le mal existe,
55 mais non pas sans le bien ; comme l'ombre existe, mais non sans la lumière.

Alfred de Musset, *Lorenzaccio*, Acte III, scène III, 1834.

Atelier d'analyse

Exploration

1. Pour vous aider à comprendre le texte :
   a. Cherchez la définition de mots comme « stigmate », « prosopopée », etc., et assurez-vous de connaître le sens d'autres mots comme « tyrannie », qui sont nécessaires à la compréhension du texte.
   b. Faites un bref résumé de l'extrait.

2. « La vie est comme une cité. » Analysez les implications de cette phrase en répondant aux questions suivantes.
   a. Quelle est la figure de style employée ici ? En retrouve-t-on d'autres exemples dans le texte ?
   b. Des deux personnages mis en présence, lequel semble préférer la promenade des palais et lequel a bifurqué vers les tripots (lieux de mauvaise vie) ?
   c. Peut-on dire que cette phrase éclaire l'organisation du texte ?

3. Relevez les antithèses et expliquez en quoi cette figure de style est constitutive de la signification de l'extrait.

4. Analysez le personnage de Lorenzo en répondant aux questions suivantes.
   a. Quelles allusions suggèrent que Lorenzo a déjà été idéaliste et rêveur ?
   b. Montrez que les répliques de Lorenzo révèlent sa fréquentation du vice et de la corruption.
   c. Quelle phrase traduit le profond dualisme dans la personnalité de Lorenzo ?
   d. Selon vous, se peut-il que Lorenzo cherche ici à se déculpabiliser en rendant les autres responsables de son attrait pour le vice ?

5. Analysez le personnage de Philippe en répondant aux questions suivantes.
   a. Quelle réplique permet de voir ce personnage comme l'incarnation de l'idéal ?
   b. Par quelle phrase Philippe invite-t-il Lorenzo à se méfier de ses perceptions ?
   c. Philippe peut être perçu comme un double de Lorenzo : quelle phrase rend cette interprétation possible ?
   d. Est-il vrai que ce personnage a, comme Lorenzo, une vision purement antithétique du monde, sans zone grise intermédiaire ?

6. Expliquez en quoi la tonalité de cet extrait est manifestement pessimiste.

7. Peut-on dire que le texte est tributaire d'une morale héritée de la religion ?

Rédaction

8. Montrez que ces personnages incarnent des visions antithétiques de la société.

9. Montrez que ces deux personnages représentent deux facettes du héros romantique : d'un côté, la désillusion attribuée au mal du siècle et de l'autre, l'idéalisme.

L'aveu

Cyrano
Oui, ma vie
Ce fut d'être celui qui souffle — et qu'on oublie !
À Roxane.
5 Vous souvient-il du soir où Christian vous parla
Sous le balcon ? Eh bien ! toute ma vie est là :
Pendant que je restais en bas, dans l'ombre noire,
D'autres montaient cueillir le baiser de la gloire !
C'est justice, et j'approuve au seuil de mon tombeau :
10 Molière a du génie et Christian était beau !
À ce moment, la cloche de la chapelle ayant tinté, on voit tout au fond, dans l'allée, les religieuses se rendant à l'office.
Qu'elles aillent prier puisque leur cloche sonne !

Roxane, *se relevant pour appeler.*
15 Ma sœur ! ma sœur !

Cyrano, *la retenant.*
Non ! non ! n'allez chercher personne !
Quand vous reviendriez, je ne serais plus là.
Les religieuses sont entrées dans la chapelle, on entend l'orgue.
20 Il me manquait un peu d'harmonie... en voilà.

Roxane
Je vous aime, vivez !

Cyrano
Non ! car c'est dans le conte
25 Que lorsqu'on dit : Je t'aime ! au prince plein de honte,
Il sent sa laideur fondre à ces mots de soleil...
Mais tu t'apercevrais que je reste pareil.

Roxane
J'ai fait votre malheur ! moi ! moi !

30 **Cyrano**
Vous ?... au contraire !
J'ignorais la douceur féminine. Ma mère
Ne m'a pas trouvé beau. Je n'ai pas eu de sœur.
Plus tard, j'ai redouté l'amante à l'œil moqueur.
35 Je vous dois d'avoir eu, tout au moins, une amie.
Grâce à vous une robe a passé dans ma vie.

Le Bret, *lui montrant le clair de lune qui descend à travers les branches.*
Ton autre amie est là, qui vient te voir.

Cyrano, *souriant à la lune.*
40 Je vois.

Roxane
Je n'aimais qu'un seul être et je le perds deux fois !

Cyrano
Le Bret, je vais monter dans la lune opaline,
45 Sans qu'il faille inventer, aujourd'hui, de machine.

Edmond Rostand (1868-1918)

Les deux thèmes frères : l'amour et la mort

Né dans une famille cultivée, Edmond Rostand est un homme à la santé fragile qui entretient un style précieux jusque dans son habillement. Alors que le romantisme s'est éclipsé en France, sa comédie héroïque *Cyrano de Bergerac* est acclamée dès sa première représentation en 1897 et laisse croire à une renaissance du courant. Plusieurs raisons expliquent ce succès : l'intrigue est enlevante et le héros a du panache, ce qui contraste avec les personnages accablés de pessimisme de la littérature naturaliste qui domine à cette époque en France. La flamboyance de l'écriture rivalise avec la bravoure spectaculaire de Cyrano. Plusieurs scènes tirent les larmes, rapprochant la pièce du mélodrame.

L'extrait présente la scène finale de la pièce. Cyrano, le héros dévisagé par un long nez, est à l'article de la mort. Il révèle à Roxane, sa bien-aimée, les dessous d'une supercherie qui a autrefois permis à Christian, bel homme un peu fat, de la conquérir : Cyrano lui a prêté son éloquence pour l'aider à mieux lui faire la cour.

ROXANE
Que dites-vous ?

CYRANO
Mais oui, c'est là, je vous le dis,
Que l'on va m'envoyer faire mon paradis.
Plus d'une âme que j'aime y doit être exilée,
Et je retrouverai Socrate et Galilée !

LE BRET, *se révoltant.*
Non ! non ! C'est trop stupide à la fin, et c'est trop
Injuste ! Un tel poète ! Un cœur si grand, si haut !
Mourir ainsi !... Mourir !...

CYRANO
Voilà Le Bret qui grogne !

LE BRET, *fondant en larmes.*
Mon cher ami...

CYRANO, *se soulevant, l'œil égaré.*
Ce sont les cadets de Gascogne...
La masse élémentaire... Eh oui !... voilà le *hic*...

LE BRET
Sa science... dans son délire !

CYRANO
Copernic
A dit...

ROXANE
Oh !

CYRANO
Mais aussi que diable allait-il faire,
Mais que diable allait-il faire en cette galère ?...
Philosophe, physicien,
Rimeur, bretteur, musicien,
Et voyageur aérien,
Grand riposteur du tac au tac,
Amant aussi — pas pour son bien ! —
Ci-gît Hercule-Savinien
De Cyrano de Bergerac
Qui fut tout, et qui ne fut rien.
... Mais je m'en vais, pardon, je ne peux plus attendre :
Vous voyez, le rayon de lune vient me prendre !
*Il est retombé assis, les pleurs de Roxane le rappellent à la réalité,
il la regarde, et caressant ses voiles :*
Je ne veux pas que vous pleuriez moins ce charmant,
Ce bon, ce beau Christian, mais je veux seulement,
Que lorsque le grand froid aura pris mes vertèbres,
Vous donniez un sens double à ces voiles funèbres,
Et que son deuil sur vous devienne un peu mon deuil.

ROXANE
Je vous jure !...

CYRANO, *est secoué d'un grand frisson et se lève brusquement.*
95 Pas là! non! pas dans ce fauteuil!
On veut s'élancer vers lui.
Ne me soutenez pas! Personne!
Il va s'adosser à l'arbre.
Rien que l'arbre!
100 *Silence.*
Elle vient. Je me sens déjà botté de marbre,
Ganté de plomb!
Il se raidit.
Oh! mais!... puisqu'elle est en chemin,
105 Je l'attendrai debout,
Il tire l'épée.
Et l'épée à la main!

Edmond Rostand, *Cyrano de Bergerac*, Acte V, scène VI, 1897.

Guy Nadon (Cyrano), Michel Bérubé (Christian) et Sophie Prégent (Roxanne) dans *Cyrano*, mis en scène par Alice Ronfard au Théâtre du Nouveau Monde en 1996.

Atelier d'analyse

Exploration

1. Résumez le dénouement de la pièce en quelques phrases.

2. Analysez le personnage de Cyrano en répondant aux questions suivantes.
   a. Expliquez le rôle qu'a joué Cyrano auprès de Roxane.
   b. Quels passages montrent que Cyrano a toujours été prisonnier de sa laideur?
   c. Quels passages rappellent au lecteur que Cyrano a déjà été philosophe et physicien; poète; courageux mousquetaire?
   d. Relevez les vers qui trahissent l'impuissance de Cyrano à être aimé et peut-être même à aimer.
   e. Résumez en vos mots la personnalité de Cyrano.

3. Analysez les personnages secondaires en répondant aux questions suivantes.
   a. Peut-on dire que Roxane contribue à donner un caractère pathétique à la scène?
   b. Pourquoi peut-on dire que tout dans cette scène indique que Roxane est réduite à la passivité?
   c. Peut-on dire qu'ici, Le Bret sert uniquement de faire-valoir?

4. La Lune joue le rôle d'un symbole polyvalent. Justifiez cette affirmation.

5. Montrez que la mort est en quelque sorte le quatrième personnage de cette scène.

Rédaction

6. Montrez que l'amour se conjugue avec la mort dans ce dénouement où domine la tonalité pathétique.

LA PROSE

Comment se transforment l'essai et le récit sous l'influence des romantiques ?

L'écrivain romantique cherche à toucher son lecteur non plus par la raison, comme aux siècles précédents, mais par les sentiments. L'émotion transparaît donc partout, en particulier dans le choix des mots et dans l'agencement des phrases. La prose romantique se reconnaît à ses qualités stylistiques : son mouvement est contrasté, son discours passe facilement de l'affirmation à l'exclamation ; les niveaux de langue sont variés, allant de l'argot à la langue soutenue ; enfin, le recours aux mots étrangers ajoute une touche de pittoresque au style. Ces caractéristiques s'appliquent à la fois au récit et à l'essai.

Le roman historique

L'intrigue du roman historique se situe dans une période antérieure qui peut aller du Moyen Âge jusqu'au XVIIIe siècle ; contrairement au drame, le cadre est ici plus souvent celui de la France. Les personnages imaginaires côtoient les personnages tirés de l'histoire réelle, et ces derniers sont souvent transformés pour répondre aux besoins de l'intrigue ; ils peuvent avoir des traits de caractère inventés de toutes pièces par le romancier. Les lieux sont décrits avec minutie, contribuant à la fois à l'effet d'authenticité et au pittoresque du récit. Le romancier peut aussi poursuivre une visée didactique : il peut souhaiter éclairer le sens de l'Histoire officielle ou vouloir répondre à des interrogations permettant de considérer l'actualité dans une optique inédite.

Par ailleurs, le roman historique a d'abord généralement été publié sous forme de feuilleton dans les journaux. Pour contribuer à augmenter le tirage du journal où il paraissait, le feuilleton devait répondre aux goûts du public. Le mode de narration est donc omniscient, car cela rend possible une organisation simplifiée du récit. Les héros se distinguent par une destinée singulière. L'intrigue est à multiples rebondissements, illustrant l'imagination débordante de ces écrivains.

En évoluant, probablement entre autres sous l'influence des romanciers réalistes qui commencent à remplacer les écrivains romantiques dans la faveur populaire, le roman historique va finalement se déplacer dans le temps pour se rapprocher de l'époque contemporaine. Le plaidoyer social deviendra alors plus virulent, comme c'est le cas dans le roman *Les misérables* de Victor Hugo.

Le récit autobiographique

Il doit sa naissance à Jean-Jacques Rousseau et sa popularité à Chateaubriand. Il importe toutefois de distinguer l'essai autobiographique tel qu'il est pratiqué par le philosophe des Lumières et le récit autobiographique qu'affectionne le second. Dans l'autobiographie à proprement parler, l'écrivain est tenu au pacte d'authenticité. Dans le récit, la fiction brouille les frontières entre faits réels et imaginaires. L'écrivain peut même déguiser son identité tout autant que celle des gens de son entourage. Le protagoniste, *alter ego* de l'auteur, raconte sa propre histoire et, ce faisant, il s'abandonne à ses émotions.

À l'époque du romantisme, le ton est généralement sombre et pessimiste, s'accordant à l'expression du mal du siècle, ce sentiment indéfinissable d'impuissance qui mène le héros à la mélancolie. La prose possède ici plusieurs des caractéristiques de la poésie par l'usage tout personnel des figures de style et par la musicalité de la phrase : on parlera d'ailleurs dans ce cas de prose poétique.

Le récit fantastique

Il illustre une tendance au surnaturel qui s'est manifestée aux lendemains de la Révolution, alors que l'imagination était encore toute peuplée des scènes d'épouvante de la Terreur : exécutions incessantes sur la place de la Révolution, supplices infligés aux prisonniers, etc. On parlera alors de « romantisme noir ». S'inspirant des contes de l'écrivain allemand Hoffmann, des auteurs comme Charles Nodier, Gérard de Nerval ou Théophile Gautier couchent sur papier des événements inexplicables qui ont souvent lieu la nuit, lorsque rêve et réalité se confondent. D'autres auteurs subissent cette influence, parmi lesquels Alexandre Dumas, qui semble vouloir rendre hommage à Hoffmann lui-même en faisant de lui le protagoniste d'une histoire ayant pour cadre la Révolution dans *La femme au collier de velours*. Ces récits semblent trahir les troubles de la personnalité, le refoulement sexuel ou la perte d'identité des héros à un moment de l'histoire particulièrement dramatique.

L'essai romantique

Les écrivains romantiques s'intéressent de près aux domaines politique et social, mais ils ouvrent aussi la voie à un champ jusqu'alors peu exploré, la réflexion d'ordre esthétique, dans laquelle excellera un critique comme Sainte-Beuve.

Par ailleurs, suivant les traces de Jean-Jacques Rousseau au siècle précédent, François René de Chateaubriand, cet autre grand écrivain romantique, se met en quête de la pureté originelle et entretient le mythe du « bon sauvage ».

Enfin, Hugo théorise sur les genres littéraires dans ses essais, en arrivant progressivement à établir la doctrine du romantisme en France. Il se sert aussi de l'essai pour prendre position et secouer les mentalités afin de faire avancer des causes qui lui tiennent à cœur comme l'abolition de la peine de mort.

Les caractéristiques du roman historique

Histoire	**Intrigue** • Faits fictifs conférant un caractère mythique à l'époque représentée (p. ex. le Moyen Âge pour *Notre-Dame de Paris* et la Révolution pour *Quatre-vingt-treize* chez Victor Hugo). **Personnages** • Personnages imaginaires dont la façon d'agir et de penser est fidèle à la mentalité de l'époque représentée. • Les personnages fictifs se mêlent à des personnages réels. Pour ces derniers, l'écrivain se soucie de ne pas trop s'éloigner de la vérité historique.
Narration	**Qui raconte l'histoire ?** • Le narrateur n'est pas représenté dans le texte. • Il raconte une histoire à la troisième personne. **De quel point de vue la scène est-elle observée ?** • L'auteur adopte tour à tour le regard de différents personnages afin de faire connaître leur condition sociale qui varie selon l'origine, le sexe ou l'âge. • Le narrateur adopte fréquemment le point de vue omniscient, notamment pour donner vie à des scènes de groupe.
Thématique	• Orientation sociale : la guerre, la révolte, le pouvoir et la connaissance. • L'amour : permet de pénétrer la vie privée, d'illustrer le mode de vie des gens. • Opposition entre le bien et le mal, vision morale de l'Histoire.
Style et procédés d'écriture	• Tonalités épique et didactique. • Réseaux à la fois antithétiques et métaphoriques mettant en opposition le bien et le mal.

Les caractéristiques du récit autobiographique

Histoire	**Intrigue** • Faits vécus racontés sur le ton de la confidence. **Personnage** • Le narrateur est un double fictif de l'auteur. Ce dernier prend des libertés par rapport à sa propre histoire, il a recours à la mémoire et à l'imagination pour créer son récit.
Narration	**Qui raconte l'histoire ?** • Le narrateur est représenté, il s'agit du personnage principal. • Il raconte son histoire à la première personne. **De quel point de vue la scène est-elle observée ?** • La focalisation est interne ; elle donne au récit une tonalité souvent poétique qui s'accorde avec le caractère introspectif du texte.
Thématique	• Thèmes reliés à la vie intérieure : vulnérabilité individuelle, quête de sens à la vie, angoisse existentielle, déception amoureuse, vague culpabilité.
Style et procédés d'écriture	• Tonalité poétique : nombreuses marques du locuteur ; importance de la modalisation, c'est-à-dire d'un lexique exprimant l'affectif et l'émotion.

Les caractéristiques du récit fantastique

Histoire	**Intrigue**	
	• Des événements surnaturels se produisent et brisent la sensation de sécurité que donne la routine du quotidien.	
	• L'action se situe souvent la nuit (temps de l'obscurité, de l'onirisme et du fantasme).	
	• Les lieux de l'action sont souvent singuliers (châteaux à décoration surchargée, architecture gothique) ou compliqués (dédales, labyrinthes, etc.).	
	Personnages	
	• Le héros, dont l'équilibre mental est fragile, peut être victime d'hallucinations ou confondre le rêve et la réalité.	
	• Personnages secondaires parfois maléfiques, susceptibles de faire glisser le héros dans l'irrationnel : morts-vivants, vampires, personnages incarnant le diable (empruntés au merveilleux).	
Narration	**Qui raconte l'histoire ?**	
	• Tous les choix de narrateurs sont possibles ; s'il s'agit d'un narrateur identifié au héros, il pousse le lecteur à douter de la réalité.	
	De quel point de vue la scène est-elle observée ?	
	• La focalisation est souvent interne : le lecteur doit pouvoir pénétrer la conscience d'un personnage pour mettre en doute, par son entremise, les principes de rationalité.	
Thématique	• La thématique couvre le réseau des émotions associées à la peur et à la mort.	
	• Le bien, le mal, l'érotisme et la sexualité : le roman fantastique sert souvent à transgresser la morale, à franchir les frontières qui séparent le rêve de la réalité.	
Style et procédés d'écriture	• Variation dans les formulations de phrases et usage d'un lexique particulier, traduisant l'émotion.	
	• Recours à tous les éléments picturaux (couleurs, formes) pour susciter une atmosphère menaçante.	
	• Usage d'hyperboles, de comparaisons, de personnifications et d'autres figures de style pour concrétiser le danger.	

La confidence mélancolique

« Quand le soir était venu, reprenant le chemin de ma retraite, je m'arrêtais sur les ponts, pour voir se coucher le soleil. L'astre, enflammant les vapeurs de la cité, semblait osciller lentement dans un fluide d'or, comme le pendule de l'horloge des siècles. Je me retirais ensuite avec la nuit, à travers un labyrinthe de rues solitaires. En regardant les lumières qui brillaient dans la demeure des hommes, je me transportais par la pensée au milieu des scènes de douleur et de joie qu'elles éclairaient ; et je songeais que sous tant de toits habités, je n'avais pas un ami. Au milieu de mes réflexions, l'heure venait frapper à coups mesurés dans la tour de la cathédrale gothique ; elle allait se répétant sur tous les tons et à toutes les distances d'église en église. Hélas ! Chaque heure dans la société ouvre un tombeau, et fait couler des larmes.

« Cette vie qui m'avait d'abord enchanté, ne tarda pas à me devenir insupportable. Je me fatiguai de la répétition des mêmes scènes et des mêmes idées. Je me mis à sonder mon cœur, à me demander ce que je désirais. Je ne le savais pas ; mais je crus tout à coup que les bois me seraient délicieux. Me voilà soudain résolu d'achever, dans un exil champêtre, une carrière à peine commencée, et dans laquelle j'avais déjà dévoré des siècles.

« J'embrassai ce projet avec l'ardeur que je mets à tous mes desseins ; je partis précipitamment pour m'ensevelir dans une chaumière, comme j'étais parti autrefois pour faire le tour du monde.

« On m'accuse d'avoir des goûts inconstants, de ne pouvoir jouir longtemps de la même chimère, d'être la proie d'une imagination qui se hâte d'arriver au fond de mes plaisirs, comme si elle était accablée de leur durée ; on m'accuse de passer toujours le but que je puis atteindre : hélas ! je cherche seulement un bien inconnu dont l'instinct me poursuit. Est-ce ma faute, si je trouve partout des bornes, si ce qui est fini n'a pour moi aucune valeur ? Cependant je sens que j'aime la monotonie des sentiments de la vie, et si j'avais encore la folie de croire au bonheur, je le chercherais dans l'habitude.

« La solitude absolue, le spectacle de la nature, me plongèrent bientôt dans un état presque impossible à décrire. Sans parents, sans amis, pour ainsi dire seul sur la terre, n'ayant point encore aimé, j'étais accablé d'une surabondance de vie. Quelquefois, je rougissais subitement, et je sentais couler dans mon cœur, comme des ruisseaux d'une lave ardente ; quelquefois je poussais des cris involontaires et la nuit était également troublée de mes songes et de mes veilles. Il me manquait quelque chose pour remplir l'abîme de mon existence : je descendais dans la vallée, je m'élevais sur la montagne, appelant de toute la force de mes désirs l'idéal objet d'une flamme future ; je l'embrassais dans les vents ; je croyais l'entendre dans les gémissements du fleuve ; tout était ce fantôme imaginaire, et les astres dans les cieux, et le principe même de vie dans l'univers.

« Toutefois cet état de calme et de trouble, d'indigence et de richesse, n'était pas sans quelques charmes : un jour je m'étais amusé à effeuiller une branche de saule sur un ruisseau, et à attacher une idée à chaque feuille que le courant entraînait. Un roi qui craint de perdre sa couronne par une révolution subite, ne ressent pas des angoisses plus vives que les miennes, à chaque accident qui menaçait les débris de mon rameau. Ô faiblesse des mortels ! Ô enfance du cœur humain qui ne vieillit jamais ! Voilà donc à quel degré de puérilité notre superbe raison peut descendre ! Et encore est-il vrai que bien des hommes attachent leur destinée à des choses d'aussi peu de valeur que mes feuilles de saule.

François-René de Chateaubriand (1768-1848)

La nostalgie de l'enfance

Illustre précurseur du romantisme, Chateaubriand est issu d'une famille noble qui a souffert de la Révolution, puisqu'un des frères de l'écrivain a été guillotiné. À la fois homme d'imagination et homme d'action, Chateaubriand cherche un exutoire à son ennui de vivre dans les voyages, d'abord en Amérique, puis au Moyen-Orient. D'un côté, il semble entériner les thèses du bon sauvage de son prédécesseur Rousseau et de l'autre, il anticipe le goût de l'exotisme qu'on trouvera chez ses héritiers. Réputé pour le caractère poétique de sa prose, où les images s'enchaînent en des phrases au rythme lancinant, Chateaubriand exerce une influence indélébile sur la littérature de son époque.

L'extrait suivant est tiré de *René*, un récit qu'on pourrait considérer comme autobiographique, puisque son titre renvoie au prénom de l'auteur et l'histoire, à sa jeunesse taciturne. En phase avec son époque, le narrateur est un personnage mélancolique, présent à ses émotions et sensible aux beautés de la nature. L'extrait, comme l'œuvre en entier, baigne dans une tonalité nostalgique qui évoque les paysages nordiques, ceux de la Bretagne, où Chateaubriand a passé son enfance.

« Mais comment exprimer cette foule de sensations fugitives, que j'éprouvais dans mes promenades ? Les sons que rendent les passions dans le vide d'un cœur solitaire ressemblent au murmure que les vents et les eaux font entendre dans le silence d'un désert : on en jouit mais on ne peut les peindre.

« L'automne me surprit au milieu de ces incertitudes : j'entrai avec ravissement dans les mois de tempêtes. Tantôt j'aurais voulu être un de ces guerriers errant au milieu des vents, des nuages et des fantômes, tantôt j'enviais jusqu'au sort du pâtre que je voyais réchauffer mes mains à l'humble feu de broussailles qu'il avait allumé au coin du bois. J'écoutais ces chants mélancoliques, qui me rappelaient que dans tout pays, le chant naturel de l'homme est triste, lors même qu'il exprime le bonheur. Notre cœur est un instrument incomplet, une lyre où il manque des cordes, et où nous sommes forcés de rendre les accents de la joie sur le ton consacré aux soupirs.

« Le jour, je m'égarais sur de grandes bruyères terminées par des forêts. Qu'il fallait peu de choses à ma rêverie ! Une feuille séchée que le vent chassait devant moi, une cabane dont la fumée s'élevait dans la cime dépouillée des arbres. La mousse qui tremblait au souffle du nord sur le tronc d'un chêne, une roche écartée, un étang désert où le jonc flétri murmurait ! Le clocher solitaire s'élevant au loin dans la vallée, a souvent attiré mes regards ; souvent j'ai suivi des yeux les oiseaux de passage qui volaient au-dessus de ma tête. Je me figurais les bords éloignés, les climats lointains où ils se rendent ; j'aurais voulu être sur leurs ailes. Un secret instinct me tourmentait ; je sentais que je n'étais moi-même qu'un voyageur ; mais une voix du ciel semblait me dire : "Homme, la saison de ta migration n'est pas encore venue ; attends que le vent de la mort se lève, alors tu déploieras ton vol vers ces régions inconnues que ton cœur demande."

« Levez-vous vite, orages désirés, qui devez emporter René dans les orages d'une autre vie ! Ainsi disant, je marchais à grands pas, le visage enflammé, le vent sifflant dans ma chevelure, ne sentant ni pluie ni frimas, enchanté, tourmenté, et comme possédé par le démon de mon cœur.

« La nuit, lorsque l'aquilon ébranlait ma chaumière, que les puits tombaient en torrent sur mon toit. Qu'à travers ma fenêtre je voyais la lune sillonner les nuages amoncelés, comme un pâle ruisseau qui laboure les vagues, il me semblait que la vie redoublait au fond de mon cœur, que j'aurais eu la puissance de créer des mondes. Ah ! Si j'avais pu faire partager à une autre les transports que j'éprouvais ! Ô Dieu ! Si tu m'avais donné une femme selon mes désirs ; si, comme à notre premier père, tu m'eusses amené par la main une Ève tirée de moi-même... Beauté céleste ! Je me serais prosterné devant toi ; puis te prenant dans mes bras, j'aurais prié l'Éternel de te donner le reste de ma vie.

Caspar David Freidrich, *Voyageur au-dessus de la mer de nuages*, vers 1818.

« Hélas, j'étais seul, seul sur la terre ! Une langueur secrète s'emparait de mon corps. Ce dégoût de la vie que j'avais ressenti dès mon enfance, revenait avec une force nouvelle. Bientôt mon cœur ne fournit plus d'aliment à ma pensée, et je ne m'apercevais de mon existence que par un profond sentiment d'ennui.

« Je luttai quelque temps contre mon mal, mais avec indifférence et sans avoir la ferme résolution de le vaincre. Enfin, ne pouvant trouver de remède à cette étrange blessure de mon cœur, qui n'était nulle part et qui était partout, je résolus de quitter la vie. »

François-René de Chateaubriand, *René*, 1802.

Atelier d'analyse

Exploration

1. Associez à son synonyme chacun des mots suivants.
   Osciller, fluide, labyrinthe, cathédrale, ensevelir, chaumière, chimère, abîme, puérilité, fugitives, pâtre, migration, aquilon.
   Balancer, berger, église, enterrer, maison, infantilisme, passager, déplacement, vent, gouffre, liquide, illusion, dédale.

2. À l'aide des questions suivantes, montrez que cet extrait illustre une première caractéristique du romantisme : le fait que la réalité est abordée de façon subjective.
   a. Quels passages témoignent de la présence du narrateur ? Relevez-en au moins deux.
   b. Quelles confidences intimes le texte divulgue-t-il ? Formulez-en au moins deux dans vos mots.

3. Montrez que le texte témoigne du fait que, chez Chateaubriand, le cœur l'emporte sur la raison comme chez la plupart des écrivains romantiques. Tenez compte des aspects suivants :
   a. la ponctuation : comment traduit-elle l'émotivité ?
   b. le lexique : relevez 10 termes liés au domaine des émotions et comptez les occurrences du mot « cœur » et du mot « raison ».

4. Montrez que la nature sert le désir d'évasion de Chateaubriand.

5. Chateaubriand exprime sa sensibilité dans l'emploi de figures de style. Déterminez quelle figure de style est utilisée dans les passages suivants.
   a. « le chemin de ma retraite »
   b. « L'astre [...] semblait osciller lentement [...] comme le pendule de l'horloge des siècles »
   c. « Chaque heure dans la société ouvre un tombeau »
   d. « j'avais déjà dévoré des siècles »
   e. « je partis précipitamment pour m'ensevelir dans une chaumière »
   f. « je sentais couler dans mon cœur, comme des ruisseaux d'une lave ardente »
   g. « les gémissements du fleuve »
   h. « Les sons que rendent les passions [...] ressemblent au murmure que les vents et les eaux font entendre »
   i. « j'aurais voulu être un de ces guerriers errant au milieu des vents »
   j. « le jonc flétri murmurait »
   k. « qui n'était nulle part et qui était partout »

6. Quelle(s) forme(s) emprunte dans ce texte la quête de l'idéal ?

7. Peut-on dire que cet extrait illustre un malaise existentiel ? Justifiez votre point de vue.

8. En un paragraphe, démontrez l'importance d'un des thèmes suivants : l'amour, la mort, la solitude.

9. En guise de bilan, dressez un portrait du narrateur tel qu'il transparaît dans cet extrait.

Rédaction

10. Montrez que Chateaubriand mérite bien son titre de précurseur du romantisme.

11. Analysez la thématique du mal du siècle dans cet extrait.

Benjamin Constant (1767-1830)

L'amour et l'instrospection

Né à Lausanne, en Suisse, Benjamin Constant est éduqué en Allemagne, puis en Angleterre et en Écosse. Il est naturalisé Français sous la Révolution. Homme politique et écrivain influent, il vit avec Mme de Staël une liaison orageuse, qu'il transpose en fiction. L'un de ses principaux personnages, Adolphe, présente plusieurs traits caractéristiques de la psychologie du héros romantique : c'est un être d'introspection plus que d'action qui voit dans la relation amoureuse un moyen de se connaître soi-même plutôt qu'une façon de s'ouvrir à l'autre.

Tiré du roman *Adolphe*, l'extrait suivant se présente comme un long soliloque même s'il s'inscrit dans le cadre d'une lettre adressée à la bien-aimée : le personnage y décrit les différents états d'âme qui l'habitent et qui sont représentatifs du mal du siècle. L'extrait de Musset, qui porte sur cette même thématique, est tiré de *La confession d'un enfant du siècle*. Le narrateur des *Confessions* se rappelle les circonstances qui ont fait naître en lui le désabusement qui le mènera progressivement à la débauche.

Le mal du siècle selon Benjamin Constant

Lettre à Ellénore

Ellénore, lui écrivais-je un jour, vous ne savez pas tout ce que je souffre. Près de vous, loin de vous, je suis également malheureux. Pendant les heures qui nous séparent, j'erre au hasard, courbé sous le fardeau d'une existence que je ne sais comment supporter. La société m'importune, la solitude m'accable. Ces indifférents qui m'observent, qui ne
5 connaissent rien de ce qui m'occupe, qui me regardent avec une curiosité sans intérêt, avec un étonnement sans pitié, ces hommes qui osent me parler d'autre chose que de vous, portent dans mon sein une douleur mortelle. Je les fuis ; mais, seul, je cherche en vain un air qui pénètre dans ma poitrine oppressée. Je me précipite sur cette terre qui devrait s'entr'ouvrir pour m'engloutir à jamais ; je pose ma tête sur la pierre froide qui
10 devrait calmer la fièvre ardente qui me dévore. Je me traîne vers cette colline d'où l'on aperçoit votre maison ; je reste là, les yeux fixés sur cette retraite que je n'habiterai jamais avec vous. Et si je vous avais rencontrée plus tôt, vous auriez pu être à moi ! J'aurais serré dans mes bras la seule créature que la nature ait formée pour mon cœur, pour ce cœur qui a tant souffert parce qu'il vous cherchait et qu'il ne vous a trouvée que trop
15 tard ! Lorsque enfin ces heures de délire sont passées, lorsque le moment arrive où je puis vous voir, je prends en tremblant la route de votre demeure. Je crains que tous ceux qui me rencontrent ne devinent les sentiments que je porte en moi ; je m'arrête ; je marche à pas lents : je retarde l'instant du bonheur, de ce bonheur que tout menace, que je me crois toujours sur le point de perdre ; bonheur imparfait et troublé, contre lequel
20 conspirent peut-être à chaque minute et les événements funestes et les regards jaloux, et les caprices tyranniques, et votre propre volonté. Quand je touche au seuil de votre porte, quand je l'entr'ouvre, une nouvelle terreur me saisit : je m'avance comme un coupable, demandant grâce à tous les objets qui frappent ma vue, comme si tous étaient ennemis, comme si tous m'enviaient l'heure de félicité dont je vais encore jouir. Le
25 moindre son m'effraie, le moindre mouvement autour de moi m'épouvante, le bruit même de mes pas me fait reculer. Tout près de vous, je crains encore quelque obstacle qui se place soudain entre vous et moi. Enfin je vous vois, je vous vois et je respire, et je vous contemple et je m'arrête, comme le fugitif qui touche au sol protecteur qui doit le garantir de la mort.

Benjamin Constant, *Adolphe*, chapitre III, 1816.

Atelier de comparaison

Exploration

Adolphe

1. Relevez, chez Benjamin Constant, les passages qui témoignent de l'incapacité du narrateur à trouver du réconfort :
   a. dans le contact social ;
   b. dans la solitude ;
   c. dans l'environnement ;
   d. et même dans le contact avec la bien-aimée.

2. Relevez les termes qui traduisent l'accablement et le mal de vivre.

3. Montrez comment toutes les relations au temps et à l'espace, loin de traduire l'énergie vitale, renvoient au contraire à un sentiment d'impuissance.

4. Montrez comment la répétition de certains mots accroît l'émotion.

5. De quelle manière cet extrait illustre-t-il une critique souvent adressée aux écrivains romantiques, soit de se complaire dans leur malheur ?

Le mal du siècle selon Alfred de Musset

La déception d'Octave

J'ai à raconter à quelle occasion je fus pris d'abord de la maladie du siècle.

J'étais à table, à un grand souper, après une mascarade. Autour de moi mes amis richement costumés, de tous côtés des jeunes gens et des femmes, tous étincelants de beauté et de joie ; à droite et à gauche des mets exquis, des flacons, des lustres, des fleurs ; au-dessus de ma tête un orchestre bruyant, et en face de moi ma maîtresse, créature superbe que j'idolâtrais.

J'avais alors dix-neuf ans ; je n'avais éprouvé aucun malheur ni aucune maladie ; j'étais d'un caractère à la fois hautain et ouvert, avec toutes les espérances et un cœur débordant. Les vapeurs du vin fermentaient dans mes veines ; c'était un de ces moments d'ivresse où tout ce qu'on voit, tout ce qu'on entend vous parle de la bien-aimée. La nature entière paraît alors comme une pierre précieuse à mille facettes, sur laquelle est gravé le nom mystérieux. On embrasserait volontiers tous ceux qu'on voit sourire, et on se sent le frère de tout ce qui existe. Ma maîtresse m'avait donné rendez-vous pour la nuit, et je portais lentement mon verre à mes lèvres en la regardant.

Comme je me retournais pour prendre une assiette, ma fourchette tomba. Je me baissai pour la ramasser, et, ne la trouvant pas d'abord, je soulevai la nappe pour voir où elle avait roulé. J'aperçus alors sous la table le pied de ma maîtresse qui était posé sur celui d'un jeune homme assis à côté d'elle ; leurs jambes étaient croisées et entrelacées, et ils les resserraient doucement de temps en temps.

Je me relevai parfaitement calme, demandai une autre fourchette et continuai à souper. Ma maîtresse et son voisin étaient, de leur côté, très tranquilles aussi, se parlant à peine et ne se regardant pas. Le jeune homme avait les coudes sur la table et plaisantait avec une autre femme qui lui montrait son collier et ses bracelets. Ma maîtresse était immobile, les yeux fixes et noyés de langueur. Je les observai tous deux tant que dura le repas, et je ne vis ni dans leurs gestes, ni sur leurs visages rien qui pût les trahir. À la fin, lorsqu'on fut au dessert, je fis glisser ma serviette à terre, et, m'étant baissé de nouveau, je les retrouvai dans la même position, étroitement liés l'un à l'autre.

J'avais promis à ma maîtresse de la ramener ce soir-là chez elle. Elle était veuve, et par conséquent fort libre, au moyen d'un vieux parent qui l'accompagnait et lui servait de chaperon. Comme je traversais le péristyle, elle m'appela. — Allons, Octave, me dit-elle, partons, me voilà. Je me mis à rire et sortis sans répondre. Au bout de quelques pas, je m'assis sur une borne. Je ne sais à quoi je pensais ; j'étais comme abruti et devenu idiot par l'infidélité de cette femme dont je n'avais jamais été jaloux, et sur laquelle je n'avais jamais conçu un soupçon. Ce que je venais de voir ne me laissant aucun doute, je demeurais comme étourdi d'un coup de massue et ne me rappelle rien de ce qui s'opéra en moi durant le temps que je restai sur cette borne, sinon que, regardant machinalement le ciel et voyant une étoile filer, je saluai cette apparence fugitive, où les poètes voient un monde détruit, et lui ôtai gravement mon chapeau.

Alfred de Musset, *La confession d'un enfant du siècle*, chapitre III, 1836.

La confession d'un enfant du siècle

6. Expliquez pourquoi, dans *La confession d'un enfant du siècle*, le mot « mascarade », qui apparaît au début de l'extrait, fournit une clef à la compréhension du texte.

7. Dites en quoi l'atmosphère festive évoquée fait contraste avec le trouble émotif du personnage.

8. « Je me mis à rire et sortis sans répondre. » Comment faut-il interpréter cette phrase dans le contexte ? Traduit-elle une forme d'ironie de la part du narrateur ?

Comparaison

9. Qu'ont en commun les dernières phrases de chaque texte ? En quoi éclairent-elles cette thématique du mal du siècle ?

10. Comparez les deux textes à l'étude pour en faire ressortir les similitudes, en vous intéressant aux aspects suivants.
    a. La relation entre les personnages.
    b. La thématique et la vision de la vie.
    c. La tonalité générale du texte.

Rédaction

11. Comparez l'expression du mal de vivre dans les deux textes.

Gérard de Nerval (1808-1855)

La prose poétique

Très tôt orphelin de mère, Gérard de Nerval connaît une vie instable et de grandes périodes de dépression auxquelles il tente d'échapper par le voyage et l'écriture. Porté vers le mysticisme, il pratique des expériences d'occultisme et de spiritisme qui le troublent. Il ouvre d'ailleurs la voie au symbolisme par l'intérêt qu'il manifeste pour l'étrange et le fantastique. Ce sont ces éléments, que l'on retrouvera chez Baudelaire, qui rendent son œuvre difficile à déchiffrer. Vers la fin de sa vie, Gérard de Nerval souffre de crises de délire et cherche à échapper à la folie par l'écriture : « Je résolus de fixer le rêve et d'en connaître le secret. » Mais l'écriture ne parvient pas à le délivrer de ses chimères et il se suicide au moment même où il termine la composition d'*Aurélia*.

Tiré de cette dernière œuvre, l'extrait ci-contre présente le narrateur, substitut de Nerval, s'observant en train de pénétrer dans le rêve comme dans une « maison riante ». Le lecteur, lui, se trouve happé par un délire verbal inquiétant, déstabilisant.

Délire somnolent

Un soir, je crus avec certitude être transporté sur les bords du Rhin. En face de moi se trouvaient des rocs sinistres dont la perspective s'ébauchait dans l'ombre. J'entrai dans une maison riante, dont un rayon du soleil couchant traversait gaiement les contrevents verts que festonnait la vigne. Il me semblait que je rentrais dans une demeure connue, celle d'un oncle maternel, peintre flamand, mort depuis plus d'un siècle. Les tableaux ébauchés étaient suspendus çà et là ; l'un d'eux représentait la fée célèbre de ce rivage. Une vieille servante, que j'appelai Marguerite et qu'il me semblait connaître depuis l'enfance, me dit : « N'allez-vous pas vous mettre sur le lit ? car vous venez de loin, et votre oncle rentrera tard ; on vous réveillera pour souper. » Je m'étendis sur un lit à colonnes drapé de perse à grandes fleurs rouges. Il y avait en face de moi une horloge rustique accrochée au mur, et sur cette horloge un oiseau qui se mit à parler comme une personne. Et j'avais l'idée que l'âme de mon aïeul était dans cet oiseau ; mais je ne m'étonnais pas plus de son langage et de sa forme que de me voir comme transporté d'un siècle en arrière. L'oiseau me parlait de personnes de ma famille vivantes ou mortes en divers temps, comme si elles existaient simultanément, et me dit : « Vous voyez que votre oncle avait eu soin de faire son portrait d'avance… maintenant, *elle* est avec nous. » Je portai les yeux sur une toile qui représentait une femme en costume ancien à l'allemande, penchée sur le bord du fleuve, et les yeux attirés vers une touffe de myosotis. Cependant la nuit s'épaississait peu à peu, et les aspects, les sons et le sentiment des lieux se confondaient dans mon esprit somnolent ; je crus tomber dans un abîme qui traversait le globe. Je me sentais emporté sans souffrance par un courant de métal fondu, et mille fleuves pareils, dont les teintes indiquaient les différences chimiques, sillonnaient le sein de la terre comme les vaisseaux et les veines qui serpentent parmi les lobes du cerveau. Tous coulaient, circulaient et vibraient ainsi, et j'eus le sentiment que ces courants étaient composés d'âmes vivantes, à l'état moléculaire, que la rapidité de ce voyage m'empêchait seule de distinguer. Une clarté blanchâtre s'infiltrait peu à peu dans ces conduits, et je vis enfin s'élargir, ainsi qu'une vaste coupole, un horizon nouveau où se traçaient des îles entourées de flots lumineux. Je me trouvai sur une côte éclairée de ce jour sans soleil, et je vis un vieillard qui cultivait la terre. Je le reconnus pour le même qui m'avait parlé par la voix de l'oiseau, et, soit qu'il me parlât, soit que je le comprisse en moi-même, il devenait clair pour moi que les aïeux prenaient la forme de certains animaux pour nous visiter sur la terre, et qu'ils assistaient ainsi, muets observateurs, aux phases de notre existence.

Le vieillard quitta son travail et m'accompagna jusqu'à une maison qui s'élevait près de là. Le paysage qui nous entourait me rappelait celui d'un pays de la Flandre française où mes parents avaient vécu et où se trouvent leurs tombes : le champ entouré de bosquets à la lisière du bois, le lac voisin, la rivière et le lavoir, le village et sa rue qui monte, les collines de grès sombre et leurs touffes de genêts et de bruyères, – image rajeunie des lieux que j'avais aimés. Seulement la maison où j'entrai ne m'était point connue. Je compris qu'elle avait existé dans je ne sais quel temps, et qu'en ce monde que je visitais alors, le fantôme des choses accompagnait celui du corps.

Gérard de Nerval, *Aurélia*, chapitre IV (1855), 1865.

Arnold Bocklin, *L'île des morts*, 1883.

Atelier d'analyse

Exploration

1. Analysez la narration en répondant aux questions suivantes.
   a. Avec preuves à l'appui, déterminez à quel type de narrateur Gérard de Nerval a recours pour livrer son récit.
   b. Relevez les verbes qui traduisent le doute du narrateur quant à la réalité de l'histoire qu'il raconte.

2. Expliquez de quelle manière ce texte illustre les traits suivants du récit fantastique.
   a. La nuit comme cadre privilégié du récit.
   b. La métamorphose des objets et des êtres.
   c. La présence de morts-vivants.

3. Montrez que le texte oppose l'ombre et la lumière en dressant le champ lexical de ces deux termes.

4. Le cauchemar est fondé sur l'idée d'un déplacement, puisque le narrateur aurait été transporté « sur les bords du Rhin ». Selon vous, comment peut-on interpréter ce déplacement ? Choisissez une des réponses suivantes et justifiez votre choix.
   a. Comme un déplacement dans l'espace, par exemple vers un autre pays que la France.
   b. Comme un déplacement dans le temps, vers l'enfance ou le passé.
   c. Comme un cheminement vers la mort.
   d. Comme un déplacement de la réalité vers le rêve.
   e. Comme un déplacement de la lucidité vers la folie.
   f. Aucune de ces réponses ou un peu de chacune.

Rédaction

5. Faites la démonstration que le récit baigne dans une atmosphère irréelle.

George Sand (1804-1876)

La condition féminine

De son vrai nom Aurore Dupin, elle choisit un pseudonyme masculin pour être publiée dans un monde littéraire contrôlé par les hommes et cherche la reconnaissance de critiques influents de l'époque comme Sainte-Beuve. Une des rares figures féminines de la littérature française du XIXe siècle, Sand est aussi une des premières à avoir réussi à vivre de sa plume par une production continue et très variée qui inclut des romans champêtres (romans idylliques dans un cadre campagnard), des romans sociaux et des récits autobiographiques. Si la postérité reconnaît en elle une écrivaine engagée qui a sensibilisé toute une époque à la question de la condition féminine, on retient aussi d'elle ses multiples aventures avec des artistes de renom, en particulier Musset et Chopin.

Inspiré de sa vie, son premier roman, *Indiana*, raconte le drame d'une jeune créole mariée à un homme fourbe et calculateur. Dans l'extrait ci-contre, Indiana, devenue Mme Delmare, découvre que son mari a brisé le coffre dans lequel elle conservait son journal personnel.

Un doute odieux

Dès ce moment, le personnage de ce mari devint odieux aux yeux de sa femme. Tout ce qu'il fit pour réparer ses torts lui ôta le peu de considération qu'il avait pu garder jusque-là. Sa faute était immense, en effet ; l'homme qui ne se sent pas la force d'être froid et implacable dans sa vengeance doit abjurer toute velléité d'impatience
5 et de ressentiment. Il n'y a pas de rôle possible entre celui du chrétien qui pardonne et celui de l'homme du monde qui répudie. Mais Delmare avait aussi sa part d'égoïsme ; il se sentait vieux, les soins de sa femme lui devenaient chaque jour plus nécessaires. Il se faisait une terrible peur de la solitude, et si, dans la crise de son orgueil blessé, il revenait à ses habitudes de soldat en la maltraitant, la réflexion le
10 ramenait bientôt à cette faiblesse des vieillards qui s'épouvantent de l'abandon. Trop affaibli par l'âge et les fatigues pour aspirer à devenir père de famille, il était resté vieux garçon dans son ménage, et il avait pris une femme comme il eût pris une gouvernante. Ce n'était donc pas par tendresse pour elle qu'il lui pardonnait de ne l'aimer pas, c'était par intérêt pour lui-même ; et s'il s'affligeait de ne pas régner sur
15 ses affections, c'était parce qu'il craignait d'être moins bien soigné sur ses vieux jours.

De son côté, quand madame Delmare, profondément blessée par les lois sociales, roidissait toutes les forces de son âme pour les haïr et les mépriser, il y avait bien aussi au fond de ses pensées un sentiment tout personnel. Mais peut-être ce besoin de bonheur qui nous dévore, cette haine de l'injustice, cette soif de liberté qui ne
20 s'éteignent qu'avec la vie, sont-ils les facultés constituantes de l'égotisme, qualification par laquelle les Anglais désignent l'amour de soi, considéré comme un droit de l'homme et non comme un vice. Il me semble que l'individu choisi entre tous pour souffrir des institutions profitables à ses semblables doit, s'il a quelque énergie dans l'âme, se débattre contre ce joug arbitraire. Je crois aussi que plus son âme est grande
25 et noble, plus elle doit s'ulcérer sous les coups de l'injustice. S'il avait rêvé que le bonheur doit récompenser la vertu, dans quels doutes affreux, dans quelles perplexités désespérantes doivent le jeter les déceptions que l'expérience lui apporte !

Aussi toutes les réflexions d'Indiana, toutes ses démarches, toutes ses douleurs, se rapportaient à cette grande et terrible lutte de la nature contre la civilisation.

George Sand, *Indiana*, Quatrième partie, 1832.

Atelier d'analyse

Exploration

1. Analysez la représentation qui est faite du mari en répondant aux questions suivantes.
   a. Pourquoi apparaît-il avant tout comme un mari intéressé ?
   b. Quels sont les autres attributs qui le décrivent le mieux ?
   c. Pourquoi peut-on dire qu'il assimile les relations de couple aux rapports entre le maître et sa servante ?

2. « Madame Delmare, profondément blessée par les lois sociales... » Donnez des exemples relatifs à ces lois sociales qui infériorisent la femme.

3. Analysez le personnage de Mme Delmare en répondant aux questions suivantes.
   a. Comment s'exprime le caractère revendicateur de ses réflexions ?
   b. Quelle différence établit-elle entre « égoïsme » (mot utilisé pour qualifier l'attitude de son mari) et « égotisme » ?
   c. Pourquoi peut-on dire que les valeurs révolutionnaires sont évoquées ici pour servir la lutte des femmes ?

Rédaction

4. Étudiez la représentation du couple dans cet extrait.

D'Artagnan en action

Des cris retentirent bientôt, puis des gémissements qu'on cherchait à étouffer. D'interrogatoire, il n'en était pas question.

— Diable ! se dit d'Artagnan, il me semble que c'est une femme : on la fouille, elle résiste, – on la violente, – les misérables !

5 Et d'Artagnan, malgré sa prudence, se tenait à quatre pour ne pas se mêler à la scène qui se passait au-dessous de lui.

— Mais je vous dis que je suis la maîtresse de la maison, Messieurs ; je vous dis que je suis Mme Bonacieux ; je vous dis que j'appartiens à la reine ! s'écriait la malheureuse femme.

10 — Mme Bonacieux ! murmura d'Artagnan ; serais-je assez heureux pour avoir trouvé ce que tout le monde cherche ?

— C'est justement vous que nous attendions, reprirent les interrogateurs.

La voix devint de plus en plus étouffée : un mouvement tumultueux fit retentir les boiseries. La victime résistait autant qu'une femme peut résister à quatre hommes.

15 — Pardon, Messieurs, par..., murmura la voix, qui ne fit plus entendre que des sons inarticulés.

— Ils la bâillonnent, ils vont l'entraîner, s'écria d'Artagnan en se redressant comme par un ressort. Mon épée ; bon, elle est à mon côté. Planchet !

— Monsieur ?

20 — Cours chercher Athos, Porthos et Aramis. L'un des trois sera sûrement chez lui, peut-être tous les trois seront-ils rentrés. Qu'ils prennent des armes, qu'ils viennent, qu'ils accourent. Ah ! je me souviens, Athos est chez M. de Tréville.

— Mais où allez-vous, Monsieur, où allez-vous ?

— Je descends par la fenêtre, s'écria d'Artagnan, afin d'être plus tôt arrivé ; toi,
25 remets les carreaux, balaye le plancher, sors par la porte et cours où je te dis.

— Oh ! Monsieur, Monsieur, vous allez vous tuer, s'écria Planchet.

— Tais-toi, imbécile, dit d'Artagnan.

Et s'accrochant de la main au rebord de sa fenêtre, il se laissa tomber du premier étage, qui heureusement n'était pas élevé, sans se faire une écorchure.

30 Puis il alla aussitôt frapper à la porte en murmurant :

— Je vais me faire prendre à mon tour dans la souricière, et malheur aux chats qui se frotteront à pareille souris.

À peine le marteau eut-il résonné sous la main du jeune homme, que le tumulte cessa, que des pas s'approchèrent, que la porte s'ouvrit, et que d'Artagnan, l'épée nue,
35 s'élança dans l'appartement de maître Bonacieux, dont la porte, sans doute mue par un ressort, se referma d'elle-même sur lui.

Alors ceux qui habitaient encore la malheureuse maison de Bonacieux et les voisins les plus proches entendirent de grands cris, des trépignements, un cliquetis d'épées et un bruit prolongé de meubles. Puis, un moment après, ceux qui, surpris par
40 ce bruit, s'étaient mis aux fenêtres pour en connaître la cause, purent voir la porte se rouvrir et quatre hommes vêtus de noir non pas en sortir, mais s'envoler comme des corbeaux effarouchés, laissant par terre et aux angles des tables des plumes de leurs ailes, c'est-à-dire des loques de leurs habits et des bribes de leurs manteaux.

Alexandre Dumas (1802-1870)

Le roman de cape et d'épée

Petit-fils d'une esclave de Saint-Domingue et d'un aristocrate normand, Alexandre Dumas porte le nom de famille de sa grand-mère affranchie. Orphelin de père à quatre ans, il connaît la gêne de la pauvreté, qui assombrit son enfance. Très rapidement, il trouve toutefois compensation dans l'amour des femmes, avec lesquelles il multiplie les aventures de façon gourmande. Habité par le désir de devenir riche, il entreprend en autodidacte sa formation littéraire. Doué d'une vitalité qui n'a d'égale que la prodigalité de son imagination, il publie en feuilletons des romans historiques qui obtiennent un succès phénoménal. Plusieurs seront d'ailleurs périodiquement adaptés en films, dont en particulier son œuvre la mieux réussie, *Les trois mousquetaires*, dont est tiré cet extrait. Les grandes caractéristiques du roman de cape et d'épée, une sous-catégorie du roman historique, s'y trouvent illustrées : la présence d'un jeune héros, d'Artagnan, redoutable escrimeur qui sauve du péril une jolie femme, Mme Bonacieux, et l'esquisse d'une intrigue qui tourne autour d'un mouchoir armorié.

D'Artagnan était vainqueur sans beaucoup de peine, il faut le dire, car un seul des alguazils était armé, encore se défendit-il pour la forme. Il est vrai que les trois autres avaient essayé d'assommer le jeune homme avec les chaises, les tabourets et les poteries ; mais deux ou trois égratignures faites par la flamberge du Gascon les avaient épouvantés. Dix minutes avaient suffi à leur défaite, et d'Artagnan était resté maître du champ de bataille.

Les voisins, qui avaient ouvert leurs fenêtres avec le sang-froid particulier aux habitants de Paris dans ces temps d'émeutes et de rixes perpétuelles, les refermèrent dès qu'ils eurent vu s'enfuir les quatre hommes noirs : leur instinct leur disait que, pour le moment, tout était fini.

D'ailleurs il se faisait tard, et alors comme aujourd'hui on se couchait de bonne heure dans le quartier du Luxembourg.

D'Artagnan, resté seul avec Mme Bonacieux, se retourna vers elle : la pauvre femme était renversée sur un fauteuil et à demi évanouie. D'Artagnan l'examina d'un coup d'œil rapide.

C'était une charmante femme de vingt-cinq à vingt-six ans, brune avec des yeux bleus, ayant un nez légèrement retroussé, des dents admirables, un teint marbré de rose et d'opale. Là cependant s'arrêtaient les signes qui pouvaient la faire confondre avec une grande dame. Les mains étaient blanches, mais sans finesse : les pieds n'annonçaient pas la femme de qualité. Heureusement, d'Artagnan n'en était pas encore à se préoccuper de ces détails.

Tandis que d'Artagnan examinait Mme Bonacieux, et en était aux pieds, comme nous l'avons dit, il vit à terre un fin mouchoir de batiste, qu'il ramassa selon son habitude, et au coin duquel il reconnut le même chiffre qu'il avait vu au mouchoir qui avait failli lui faire couper la gorge avec Aramis.

Depuis ce temps, d'Artagnan se méfiait des mouchoirs armoriés ; il remit donc sans rien dire celui qu'il avait ramassé dans la poche de Mme Bonacieux.

En ce moment, Mme Bonacieux reprenait ses sens. Elle ouvrit les yeux, regarda avec terreur autour d'elle, vit que l'appartement était vide, et qu'elle était seule avec son libérateur.

Alexandre Dumas, *Les trois mousquetaires*, 1844.

Gustave Doré, *D'Artagnan*, 1883.
Sculpture à l'arrière de la statue d'Alexandre Dumas à Paris, place du Général-Catroux.

Atelier d'analyse

Exploration

1. Dressez le plan de ce récit.

2. Montrez que c'est souvent par le dialogue que l'action est révélée et expliquez en quoi cette façon de procéder contribue au dynamisme du récit.

3. Analysez la représentation du personnage de D'Artagnan en répondant aux questions suivantes.
   a. Comment le lecteur en arrive-t-il à déduire que D'Artagnan est un individu curieux ? Courageux ? Méfiant ? Confiant dans l'amitié ?
   b. Montrez que l'extrait tend à idéaliser D'Artagnan. Tenez compte des éléments de description et de son comportement.

4. Qu'apprend-on sur l'époque où se déroule le récit ?

5. Analysez le personnage de Mme Bonacieux en répondant aux questions suivantes.
   a. Qu'est-ce qui permet au lecteur de conclure que cette femme n'a pas froid aux yeux, qu'elle sait faire preuve de résistance ?
   b. Qu'apprend-on sur son physique ?
   c. Que découvre-t-on quant à son statut social ?
   d. Montrez que Mme Bonacieux n'est pas idéalisée en tant que femme.

6. Expliquez comment Dumas arrive à glisser subtilement des indices de mystère, générateurs de suspense.

7. Expliquez, avec exemples à l'appui, en quoi l'emploi des procédés suivants contribue au caractère alerte de la scène.
   a. L'énumération.
   b. La brièveté des descriptions.
   c. L'usage de phrases courtes.

Rédaction

8. Analysez les procédés employés par Alexandre Dumas pour idéaliser son héros, D'Artagnan, dans cet extrait tiré des *Trois mousquetaires*.

Alexandre Dumas, fils (1824-1895)

L'héroïne romantique

Après avoir souffert de sa situation de fils illégitime, Alexandre Dumas est finalement reconnu par son illustre père qui, de tout temps, a vécu de façon dissolue. Il conserve de son enfance un souvenir amer qui l'amène à dénoncer le sort des femmes et des enfants abandonnés par des pères irresponsables. Écrivain à succès comme son père, il connaît rapidement la gloire grâce à *La dame aux camélias*, qui paraît d'abord en roman avant d'être remanié pour la scène.

L'extrait suivant trace le portrait de Marguerite, la courtisane au cœur de l'intrigue amoureuse. Elle fascine parce qu'elle concilie les deux stéréotypes opposés de la femme romantique, à la fois virginale et fatale. Atteinte de tuberculose et toussant à fendre l'âme, cette héroïne spectrale va fasciner les romantiques, notamment Verdi qui la fera longuement agoniser dans la scène finale de son célèbre opéra, *La Traviata*.

La virginité du vice

Plus je voyais cette femme, plus elle m'enchantait. Elle était belle à ravir. Sa maigreur même était une grâce.

J'étais en contemplation.

Ce qui se passait en moi, j'aurais peine à l'expliquer. J'étais plein d'indulgence
5 pour sa vie, plein d'admiration pour sa beauté. Cette preuve de désintéressement qu'elle donnait en n'acceptant pas un homme jeune, élégant et riche, tout prêt à se ruiner pour elle, excusait à mes yeux toutes ses fautes passées.

Il y avait dans cette femme quelque chose comme de la candeur.

On voyait qu'elle en était encore à la virginité du vice. Sa marche assurée, sa taille
10 souple, ses narines roses et ouvertes, ses grands yeux légèrement cerclés de bleu, dénotaient une de ces natures ardentes qui répandent autour d'elles un parfum de volupté, comme ces flacons d'Orient qui, si bien fermés qu'ils soient, laissent échapper le parfum de la liqueur qu'ils renferment.

Enfin, soit nature, soit conséquence de son état maladif, il passait de temps en
15 temps dans les yeux de cette femme des éclairs de désirs dont l'expansion eût été une révélation du Ciel pour celui qu'elle eût aimé. Mais ceux qui avaient aimé Marguerite ne se comptaient plus, et ceux qu'elle avait aimés ne se comptaient pas encore.

Bref, on reconnaissait dans cette fille la vierge qu'un rien avait faite courtisane, et la courtisane dont un rien eût fait la vierge la plus amoureuse et la plus pure. Il y
20 avait encore chez Marguerite de la fierté et de l'indépendance : deux sentiments qui, blessés, sont capables de faire ce que fait la pudeur. Je ne disais rien, mon âme semblait être passée toute dans mon cœur et mon cœur dans mes yeux.

« Ainsi, reprit-elle tout à coup, c'est vous qui veniez savoir de mes nouvelles quand j'étais malade ?
25 — Oui.
— Savez-vous que c'est très beau, cela ! Et que puis-je faire pour vous remercier ?
— Me permettre de venir de temps en temps vous voir.
— Tant que vous voudrez, de cinq heures à six, de onze heures à minuit. »

Alexandre Dumas, fils, *La dame aux camélias*, 1848.

Atelier d'analyse

Exploration

1. Dès les premières lignes du texte, Marguerite fait l'objet d'une idéalisation. Expliquez.

2. Expliquez la complexité du personnage de Marguerite tel qu'il est décrit par le narrateur.
   a. Relevez l'oxymore qui la décrit le mieux dans le texte.
   b. Montrez qu'un réseau d'antonymes et d'antithèses vient éclairer le sens de cet oxymore.
   c. Relevez deux passages révélant que Marguerite s'adonne à la prostitution.

3. Marguerite est atteinte de tuberculose dans le roman. Quels passages y font allusion ?

4. Analysez la figure du narrateur en répondant aux questions suivantes.
   a. Quel est le type de narrateur retenu par Dumas ?
   b. Comment le narrateur fait-il discrètement allusion à son idée d'« acheter » Marguerite ?
   c. « J'étais en contemplation. » Pourquoi peut-on dire que cette phrase pousse le lecteur à ne pas considérer comme objectives les observations du narrateur ?

Rédaction

5. Montrez que le personnage de Marguerite concilie les deux stéréotypes de l'héroïne romantique, soit la vierge et la femme fatale.

Quasimodo

Quasimodo était donc carillonneur de Notre-Dame. Avec le temps, il s'était formé je ne sais quel lien intime qui unissait le sonneur à l'église. Séparé à jamais du monde par la double fatalité de sa naissance inconnue et de sa nature difforme, emprisonné dès l'enfance dans ce double cercle infranchissable, le pauvre malheureux s'était ac-
5 coutumé à ne rien voir dans ce monde au-delà des religieuses murailles qui l'avaient recueilli à leur ombre. Notre-Dame avait été successivement pour lui, selon qu'il grandissait et se développait, l'œuf, le nid, la maison, la patrie, l'univers.

Et il est sûr qu'il y avait une sorte d'harmonie mystérieuse et préexistante entre cette créature et cet édifice. Lorsque, tout petit encore, il se traînait tortueusement et
10 par soubresauts sous les ténèbres de ses voûtes, il semblait, avec sa face humaine et sa membrure bestiale, le reptile naturel de cette dalle humide et sombre sur laquelle l'ombre des chapiteaux romans projetait tant de formes bizarres.

Plus tard, la première fois qu'il s'accrocha machinalement à la corde des tours, et qu'il s'y pendit, et qu'il mit la cloche en branle, cela fit à Claude, son père adoptif,
15 l'effet d'un enfant dont la langue se délie et qui commence à parler.

C'est ainsi que peu à peu, se développant toujours dans le sens de la cathédrale, y vivant, y dormant, n'en sortant presque jamais, en subissant à toute heure la pression mystérieuse, il arriva à lui ressembler, à s'y incruster, pour ainsi dire, à en faire partie intégrante. Ses angles saillants s'emboîtaient, qu'on nous passe cette figure, aux
20 angles rentrants de l'édifice, et il en semblait, non seulement l'habitant, mais encore le contenu naturel. On pourrait presque dire qu'il en avait pris la forme, comme le colimaçon prend la forme de sa coquille. C'était sa demeure, son trou, son enveloppe. Il y avait entre la vieille église et lui une sympathie instinctive si profonde, tant d'affinités magnétiques, tant d'affinités matérielles, qu'il y adhérait en quelque sorte
25 comme la tortue à son écaille. La rugueuse cathédrale était sa carapace.

Victor Hugo, *Notre-Dame de Paris,* livre IV, chapitre III, 1831.

Victor Hugo (1802-1885)

Le roman historique

S'inscrivant dans la veine historique, Victor Hugo sort de l'ombre le Moyen Âge, longtemps considéré comme une période barbare, en composant *Notre-Dame de Paris,* un imposant roman dont l'action se déroule à la fin du XIVe siècle. Il crée Quasimodo, un monstre hideux mais gentil, amoureux d'Esméralda, une jeune et belle bohémienne. Toutefois, la grande héroïne, c'est l'église Notre-Dame de Paris, symbole d'une époque où l'histoire s'écrivait dans la pierre et les vitraux des églises. On voit ainsi comment Hugo illustre une de ses idées de concilier le grotesque avec le sublime pour ainsi traduire une vision du monde plus complète que celle représentée par les auteurs classiques.

Dans l'extrait ci-contre, Hugo brosse le portrait de Quasimodo, personnage romantique typique, explicitement conçu pour toucher la sensibilité du lecteur.

Atelier d'analyse

Exploration

1. « Avec le temps, il s'était formé je ne sais quel lien intime qui unissait le sonneur à l'église. » Expliquez pourquoi cette phrase est essentielle à la compréhension du texte.

2. Relevez dans le texte deux comparaisons qui montrent encore plus concrètement le lien du sonneur à la cathédrale.

3. Relevez trois gradations qui se trouvent à des endroits variés de l'extrait et expliquez en quoi elles sont synonymiques.

4. Quels passages du texte traduisent l'étrangeté de Quasimodo ? Peut-on dire que la description faite par Hugo du bossu de Notre-Dame le transforme en gargouille humaine ?

5. Comment Hugo s'y prend-il pour faire en sorte que le texte baigne dans une atmosphère mystérieuse ?

Rédaction

6. En deux paragraphes bien structurés, avec exemples et citations à l'appui, montrez comment le grotesque s'unit au sublime dans cet extrait.

Victor Hugo (1802-1885)

La fresque sociale

Au cours de sa longue carrière d'écrivain et d'homme politique, Hugo va évoluer au point de vue idéologique, délaissant ses convictions monarchistes du début pour devenir républicain et adopter de plus en plus les valeurs du libéralisme, sinon même, à certaines occasions, celles du socialisme. Au moment de la publication des *Misérables*, Victor Hugo vit en exil et ne cesse de dénoncer Napoléon III. Par son coup d'État de 1852, ce dernier aurait trahi, selon lui, la voix populaire, favorable à la République.

Depuis longtemps, Hugo laisse paraître dans ses récits la sympathie qu'il éprouve envers les démunis. Il s'insurge contre les lois qui pénalisent les sans-travail, alors que ceux-ci se trouvent parfois acculés au crime pour survivre. À cet égard, aucune œuvre de Hugo ne possède le souffle épique des *Misérables*, où le peuple devient une figure mythique. Dans cette épopée romanesque, Hugo fait le bilan de sa pensée sociale et politique, empreinte d'humanisme chrétien. Il illustre sa maîtrise du récit en faisant s'entrecroiser dans une œuvre complexe des personnages multiples qui évoluent sur un fond d'événements historiques superbement évoqués. Il intègre des descriptions pittoresques de Paris, allant même jusqu'à explorer la ville souterraine dans un chapitre devenu célèbre intitulé *Le cloaque et ses surprises*.

Dans cet extrait, Gavroche, qui symbolise la verve et la témérité des gamins de Paris, se fait l'avocat d'une langue populaire à la fois inventive et poétique. Il mourra sur les barricades en prenant le parti des insurgés.

La leçon d'argot

Les deux enfants considéraient avec un respect craintif et stupéfait cet être intrépide et inventif, vagabond comme eux, isolé comme eux, chétif comme eux, qui avait quelque chose d'admirable et de tout-puissant, qui leur semblait surnaturel, et dont la physionomie se composait de toutes les grimaces d'un vieux saltimbanque mêlées
5 au plus naïf et au plus charmant sourire.

— Monsieur, fit timidement l'aîné, vous n'avez donc pas peur des sergents de ville ?

Gavroche se borna à répondre :

— Môme ! on ne dit pas les sergents de ville, on dit les cognes.

10 Le tout petit avait les yeux ouverts, mais il ne disait rien. Comme il était au bord de la natte, l'aîné étant au milieu, Gavroche lui borda la couverture comme eût fait une mère et exhaussa la natte sous sa tête avec de vieux chiffons de manière à faire au môme un oreiller. Puis il se tourna vers l'aîné :

— Hein ? on est joliment bien, ici !

15 — Ah oui ! répondit l'aîné en regardant Gavroche avec une expression d'ange sauvé.

Les deux pauvres petits enfants tout mouillés commençaient à se réchauffer.

— Ah ça, continua Gavroche, pourquoi donc est-ce que vous pleuriez ?

Et montrant le petit à son frère :

20 — Un mioche comme ça, je ne dis pas, mais un grand comme toi, pleurer, c'est crétin ; on a l'air d'un veau.

— Dame, fit l'enfant, nous n'avions plus du tout de logement où aller.

— Moutard ! reprit Gavroche, on ne dit pas un logement, on dit une piolle.

— Et puis nous avions peur d'être tout seuls comme ça la nuit.

25 — On ne dit pas la nuit, on dit la sorgue.

— Merci, monsieur, dit l'enfant.

— Écoute, répartit Gavroche, il ne faut plus geindre jamais pour rien. J'aurai soin de vous. Tu verras comme on s'amuse. L'été, nous irons à la Glacière, avec Navet, un camarade à moi, nous nous baignerons à la gare, nous courrons tout nus sur les trains
30 devant le pont d'Austerlitz, ça fait rager les blanchisseuses. Elles crient, elles bisquent, si tu savais comme elles sont farces ! Nous irons voir l'homme squelette. Il est en vie. Aux Champs-Élysées. Il est maigre comme tout, ce paroissien-là. Et puis je vous conduirai au spectacle. Je vous mènerai à Frédérick Lemaître. J'ai des billets, je connais des acteurs, j'ai même joué une fois dans une pièce. Nous étions des mômes
35 comme ça, on courait sous une toile, ça faisait la mer. Je vous ferai engager à mon théâtre. Nous irons voir les sauvages. Ce n'est pas vrai, ces sauvages-là. Ils ont des maillots roses qui font des plis, et on leur voit aux coudes des reprises en fil blanc. Après ça, nous irons à l'Opéra. Nous entrerons avec les claqueurs. La claque à l'Opéra est très bien composée. Je n'irais pas avec la claque sur les boulevards. À l'Opéra,
40 figure-toi, il y en a qui paient vingt sous, mais c'est des bêtas. On les appelle des lavettes. — Et puis nous irons voir guillotiner. Je vous ferai voir le bourreau. Il demeure rue des Marais. Monsieur Samson. Il y a une boîte aux lettres à la porte. Ah ! on s'amuse fameusement !

En ce moment, une goutte de cire tomba sur le doigt de Gavroche et le rappela aux
45 réalités de la vie.

— Bigre ! dit-il, v'là la mèche qui s'use. Attention ! je ne peux pas mettre plus d'un sou par mois à mon éclairage. Quand on se couche, il faut dormir.

Victor Hugo, *Les misérables*, tome IV, livre sixième, chapitre II, 1862.

Atelier d'analyse

Exploration

1. Pour vous aider à comprendre le texte :
   a. Cherchez la définition des mots comme « saltimbanque », « physionomie », etc., et celles d'autres mots dont la définition peut éclairer la signification du texte, par exemple « argot ».
   b. Faites un bref résumé de l'extrait.

2. Analysez la dynamique des personnages en répondant aux questions suivantes.
   a. Pourquoi Gavroche, tout enfant qu'il est encore, fait-il figure de maître et de parent par rapport aux deux autres gamins ?
   b. À la lumière de ses répliques, quels autres traits de caractère peut-on attribuer au personnage de Gavroche ?
   c. Quelles répliques traduisent la reconnaissance des enfants à son endroit ?

3. Dans les répliques de Gavroche, repérez les termes d'argot qui ont un équivalent correct. D'autres mots utilisés par Gavroche semblent-ils aussi faire partie du registre populaire ? En quoi cet enseignement de l'argot révèle-t-il un parti pris humoristique de l'auteur ?

4. Expliquez comment Hugo s'y prend, dans la longue tirade de Gavroche, pour traduire le rythme de la langue orale populaire.

5. Dites comment cette tirade donne un aperçu de la vie sociale et culturelle de l'époque.

6. Montrez que tout cet extrait présente une vision idéalisée de la pauvreté en mettant en scène un personnage d'enfant lui aussi idéalisé.

7. Les romantiques aiment les figures de style et les emploient à profusion. Illustrez ce fait en vous appuyant uniquement sur les passages descriptifs du texte.

Rédaction

8. Est-il vrai que cette « leçon d'argot » s'accompagne d'une leçon de vie et de valeurs ?

Victor Hugo, *Gavroche à onze ans*, illustration des *Misérables*, 1862.

Prosper Mérimée (1803-1870)

L'expression du pittoresque

Né dans un milieu cultivé, Mérimée fréquente les salons, mais aussi la famille de l'empereur, qui lui fournit protection et emploi. Grand voyageur, romantique dans l'âme, il cherche à décrire les passions violentes tout en colorant son œuvre d'exotisme. Surtout reconnu comme nouvelliste, il compose *Carmen*, dont l'héroïne inspire plusieurs artistes, car elle présente la figure inoubliable d'une femme libre et séductrice. Le cadre pittoresque de l'Andalousie et les mœurs mystérieuses de Carmen, qui est gitane, contribuent au caractère envoûtant du récit. Les Gitans, aussi appelés romanichels (ou roms), manouches, tziganes et bohémiens, forment un peuple qui se refuse à adopter un mode de vie sédentaire. Leurs origines sont entourées de mystère. Tout au long de leur histoire et encore aujourd'hui, ils sont victimes de préjugés bien enracinés, qui engendrent des politiques d'extermination ou mènent à leur internement ou à leur déportation.

Dans l'extrait ci-contre, Don José, un noble devenu brigand par amour pour Carmen, raconte comment la jalousie l'a poussé à tuer son amante infidèle.

La scène finale, scène fatale

Je me sentais près de pleurer. Je lui dis que je reviendrais, et je me sauvai. J'allai me coucher sur l'herbe jusqu'à ce que j'entendisse la cloche. Alors je m'approchai, mais je restai en dehors de la chapelle. Quand la messe fut dite, je retournai à la venta. J'espérais que Carmen se serait enfuie ; elle aurait pu prendre mon cheval et se sauver… mais je la retrouvai. Elle ne voulait pas qu'on pût dire que je lui avais fait peur. Pendant mon absence, elle avait défait l'ourlet de sa robe pour en retirer le plomb. Maintenant elle était devant une table, regardant dans une terrine pleine d'eau le plomb qu'elle avait fait fondre, et qu'elle venait d'y jeter. Elle était si occupée de sa magie qu'elle ne s'aperçut pas d'abord de mon retour. Tantôt elle prenait un morceau de plomb et le tournait de tous les côtés d'un air triste, tantôt elle chantait quelqu'une de ces chansons magiques où elles invoquent Marie Padilla, la maîtresse de don Pedro qui fut, dit-on, la *Bari Crallisa*, ou la grande reine des Bohémiens :

« Carmen, lui dis-je, voulez-vous venir avec moi ? »

Elle se leva, jeta sa sébile, et mit sa mantille sur sa tête comme prête à partir. On m'amena mon cheval, elle monta en croupe et nous nous éloignâmes.

« Ainsi, lui dis-je, ma Carmen, après un bout de chemin, tu veux bien me suivre, n'est-ce pas ?

— Je te suis à la mort, oui, mais je ne vivrai plus avec toi. »

Nous étions dans une gorge solitaire ; j'arrêtai mon cheval.

« Est-ce ici ? » dit-elle.

Et d'un bond elle fut à terre. Elle ôta sa mantille, la jeta à ses pieds, et se tint immobile un poing sur la hanche, me regardant fixement.

« Tu veux me tuer, je le vois bien, dit-elle ; c'est écrit, mais tu ne me feras pas céder.

— Je t'en prie, lui dis-je, sois raisonnable. Écoute-moi ! tout le passé est oublié. Pourtant, tu le sais, c'est toi qui m'as perdu ; c'est pour toi que je suis devenu un voleur et un meurtrier. Carmen ! ma Carmen ! laisse-moi te sauver et me sauver avec toi.

— José, répondit-elle, tu me demandes l'impossible. Je ne t'aime plus ; toi, tu m'aimes encore et c'est pour cela que tu veux me tuer. Je pourrais bien encore te faire quelque mensonge ; mais je ne veux pas m'en donner la peine. Tout est fini entre nous. Comme mon rom, tu as le droit de tuer ta romi ; mais Carmen sera toujours libre. Calli elle est née, calli elle mourra.

— Tu aimes donc Lucas ? lui demandai-je.

— Oui, je l'ai aimé, comme toi, un instant, moins que toi peut-être. À présent, je n'aime plus rien, et je me hais pour t'avoir aimé. »

Je me jetai à ses pieds, je lui pris les mains, je les arrosai de mes larmes. Je lui rappelai tous les moments de bonheur que nous avions passés ensemble. Je lui offris de rester brigand pour lui plaire. Tout, monsieur, tout ; je lui offris tout, pourvu qu'elle voulût m'aimer encore !

Elle me dit :

« T'aimer encore, c'est impossible. Vivre avec toi, je ne le veux pas. »

La fureur me possédait. Je tirai mon couteau. J'aurais voulu qu'elle eût peur et me demandât grâce, mais cette femme était un démon.

« Pour la dernière fois, m'écriai-je, veux-tu rester avec moi ?

— Non ! non ! non ! » dit-elle en frappant du pied.

Et elle tira de son doigt une bague que je lui avais donnée, et la jeta dans les broussailles.

Je la frappai deux fois. C'était le couteau du Borgne que j'avais pris, ayant cassé le mien. Elle tomba au second coup sans crier. Je crois encore voir son grand œil noir me regarder fixement ; puis il devint trouble et se ferma. Je restai anéanti une bonne heure devant ce cadavre. Puis, je me rappelai que Carmen m'avait dit souvent qu'elle aimerait à être enterrée dans un bois. Je lui creusai une fosse avec mon couteau, et je l'y déposai. Je cherchai longtemps sa bague et je la trouvai à la fin. Je la mis dans la fosse auprès d'elle avec une petite croix. Peut-être ai-je eu tort. Ensuite je montai sur mon cheval, je galopai jusqu'à Cordoue, et au premier corps de garde je me fis connaître. J'ai dit que j'avais tué Carmen ; mais je n'ai pas voulu dire où était son corps. L'ermite était un saint homme. Il a prié pour elle ! Il a dit une messe pour son âme... Pauvre enfant ! Ce sont les *Calés* qui sont coupables pour l'avoir élevée ainsi.

Prosper Mérimée, *Carmen*, chapitre III, 1845.

Atelier d'analyse

Exploration

1. Éclairez le contexte d'énonciation du récit en précisant qui se trouve derrière les pronoms en rouge.
   a. « **Je me** sentais près de pleurer. »
   b. « Je **lui** dis que je reviendrais. »
   c. « **Elle** ne voulait pas qu'on pût dire que je lui avais fait peur. »
   d. « **Je** me jetai à ses pieds, je **lui** pris les mains, je les arrosai de mes larmes. »

2. Montrez qu'il se produit une sorte d'inversion dans le récit, puisque Don José adopte au début un comportement traditionnellement associé à la femme, alors que Carmen présente une attitude qu'on prêtait généralement, autrefois, aux hommes.

3. Montrez que le texte correspond aux caractéristiques du romantisme en apportant une preuve à l'appui des aspects suivants.
   a. Un choix de narrateur représenté dans le texte.
   b. Des descriptions de rites gitans qui contribuent à l'effet de pittoresque.
   c. D'autres observations relatives à Carmen qui contribuent aussi à l'effet de pittoresque.
   d. La présence des thèmes de l'amour, de la liberté et de la mort.

4. Don José, s'adressant à Carmen, lui demande d'être raisonnable. Montrez que c'est pourtant lui qui est aveuglé par la passion.

5. Toute l'action est perçue dans le regard de Don José, qui a tendance à vouloir faire adopter au lecteur son point de vue sur le crime qu'il a commis.
   a. Relevez le passage où Don José rend d'abord Carmen responsable de son assassinat.
   b. Relevez un second passage où il attribue la responsabilité de son crime au peuple gitan.

6. D'un point de vue critique, peut-on dire que Prosper Mérimée cautionne les préjugés contre les femmes et contre les Gitans, ou qu'il les remet en question ? Dans le monde d'aujourd'hui, Don José serait-il considéré comme un homme violent ?

Rédaction

7. Analysez la représentation de l'amour dans ce texte.

8. En vous appuyant sur cet extrait, montrez comment le choix d'un narrateur peut influencer le regard d'un lecteur ou d'une lectrice.

**Charles Nodier
(1780-1844)**

Le lieu fantastique par excellence

Charles Nodier fait de son salon le rendez-vous des écrivains romantiques. L'un des premiers, il s'intéresse à la littérature fantastique, qui lui apparaît comme un moyen de donner libre cours à son imagination et à son esprit individualiste. Ses personnages, fantasques ou excentriques, ont recours au surnaturel pour exprimer leur révolte contre une époque désabusée.

Tiré de la nouvelle *Ines de Las Sierras*, l'extrait ci-contre situe l'action en Espagne et plus particulièrement dans le château de Ghismondo, dépeint comme un gîte « infernal ».

Le château de Ghismondo

— Nous y sommes, répondit l'*arriero* en arrêtant ses mules.
— Il était temps, dit Sergy : voilà la tourmente qui commence, et (chose étrange dans cette saison) j'ai entendu gronder le tonnerre deux ou trois fois.

Il n'avait pas fini de parler qu'un éclair éblouissant déchira le ciel, et nous montra
5 les blanches murailles du vieux castel, avec ses tourelles groupées comme un troupeau de spectres, sur une immense plate-forme d'un roc uni et glissant.

La porte principale paraissait avoir été fermée longtemps ; mais les gonds supérieurs avaient fini par céder à l'action de l'air et des années, avec les pierres qui les soutenaient, et ses deux battants retombés l'un sur l'autre, tout rongés par l'humidité
10 et tout mutilés par le vent, surplombaient, prêts à crouler, au-dessus du parvis. Nous n'eûmes pas de peine à les abattre. Dans l'intervalle qu'ils avaient laissé en se séparant vers leur base, et où le corps d'un homme aurait eu peine à s'introduire, s'étaient amassés quelques débris du cintre et de la voûte qu'il fallut écarter devant nous. Les feuilles robustes d'aloès, qui s'étaient fait jour dans leurs interstices, tombèrent en-
15 suite sous nos épées, et la voiture entra dans la vaste allée dont les dalles n'avaient pas gémi sous le passage d'une roue depuis le règne de Ferdinand le Catholique. Nous nous hâtâmes alors d'allumer quelques-unes des torches dont nous nous étions munis à Mattaro, et dont la flamme, nourrie par un courant impétueux, résista heureusement aux battements d'ailes des oiseaux nocturnes, qui s'enfuyaient de toutes les
20 flammes du vieux bâtiment en poussant des cris lamentables. Cette scène, qui avait, en vérité, quelque chose d'extraordinaire et de sinistre, me rappela involontairement la descente de Don Quichotte dans la caverne de Montesinos ; et l'observation que j'en fis en riant aurait peut-être arraché un sourire à l'*arriero* et à Bascara lui-même, s'ils avaient pu sourire encore ; mais leur consternation augmentait à chaque pas.

Charles Nodier, *Fantaisies et légendes*, 1838.

Atelier d'analyse

Exploration

1. Analysez la représentation des lieux en répondant aux questions suivantes.
   a. Pourquoi le château et l'atmosphère du moment évoquent-ils le feu ? (Remarque : Le mot « flamme » a ici deux significations. On évoque le phénomène lumineux lui-même, mais aussi une ouverture de forme gothique.)
   b. Comment les descriptions, les figures de style, suggèrent-elles la mort et la désolation ?
2. Montrez que le lexique associe la violence aux actions que posent les personnages entrant dans le château.
3. Montrez que l'usage de certains termes contribue au caractère pittoresque de l'extrait.
4. Comment Nodier s'y prend-il pour glisser des indices susceptibles d'inquiéter le lecteur quant à la suite du récit ?

Rédaction

5. Expliquez en deux paragraphes bien structurés comment les descriptions installent dans cet extrait un climat de peur propre aux récits fantastiques.

Mortel cauchemar

Le croque-mort vint qui me prit mesure d'une bière et d'un linceul ; j'essayai encore de me remuer et de parler, ce fut inutile, un pouvoir invincible m'enchaînait : force me fut de me résigner. Je restai ainsi beaucoup de temps en proie aux plus douloureuses réflexions. Le croque-mort revint avec mes derniers vêtements, les derniers
5 de tout homme, la bière et le linceul : il n'y avait plus qu'à m'en accoutrer.

Il m'entortilla dans le drap, et se mit à me coudre sans précaution comme quelqu'un qui a hâte d'en finir : la pointe de son aiguille m'entrait dans la peau, et me faisait des milliers de piqûres ; ma situation était insupportable. Quand ce fut fait, un de ses camarades me prit par les pieds, lui par la tête, ils me déposèrent dans la boîte ;
10 elle était un peu juste pour moi, de sorte qu'ils furent obligés de me donner de grands coups sur les genoux pour pouvoir enfoncer le couvercle.

Ils en vinrent à bout à la fin, et l'on planta le premier clou. Cela faisait un bruit horrible. Le marteau rebondissait sur les planches, et j'en sentais le contrecoup. Tant que l'opération dura, je ne perdis pas tout à fait l'espérance ; mais au dernier clou je
15 me sentis défaillir, mon cœur se serra, car je compris qu'il n'y avait plus rien de commun entre le monde et moi : ce dernier clou me rivait au néant pour toujours. Alors seulement je compris toute l'horreur de ma position.

On m'emporta ; le roulement sourd des roues m'apprit que j'étais dans le corbillard ; car bien que je ne pusse manifester mon existence d'aucune manière, je
20 n'étais privé d'aucun de mes sens. La voiture s'arrêta, on retira le cercueil. J'étais à l'église, j'entendais parfaitement le chant nasillard des prêtres, et je voyais briller à travers les fentes de la bière la lueur jaune des cierges. La messe finie, on partit pour le cimetière ; quand on me descendit dans la fosse, je ramassai toutes mes forces, et je crois que je parvins à pousser un cri ; mais le fracas de la terre qui roulait sur le cer-
25 cueil le couvrit entièrement : je me trouvais dans une obscurité palpable et compacte, plus noire que celle de la nuit.

Théophile Gautier, *Onuphrius*, 1832.

Atelier d'analyse

Exploration

1. Analysez la tonalité fantastique de ce récit en répondant aux questions suivantes.
   a. En quoi le choix d'un narrateur représenté dans le texte est-il absolument nécessaire à la constitution de cette intrigue ?
   b. Quels termes montrent que ce narrateur est pleinement conscient de ce qui lui arrive ?
2. Déterminez quels sont les thèmes importants du récit et expliquez vos choix.
3. Pourquoi la nuit évoquée à la fin de l'extrait contribue-t-elle à rendre la fin inquiétante ?
4. Montrez que cette mise au cercueil est décrite comme une séance de torture.
5. Sur le plan du style, discutez du choix du passé simple pour rendre la peur du narrateur : le présent de l'indicatif aurait-il été aussi (sinon plus) efficace ?

Rédaction

6. Montrez que tout l'effet de peur repose sur la subjectivité du point de vue.

Théophile Gautier (1811-1872)

L'obsession de la mort

Artiste versatile, Théophile Gautier est à 20 ans un bouillant défenseur du romantisme. Plus tard, il se rapproche du Parnasse, courant auquel le symbolisme empruntera la théorie de l'Art pour l'Art. Tout au long de sa vie, il donne libre cours à son imagination dans une série de contes fantastiques. Dans un climat onirique, il y traite le thème de la femme aimée, cherchant à combattre le passage du temps qui ternit les passions les plus vives.

Dans cet extrait d'*Onuphrius*, le personnage principal est un peintre à qui Gautier prête ses traits de « romantique forcené ». Il raconte le cauchemar d'un homme que son entourage croit mort et qu'on s'apprête à enterrer. Dans cet extrait, le mot « bière » est utilisé dans le sens de cercueil.

François-René de Chateaubriand (1768-1848)

Le goût de l'histoire

Homme à la personnalité complexe, à la fois porté vers l'action et la méditation, Chateaubriand occupe, entre autres, les fonctions d'ambassadeur de France et de ministre des Affaires étrangères. Il séjourne en Angleterre, en Orient et en Amérique. Ses essais témoignent de cette vaste expérience et de son ouverture aux cultures étrangères.

Dans cette page tirée des *Mémoires d'outre-tombe*, Chateaubriand compare deux héros mythiques : George Washington (1732-1799), chef des insurgés de la guerre de l'Indépendance américaine, puis premier président des États-Unis, et Napoléon Bonaparte (1769-1821), empereur des Français. Comme dans tous ses écrits, Chateaubriand soigne son style, sensible au fait qu'en littérature il n'y a pas que l'idée qui compte, mais aussi la manière de l'exprimer.

Washington et Bonaparte

Washington n'appartient pas, comme Bonaparte, à cette race qui dépasse la stature humaine. Rien d'étonnant ne s'attache à sa personne ; il n'est point placé sur un vaste théâtre ; il n'est point aux prises avec les capitaines les plus habiles, et les plus puissants monarques du temps ; il ne court point de Memphis à Vienne, de Cadix à Moscou : il se défend avec une poignée de citoyens sur une terre sans célébrité, dans le cercle étroit des foyers domestiques. Il ne livre point de ces combats qui renouvellent les triomphes d'Arbelles et de Pharsale ; il ne renverse point les trônes pour en recomposer d'autres avec leurs débris ; il ne fait point dire aux rois à sa porte :

Qu'ils se font trop attendre, et qu'Attila s'ennuie.

Quelque chose de silencieux enveloppe les actions de Washington ; il agit avec lenteur ; on dirait qu'il se sent chargé de la liberté de l'avenir, et qu'il craint de la compromettre. Ce ne sont pas ses destinées que porte ce héros d'une nouvelle espèce : ce sont celles de son pays ; il ne se permet pas de jouer ce qui ne lui appartient pas ; mais de cette profonde humilité quelle lumière va jaillir ! Cherchez les bois où brilla l'épée de Washington : qu'y trouvez-vous ? Des tombeaux ? Non ; un monde ! Washington a laissé les États-Unis pour trophée sur son champ de bataille.

Bonaparte n'a aucun trait de ce grave Américain : il combat avec fracas sur une vieille terre ; il ne veut créer que sa renommée ; il ne se charge que de son propre sort. Il semble savoir que sa mission sera courte, que le torrent qui descend de si haut s'écoulera vite ; il se hâte de jouir et d'abuser de sa gloire, comme d'une jeunesse fugitive. À l'instar des dieux d'Homère, il veut arriver en quatre pas au bout du monde. Il paraît sur tous les rivages ; il inscrit précipitamment son nom dans les fastes de tous les peuples ; il jette des couronnes à sa famille et à ses soldats ; il se dépêche dans ses monuments, dans ses lois, dans ses victoires. Penché sur le monde, d'une main il terrasse les rois, de l'autre il abat le géant révolutionnaire ; mais, en écrasant l'anarchie, il étouffe la liberté, et finit par perdre la sienne sur son dernier champ de bataille.

Chacun est récompensé selon ses œuvres : Washington élève une nation à l'indépendance ; magistrat en repos, il s'endort sous son toit au milieu des regrets de ses compatriotes et de la vénération des peuples.

Bonaparte ravit à une nation son indépendance : empereur déchu, il est précipité dans l'exil, où la frayeur de la terre ne le croit pas encore assez emprisonné sous la garde de l'Océan. Il expire : cette nouvelle publiée à la porte du palais devant laquelle le conquérant fit proclamer tant de funérailles n'arrête, ni n'étonne le passant : qu'avaient à pleurer les citoyens ?

La République de Washington subsiste ; l'Empire de Bonaparte est détruit. Washington et Bonaparte sortirent du sein de la démocratie : nés tous deux de la liberté, le premier lui fut fidèle, le second la trahit.

François-René de Chateaubriand, *Mémoires d'outre-tombe*, tome I, 1848-1850.

Atelier d'analyse

Exploration

1. Pour vous aider à comprendre le texte :
   a. Cherchez la définition de termes comme « magistrat » ou encore celle de mots susceptibles d'éclairer le sens du texte, comme « monarchie », « empereur », « républicain », « démocratie », etc.
   b. Dégagez le plan du texte.

2. Analysez le premier paragraphe en répondant aux questions suivantes.
   a. Pourquoi ce paragraphe, censé décrire Washington, se rapporte-t-il en fait à Napoléon ?
   b. Quel est le procédé utilisé par Chateaubriand pour arriver à ce résultat ? Expliquez votre réponse.
   c. Pourquoi peut-on dire que Washington et Napoléon sont à deux pôles opposés ? Relevez deux propositions qui le montrent.

3. Le deuxième paragraphe décrit réellement Washington. En trois phrases, résumez en quoi ce personnage diffère de Napoléon.

4. Montrez que le troisième paragraphe de l'extrait est de nature plus dialectique en répondant aux questions suivantes.
   a. Relevez quatre phrases qui véhiculent un jugement négatif sur Napoléon.
   b. Peut-on dire que Chateaubriand considère que Napoléon a trahi la Révolution ?

5. Les quatrième et cinquième paragraphes font intervenir le jugement populaire. Comment le peuple américain réagit-il à la mort de Washington et le peuple français, à celle de Napoléon ?

6. Comment le dernier paragraphe formule-t-il un jugement définitif sur les deux hommes ?

7. En guise de bilan, dressez la liste des différences de traits de caractère entre Napoléon et Washington à l'aide d'un tableau sur deux colonnes. Ex. : Napoléon a des attributs surhumains, alors que Washington se présente comme un homme ordinaire.

8. Analysez le point de vue de Chateaubriand en tenant compte des questions suivantes.
   a. Que révèle cet extrait sur les sentiments qu'éprouve Chateaubriand pour Napoléon ?
   b. Tout au long de cet extrait, à quel procédé stylistique Chateaubriand a-t-il surtout recours pour convaincre le lecteur ?
   c. Peut-on dire que Chateaubriand est ici plus proche de l'esprit des Lumières ou de la sensibilité des romantiques ?

Rédaction

9. Montrez que le procédé d'opposition touche tous les niveaux du texte : la signification, la structure, le style.

10. Dites en quoi la figure de Napoléon est plus proche de l'idéal romantique que ne l'est celle de Washington.

CHAPITRE 6 Méthodologie

PARTIE 1 :
LA LECTURE DU TEXTE LITTÉRAIRE
Comment lire un texte littéraire ? ... 244
Comment analyser un récit ? 245
Comment analyser une pièce de théâtre ? 248
Comment analyser un poème ? 250
Comment analyser un essai ?........... 253

PARTIE 2 :
LES PROCÉDÉS D'ÉCRITURE
Le contexte d'énonciation................ 254
Les ressources de la langue : grammaire et stylistique 255
Les procédés stylistiques................. 256
Les tonalités 260

PARTIE 3 :
LA DÉMARCHE DE RÉDACTION
Types de dissertation 262
L'analyse littéraire 263
Recommandations pour réussir une rédaction 264
La révision 266
L'autocorrection............................... 266

PARTIE 1 : LA LECTURE DU TEXTE LITTÉRAIRE

Comment lire un texte littéraire ?

PLANIFIER LA LECTURE DU TEXTE

Tenir compte des objectifs de lecture	• Décider de l'annotation à effectuer en tenant compte de l'intention de lecture ou des consignes de l'enseignant ou de l'enseignante. • Orienter la lecture en tenant compte de la tâche à réaliser (réponses à des questions de développement, analyse, dissertation, exposé, etc.).
Tenir compte : – de la nature du texte – du contexte d'énonciation – des intentions de l'auteur	• Classer le texte dans un genre (narratif, dramatique, etc.) et une forme littéraire (roman, chanson, poème, conte fantastique, tragédie, comédie, essai, etc.) et consulter la théorie s'y rapportant. • Situer l'auteur du texte dans le temps et l'espace à l'aide de sources documentaires diversifiées. • Se référer au courant littéraire dans lequel s'inscrit le texte (classicisme, romantisme, etc.). • Tenir compte du contexte sociohistorique ou socioculturel (Moyen Âge, Renaissance, etc.).
Tenir compte de la structure du texte	• S'interroger sur le sens du titre et tenir compte des informations qui accompagnent le texte proprement dit pour anticiper son contenu. • Observer l'organisation du texte en chapitres, paragraphes, strophes, actes, scènes, etc., et son incidence sur le sens.

COMPRENDRE LE TEXTE

Lire efficacement le texte	• Dans le cas d'un récit ou d'une pièce de théâtre, résumer l'intrigue en complétant, au fil de la lecture, le *schéma narratif* (voir page 246) ou le *schéma actantiel* (voir page 245). • Dans le cas d'un essai, dégager le point de vue adopté et les étapes de la réflexion ou les arguments importants. • Dans le cas d'un poème, résumer chacune des strophes et identifier les principaux champs lexicaux. • Définir les mots qui font obstacle à la compréhension.
Cerner l'organisation du récit	• Situer l'intrigue dans son contexte spatiotemporel. • Identifier le ou les types de narration utilisés dans le texte, les changements de narrateur et de focalisation, s'il y a lieu. • Suivre l'évolution des personnages et étudier la dynamique de leurs relations. • Cerner l'ordre de présentation des événements (enchaînement chronologique, alternance ou enchâssement d'histoires, ellipses, analepses ou prolepses) et ses conséquences sur l'intrigue principale.

Prêter attention au style et à la tonalité	• Dégager la tonalité (lyrique, fantastique, merveilleuse, etc.) qui domine dans les descriptions, et l'effet visé (effet de vraisemblance, de rêve, etc.). • Étudier le style en prêtant attention aux procédés d'écriture : le choix du niveau de langue, l'emploi des procédés stylistiques, les jeux de mots, les variations syntaxiques (ex. : la ponctuation), etc. • Tenir compte des effets que provoquent ces choix sur le lecteur.
INTERPRÉTER LE TEXTE	
Dégager les thèmes et les valeurs du texte	• Cerner les thèmes : la condition humaine, l'amour, la solitude, la guerre, le racisme, l'enfance, la liberté, etc. • Dresser les champs lexicaux qui permettent de reconstituer les réseaux thématiques. • Se reporter aux connaissances relatives à l'auteur, au courant et à l'époque pour confirmer et compléter l'exploration thématique. • Relever les valeurs (croyances, jugements) véhiculées par les personnages et par le narrateur relativement aux thèmes abordés.
Exploiter divers moyens pour approfondir le texte	• Effectuer une relecture stratégique du texte en tenant compte de l'intention de lecture ou des consignes de travail. • Passer aux étapes de la planification et de la rédaction s'il y a lieu ; vérifier ou, sinon, corriger les observations accumulées en cours de lecture.

Comment analyser un récit ?

Tout récit comprend une histoire (ce qui est raconté) et une narration (la façon de raconter). L'histoire est faite d'un enchaînement d'événements qui modifient le parcours de personnages engagés dans la quête d'un objet particulier. La narration est l'ensemble des moyens utilisés pour régir le récit.

L'HISTOIRE

Les personnages

| Qui sont-ils ?

Quels rôles jouent-ils ?

Comment sont-ils décrits en ce qui a trait à :
- leur physique ?
- leur caractère ?
- leurs origines et leur milieu social ?
- leurs valeurs et leurs croyances ?

Où se situent-ils dans la dynamique des relations entre personnages ? | Il existe plusieurs types de personnage. Le personnage peut être héros, anti-héros, personnage principal ou secondaire, ou figurant. Il assume plusieurs fonctions dans le récit :
1. Il est une **composante essentielle** du récit ; il contribue à sa signification.
2. Il est une **représentation de l'être humain**, qui se singularise par ses traits physiques, psychologiques, son statut social et les valeurs qu'il adopte.
3. Il a une **importance** qui se mesure par les liens qu'il entretient avec le héros, noyau du récit. Un des personnages du récit peut aussi être le narrateur.
4. Il peut être **stéréotypé** s'il a, par exemple, des traits codifiés, déjà connus du lecteur. La femme fatale dans le romantisme et le vampire dans le fantastique sont des exemples de personnages stéréotypés.
5. Il est un **actant**, c'est-à-dire qu'il exerce une fonction par rapport à l'action et qu'il peut être le héros en quête d'un objet (le but de la quête) ; adjuvant ou opposant (personnage qui aide ou nuit au héros) ; destinateur (il initie la quête) ou destinataire (il en tire profit ou non), etc.

Le schéma actanciel ci-dessous illustre la dynamique habituelle des personnages dans tout récit.

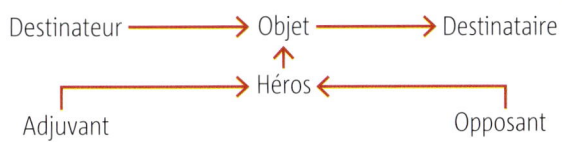 |

L'intrigue

Quel est le contexte ?	**Le schéma narratif** permet de dégager le plan du récit à partir de :
	a. La situation initiale **QUI ?** Repérer les personnages centraux et déterminer l'objet de la quête **OÙ ?** Quel est le lieu de l'intrigue (pays, ville, etc.) ? **QUAND ?** À quel moment, à quelle époque se déroule l'intrigue ? **POURQUOI ?** Quel semble être l'objet de la quête ? Que recherche le héros ?
Comment progresse l'intrigue ?	**b. L'événement déclencheur** **QUOI ?** Quel est l'élément déclencheur de l'action qui vient rompre l'équilibre initial ? **COMMENT ?** Comment le personnage cherche-t-il à échapper au danger ou à se soustraire à la menace ? Quelles sont les principales péripéties ? Comment les autres personnages se situent-ils par rapport à la quête du héros ?
	c. Le dénouement À quoi conduit la quête du héros ? Comment se situe le héros par rapport aux autres personnages ayant participé à sa quête ?
	d. La situation finale Le héros a-t-il atteint son but ou échoué dans sa démarche ?
Comment les événements sont-ils présentés ?	**Les modalités d'organisation de l'intrigue** **a. L'enchaînement :** succession d'événements d'une seule et unique intrigue, en ordre chronologique et logique, soit de la cause à la conséquence. **b. L'alternance :** entrelacement de deux intrigues. **c. L'enchâssement :** insertion d'une seconde intrigue dans l'histoire principale.

LA NARRATION

Le narrateur

Qui raconte l'histoire ?	**a. Le narrateur présent** ou représenté sous forme de personnage qui raconte l'histoire en usant du pronom « je ». **Deux possibilités** • Un narrateur-héros qui raconte sa propre histoire. • Un narrateur-témoin : personnage secondaire qui rapporte l'histoire du héros. EFFET Contribuer à la subjectivité du récit et favoriser l'identification du lecteur au personnage. **b. Le narrateur non représenté**, qui implique une narration à la troisième personne. EFFET Augmenter l'illusion de vraisemblance, puisque la réalité semble observée avec neutralité.

La focalisation

De quel point de vue la scène est-elle observée ?	Technique narrative qui permet de raconter une histoire en variant l'angle de perception. En cours de récit, le lecteur peut être amené à regarder une scène par les yeux d'un ou de plusieurs personnages. **a. La focalisation zéro ou point de vue omniscient (comme si le narrateur était Dieu) :** la scène est racontée en variant de point de vue ; le narrateur rapporte les paroles tout autant que les pensées de plusieurs personnages. **b. La focalisation interne (avec un personnage) :** réduction du point de vue à la perspective d'un seul personnage. **c. La focalisation externe :** observation des actants de l'extérieur, sans pénétrer les consciences.

Le rythme narratif

Comment les événements sont-ils organisés ?	Il permet d'organiser les événements par des moyens variés, qui peuvent contribuer à accélérer ou réduire le rythme du récit, soit : **a. L'analepse (ou rétrospective) :** évocation d'événements qui se sont passés antérieurement ; retour en arrière (ralentissement). **b. La description :** inventaire de caractéristiques d'un personnage, d'un paysage ou d'un décor ; elle permet notamment de situer l'action dans l'espace et le temps ; elle constitue une pause dans le récit. **c. L'ellipse :** omission d'événements dans le cours du récit ; elle contribue au suspense en créant des zones d'ombre ou en tenant secrets des événements ; elle permet une accélération du récit. **d. La prolepse (ou anticipation) :** annonce des événements futurs ; projection dans le futur (accélération). **e. La scène :** moment du récit qui fait coïncider le temps de la narration et celui de l'histoire. **f. Le sommaire :** résumé de plusieurs événements en un court texte (accélération).

Les paroles des personnages

Comment les paroles des personnages sont-elles rapportées ? Que nous révèlent le dialogue et les monologues sur les personnages ?	**Le dialogue**, soit l'ensemble de leurs échanges, peut se présenter selon les formes suivantes : **a. Le discours direct :** Les paroles du personnage sont prises sur le vif, et le tiret ou les guillemets leur servent de marqueurs typographiques. Exemple : L'enfant dit à sa mère : – Maman, je ne veux plus jouer avec mon petit voisin. **b. Le discours indirect :** Les paroles du personnage sont rapportées à l'aide d'un verbe déclaratif qui les précède ou qui se trouve en incise dans les paroles rapportées. Exemple : L'enfant dit à sa mère qu'il ne voulait plus jouer avec son petit voisin. **c. Le discours indirect libre :** Les réflexions et les paroles du personnage sont rapportées sans qu'aucun signe particulier indique la transition de la narration à l'énoncé des pensées et des paroles de ce personnage. Exemple : L'enfant se plaignit à sa mère. Il ne voulait plus jouer avec son petit voisin. **d. Le monologue intérieur :** L'expression de la pensée intime, souvent hors du contrôle de la raison. Exemple : L'enfant pense en lui-même que sa mère devrait... comment lui faire comprendre ? Son petit voisin, il ne l'a jamais aimé. Cet air d'abruti !

LA THÉMATIQUE

Quels réseaux thématiques peut-on dégager du récit ?	Les thèmes sont illustrés par l'intermédiaire des personnages et de l'intrigue. L'analyse des *champs lexicaux* (voir page 257) et des autres procédés d'écriture ainsi qu'une bonne connaissance des courants littéraires permettent de dégager les thèmes d'un texte.

LE STYLE

Quels sont les procédés d'écriture utilisés par l'auteur ? Dans quel but ?	Au moment de l'analyse, il importe d'étudier le style en prêtant attention aux *procédés d'écriture* (voir page 254) et aux effets que provoquent ces choix sur le lecteur.

Comment analyser une pièce de théâtre?

Le texte dramatique prend la forme d'une succession de répliques accompagnées de didascalies; il se distingue aussi par le phénomène de la double énonciation liée à la représentation théâtrale.

Le genre dramatique a également des traits en commun avec le récit. Dans la pièce de théâtre comme dans le texte narratif se déroulent des événements fictifs (donc imaginaires, non réels) qui traduisent une certaine vision du monde, centrée sur des thèmes privilégiés. Le texte, qui peut être en prose ou en vers, implique, lui aussi, l'emploi de procédés d'écriture variés.

L'HISTOIRE

Les personnages

Qui sont-ils? Quels rôles jouent-ils?	Au théâtre, il existe plusieurs types de personnage. Ce sont les mêmes que dans le récit. Le personnage peut être héros, anti-héros, personnage principal ou secondaire, ou figurant. Il assume plusieurs fonctions dans la pièce: • Il est d'abord une **composante essentielle de la pièce**: il constitue une représentation de l'être humain appelé à être incarné par un acteur. Ses caractéristiques ne sont pas décrites, quoiqu'on puisse les découvrir par les répliques ou par le comportement qu'il adopte et par les réactions des autres personnages. C'est en fait surtout l'acteur qui donnera forme au personnage.
Comment sont-ils décrits en ce qui a trait à: - leur physique? - leur caractère? - leurs origines et leur milieu? - leurs valeurs et leurs croyances?	• Il est un **actant** et il est engagé dans une quête. Le metteur en scène verra à rendre perceptible sur scène la dynamique relationnelle par les gestes, les déplacements, etc. (voir *schéma actanciel*, page 245). Son importance est perceptible par la quantité de texte qui lui est octroyé et par sa place dans l'action. • Il peut répondre à un **stéréotype**, soit celui du jeune premier, du valet, du confident, etc. • Il peut être un personnage collectif – le **chœur**, dont les origines remontent à l'Antiquité grecque, mais encore utilisé aujourd'hui – qui crée une distance critique par rapport à la fiction ou représente les valeurs de la communauté.
Que nous révèle le dialogue sur les personnages?	**Le dialogue** • **La réplique:** Énoncé qui varie en longueur, dit par un comédien à l'adresse d'un autre. Synonyme de **répartie**. • **Le monologue:** Énoncé d'un personnage qui se parle à lui-même à haute voix, pour être entendu du spectateur: en plus du comédien lui-même, le public est le destinataire de ces paroles. Le monologue met aussi en lumière le fait que le théâtre est formé de **conventions**. • **La stichomythie:** Succession de répliques courtes, qui produit une accélération du dialogue et peut occasionner une intensification des émotions. • **La tirade:** Réplique plus longue (de plus d'une quinzaine de lignes), qui signale souvent un état de crise dans la pièce et qui permet au comédien de se distinguer en attirant sur lui seul l'attention du public. • **Le polylogue:** Échange à plusieurs voix, les personnages pouvant intervenir chacun à leur tour ou, au contraire, en désordre, dans la cacophonie totale. • **L'aparté:** Court énoncé que semble s'adresser le personnage à lui-même, mais qui est dirigé vers le public.
Que nous révèlent les didascalies sur le comportement des personnages?	**Les didascalies** Les didascalies sont des indications scéniques, généralement en italique dans le texte. Elles s'adressent au lecteur, certes, mais surtout au metteur en scène et aux comédiens. Elles ne sont donc pas prononcées sur scène, mais fournissent plutôt des informations sur la façon de jouer et sur le décor. Au moment de la lecture, elles permettent d'imaginer la production finale.

L'intrigue

Comment progresse l'intrigue ?
Quelle est la nature de ce qui est raconté ?
Quel est le contexte (où et quand) ?
Comment les événements sont-ils organisés ?

L'action se situe dans un **espace** et un **temps** dramatiques qu'il faut distinguer de l'espace scénique (la scène) et du temps scénique, qui est celui de la représentation sur scène. En apportant quelques modifications au *schéma narratif* (voir page 246), il est possible de résumer l'intrigue d'une pièce de théâtre.

Les actes et les scènes
À l'époque classique (XVIIe siècle), la pièce est divisée en tenant compte des étapes du déroulement de l'action, mais aussi d'autres phénomènes comme l'entrée en scène ou la sortie de personnages. Cette conception se transforme aux siècles suivants.

Les actes
Les actes constituent les divisions d'une pièce, qui correspondent aux étapes du déroulement de l'action dans le théâtre classique.

Exemple : Les actes dans la tragédie classique

Acte 1 : Il fait l'**exposition** de l'intrigue ; il situe le spectateur en général dans l'espace et le temps, et il met en place les principaux éléments de celle-ci. (Il est occasionnellement précédé d'un **prologue**, qui sert à introduire l'intrigue.)

Acte 2 : Il révèle le **nœud**, ou l'obstacle qui plonge le spectateur dans le tragique.

Acte 3 : Il expose la **péripétie**, soit l'événement imprévu, le retournement de situation ou l'obstacle qui déstabilise le héros.

Acte 4 : Il montre la **catastrophe**, qui entraîne un changement irréversible de la situation.

Acte 5 : Il présente le **dénouement**, qui, sauf exception, est malheureux. (Il peut à l'occasion être suivi d'un épilogue, commentaire final servant la plupart du temps à tirer la morale de l'histoire.)

Les scènes
Les scènes forment les subdivisions de chacun des actes ; elles sont souvent fondées sur l'entrée en scène ou la sortie d'un personnage. La scène, faut-il le préciser, est aussi le lieu où jouent les acteurs.

La division de la pièce de théâtre depuis le XVIIIe siècle
Depuis le XVIIIe siècle, on favorise d'autres façons de diviser la pièce, notamment en **tableaux** qui sont des instantanés de la vie des personnages.

À noter : Les théâtres grec, médiéval et de la Renaissance étaient régis par d'autres types de division. Le théâtre actuel est lui aussi très inventif en ce qui a trait à l'organisation de l'intrigue.

LA THÉMATIQUE

Quels réseaux thématiques peut-on dégager du texte ?

Les thèmes sont illustrés par l'intermédiaire des personnages et de l'intrigue. L'analyse des *champs lexicaux* (voir page 257) et des autres procédés d'écriture ainsi qu'une bonne connaissance des courants littéraires permettent de dégager les thèmes d'un texte.

LE STYLE

Quels sont les procédés d'écriture utilisés par l'auteur ? Dans quel but ?

La tragédie et le drame puisent dans les mêmes catégories de *procédés d'écriture* (voir page 254) que le récit.

La comédie utilise en plus une panoplie de moyens pour faire rire, qu'on peut trouver aussi à l'occasion dans le drame, soit :

- **Le comique de situation :** Tout ce qui tient du **quiproquo** (situation qui résulte d'un malentendu, d'une forme de confusion).
- **Le comique de langage :** Jeux de mots, calembours, lapsus (le fait de confondre des mots), mais aussi tout effet de syntaxe qui contribue à rythmer la pièce.
- **Le comique de gestes :** Souvent associé à l'ironie, à la caricature, au grotesque ou au burlesque dans la comédie. Les gestes sont quelquefois décrits en didascalie dans le texte.

Partie 1 : La lecture du texte littéraire

Comment analyser un poème ?

Avant que les poètes symbolistes (deuxième moitié du XIXe siècle) ne fassent éclater les frontières entre prose et poésie par le poème en prose, il était facile de reconnaître un poème à ses vers réguliers et à ses rimes. La poésie était alors un art du langage dont on mesurait la réussite non seulement à l'originalité et à la profondeur de l'expression ou de la thématique, mais aussi à la capacité de se soumettre avec virtuosité aux règles de la métrique (ce qui est relatif à la versification et ses effets).

Les poètes continuent aujourd'hui leur incessante exploration du langage en s'accordant une très grande liberté par rapport aux règles établies au siècle classique (XVIIe siècle). Toutefois, de façon générale, on peut définir le poème comme un texte où sont articulés, pour former un sens, un rythme et des images.

LE RYTHME ET LES SONORITÉS

La mesure du vers (la scansion)

Quel type de vers trouve-t-on dans le poème ?	Le vers est une unité rythmique disposée sur une ligne. La scansion consiste à relever et à marquer le nombre de syllabes d'un vers par une barre oblique (ce qui est synonyme de « scander » le vers). La syllabe est l'unité de base du vers français. Elle est formée de consonnes et de voyelles et se prononce en une seule émission de voix. Pour effectuer le décompte (la scansion) du vers, il importe de tenir compte de la **liaison** de la dernière consonne d'un mot avec le mot suivant. La syllabe finale de la rime féminine ne compte pas ; par ailleurs, à l'intérieur du mot, le « e » atone compte s'il est entre deux consonnes, mais il s'élide dans une liaison. La scansion permet de déterminer le **type du vers**. Les vers les plus fréquemment employés jusqu'au XIXe siècle sont les suivants : • l'**alexandrin** (douze syllabes) Ex. : « Le / jour / de / la / rai / son / ne / le / sau / rait / per / cer » (Boileau, *L'art poétique*, 1674) • le **décasyllabe** (dix syllabes) Ex. : « Le / mur / flé / chit / sous / le / noir / ba / tail / lon » (Hugo, « Les Djinns », *Les Orientales*, 1827) • l'**octosyllabe** (huit syllabes) Ex. : « La / mi / sère / aus / si / fai / sait / rage » (Verlaine, « Laeti et errabundi », *Parallèlement*, 1889) À noter : Les vers libres sont de longueur variée et ils échappent aux règles de la versification classique.

La coupe du vers

Quelles divisions trouve-t-on dans les vers du poème ?
 	
En quoi ces procédés sonores contribuent-ils au sens du poème ?
	Les divisions à l'intérieur d'un vers qui comptent plus de huit syllabes sont appelées « coupes ». Elles influencent le rythme du poème. Les principales divisions du vers classique sont les suivantes :
	
	L'accent tonique
	Plus grande intensité de la voix portant sur la dernière syllabe d'un groupe syntaxique, à l'exception, évidemment, des syllabes muettes. Les coupes se placent donc à la suite d'une syllabe accentuée.
	Ex. : « Cessez de vous en plaindre. / À présent le théâtre
	    Est en un point si haut / que chacun l'idolâtre » (Corneille, *L'illusion comique*, 1636)
	
	L'hémistiche
	Moitié d'un alexandrin qui compte six syllabes ; la césure sert à départager les deux hémistiches. Voir l'exemple ci-dessus.
	
	Le tétramètre
	Coupe de l'alexandrin en quatre parties généralement égales.
	Ex. : « Pour savoir, après tout, ce qu'on aime le mieux :
	    Les bonbons, l'Océan, le jeu, l'azur des cieux,
	    Les femmes, les chevaux, les lauriers et les roses. » (Musset, « Sonnet », *Poésies nouvelles*, 1850)
	
	Le trimètre
	Coupe de l'alexandrin en trois parties (généralement égales mais pas toujours) ; le trimètre est fréquent dans la poésie des romantiques.
	Ex. : « Un amour, rien qu'un seul, tout fantasque soit-il ;
	    Et moi qui le recherche ainsi, noble et subtil [...]. » (Nelligan, « Beauté cruelle », *Poésies complètes*, 1952)

La concordance et la discordance

Y a-t-il concordance ou discordance des vers ?

Quel est l'effet produit ?

Le poète peut créer un rythme régulier en faisant concorder la phrase et le vers, soit 1 phrase = 1 vers, ce qui était, du moins en théorie, une sorte de norme en poésie classique.

À partir du romantisme, les poètes font le choix de jouer avec la discordance du vers pour créer des effets rythmiques, notamment grâce aux procédés suivants :

- **L'enjambement :** toute phrase qui déborde d'un vers, dont l'excédent est déporté au vers suivant.
- **Le rejet :** forme spécifique d'enjambement, soit le fait de reporter dans le vers suivant un groupe syntaxique court, souvent même un seul mot.
- **Le contre-rejet :** le fait de placer la partie courte d'une phrase dans le premier vers et de reporter le groupe syntaxique le plus long dans le second.

La strophe

Les strophes confèrent-elles un rythme au poème ?

Quel sens peut-on dégager de ces regroupements de vers ?

La strophe est un regroupement de vers habituellement suivi d'un blanc typographique. Elle revêt généralement une unité de sens qui se rapproche de la phrase. Ces regroupements de vers donnent un rythme au poème.

Selon le nombre de vers qu'elle comprend, la strophe porte des noms différents : **sizain** (six vers), **quintil** (cinq vers), **quatrain** (quatre vers) et **tercet** (trois vers).

Les strophes sont **isométriques** quand les vers qui les composent sont tous de même longueur (par exemple tous des alexandrins) et **hétérométriques** (ou **anisométriques**) quand il y a variation (par exemple des alexandrins alternant avec des octosyllabes).

La rime

Comment le poème joue-t-il sur les sonorités ?

Quel est le patron de rimes ?

On appelle « rime » la reprise de sons (ou de phonèmes) identiques à la finale de deux vers. Si le mot à la fin du vers se termine par un *e* muet, on parlera de rimes **féminines** ; sinon, elles seront dites **masculines**.

La disposition des rimes

- **Rimes plates, suivies ou consonantes :** deux rimes féminines se suivent, et deux rimes masculines leur succèdent, ce qui donne le modèle de rimes *aabbcc*, etc.
- **Rimes croisées ou alternées :** les rimes féminines et masculines se succèdent en alternance selon le modèle *abab*.
- **Rimes embrassées :** les rimes féminines et masculines se succèdent en alternance selon le modèle *baab ou abba*.

Quelle appréciation peut-on faire des rimes ?

La qualité de la rime

La qualité de la rime dépend du nombre de phonèmes en reprise à l'exclusion du *e* caduc.

- **La rime riche :** trois homophonies (trois phonèmes répétés), comme dans riv**ièr**es et f**ièr**es.
- **La rime suffisante :** deux homophonies (deux phonèmes répétés), comme dans b**leu** et p**leu**t. À noter : Deux lettres servent à transcrire le son « eu », mais il ne s'agit en fait que d'un seul phonème.
- **La rime pauvre :** une seule homophonie (un phonème répété à la fin du vers), comme dans am**i** et fin**i**.

En quoi ces procédés contribuent-ils à la thématique ?

À noter : D'autres *procédés sonores* (voir page 260), par exemple **l'assonance** et **l'allitération**, sont fréquemment utilisés en poésie.

Illustration de quelques notions

La forme du poème, ❶ — le sonnet

LE DORMEUR DU VAL

C'est un trou de verdure // où chante une riv*ière*	a
Accrochant follement // aux herbes des haill*ons*	b
D'argent ; où le soleil de la montagne f*ière*	a
Luit : c'est un petit val qui mousse de rayons.	b
Un/ sol/dat/ jeu/ne, // bou/che ou/ver/te/, tê/te/ nue,	c
Et/ la/ nu/que/ bai/gnant/ // dans/ le/ frais/ cres/son/ b*leu*/,	d
Dort ; il est étendu dans l'herbe, sous la nue,	c
Pâle dans son lit vert // où la lumière p*leut*.	d
Les pieds dans les glaïeuls, il dort. Souriant comme	e
Sourirait un enfant malade, il fait un somme :	e
Nature, berce-le chaudement : il a froid.	f
Les parfums ne font pas frissonner sa narine ;	g
Il dort dans le soleil, la main sur sa poitrine	g
Tranquille. Il a deux trous rouges au côté droit.	f

Arthur Rimbaud, *Poésies*, 1870.

- La strophe, le quatrain ❷
- L'enjambement ❹
- Le vers, l'alexandrin ❸
- La strophe, le tercet ❷

- ❺ La rime féminine
- ❻ La rime riche
- ❺ La rime masculine
- ❺ La rime croisée
- ❻ La rime suffisante

LES FORMES POÉTIQUES

De quelle forme de poème s'agit-il ?

Les poèmes peuvent adopter diverses formes, qui varient souvent en fonction des époques. Les plus fréquentes sont les suivantes :

- **Le sonnet** : poème de quatorze vers, disposés en deux quatrains et deux tercets.
- **La ballade** : poème composé de trois strophes d'égale longueur et d'un envoi d'une demi-strophe. Un même vers, qui sert de refrain, est repris à la fin des strophes et de l'envoi.
- **L'ode** : long poème dans une métrique autre que l'alexandrin.
- **Le poème à vers libres** : poème en vers qui ne se plie pas aux règles de la poésie classique.
- **Le poème en prose** : à partir des symbolistes, poème complètement libéré des contraintes de la versification, composé en phrases généralement d'une grande musicalité et présentant, habituellement, une grande concentration de figures de style.
- **Autres formes possibles** : haïku, pantoum, rondeau, blason, calligramme.

LA THÉMATIQUE

Quels réseaux thématiques peut-on dégager du poème ?

L'analyse du titre, du *contexte d'énonciation* (voir page 254), des *champs lexicaux* (voir page 257) et des autres procédés d'écriture utilisés ainsi qu'une bonne connaissance des courants littéraires permettent de dégager les thèmes d'un texte.

LE STYLE

Quels sont les procédés d'écriture utilisés par l'auteur ? Dans quel but ?

Au moment de l'analyse, il importe :

- d'identifier la *tonalité* (voir page 260) du poème (didactique, épique, lyrique, ludique, etc.) ;
- de dresser l'inventaire des *procédés d'écriture* (voir page 254) employés et d'établir des liens avec la thématique ;
- d'observer les sens sollicités par le poète : la vue, l'ouïe, l'odorat, le goût, le toucher ;
- d'être sensible aux connotations, c'est-à-dire à tout ce qui peut être suggéré à l'aide des mots ;
- de prêter attention à la disposition du poème et, dans le cas d'une disposition particulière, d'établir des liens avec le propos (ex. : un calligramme).

Comment analyser un essai ?

L'essai est un genre qui vient au monde à la Renaissance sous la plume de Montaigne, qui intitule son œuvre *Essais*. Amalgame de récit autobiographique et de discours argumentatif, l'essai est à la fois récit de l'expérience vécue et réflexion sur la vie privée et publique. Il se situe entre le personnel et l'universel, entre l'émoi et la raison. Genre aux délimitations fluctuantes, il peut aussi ouvrir ses frontières à tout texte qui porte sur un sujet lié à la réalité.

LE CONTENU

	L'essai littéraire est un texte en prose qui se présente comme une réflexion libre, et non comme un bilan définitif, sur un sujet donné. Il a quatre caractéristiques importantes :
À quoi reconnaît-on le caractère référentiel du texte ?	1. **Référentiel :** L'auteur exprime ses idées directement, sans l'intermédiaire d'une intrigue et de personnages fictifs. **Indices :** Les thèmes ou sujets de réflexion sont généralement directement indiqués dans le texte (le lecteur n'a pas à les déduire comme c'est le cas pour le récit).
Quelles sont les marques qui témoignent de la subjectivité de l'essai ?	2. **Subjectif :** L'auteur produit un texte personnel et partial, qui reflète fortement ses opinions et ses valeurs. **Indices :** Les marques du locuteur indiquent la présence de l'auteur dans l'essai et la tonalité émotive générale.
Quelles sont les marques qui témoignent de l'actualité et de l'authenticité des idées ?	3. **Ancré dans l'actualité (le moment d'écriture) :** L'auteur se positionne par rapport à des sujets qui préoccupent ses contemporains. **Indices :** Les noms cités se rapportent à des personnages ayant réellement existé ; les événements sont historiques, de l'ordre de la réalité.
	4. **Fidèle à la réalité :** L'auteur respecte le pacte de lecture qui est celui de tous les récits réels, en attestant l'authenticité de ce qu'il dit. **Indices :** observer les choix lexicaux et les phrases de modalisation.

LA FORME ET LA STRUCTURE

Qui s'exprime et dans quel but ?	**Le contexte d'énonciation** L'auteur est celui qui dit « je » et qui fait entendre sa propre voix (quoiqu'il existe aussi des essais impersonnels, moins susceptibles toutefois d'être littéraires). **Les intentions de l'auteur** L'essai est une forme littéraire composite, qui a pour fonction de permettre à un auteur : • d'exprimer sa sensibilité, ses émotions ; • d'informer les lecteurs en appuyant son point de vue sur des faits objectifs ; • d'argumenter et de convaincre le destinataire afin de l'engager à prendre position ou à changer le monde.
Comment les idées s'organisent-elles ?	**L'organisation des idées** Dans l'essai littéraire, l'organisation des idées est généralement libre et fluctuante : le lecteur peut même avoir l'impression d'assister à l'émergence d'une pensée, qui n'hésite pas à se contredire pour mieux s'affirmer.

LA THÉMATIQUE

L'auteur de l'essai a une prédilection pour les sujets à caractère culturel, les problématiques sociales et politiques. L'essai peut aussi témoigner d'une crise d'identité individuelle, qui s'exprime souvent sur fond de crise de culture ou de civilisation. **Indices :** Mots qui expriment des concepts ; émotions par la présence de modalisateurs ; arguments entraînant la formulation d'exemples pour illustrer les idées.

LE STYLE

Quels sont les procédés d'écriture utilisés par l'auteur ? Dans quel but ?	L'auteur favorise souvent : • un lexique accessible et un ton informel ; • les marques du destinataire et les modalisateurs marquant l'émotion et le jugement ; • les *conjonctions* et les *prépositions* (voir page 256), les locutions prépositives, importantes pour saisir la logique argumentative ; • le recours aux anecdotes pour illustrer des arguments ; • l'usage de l'*humour*, de la *satire* et de l'*ironie* (voir page 261), par exemple avec les *antiphrases* (voir page 258).

PARTIE 2 : LES PROCÉDÉS D'ÉCRITURE

Le contexte d'énonciation

Dans un échange courant, le locuteur s'adresse à un destinataire qui, en lui répondant, devient à son tour locuteur. Pour bien comprendre un texte, il importe de clarifier les différents éléments du contexte d'énonciation et de pouvoir déterminer qui se trouve derrière chaque pronom personnel présent dans le texte.

LE LOCUTEUR

Dans tout échange ou communication, celui qui parle ou qui écrit.
Les marques qui signalent la présence du locuteur dans un texte sont les pronoms personnels « je », « me », « moi » (et « nous » dans certains cas) ; les pronoms possessifs « le mien », « le nôtre », etc. ; les déterminants possessifs « mon », « ma », « mes », « notre », etc.

LE DESTINATAIRE

Récepteur du message ou du texte ; c'est à lui que s'adresse l'énoncé oral ou écrit.
Les marques qui signalent la présence du destinataire dans un texte sont le pronom personnel de la deuxième personne, « tu » (qui signale en général la familiarité) ou « vous » (qui signale une attitude de respect ou de distance) ; les pronoms et déterminants possessifs associés à la deuxième personne ; l'emploi de l'apostrophe, etc.
L'emploi du mode impératif peut aussi servir d'indice pour déterminer la nature de la relation entre le locuteur et son destinataire (relation d'autorité ou de soumission).

LA SITUATION D'ÉNONCIATION

Tous les mots qui précisent le lieu et le moment de l'échange.
Les marques, ou indicateurs de temps, sont les adverbes de temps comme « aujourd'hui », « maintenant », « parfois », etc.
Les marques, ou indicateurs de lieu, sont les toponymes, les adverbes de lieu comme « ici », « là-bas », « à droite », « plus loin », etc.

LES MODALISATEURS

Tout mot ou signe de ponctuation qui traduit dans la phrase la subjectivité ou l'affectivité du locuteur.
Pour repérer des modalisateurs d'émotions, on doit observer l'usage de ponctuation et d'interjections, comme dans la phrase suivante : « Ah ! que je trouve insupportable qu'il pleuve tous les jours. »
Pour repérer des modalisateurs de jugement, on doit observer l'usage de certains mots ou expressions, comme dans la phrase suivante : « Je vous assure qu'il va pleuvoir demain. » On peut aussi surveiller certains suffixes péjoratifs ou mélioratifs, comme le suffixe « âtre » (qui a une connotation péjorative) dans le mot « bellâtre ». On peut en outre relever les adverbes ou les adjectifs qui traduisent la subjectivité ou l'émotion (ex. : « certainement », « extraordinaire », « horrible », etc.).

LES MODALITÉS DU DIALOGUE (DISCOURS DIRECT OU RAPPORTÉ)

Registres de langue utilisés, tonalités émotives employées et nature des relations entre le locuteur et son interlocuteur.

Les ressources de la langue : grammaire et stylistique

La langue constitue le matériau de l'écrivain. Les mots constituent sa première ressource. Ils sont des unités sonores (ou graphiques) porteuses de sens. Par ses choix linguistiques, et donc par l'usage de procédés grammaticaux et syntaxiques, l'écrivain appose sa marque personnelle sur son texte ; il lui donne une signification, une couleur, un rythme et une tonalité propres.

L'ADJECTIF

L'adjectif qualifiant sert à traduire une atmosphère, à décrire les lieux ou l'époque, à caractériser un personnage, à commenter une action, etc.

Les questions à poser
Des adjectifs sont-ils exploités pour créer l'atmosphère, caractériser les personnages ou décrire les lieux ou l'époque d'un récit ? L'adjectif a-t-il été détaché et placé en tête de phrase de manière à produire un effet ? Des adjectifs qualifiants ont-ils été mis en degré ?

LE NOM

Mot qui sert à désigner des êtres, des objets et des concepts.

Catégories de noms
Forme : simples/composés, masculins/féminins, singuliers/pluriels.
Sens : communs/propres, concrets/abstraits, animés/inanimés, individuels/collectifs, comptables/non comptables.
À noter : Le nom est accompagné d'une variété de déterminants qui peuvent contribuer aux effets stylistiques du groupe nominal.

Les questions à poser
Une catégorie de noms est-elle exploitée de manière à créer un effet particulier ? Une paire de catégories est-elle exploitée de manière à créer un effet d'opposition ? Les noms attribués aux personnages sont-ils significatifs ? Une catégorie de déterminants peut-elle renforcer l'effet créé par le nom qui lui est associé ?

LE PRONOM

Mot qui peut être soit un substitut, qui sert à remplacer un élément du texte, soit un pronom nominal, qui renvoie à une réalité hors texte (ex. : « je », « ceux », « la sienne », « nul », « quoi », « dont », etc.).

Les questions à poser
Quels liens faut-il établir entre le pronom et le personnage auquel il renvoie dans un récit ? Certains passages présentent-ils des effets d'opposition ou d'insistance reposant sur le choix de certains pronoms ?

LE VERBE

Mot au cœur de la phrase qui exprime l'état, les pensées, les actions ou l'évolution du sujet. Il exprime ce qui est dit à propos du sujet.
- Dans un récit, les verbes permettent de mieux connaître le personnage et de suivre l'intrigue.
- Dans un poème, le verbe exprime souvent la sensibilité du poète.
- Dans un essai, il sert à véhiculer les arguments.

Principales valeurs des modes
Indicatif : pour faire observer des faits réels.
Impératif : pour donner des ordres, exercer l'autorité.
Conditionnel : pour soumettre des faits à une condition ; pour exprimer le doute ; pour faire preuve de politesse.
Subjonctif : pour traduire l'éventualité.
Infinitif : valeurs variées.
Participe : valeur d'adjectif.

Les questions à poser
Une catégorie de verbes est-elle exploitée de manière à créer un effet ? L'idée exprimée par le verbe est-elle porteuse de sens ? La forme du verbe (ex. : mode des verbes, voix active ou passive, temps des verbes, etc.) est-elle exploitée pour créer un effet ?

L'ADVERBE

L'adverbe sert à modifier ou à nuancer le sens habituel d'un mot ou à compléter un verbe ou une phrase (ex. : « ici », « aujourd'hui », « non », « heureusement », « beaucoup », « ensemble », etc.).

Les questions à poser

Quels sont les rapports de sens privilégiés dans le texte ? La mise en degré à l'aide d'adverbes permet-elle de créer des effets stylistiques (ex. : effet d'intensité) ? Des adverbes de négation ont-ils été omis ? Des adverbes sont-ils employés comme marqueurs de modalité dans le but de créer certains effets ?

LA PRÉPOSITION ET LA CONJONCTION

La **préposition** sert à introduire une expansion qui peut être un mot, un groupe de mots ou une phrase (ex. : « sans », « contre », « à », « près », « loin », « pendant », etc.).

La **conjonction** sert à joindre des mots, des groupes de mots ou des phrases (ex. : « et », « car », « mais », « ou », etc.).

Les questions à poser

Plusieurs prépositions marquant l'opposition sont-elles employées pour créer un effet de contraste ? Une même préposition est-elle répétée pour créer un effet d'insistance et un rythme ? Des prépositions sont-elles employées à titre de marqueurs de modalité pour révéler le point de vue de l'énonciateur ? Une même conjonction est-elle répétée ou supprimée pour créer un effet particulier ?

LES PHRASES

Il est possible d'exploiter les types et les formes de phrase pour produire des effets stylistiques et des nuances de sens.

Les phrases simples peuvent être jointes pour former des phrases complexes. La coordination, la juxtaposition et la subordination sont des procédés de jonction de phrases. L'insertion de phrases peut prendre deux formes : l'incidente et l'incise. Il est possible d'exploiter la jonction et l'insertion de phrases pour produire divers effets stylistiques et pour créer des nuances sémantiques.

Types : déclaratif, interrogatif, exclamatif, impératif
Formes : positive/négative, active/passive, neutre/emphatique, personnelle/impersonnelle
Structure : coordination, juxtaposition, subordination, phrase incidente, phrase incise

Lors de l'analyse d'un texte :

- Vérifiez si un **type** de phrase est particulièrement présent dans le texte et s'il est exploité de manière à créer un effet particulier. Pour le repérer, cherchez des marqueurs exclamatifs ou interrogatifs, et observez attentivement les marques de ponctuation ; observez également si un type de phrase est exploité de façon inhabituelle dans le but de produire un effet.
- Vérifiez si une **forme** de phrase est particulièrement présente dans le texte et si elle est employée de manière à créer un effet particulier ; observez également si différentes formes de phrase ont été agencées de façon à produire un effet spécial.
- Vérifiez si des phrases ont été jointes ou insérées de manière à créer un effet particulier. Observez, par exemple, si les phrases jointes ont été accumulées pour produire un effet d'insistance ou d'accumulation, ou si elles ont été mises en opposition pour créer un effet de contraste ou d'opposition.

Les procédés stylistiques

En plus d'assumer une fonction dans la phrase, les mots relèvent de catégories lexicales qui servent des fins sémantiques et stylistiques. L'écrivain vise des effets stylistiques différents selon qu'il emploie, par exemple, des archaïsmes plutôt que des néologismes. Les procédés stylistiques participent à la signification générale du texte et contribuent à son originalité.

■ Notions et procédés lexicaux

LA CONNOTATION

Variation dans la signification d'un mot compte tenu du contexte où il est utilisé. Le terme « connotation » s'oppose à celui de « dénotation », qui fait référence au sens premier d'un mot.

Exemple : Le mot « eau » (H_2O) dans un texte scientifique n'aura pas le même sens que dans les locutions suivantes, où il est utilisé au figuré : *Être comme l'eau et le feu* (en opposition perpétuelle) ; *Il en est passé, de l'eau sous les ponts* (beaucoup de temps s'est écoulé).

LE CHAMP LEXICAL

Réseau de mots de catégories grammaticales variées, unis par un lien de signification sans être nécessairement synonymes. L'analyse du champ lexical permet de dégager les thèmes d'un texte.
Exemple : Le thème romantique de l'ennui de vivre dans *À Éva*, d'Alfred de Vigny (p. 210) avec comme champ lexical « gémissant », « poids », « traîne », « blessé », « asservie », « écrasant », « plaie ».

LE REGISTRE (OU NIVEAU DE LANGUE)

Variation dans l'utilisation de la langue en tenant compte du contexte d'énonciation. On distingue habituellement quatre niveaux de langue : populaire, familier, correct (standard) et soutenu (« recherché » et « littéraire » sont des synonymes). En général, tout écart par rapport à la norme constitue un choix stylistique significatif.
Exemples : **Populaire :** L'gars a tchêqué si on pouvait truster c'qu'a dit l'candidat.
Familier : Le bonhomme se demandait si on pouvait se fier à ce que le candidat disait.
Correct : L'individu évaluait s'il était possible de faire confiance aux paroles du candidat.
Soutenu : Le jeune homme vérifiait la crédibilité des propos tenus par le candidat.

Les figures de style

Les figures de style font partie des procédés littéraires qui modifient la signification d'un mot ou d'une phrase par association, substitution ou addition.

LES FIGURES D'ANALOGIE

Les figures d'analogie sont fondées sur un rapprochement de mots impliquant un lien comparatif explicite ou sous-entendu.

L'allégorie

Accumulation de mots à valeur de symboles, tous reliés par un même sens ; ces mots permettent au lecteur de visualiser un concept particulier.
Exemple : La mort (le concept au centre de l'allégorie) représentée sous la forme d'un [1]squelette de femme, [2]brandissant une faux, [3]portant des vêtements en lambeaux, [4]dans un paysage dévasté.
L'allégorie implique fréquemment au point de départ une personnalisation du thème.

La comparaison

Figure qui rapproche, à l'aide d'un mot de comparaison (« comme », « semblable à », « tel que », etc.), deux réalités différentes ayant un point commun.
Exemples : La liberté[1] **comme** un oiseau[2], vole dans le ciel.
La liberté[1], **semblable à** un oiseau[2], vole dans le ciel.
La liberté[1] paraît voler **tel** un oiseau[2] dans le ciel.

La métaphore

Figure qui rapproche des concepts ou des réalités, sans le support d'un mot de comparaison ou sans rendre explicite le lien de ressemblance. La métaphore est une comparaison sous-entendue, sans le terme comparant.
Exemples : La **soustraction** du comparant (Ex. : La liberté ~~comme l'oiseau~~ vole dans le ciel.)
L'**apposition** (Ex. : La liberté, colombe altière dans le ciel.)
L'**adjonction d'un complément** (Ex. : La liberté, de ses ailes frêles, sillonne le ciel.)

La personnification

Figure qui consiste à attribuer un trait ou un caractère humain à ce qui ne l'est pas : la faune, la flore, les objets, les idées, etc.
Exemple : Monsieur le Chat imposait ses quatre volontés à la maisonnée.

LES FIGURES D'OPPOSITION

Les figures d'opposition sont fondées sur le rapprochement de termes aux significations contraires.

L'antithèse

Figure mettant en contact des mots qui s'opposent par leur sens, dans une construction syntaxique qui les place plus ou moins en symétrie. Figure de prédilection des écrivains romantiques.
Exemple : « On était vaincu par sa conquête. » (Victor Hugo, « L'expiation », *Les châtiments*, 1853)

L'oxymore

Variété d'antithèse qui repose sur le voisinage immédiat de mots aux sens opposés.
Exemple : Un soleil pluvieux

L'antiphrase

Phrase qui exprime l'inverse de ce que pense ou ressent le locuteur. Généralement mise au service de l'ironie.
Exemple : Que vous êtes ponctuel ! (En s'adressant à quelqu'un qui arrive en retard).

LES FIGURES DE SUBSTITUTION

Les figures de substitution impliquent le remplacement de mots ou de phrases par d'autres, équivalentes.

L'euphémisme

Procédé qui consiste à formuler une vérité de façon à atténuer son aspect désagréable.
Exemple : Elle nous a quittés. (Au lieu de : Elle est morte.)

La litote

Procédé d'atténuation qui consiste à dire moins pour suggérer plus. La litote est souvent formulée en phrase négative. Figure de prédilection des dramaturges classiques.
Exemple : « Va, je ne te hais point. » (= Je t'aime.) (Corneille, *Le Cid*, 1636)

La métonymie

Remplacement d'un terme par un autre, par exemple le contenant par le contenu, la cause par l'effet, la partie par le tout. La métonymie s'unit souvent à d'autres figures et contribue au sens figuré d'un texte.
Exemple : Faire de la voile (voile prise pour l'embarcation).

La périphrase

Remplacement d'un mot par une expression plus longue dont le sens est équivalent. La périphrase est une figure de prédilection chez les écrivains classiques influencés par le courant de la préciosité.
Exemple : Le feu de l'amour pour « désir ».

LES FIGURES D'AMPLIFICATION OU D'INSISTANCE

Les figures d'amplification soulignent l'importance d'une réalité par des moyens variés.

L'anaphore

Répétition d'un ou de plusieurs mots en début de vers ou de phrase, dans le but de créer un effet d'envoûtement ou de persuasion.
Exemple : « Seulete suis » (Christine de Pizan, p. 40)

L'énumération (ou accumulation)

Mots ou groupes grammaticaux qui s'additionnent dans une phrase. L'énumération a pour effet de préciser la pensée et de contribuer au rythme du texte (effet de précipitation ou de saccade, ou l'inverse selon le choix lexical).

La gradation

Succession de termes par ordre d'intensité croissante (c'est une sous-catégorie de l'énumération).
Exemple : « Je me meurs ; je suis mort ; je suis enterré. » (Molière, *L'avare*, 1668)

L'hyperbole

Figure qui met en relief une réalité au moyen de l'exagération.
Exemple : Il est mort de fatigue. (= Il est très fatigué.)

Le pléonasme

Formulation puis reformulation de la même idée en d'autres mots. L'utilisation du pléonasme crée généralement un effet comique.
Exemple : « Père Ubu — Je viens donc te *dire*, t'*ordonner* et te *signifier* que tu aies à produire et exhiber promptement ta finance, sinon tu seras massacré. » (Alfred Jarry, *Ubu roi*, 1896)

La répétition

Reprise d'un mot, d'un groupe de mots ou d'une phrase dans un but d'insistance, mais aussi à des fins rythmiques, comme dans un refrain. La répétition est étroitement associée au genre poétique, puisque le fait de reprendre des sons (ou phonèmes) crée en soi une musicalité.

Exemple :
« *Ah ! comme la neige a neigé !*
Ma vitre est un jardin de givre.
Ah ! comme la neige a neigé !
Qu'est-ce que le spasme de vivre
À la douleur *que j'ai, que j'ai !* »
(Émile Nelligan, *Soir d'hiver*, 1904)

LES FIGURES SYNTAXIQUES

Les figures syntaxiques se rapportent à l'organisation des mots à l'intérieur de la phrase et d'une phrase à l'autre. Les principales figures syntaxiques sont les suivantes.

Le chiasme

Figure de symétrie qui implique un croisement ou une permutation dans la disposition des termes de la phrase. Cette figure a pour effet de souligner des paradoxes logiques par un processus d'inversion symétrique.
Exemple : « On passe les trois quarts de sa vie à [1]faire sans [2]vouloir et à [2]vouloir sans faire[1]. » (André Malraux)

L'ellipse

Omission volontaire de mots dans une phrase. Par extension, on pourra aussi parler d'une écriture elliptique, qui a tendance à favoriser le minimal, à ne pas être explicite, à laisser des trous dans la trame narrative.
Exemple : « Les hommes ? Écume, faux dirigeants, faux prêtres, penseurs approximatifs, insectes... Gestionnaires abusés... [...] » (Philippe Sollers, *Femmes*, 1983)

Le parallélisme

Phrases de sens différents construites sur des structures semblables. Superposées, elles adoptent la même structure. L'usage des parallélismes à des fins rythmiques est courant en poésie.

Exemple :
« *Qu'il soit dans ton repos, qu'il soit dans tes orages*,
Beau lac, et dans l'aspect de tes riants coteaux,
Et dans ces noirs sapins, et dans ces rocs sauvages
Qui pendent sur tes eaux ! »
(Lamartine, « Le lac », *Les méditations poétiques*, 1820)

LES PROCÉDÉS SONORES

Les procédés sonores permettent des jeux avec les sons de la langue, qui sont aussi appelés « phonèmes ».

L'allitération

Répétition de consonnes dans une phrase ou un vers. Il arrive aussi que l'allitération accumule des consonnes qui suggèrent la réalité nommée ; on parlera alors d'harmonie imitative.
Exemple : « Pour qui **s**ont **c**es **s**erpents qui **s**ifflent **s**ur vos têtes ? » (Racine)
Dans cet exemple, on croit entendre le sifflement du serpent grâce à la répétition du phonème « s ».

L'assonance

Reprise de voyelles (phonèmes vocaliques) dans un vers ou une phrase. Les phonèmes vocaliques peuvent se transcrire à l'écrit par une seule lettre ou plusieurs, comme c'est le cas pour le son « è » qui peut s'écrire en français « ê », « ais », « ait », « est ». Deux lettres sont nécessaires en français pour transcrire ce qui est considéré comme une voyelle unique du point de vue sonore, soit les voyelles « an », « in », « on » et « un » (appelées « voyelles nasales » en phonétique).
Exemple : « Je fais souv**en**t ce rêve ét**ran**ge et pénétr**an**t [...] » (Verlaine, « Mon rêve familier », *Poèmes saturniens*, 1866)

Les tonalités

Les tonalités se définissent, selon le *Robert*, comme une manière de s'exprimer dans un écrit. Ce concept de « tonalité », relativement indéterminé, est lié aux intentions de l'auteur, à l'atmosphère qui imprègne le texte, mais aussi à l'impression qu'elle laisse chez le lecteur.

TONALITÉ COMIQUE

Tonalité marquée par une atmosphère de comédie ou par des propos humoristiques.
Caractéristiques : présence de **personnages** ridicules et contrastés, ou juvéniles et séduisants ; **intrigue** à rebondissements ; **thématique** du conflit de générations ou d'autorité (maître et valet), ou de jeux de séduction ; **style** où toutes les ressources du comique et de l'ironie, les jeux de mots et les antiphrases sont utilisés, de même qu'une syntaxe alerte et variée.

TONALITÉ DIDACTIQUE

Tonalité qui vise à instruire. On remarque cette tonalité au XVIIe siècle, dans les formes courtes comme les maximes, les fables et les contes, qui servent une finalité morale. On l'observe dans les romans réalistes qui, par leurs nombreuses descriptions, renseignent sur les conditions de vie en France au XIXe siècle.
Caractéristiques : prose véhiculant de l'information ; nombreuses phrases affirmatives ; langue à dominance dénotative ; figures de style généralement peu utilisées.

TONALITÉ ÉPIQUE

Tonalité qui domine dans l'épopée.
Caractéristiques : héros présenté comme un modèle inatteignable ; **intrigue** fondée sur des faits historiques transposés en légendes ; **narration** sans complexité ; **thématique** d'idéaux exaltants, souvent dans un contexte guerrier ; **style** grave avec usage de figures d'amplification et de superlatifs.

TONALITÉ FANTASTIQUE

Tonalité qui met le lecteur en présence d'événements insolites, surnaturels ou irrationnels. La tonalité fantastique concrétise l'angoisse, provoque l'inquiétude.
Caractéristiques : héros décrit comme un personnage à l'équilibre fragile, susceptible d'éprouver le doute, souvent entouré d'autres personnages maléfiques (vampires, morts-vivants, etc.) ; **narration** qui tend vers la subjectivité ; **intrigue** qui tourne autour d'événements de l'ordre du surnaturel, susceptibles de susciter l'angoisse ; **thématique** de l'amour inquiétant et de la mort, de la peur, de la folie ; **style** émotif, avec une forte variation dans la formulation des phrases et un grand emploi de figures d'analogie qui concrétisent la menace.

TONALITÉS HUMORISTIQUE, IRONIQUE, CYNIQUE ET SATIRIQUE

Tonalités qui permettent de créer une distance entre l'auteur et son lecteur, favorisant son regard critique. Elles sont d'usage fréquent dans les comédies et dans les essais. Dans la tonalité humoristique, le destinataire peut rire de bon cœur avec le locuteur. Toutefois, plus on se rapproche du cynisme et de la satire, plus l'écart s'élargit entre le locuteur et le destinataire ; le rire peut alors devenir grinçant.

Caractéristiques : Dans les récits et les pièces de théâtre, ce sont des **personnages** philosophes, intellectuels ou en position d'autorité (spécialement au théâtre) qui exercent leur humour, souvent au détriment de moins intelligents qu'eux. Dans les essais, l'auteur s'exprime souvent directement ; le **style** se fait ironique, avec emploi d'antiphrases, de jeux de mots et de formules paradoxales.

TONALITÉ LYRIQUE

Tonalité qui s'exprime, en premier lieu, dans la poésie courtoise, pour ensuite caractériser assez globalement la poésie. Elle renvoie, en second lieu, à une manière personnelle d'exprimer ses émotions.

Caractéristiques : écrivain, poète ou romancier qui inscrit sa présence dans le texte par l'usage du **je** ; **récits** à caractère autobiographique et introspectifs ; **thématique** centrée particulièrement sur l'amour, la nostalgie, la mort, la solitude, l'ennui de vivre ; sensibilité qui s'épanche dans la nature ; **style** qui renvoie aux figures d'analogie et d'amplification, notamment à tous les procédés créant du rythme – anaphore, répétition et énumération –, aux procédés sonores et à une syntaxe variée.

TONALITÉ MERVEILLEUSE

Tonalité associée aux contes, aux légendes ou aux poèmes qui propulsent le lecteur dans un monde irréel. Le récit merveilleux fait oublier l'angoisse ; il est divertissant.

Caractéristiques : personnages souvent issus de la mythologie médiévale (lutins, nains et géants, sorcières, dragons, licornes, etc.) ou religieuse (le diable) ; **intrigue** consistant en des actions inconcevables et fabuleuses ; **thématique** du bien et du mal, de la fusion du rêve avec la réalité ; **style** léger, souvent même fantaisiste, avec présence d'anaphores et de répétitions, de procédés sonores qui témoignent de l'origine orale du récit et qui devraient servir à sa mémorisation.

TONALITÉ PATHÉTIQUE

Tonalité qui privilégie l'émotion et vise à toucher le lecteur ou le spectateur. Cette forme d'expression est fréquente chez les romantiques ; elle est incontournable dans le mélodrame.

Caractéristiques : personnages handicapés, malades ou monstrueux, femmes victimes ou enfants orphelins, etc. ; **intrigue** illustrant souvent la relation de bourreau à victime ; scènes d'agonie, épisodes mettant en évidence l'injustice ; **thématiques** de l'enfance, de l'exploitation, de la jalousie, de la violence, de la séparation, de la misère, etc. ; **style** fait de phrases surchargées de synonymes ; champ lexical de la pitié et du larmoiement ; figures d'amplification, de personnification.

TONALITÉ POLÉMIQUE

Tonalité fréquemment exploitée dans les essais, employée dans l'intention de convaincre le lecteur. On la trouve également dans les contes philosophiques et les poèmes manifestes. Toutefois, on verra ailleurs en littérature des passages argumentatifs.

Caractéristiques : le texte polémique implique souvent la formulation d'une thèse, la révocation d'arguments opposés (l'antithèse) dans le but d'arriver à imposer un point de vue, une opinion, une synthèse. Bien que l'objectif soit d'ordre rationnel, la tonalité polémique recourt fréquemment aux anecdotes pour convaincre en faisant appel aux émotions.

TONALITÉ TRAGIQUE

Tonalité qui se définit par les caractéristiques relatives à la tragédie. Si le *drame* (p. 212) et la *tragédie* (p. 116) sont deux formes littéraires distinctes, les mots « dramatique » et « tragique » sont par contre de proches synonymes sur le plan des tonalités.

Caractéristiques : héros digne et grave, acculé à la catastrophe, faisant face à son destin ou ne pouvant vivre en harmonie avec les valeurs morales de son époque ; **intrigue** centrée sur la mort, qui est généralement l'issue du récit ; **thématique** de la condition humaine et de la fatalité ; **style** qui renvoie à une langue soutenue au service de l'expression de cette souffrance ; présence de l'introspection dans les récits plus récents.

PARTIE 3 : LA DÉMARCHE DE RÉDACTION

Après avoir lu le texte et dressé l'inventaire de ses ressources, en tenant compte du sujet, et avoir révisé les connaissances nécessaires à l'analyse, il est temps de passer à l'action. Au point de départ, il faut tenir compte du sujet prescrit, des recommandations et des consignes.

Types de dissertation

Il existe trois types de dissertation : l'analyse littéraire, la dissertation explicative et la dissertation critique.

Les points en commun

- La démarche d'analyse est semblable dans les trois cas.
- Les hypothèses d'analyse sont toujours nécessaires.
- La structure textuelle est la même dans les trois cas : introduction, développement, conclusion.

Les particularités

	L'ANALYSE LITTÉRAIRE	LA DISSERTATION EXPLICATIVE	LA DISSERTATION CRITIQUE
Définition	Analyse orientée vers les figures stylistiques et leurs effets sur le lecteur à partir des thèmes importants d'un extrait.	Démonstration et explication d'hypothèses de lecture, aussi appelées sujets d'analyse. L'étudiant doit **distinguer quels éléments sont appropriés pour faire sa démonstration**. Il s'agit, comme dans le premier cas, de faire l'inventaire des caractéristiques du texte sur les plans de la forme et du fond, mais cependant, une étape s'ajoute ici : elle consiste à **sélectionner, dans ce matériel exploratoire, les éléments qui sont susceptibles de démontrer le sujet**.	Prise de position qui entraîne un choix d'arguments afin de porter un jugement sur la question de départ. La dissertation critique implique souvent une comparaison entre deux ou plusieurs textes à l'étude. L'étape de l'exploration du texte est toujours nécessaire, mais elle doit être suivie de **la sélection d'éléments et de leur organisation en fonction de la prise de position**.
Sujet	Donner une orientation en formulant une hypothèse. (Le sujet peut être imposé.)	Comprendre et décortiquer l'énoncé du sujet. Respecter l'orientation proposée. **Consignes habituelles** • *Expliquez..., montrez...* ou *démontrez...* (et verbes synonymes) • *Illustrez...* • *Justifiez...*	Comprendre et décortiquer l'énoncé du sujet. Prendre position. **Consignes habituelles** • *Est-il juste d'affirmer telle chose* (et formulations similaires) *?* • *Discutez...* (et verbes synonymes)
Rapport au lecteur	Guider le lecteur.	Guider le lecteur.	Convaincre le lecteur.
Rapport au texte	Rendre compte de l'ensemble du texte : les composantes du texte, les procédés stylistiques et leur contribution à la signification générale.	Rendre compte des aspects pertinents reliés au sujet.	Retenir les aspects utiles à l'argumentation. **Si le sujet implique une comparaison** entre deux textes, faire ressortir **les ressemblances et les différences**.

L'analyse littéraire

L'INTRODUCTION — Informer le lecteur du sujet et des orientations du travail et susciter son intérêt

Plan	Exemple
Sujet amené Situer le texte dans un contexte plus large (époque, courant, ou lien avec une problématique élargie liée au sujet). **Sujet posé** Reformuler le sujet et s'assurer de l'équivalence avec la formulation imposée (si c'est le cas). **Sujet divisé** Annoncer les articulations du développement.	Sujet d'analyse : Montrez que le texte « Qu'est-ce que l'amitié », de Montaigne, illustre les caractéristiques du genre qu'il a lui-même créé, l'essai. *La Renaissance est une période féconde en changements qui amène les écrivains de la Renaissance à placer l'expérience humaine au cœur de leurs préoccupations. Ainsi, dans l'extrait intitulé « Qu'est-ce que l'amitié ? » tiré de ses Essais publiés en 1580, Montaigne illustre les caractéristiques de ce type de texte qu'il a lui-même créé, soit l'essai.* [1]*Le lexique choisi par Montaigne traduit en effet l'importance de l'amitié ;* [2]*le traitement de ce thème est subjectif ;* [3]*et le lien avec la réalité est bien souligné comme il est habituel dans un essai.*

Note : Pour le profit du lecteur, inclure un court résumé de l'extrait (au plus deux phrases) soit dans l'introduction, soit au début du développement.

LE PARAGRAPHE DE DÉVELOPPEMENT — Guider le lecteur dans le mouvement logique de la démonstration

Plan	Exemple
Phrase clé Exprimer l'idée principale du paragraphe en lien avec le sujet. Inclure la transition s'il y a lieu. **Première idée secondaire** Expliquer un premier aspect relatif à l'idée principale. **Citation ou exemple** Illustrer en s'appuyant sur le texte. **Deuxième idée secondaire** Expliquer un deuxième aspect relatif à l'idée principale. **Citation ou exemple** Illustrer en s'appuyant sur le texte. **Phrase synthèse ou de transition** Clore le paragraphe par une mini-conclusion ou une phrase de transition.	*Le thème dominant est celui de l'amitié, comme le démontre bien le lexique employé par Montaigne dans l'extrait. Montaigne met en lumière l'importance de ce sentiment en incluant le mot « amitié » dans le titre de son essai et en le répétant à quatre reprises en cours de développement. Ainsi, dès la première phrase, le mot apparaît dans une tentative de définition de ce concept : « au demeurant, ce que nous appelons le plus souvent amis ou amitiés... » Un champ lexical de l'affectif vient en outre soutenir son point de vue. Les termes « relations », « union », « affection », « rapports » et « liaison » se relaient dans le texte comme des synonymes du thème central. Le lexique rend donc compte de façon très claire de l'intérêt de Montaigne pour cette thématique affective, qu'il traite en outre de façon très subjective [phrase de synthèse et de transition à la fois].*

Notes
- L'écriture est un processus de création qui implique une **marge de liberté**.
- Cette structure et cet exemple sont présentés à titre de modèles. Il est possible de procéder différemment (en tenant compte d'exigences particulières).

LA CONCLUSION — Faire le bilan et stimuler la réflexion du lecteur

Plan	Exemple
Synthèse Prévoir en synthèse une phrase qui condense le contenu de chaque paragraphe du développement. **Ouverture** Proposer une piste de réflexion inexplorée susceptible d'intéresser le lecteur et en lien avec le sujet.	*Cet extrait, qui traite de l'amitié sur un mode personnel, peut rejoindre les lecteurs de toutes les époques puisque le fait d'éprouver de l'affection fait partie de l'expérience commune des êtres humains. Les termes employés par Montaigne ne peuvent qu'infléchir le lecteur à se poser la question suivante : n'est-ce pas d'amour qu'il s'agit plutôt que d'amitié ?*

Recommandations pour réussir une rédaction

L'INTRODUCTION

Recommandations	Exemples d'erreurs à éviter et suggestions de remplacement
Ne pas amener le sujet par des généralités.	~~Il y a toujours eu des guerres.~~ **Plus efficace :** *La Seconde Guerre mondiale contribue à la crise des valeurs qui ébranle l'Europe...*
S'adresser à un lecteur anonyme à qui on fournit toute l'information nécessaire pour situer le texte.	Ne pas faire explicitement référence au professeur ni aux consignes du travail. ~~Dans le cadre de mon premier cours de français, le professeur a proposé deux extraits et l'analyse porte sur le premier.~~ **Plus efficace :** *Deux extraits seront étudiés...*
Situer l'extrait par rapport aux divisions du livre (acte, chapitre, partie) et à l'intrigue, ce qui permet de faire un court résumé.	~~L'extrait se trouve aux pages 13 et 14.~~ **Plus efficace :** *L'extrait est tiré de l'acte II, scène IV, alors que le héros s'apprête à enlever sa dulcinée.*
Dans le sujet divisé, il est inutile de spécifier des évidences.	~~Le thème de la révolte sera démontré par deux idées secondaires en s'appuyant sur des citations et des exemples.~~
Progresser logiquement, du plus général (sujet amené) au plus précis (sujet divisé), et enchaîner les phrases logiquement. Ne pas inverser l'ordre. Éviter la simple juxtaposition des éléments d'information.	~~Mérimée est un grand voyageur. Le romantisme est un mouvement artistique du XIXe siècle. Mérimée compose Carmen, une histoire d'amour passionné. Les personnages, la thématique et le style sont dignes d'intérêt.~~ **Plus efficace :** *Le romantisme est un mouvement artistique du XIXe siècle. Mérimée, qui est l'un des représentants de ce courant, compose* Carmen, *une histoire d'amour passionné qui s'inscrit, par ses caractéristiques, dans ce mouvement littéraire. Le récit illustre la domination des émotions sur la raison ; la thématique est toute sentimentale et le point de vue narratif est empreint de subjectivité.*

LE DÉVELOPPEMENT

Recommandations	Exemples d'erreurs à éviter et suggestions de remplacement
Susciter l'intérêt du lecteur : varier le lexique et la syntaxe.	• Les formulations identiques, comme des débuts de paragraphe avec un marqueur et une phrase clé de même nature : ~~Premièrement, nous allons démontrer l'importance de la religion...~~ ~~Deuxièmement, nous allons démontrer l'importance de la langue...~~ • Les paragraphes construits toujours sur le même modèle.

Recommandations	Exemples d'erreurs à éviter et suggestions de remplacement
Adopter le style neutre propre à la dissertation. L'auteur étudié peut utiliser le registre populaire ou les expressions de la langue orale, mais pas le rédacteur d'une dissertation. Les familiarités ne sont pas de mise ni les exclamations qui expriment l'émotion. Préférer les termes « illustrer » et « représenter » aux termes « démontrer » et « prouver ». Un poème ne démontre pas une idée, il l'illustre.	• Les références à l'auteur par son prénom : ~~ce cher Émile, ce sublime Victor~~ (pour parler de Nelligan ou de Hugo). • Les formulations exagérées : ~~Ah ! combien inoubliable est ce poème de Lamartine.~~
Progresser logiquement en s'assurant de fournir au lecteur les éléments suivants : • une idée principale (phrase clé); • des transitions pour enchaîner les idées; • des exemples ou des citations à l'appui de la démonstration. **Note** : Une citation ne constitue pas une preuve en elle-même ; elle doit être introduite, explicitée ou commentée afin d'appuyer un argument.	• Les coq-à-l'âne : ~~Le thème du mal de vivre est important chez les romantiques. Musset crée des personnages ayant une double personnalité. L'amour est vécu de façon malheureuse dans son œuvre.~~ **Plus efficace** : *Le thème du mal de vivre est important chez les romantiques. Pour l'exprimer, Musset illustre l'isolement du poète...*
Choisir la citation pertinente. Mettre la citation en contexte. Ne pas introduire la citation en paraphrasant son contenu. Placer en retrait et à simple interligne les citations de plus de quatre lignes ; intégrer les autres dans le texte.	• L'accumulation de citations. **Plus efficace** : Ne retenir que la plus pertinente. • Le mot « citation » pour introduire ou commenter une citation : ~~L'auteur croit que la langue protège notre identité, comme le démontre la citation suivante : « ... »~~ **Plus efficace** : *L'auteur croit que la langue protège l'identité des francophones comme l'illustre la réplique du père s'adressant à sa fille : « ... »*
Les transitions peuvent se faire à l'aide de marqueurs de relation, mais aussi à l'aide de phrases qui éclairent la logique de l'argumentation.	• L'utilisation exagérée de marqueurs de relation vides comme « premièrement », « deuxièmement », « pour continuer », « pour conclure », etc.

LA CONCLUSION

Recommandations	Exemples d'erreurs à éviter et suggestions de remplacement
Travailler à maintenir l'intérêt du lecteur avant de le quitter définitivement.	• La reprise textuelle de la formulation du sujet posé ou du sujet divisé. • Les synthèses sous forme de CQFD (Ce Qu'il Fallait Démontrer) : ~~Nous avons prouvé par de bons arguments et des exemples appropriés que Musset est un poète romantique.~~ **Plus efficace** : *On comprend que Musset, qui a vécu des amours tumultueuses et qui a ressenti profondément le mal du siècle, soit en mesure d'exprimer avec lyrisme la solitude du poète romantique.*
L'ouverture conserve un lien avec le sujet ; elle doit être significative.	• Les extrapolations, les prédictions, les questions vides de sens : ~~Nul doute qu'un jour les Québécois se réveilleront.~~ **Plus efficace** : Privilégier les ouvertures qui demeurent dans le champ du littéraire.

La révision

L'objectif de la révision consiste à revoir le texte en adoptant le point de vue d'un lecteur externe. Il s'agit de vérifier la cohérence du texte, d'en améliorer le style et de corriger l'orthographe d'usage, l'orthographe grammaticale ainsi que la syntaxe.

ASPECTS À VÉRIFIER	INTERVENTIONS
La cohérence textuelle	**La pertinence et la non-contradiction de l'information** • Vérifier si le développement correspond au sujet tel qu'il est annoncé dans l'introduction et s'il est présenté clairement. • S'assurer que l'argumentation n'entre pas en contradiction avec l'extrait analysé. • S'assurer que l'argumentation n'entre pas en contradiction avec les connaissances acquises sur l'œuvre. • Vérifier si toutes les consignes ont été respectées. • Veiller à ce qu'aucun élément du texte n'entre en contradiction avec un autre ou justifier la contradiction s'il y a lieu. **La progression et la continuité de l'information** • Relire les phrases clés et les phrases de synthèse (habituellement, première et dernière phrases de chaque paragraphe) pour s'assurer que des informations nouvelles contribuent à faire progresser le propos. • Vérifier les transitions logiques (respect du plan, division en paragraphes, utilisation d'organisateurs textuels, etc.). • S'assurer d'avoir utilisé adéquatement diverses méthodes de reprise de l'information pour favoriser la compréhension des lecteurs.
Le lexique	• Vérifier le sens des mots peu courants afin de s'assurer qu'ils sont utilisés correctement. • Éliminer les mots appartenant à la langue familière, les anglicismes, le vocabulaire imprécis et les répétitions inutiles. • S'assurer d'avoir employé un vocabulaire varié et précis ; consulter un dictionnaire des synonymes au besoin.
L'orthographe d'usage, l'orthographe grammaticale et la syntaxe	• Consulter, au besoin, une grammaire, un dictionnaire des difficultés, un guide de conjugaison ou un logiciel correcteur. • Vérifier si les phrases sont bien structurées. • S'assurer que les règles de la ponctuation ont été respectées.

L'autocorrection

Afin de vérifier plus précisément les aspects mentionnés dans le tableau précédent, utiliser la démarche d'autocorrection et les stratégies proposées ci-dessous.

STRATÉGIES
• S'assurer que les traces de la correction soient visibles afin d'éviter de refaire des erreurs en réécrivant la version finale du texte. • Au fur et à mesure de la rédaction, signaler les éléments à vérifier à l'aide de symboles (ex. : « ? » pour « aspect à vérifier », « * » pour « mot du dictionnaire », « L » pour « lexique », « O » pour « orthographe », etc.). • Utiliser des symboles pour certaines difficultés (homophones, participes passés, ponctuation, etc.) ; relier les mots de même accord ; surligner les verbes, encercler les finales dont l'accord doit être vérifié. • Utiliser plusieurs outils de référence : un dictionnaire, une grammaire, des notes de cours, etc.

- Lire le texte dans son ensemble plusieurs fois, avec l'intention de corriger un aspect différent à chaque lecture (ex. : lire pour corriger la syntaxe, le lexique, l'accord du verbe, etc.).
- Corriger un paragraphe à la fois et en vérifier tous les aspects.
- Procéder par questions / réponses pour repérer les éléments de la phrase.
- Porter une attention particulière aux difficultés relevées lors des rédactions précédentes.
- À l'ordinateur, mettre en doute les propositions du correcteur orthographique informatisé : elles ne sont pas toutes adéquates et peuvent induire en erreur.
- Effectuer une dernière révision en partant de la fin du texte, ce qui permet de se concentrer sur la grammaire et non sur le sens.

ASPECTS À VÉRIFIER	INTERVENTIONS
Le lexique	**Douter du choix des mots** • Les mots peu courants sont-ils utilisés selon le sens indiqué dans le dictionnaire ? • Certains mots, trop familiers, imprécis ou répétés, doivent-ils être remplacés ? Trouve-t-on des synonymes appropriés dans le dictionnaire ? • Y a-t-il des mots de langue étrangère que l'on pourrait remplacer par un mot français ? Sinon, sont-ils indiqués adéquatement ?
L'orthographe d'usage	**Douter de l'orthographe des mots** • Quels sont les mots à vérifier dans le dictionnaire ? • Quels sont les verbes à vérifier dans la grammaire ? • Les homonymes sont-ils orthographiés selon le contexte de la phrase et leur classe grammaticale ? • Y a-t-il des mots qui doivent prendre la majuscule (noms propres, titres, etc.) ?
L'orthographe grammaticale	**Identifier les donneurs d'accord et leurs receveurs, puis vérifier les accords** • Les receveurs d'accord sont-ils bien orthographiés en fonction du genre, du nombre ou de la personne des donneurs d'accord ? • Dans les GN, les déterminants et les adjectifs sont-ils accordés correctement ? • Les verbes, les participes passés employés avec l'auxiliaire *être* et les attributs du sujet sont-ils accordés avec leur sujet ? • Les participes passés employés avec l'auxiliaire *avoir* ou les verbes pronominaux sont-ils bien accordés ? • Les attributs du complément direct sont-ils accordés avec ce complément ?
La syntaxe et la ponctuation	**Vérifier la construction des groupes** • Les groupes de mots sont-ils bien construits et complets ? • Les verbes sont-ils employés avec les bons types de compléments ? **Vérifier la construction des phrases** • Les phrases sont-elles bien structurées selon leur type et leur forme ? • Y a-t-il des liens à établir à l'intérieur des phrases ou entre les phrases par la coordination, la juxtaposition ou la subordination ? • Le choix des marqueurs de relation ou des organisateurs textuels est-il adéquat ? • Les temps des verbes sont-ils appropriés selon le temps du texte, les discours rapportés et la subordination ? **Vérifier la ponctuation dans et entre les phrases** • La ponctuation finale des phrases est-elle appropriée et toujours suivie d'une majuscule ? • La virgule est-elle employée correctement avec les compléments de phrases déplacés, les organisateurs textuels, les phrases incises, les coordonnants, les subordonnants, etc. ? • La ponctuation est-elle complète et adéquate dans le cas d'insertion d'un dialogue ? D'un discours direct rapporté ? D'un discours indirect rapporté ? D'une citation ? • Dans le cas de phrases juxtaposées, l'emploi du deux-points ou du point-virgule est-il approprié au contexte de la phrase ?

Index sommaire des noms propres

A
Alembert, Jean le Rond 152, 157
Aquitaine, Aliénor d' 20, 31
Aquitaine, Guillaume IX d' 16
Aristote 52, 59, 115
Aubigné, Agrippa d' 50, **72**
Autriche, Anne d' 92, 94
Autriche, Marguerite d' 57

B
Balzac, Honoré 195, 198
Baudelaire, Charles 39, 220, 228
Beaumarchais, Pierre-Augustin Caron de 148, 149, 152, 156, 157, 181, **184-185**
Bellay, Joachim Du 50, 52, 59, 60, **67**, **68**, 69, **84**
Berlioz, Hector 192, 193
Béroul 28
Boccace, Jean 2, 52, 73, 77, 78, 86
Böcklin, Arnold 229
Boétie, Étienne de la 80
Boileau, Nicolas 92, 105, 106, **110**, 111, 202
Bonaparte, Napoléon 149, 154, 194, 195, 242
Bosch, Jérôme 6, 42
Botticelli, Sandro 50, 52, 53
Bouterwek, Friedrich 56
Brown, Ford Madox 88
Byron, George Gordon, Lord 193, 199

C
Calvin, Jean 54, 77, 85, 96
Cartier, Jacques 50, 51, 55
Casgrain, Abbé 197
Cervantes, Miguel de 73, 92
Champagne, Marie de 31
Champagne, Thibaut de 20
Chapman, William 197
Chardin, Jean-Baptiste Simeon 151, 153
Charlemagne 2, 3, 12, 13, 14
Charles X 192, 196
Chateaubriand, François-René de 192, 197, 206, 220, **223-225**, 242, 243
Chauveau, P. J. Olivier 197
Chénier, André 148, 188, **189**
Choderlos de Laclos, Pierre 159, **179**
Chopin, Frédéric 193, 230
Clouet, François 71
Colbert, Jean-Baptiste 92, 94, 95, 97
Colomb, Christophe 50, 51, 56, 83
Constant, Benjamin 166, 192, 199, **226**
Copernic, Nicolas 50, 52, 54
Corneille, Pierre 92, 99, 100, 102, 103, 115, 116, **118-119**, **120-121**, **122-124**, 125, 131, 197
Crémazie, Octave 197

D
Danhauser, Josef 198
Dante 2, 52
Delacroix, Eugène 192, 193, 194, 200
Descartes, René 60, 92, 96
Diderot, Denis 139, 148, 152, 155, 156, 157, **176**, 181, **186**, 187, 198
Dubois, François 55
Dumas, Alexandre 192, 200, 211, 220, **231-232**, 233
Dumas, Alexandre fils 192, **234**
Dunouy, Alexandre Hyacinthe 171
Dürer, Albrecht 53, 80

E
Élisabeth Ire 57, 86
Érasme 50, 60

F
Ferland, Abbé 197
Ferron, Jacques 153
Fragonard, Alexandre Évariste 132
Fragonard, Jean-Honoré 180
France, Marie de 2, **18**, 19
François Ier 50, 51, 54-56, 60, 62, 63, 77, 142
Fréchette, Louis 197

G
Galilée 50, 52, 54, 97
Garneau, François-Xavier 197
Gautier, Théophile 220, **241**
Gérin-Lajoie, Antoine 197
Goethe, Johann Wolfgang von 148, 166, 167, 193, 199
Greuze, Jean-Baptiste 187, 188
Guérin, Pierre Narcisse 126
Gutenberg, Johannes 2, 50, 57

H
Heemskerck, Maarten van 68
Henri II 50, 142
Henri III 54
Henri IV 50, 54-55, 72, 92, 93
Henri VIII 54, 56
Hoffmann 220
Holbein, Hans Le Jeune 51
Homère 12, 84, 242
Hugo, Victor 6, 72, 86, 192, 193, 194, 197, 198, 200, 202, 203, **206-207**, 211, 212, **213-214**, 220, 221, **235**, **236**, 237

I
Ingres, Jean-Auguste Dominique 195

J
Jeanne d'Arc 28
Jeanron, Philippe Auguste 197
Jeaurat, Etienne 178

K
Kepler, Johannes 52, 54

L
Labé, Louise 50, 57, 59, 60, **70**, **71**, 85
La Bruyère, Jean de 92, 139, **144**
La Fayette, Mme de 92, 96, 139, **142-143**
La Fontaine, Jean de 45, 92, 105, **112-113**, 145
Lallemand, Jean Baptiste 146
Lamartine, Alphonse de 192, 198, **204-205**
La Rochefoucauld, François de 92, **141**
La Tour, Georges de 129
Le Brun, Charles 92, 99
Leibniz, Gottfried Wilhelm 92, 97
Lemonnier, Gabriel 157
Le Nain, Louis 95
Le Nôtre, André 99
Locke, John 92, 97
Lorris, Guillaume de 2, **24**
Louis IX ou saint Louis 5
Louis XIII (le Juste) 55, 92, 93-94, 99, 118, 150
Louis XIV (le roi Soleil) 72, 92, 93, 94-99, 102, 104, 112, 127, 141, 142, 144, 145, 148, 149, 151
Louis XV 148, 150
Louis XVI 148, 150, 151, 154, 155, 166, 195, 196
Louis XVIII 192, 195, 196
Louis-Philippe 192, 196
Luther, Martin 50, 51, 53, 54

M
Machaut, Guillaume de 2, 15, **22**
Machiavel, Nicolas 50, 52
Malherbe, François de 92, **106**, 107, 108, 110
Marie-Antoinette 148, 151, 154, 155
Marivaux, Pierre Carlet de Chamblain de 148, 149, 157, 159, 181, **182-183**
Marot, Clément 50, 60, 62, 77
Mazarin, Jules 92, 94, 141
Médicis, Catherine de 57, 142
Médicis, Marie de 55, 92, 93, 94, 106
Mérimée, Prosper 238-239
Meung, Jean de 24
Michel-Ange (Michelangelo Buonarroti) 48, 50, 52
Molière, Jean-Baptiste 41, 46, 86, 92, 95, 96, 98, 99, 100, 102, 103, 105, 114, 115, 117, **131-132**, 133, **134-135**, **136-137**, 138, 151, 154, 181
Montaigne, Michel de 50, 51, 55, 59, 60, 80, **81**, **82**, 83, 159
Montesquieu, Charles de 148, 152, 154, 155, 156, 157, 159, **172-173**, 188
More, Thomas 50, 52
Mozart, Wolfgang Amadeus 148, 152, 184
Musset, Alfred de 192, 197, 198, 202, **208-209**, 211, 212, **215-216**, 226, **227**, 230

N

Napoléon I (voir Bonaparte)
Napoléon III (Louis-Napoléon) 192, 193, 194, 196, 197, 236
Navarre, Marguerite de 50, 57, 60, 73, **77-78**, 85
Nerval, Gérard de 220, **228**, 229
Newton, Isaac 92, 97
Nodier, Charles 220, **240**

P

Pascal, Blaise 57, 92, 139, **140**, 161, **162-163**
Patel, Pierre 103
Perrault, Charles 92, **145**
Perronneau, Jean-Baptiste 149
Pétrarque 2, 52, 60, 85, 86
Philippe II, duc d'Orléans 148, 149, 150
Pizan, Christine de 34, **38**
Poussin, Nicolas 92, 105
Prévost, Abbé 148, 159, **177**

Q

Queneau, Raymond 64, **65**
Quint, Charles 93

R

Rabelais, François 50, 51, 52, 55, 58, 59, 60, 61, 73, **74-76**, 176
Racine, Jean 92, 98, 102, 103, 115, 116, **125**, **127-130**, 131
Rameau, Philippe 148, 151, 157
Raphaël 52
Réaumur, René-Antoine Ferchault de 157
Richelieu, cardinal de 92, 93, 108
Rimbaud, Arthur 39, 108, **109**
Ronsard, Pierre de 50, 51, 52, 57, 58, 59, 60, 62, **63**, **64**, 65, **66**, 70, 72, 105, 107
Rostand, Edmond 217-219
Rousseau, Jean-Jacques 148, 152, 153, 154, 155, 156, 157, 159, **164-165**, 169, **170**, 171, 186, 197, 199, 220, 223
Rubens, Pierre Paul 92, 99, 100, 106
Rudel, Jaufré 16-17, 37
Rutebeuf 2, 8, 34, **35-36**, 37, 39

S

Sade, marquis de 168, 169
Saint-Amant, Marc-Antoine Girard de 92, 100, 105, **108**
Sand, George 192, 198, 208, **230**

Shakespeare, William 50, 86, **87-89**, 92, 199, 200, 211
Staël, Mme de 153, 155, **166-167**, 171, 193, 226

T

Testelin, Henri 93
Thomas 28
Thomas d'Aquin, saint 6
Titien 52, 62
Tripoli, comtesse de 16
Troyes, Chrétien de 2, 3, 8, 15, **31-32**, 33

V

Ventadour, Bernard de 20-21, 40
Verlaine, Paul 110, **111**
Victoria (reine) 192, 196
Vigny, Alfred de 192, 194, **210**, 211
Villon, François 2, 5, 8, 34, **39**, 40
Vinci, Léonard de 50, 52, 57, 58
Voltaire, François-Marie Arouet 148, 151, 152, 153, 154, 155, 156, 157, 159, **161**, 163, 170, **174-175**, 181, 186, 198

Index des œuvres étudiées

Adolphe, Benjamin Constant 226
Amours de Marie, Pierre de Ronsard 63
Andromaque, Jean Racine 125
Aurélia, Gérard de Nerval 228
Carmen, Prosper Mérimée 238-239
Chanson, Bernard de Ventadour 20-21
Chanson, Jaufré Rudel 16-17
Contes, Charles Perrault 145
Cyrano de Bergerac, Edmond Rostand 217-219
De l'Allemagne, Germaine de Staël 166-167
Défense et illustration de la langue française, Joachim Du Bellay 84
Dom Juan, Molière 131-132
Émile ou de l'éducation, Jean-Jacques Rousseau 164-165
Entretiens sur le fils naturel, Denis Diderot 186
Essais, Michel de Montaigne 81, 82
Fables, Jean de La Fontaine 112-113
Fantaisies et légendes, Charles Nodier 240
Heptaméron, Marguerite de Navarre 77-78
Histoire de Juliette ou les prospérités du vice, le marquis de Sade 168
Horace, Pierre Corneille 122-123
Indiana, George Sand 230
Jacques le fataliste et son maître, Denis Diderot 176
Jadis et naguère, Paul Verlaine 111
L'art poétique, Nicolas Boileau 110
« *L'épitaphe de Villon* », François Villon 39
L'illusion comique, Pierre Corneille 118-119
L'instant fatal, Raymond Queneau 65
La chanson de Roland 13
« *La complainte de Rutebeuf* », Rutebeuf 35-36

La confession d'un enfant du siècle, Alfred de Musset 227
La dame aux camélias, Alexandre Dumas, fils 234
La farce de Maître Pathelin 46
La princesse de Clèves, Marie-Madeleine Pioche de La Vergne, comtesse de La Fayette 142-143
Lancelot du Lac 26-27
Le chevalier au lion, Chrétien de Troyes 33
Le Cid, Pierre Corneille 120-121
Le jeu de l'amour et du hasard, Pierre Carlet de Chamblain de Marivaux 182-183
Le lai du chèvrefeuille, Marie de France 18
Le malade imaginaire, Molière 136-137
Le mariage de Figaro, Pierre Augustin Caron de Beaumarchais 184-185
Le misanthrope, Molière 134-135
Le roman de la rose, Guillaume de Lorris et Jean de Meung, 24
Le roman de Renart 43-44
Les caractères, Jean de La Bruyère 144
Les confessions, Jean-Jacques Rousseau 170
Les contemplations, Victor Hugo 203
Les destinées, Alfred de Vigny 210
Les liaisons dangereuses, Pierre Choderlos de Laclos 179
Les maximes, François, duc de La Rochefoucauld 141
Les méditations poétiques, Alphonse de Lamartine 204-205
Les misérables, Victor Hugo 236
Les nuits, Alfred de Musset 208-209
Les odes, Pierre de Ronsard 64
Les Orientales, Victor Hugo 206-207
Les regrets, Joachim du Bellay 67, 68

Les tragiques, Agrippa d'Aubigné 72
Les trois mousquetaires, Alexandre Dumas 231-232
Lettres persanes, Charles de Montesquieu 172-173
Lettres philosophiques, François Marie Arouet dit Voltaire 161
Lorenzaccio, Alfred de Musset 215-2196
Louise Labé Lyonnaise, Louise Labé 85
Manon Lescaut, L'abbé Prévost 177
Mémoires d'outre-tombe, François-René de Chateaubriand 242
Notre-Dame de Paris, Victor Hugo 235
Ode à la reine mère, François de Malherbe 106
Odes, André Chénier 189
Œuvres poétiques, Marc-Antoine Girard, sieur de Saint-Amant 108
Onuphrius, Théophile Gautier 242
Pantagruel, François Rabelais 74-76
Pensées, Blaise Pascal 140
Perceval ou le roman du Graal, Chrétien de Troyes 31-32
Phèdre, Jean Racine 127-130
Poésies, Arthur Rimbaud 109
René, François-René de Chateaubriand 223-225
Roméo et Juliette, William Shakespeare 87-89
Ruy Blas, Victor Hugo 213-214
« *Seulete suis...* », Christine de Pizan 38
Sonnets, Louise Labé 70, 71
Sonnets pour Hélène, Pierre de Ronsard 66
Tristan et Iseult 28, 29-30
Voir Dit, Guillaume de Machaut 22
Zadig, François Marie Arouet dit Voltaire 174-175

Index sommaire des notions littéraires

A
accent tonique 251
alexandrin 102, 116, 202, 251, 253
allégorie 259
allitération 252, 262
amour courtois 9, 15, 16, 24, 25, 33, 77,
anagramme 63, 74
analyse littéraire 264-265
antiphrase 269
antithèse 100, 200, 212, 260, 263
assonance 12, 252, 262
autobiographie 59, 157, 158, 159, 160, 170, 201, 220

B
ballade 34, 252
baroque 60, 86, 87, 98, 99-101, 105, 108, 116-117, 118, 120, 131, 136, 139, 211
bienséance 102, 104, 115, 116
blason 62

C
catharsis 115
césure 251
champ lexical 259
chanson(s) 15, 20, 105, 153
chanson de geste 4, 10, 11, 12, 13
chiasme 261
classicisme 98, 102-104, 110, 117, 122, 139, 141, 144
comédie(s) 59, 86, 102, 103, 104, 112, 115, 117, 134, 181, 184, 250
comédie-ballet 136
comédie héroïque 205
comédie sentimentale 157, 158, 181, 182
comique de gestes et de mimiques 42, 117, 250
comique de langage 117, 250
comique de situation 115, 117, 250
commedia dell'arte 86, 117, 181
comparaison 259
connotation 258
conte 145, 153, 157, 262, 263
conte de fées 139
conte philosophique 139, 149, 156, 157, 159, 160, 174, 263
contre-rejet 252
culture orale 8, 10, 61, 153

D
décasyllabe 251
didascalies 115, 181, 211, 212, 248, 249

diérèse 251
dissertation 264, 265, 267
dissertation critique 264
dissertation explicative 264
drame 86, 157, 158, 181, 186, 198, 250
drame romantique 201, 211, 212, 213

E
ellipse 261
enjambement 202, 252, 253
énumération 261
épigramme 62
épitaphe 39, 58, 62
essai 59, 80, 81, 139, 140, 149, 159, 166, 220, 242, 254-255, 263
euphémisme 260

F
fable(s) 41, 61, 102, 105, 112, 262
fantastique 193, 200, 220, 222, 228, 240, 241, 244, 245, 262
farce 10, 41, 42, 46, 96, 117
fatalité 116, 125, 127, 181, 263
figures d'amplification 260-261
figures d'analogie 259
figures d'opposition 260
figures de style 100, 200, 202, 259-262
figures de substitution 260
figures syntaxiques 261

G
goût du pittoresque 193, 211, 212, 238
gradation 261
grammaire 257
grotesque 193, 200, 211, 213, 250

H
hémistiche 251
honnête homme 98, 102, 104, 134
humanisme 52, 57, 80, 85
hymne 62, 64, 65
hyperbole 261

I
intrigue 246-247

L
lais 18
laisses 11, 12
liaison 251

litote 260
littérature militante 149, 153, 156, 158, 198
littérature satirique 41-42
lyrisme 11, 22, 34, 35, 38, 62, 63, 67, 188, 197, 199

M
mal du siècle 194, 199, 210, 212, 220, 226, 227
maximes 102, 139, 141, 262
métaphore 259
métaphore filée 84, 100
métonymie 260
mimesis 115
mise en abyme 116, 139
mise en scène 101, 115, 116, 117
mythologie 9, 11, 59, 61, 263

N
narrateur 247
nouvelle 73, 77

O
octosyllabe 251
ode 62, 105, 106, 253
oxymore 260

P
parallélisme 261
périphrase 260
personnages (analyse) 245
personnification 222, 259, 263
Pléiade, la 57, 62, 63
pléonasme 261
poésie 34, 62, 105, 108, 109, 149, 188, 189, 193, 198, 200, 202, 250-254
poésie courtoise 8, 15
poésie épique 202
poésie ludique 203
poésie lyrique 201, 202, 204, 208, 210
préciosité 60, 96, 98, 260
procédés d'écriture 256
procédés lexicaux 258-259
procédés sonores 251-252, 262
procédés stylistiques 245, 248, 258-262
procédés syntaxiques 258-262
prose romantique 220
quatrain 252
quintil 252

R
récit 24, 25, 72, 142, 145, 156, 159, 160, 198, 201, 220, 244, 245-248

récit autobiographique 220, 221, 254
récit fantastique 220, 222
registre 259
règle des trois unités 86, 103, 104, 115, 116
rejet 202, 252
répétition 261
rimes 10, 105, 250, 252-253
roman 73, 159, 198, 201
roman baroque 139
roman d'analyse psychologique 139
roman de cape et d'épée 231
roman de chevalerie 10, 25, 41
roman épistolaire 159, 172, 179
roman historique 220, 221, 231, 235
roman idyllique 230
roman-mémoires 159
roman noir 159
roman sentimental 159, 177
romantisme noir 193

S
scansion 251
schéma actanciel 244
sizain 252
sonnet 60, 252, 253
strophe 252
sublime 100, 101, 104, 200, 211, 212
synérèse 251

T
tercet 252
tétramètre 251
théâtre 9, 41, 46, 61, 86, 98, 100, 101, 102, 115, 117, 149, 158, 181, 198, 201, 211, 248-250
thématique (analyse) 248
tonalité 253, 262-263
tragédie(s) 61, 86, 96, 103, 104, 105, 115, 116, 117, 157, 181, 212, 249, 250, 263
tragicomédie 100, 101, 115, 116, 120
trimètre 251
troubadours 4, 7, 8, 15, 20, 25, 34

U
unité d'action 103, 104
unité de lieu 103, 104
unité de temps 103, 104

V
vers 250-252

Bibliographie sommaire

BARTLETT, Robert. *Le monde médiéval*, Paris, Éd. du Rocher, 2002.

BOULAD-AYOUB, Josiane et François BLANCHARD. *Les grandes figures du monde moderne*, coll. L'Harmattan, Québec, Les Presses de l'Université Laval, 2001.

BOUZIGES, William Pierre. *Panorama de l'histoire de France*, Édition Studyrama-Vocatis, 2011.

CANOVA, Marie-Claude. *La Comédie*, coll. Contours littéraires, Paris, Hachette, 1993.

CHEDEVILLE, André. *La France au Moyen Âge*, coll. Que sais-je ?, Paris, PUF, 1965.

COHEN, Jean. *Structure du langage poétique*, coll. Nouvelle bibliothèque scientifique, Paris, Flammarion, 1966.

COLLECTIF. *Littérature – Textes et documents*, coll. Henri Mitterand, du XVIe au XXe siècle, Paris, Nathan.

COLLECTIF. *Louis XIV*, coll. Les grands noms de l'histoire, Éditions du Rocher, 1998.

COUTY, Daniel. *Histoire de la littérature française*, Paris, Larousse, 2002.

DARCOS, Xavier. *Histoire de la littérature française*, coll. Faire le point, Paris, Hachette, 1992.

DELOUCHE, Frédéric (dir.). *Histoire de l'Europe*, Paris, Hachette, 1997.

DÉSALMANT, Paul et Patrick TORT. *Vers le commentaire composé*, coll. Profil, Paris, Hatier, 1986.

ÉCHELARD, Michel. *Histoire de la littérature en France au XIXe siècle*, coll. Profil/Histoire littéraire, Paris, Hatier, 1984.

GOLDENSTEIN, Jean-Pierre. *Pour lire le roman*, Paris, De Boeck-Duculot, 1989.

GRAMMONT, Maurice. *Petit traité de versification française*, coll. U, Paris, Armand Colin, 1965.

HOLLIER, Denis (dir.). *De la littérature française*, Paris, Bordas, 1993.

HUBERT, Marie-Claude. *Le théâtre*, coll. Cursus, Paris, Armand Colin, 1988.

JEAN, Georges. *La poésie*, coll. Peuple et culture, Paris, Seuil, 1966.

JOHNSTON, Derek, *Shakespeare*, coll. Figures et plumes, France, 2008.

JOUBERT, Jean-Louis. *La poésie*, coll. Cursus, Paris, Armand Colin, 1988.

LAGARDE, André et Laurent MICHARD. *Les grands auteurs français au programme, du Moyen Âge au XIXe siècle*, Paris, Bordas, 1997.

LAURENT, Franck et Michel VIEGNES. *Le drame romantique*, coll. Profil/Histoire littéraire, Paris, Hatier, 1997.

LEBÉDEL, Claude. *Histoire de la France des origines à nos jours*, Éditions Ouest-France, 2001.

LEBRUN, François. *Louis XIV, le roi de gloire*, Paris, Découvertes Gallimard, 2007.

MARIN, Fanny. *Les mouvements littéraires du XVIe au VIIe siècle*, coll. Profil/Histoire littéraire, Paris, Hatier, 2001.

MASSON, Nicole. *Panorama de la littérature française*, Paris, Marabout, 1990.

MICHON, Cédric. *La Renaissance*, Toulouse, Éd. Milan, 2004.

PAQUIN, Michel et Roger RENY. *La lecture du roman, une initiation*, Montréal, La lignée, 1984.

RAIMOND, Michel. *Le roman*, coll. Cursus, Paris, Armand Colin, 1989.

RENAUD, Jean. *La littérature française du XVIIIe siècle*, coll. Cursus, Paris, Armand Colin, 1994.

REY, Pierre-Louis. *La littérature française du XIXe siècle*, Paris, Armand Colin, 1993.

RIVIÈRE, Daniel. *Histoire de la France*, coll. Faire le point, Paris, Hachette, 1995.

ROHOU, Jean. *Le classicisme*, coll. Les fondamentaux, Paris, Hachette, 1996.

SABBAH, Hélène. *Le commentaire composé*, coll. Les Méthodiques, Paris, Hatier, 1993.

SEVREAU, Didier. *La poésie au XIXe et au XXe siècle : problématiques essentielles*, coll. Profil/Histoire littéraire, Paris, Hatier, 2000.

SUTTO, Claude, *La Renaissance*, coll. Boréal Express, Québec, Boréal, 1999.

THÉRENTY, Marie-Ève. *Les mouvements littéraires du XIXe et du XXe siècle*, coll. Profil/Histoire littéraire, Paris, Hatier, 2001.

THOMASSEAU, Jean-Marie. *Drame et tragédie*, coll. Contours littéraires, Paris, Hachette, 1995.

VAN TIEGHEM, Philippe. *Les grandes doctrines littéraires en France*, 2e éd., coll. Quadrige, Paris, PUF, 1993.

VERDON, Laure. *Le Moyen Âge, idées reçues*, Paris, Le Cavalier bleu, 2003.

Crédits

SOURCES DES TEXTES

P. 13 : Anonyme (2012). *La chanson de Roland* (laisses 132 à 135, v. 1070). © Lanctôt Éditeur. (Édition établie par Jean-Marcel Paquette.)

P. 24 : Lorris, Guillaume de et Jean de Meung, (1992). *Le roman de la rose* (v. 1230) © Éditions Gallimard. (Adapté de l'ancien français par André Mary.)

P. 26-27 : Anonyme (1991). *Lancelot du lac* (v. 1225). © Le Livre de Poche, 1972. (Traduit de l'ancien français par François Mosès.)

P. 28 : Anonyme (1972). *Tristan et Iseult* (extrait du chapitre II, entre 1172 et 1180). © Le Livre de Poche. (Traduit de l'ancien français par René Louis.)

p. 29-30 : Anonyme (1972). *Tristan et Iseult* (extrait du chapitre IX, entre 1172 et 1180). © Le Livre de Poche. (Traduit de l'ancien français par René Louis.)

P. 31-32 : Troyes, Chrétien de (1986). *Perceval ou le roman du Graal* (1181). © Éditions Gallimard. (Traduit de l'ancien français par Jean-Pierre Foucher et André Ortais.)

P. 33 : Troyes, Chrétien de (1994). *Le chevalier au lion* (v. 1177). © Le Livre de Poche. (Édition établie par David F. Hult.)

P. 39 : Villon, François de (1990). « L'épitaphe de Villon » (1463). Dans *Poésie*. © Éditions Gallimard. (Édition de Jean Dufournet.)

P. 43-44 : Anonyme (1981). *Le roman de Renart* (entre 1170 et 1250). © Éditions 10/18. (Texte et translittération par Micheline de Combardieu du Grès et Jean Subrenant.)

P. 46 : Anonyme (1986). *La farce de Maître Pathelin* (v. 1465). © Éditions Flammarion. (Traduit de l'ancien français par Jean Dufournet.)

P. 64 : Ronsard, Pierre de (1981). « Amours de Marie » (1555). Dans *Les amours* © Éditions Gallimard. (Édition établie par Albert-Marie Schmidt.)

P. 65 : Queneau, Raymond (1948). « Si tu t'imagines ». Dans *L'instant fatal* © Éditions Gallimard.

P. 67 : Du Bellay, Joachim (1967). « Je me ferai savant en la philosophie ». Dans *Les regrets* (1558). © Éditions Gallimard. (Édition établie par Samuel Sylvestre de Sacy.)

P. 68 : Du Bellay, Joachim (1967). « Heureux, qui comme Ulysse... ». Dans *Les regrets* (1558). © Éditions Gallimard. (Édition établie par Samuel Sylvestre de Cacy.)

P. 70-71 : Louise Labé (1992). *Sonnets* (1555) recueillis dans *Œuvres poétiques* © Éditions Gallimard. (Édition établie par Françoise Charpentier.)

P. 74-76 : Rabelais, François (1995). *Pantagruel* (extrait du chapitre XXXII, 1532). Dans *Œuvres complètes* © Éditions du Seuil, 1973 et 1995.

(Texte original, translation en français moderne, préface et notes par Guy Domerson.)

P. 77-78 : Navarre, Marguerite de (1988). *Heptaméron* (extrait de la 32ᵉ nouvelle, 1559). © Éditions Flammarion. (Traduction de Simone de Reyff.)

P. 81 : Montaigne, Michel de (2007). *Les essais* (extrait de « Au lecteur », 1580). « Les Classiques Hachette » © Hachette Livre. (Translation en français moderne par Bruno Roger-Vasselin.)

P. 82 : Montaigne, Michel de (2007). *Les essais* (extrait du livre I, chapitre 31, 1580). « Les Classiques Hachette » © Hachette Livre. (Translation en français moderne par Bruno Roger-Vasselin.)

P. 84 : Du Bellay, Joachim (1967). *Défense et illustration de la langue française* (extrait du chapitre III, 1558). Dans *Les regrets* © Éditions Gallimard. (Édition établie par Samuel Sylvestre de Sacy.)

P. 85 : Labé, Louise (1992). *Louise Labé lyonnaise* (extrait de la préface, 1554). Dans *Œuvres poétiques* © Éditions Gallimard. (Édition établie par Françoise Charpentier.)

P. 87-89 : Shakespeare, William (1968). *Roméo et Juliette* (acte II, scène II) © Mercure de France. (Traduction d'Yves Bonnefoy.)

CRÉDITS PHOTOGRAPHIQUES

COUVERTURE : © Bridgeman-Giraudon / Art Resource, NY **CHAPITRE 1 P. 1 :** © akg-images / British Library **P. 3 :** © akg-images **P. 5 :** © akg-images / British Library **P. 6 :** © St. Nick / Shutterstock **P. 7 :** © Erich Lessing / Art Resource, NY **P. 9 :** © Album / Art Resource, NY **P. 12 :** © Hervé Champollion / akg-images **P. 14 :** © akg-images / British Library **P. 16 :** © akg-images **P. 17 :** © akg-images **P. 20, 21 :** © akg-images **P. 23 :** © Erich Lessing / Art Resource, NY **P. 24 :** © akg-images / British Library **P. 25 :** © akg-images / British Library **P. 31 :** © akg-images / British Library **P. 34 :** © akg-images / British Library **P. 35 :** © Bibliothèque royale de Belgique **P. 40 :** © akg / De Agostini Pict.Lib. **P. 42 :** © RMN-Grand Palais / Art Resource, NY **P. 44 :** © akg-images **CHAPITRE 2 P. 48-49 :** © Erich Lessing / Art Resource, NY **P. 51 :** © National Gallery, London / Art Resource, NY **P. 53 :** © Summerfield Press/CORBIS **P. 55 :** © Scala/White Images / Art Resource, NY **P. 56 :** © RMN-Grand Palais / Art Resource, NY **P. 57 :** © akg-images / Cameraphoto **P. 58 :** © akg-images / Rabatti – Domingie **P. 62 :** © Corbis **P. 68 :** © RMN-Grand Palais / Art Resource, NY **P. 71 :** © Museo Thyssen-Bornemisza / Scala / Art Resource, NY **P. 72 :** © ullstein - Archiv Gerstenberg / akg-images **P. 75 :** © akg-images **P. 80 :** © akg-images **P. 83 :** © akg-images **P. 87 :** © Alfredo Dagli Orti/The Art Archive/Corbis **P. 88 :** © Album / Art Resource, NY **CHAPITRE 3 P. 90-91 :** © Kiev.Victor / Shutterstock **P. 93 :** © Erich Lessing / Art Resource, NY **P. 95 :** © Album / Art Resource, NY **P. 99 :** © Nimatallah / Art Resource, NY **P. 103 :** © akg / De Agostini Pict.Lib. **P. 105 :** © Scala / Art Resource, NY **P. 106 :** © Bibliothèque publique et universitaire, Neuchâtel, Suisse, **P. 107 :** © akg / De Agostini Pict.Lib. **P. 110, 112 :** © Bibliothèque publique et universitaire, Neuchâtel, Suisse **P. 114 :** © akg-images **P. 123 :** © akg-images **P. 125 :** © Bibliothèque publique et universitaire, Neuchâtel, Suisse **P. 126 :** © Erich Lessing / Art Resource, NY **P. 129 :** © Erich Lessing / Art Resource, NY **P. 132 :** © akg-images **P. 137 :** Yves Renaud Photographe **P. 142 :** © akg-images **P. 144 :** © Bibliothèque publique et universitaire, Neuchâtel, Suisse **CHAPITRE 4 P. 146-147 :** © Bridgeman-Giraudon / Art Resource, NY **P. 149 :** © akg-images **P. 150 :** © Bridgeman-Giraudon / Art Resource, NY **P. 151 :** © Erich Lessing / Art Resource, NY **P. 152 :** © akg-images **P. 153 :** © Erich Lessing / Art Resource, NY **P. 155 :** © RMN-Grand Palais / Art Resource, NY **P. 157 :** © Erich Lessing / Art Resource, NY **P. 168-169 :** © akg-images **P. 171 :** © Scala / White Images / Art Resource, NY **P. 178 :** © Erich Lessing / Art Resource, NY **P. 179 :** © akg-images **P. 180 :** © Erich Lessing / Art Resource, NY **P. 187 :** © akg / De Agostini Pict.Lib. **P. 188 :** © akg-images **CHAPITRE 5 P. 190-191 :** © RMN-Grand Palais / Art Resource, NY **P. 193 :** © Erich Lessing / Art Resource, NY **P. 194 :** © Erich Lessing / Art Resource, NY **P. 195 :** © Erich Lessing / Art Resource, NY **P. 197 :** © RMN-Grand Palais / Art Resource, NY **P. 198 :** © akg-images **P. 200 :** © akg-images / André Held **P. 203 :** © akg-images **P. 206, 213, 235 :** © 2006 Jupiter Images et ses représentants **P. 217 :** © Branger-Roger-Viollet / Topfoto / Ponopresse **P. 218 :** © Yves Renaud Photographe **P. 224 :** © akg-images **P. 229 :** © akg-images **P. 233 :** © akg-images / Gilles Mermet **P. 237 :** © akg-images